오경개론

오경개론
An Introduction to the Old Testament Pentateuch

초판 발행 2002년 2월 1일
초판 2쇄 발행 2012년 8월 30일
지은이 허버트 M. 울프
옮긴이 엄성옥
발행처 은성출판사
등록 1974년 12월 9일 제 9-66호

주소 서울시 강동구 성내동 538-9
전화 070)8274-4404
팩스 02)477-4405
홈페이지 http://www.eunsungpub.co.kr
전자우편 esp4404@hotmail.com

출판 및 판매에 관한 모든 권한은 은성출판사가 소유하고 있습니다.
출판사의 사전 서면 허락 없이 상업적인 목적으로 번역, 재제작, 인용, 촬영 등을 할 수 없음을 알려 드립니다.

Originally published in English under the title of *An Introduction to the Old Testament Pentateuch* by Herbert Wolf.
Published by Moody Press in U. S. A. in 1991.
All rights to this book, not specially assigned herein, are reserved by the copyrights owner.
All non-English rights are contracted exclusively through Moody Press.

printed in Korea
ISBN 978-89-7236-282-4 33230

An Introduction to the Old Testament Pentateuch

Herbert M. Wolf

오경개론

허버트 M. 울프 지음
엄성옥 옮김

목차

저자 서문 13
약어표 15
제1장 서론 17
  1. 오경의 다섯 가지 구분 18
  2. 오경의 통일성 19
  3. 오경이 구약성서에 미친 영향 21
    1) 역사서에 미친 영향 22
    2) 예언서에 미친 영향 22
    3) 시가서에 미친 영향 22
  4. 오경이 신약 성서에서 미친 영향 24
    1) 신약 성서 내의 인용문 24
    2) 예표론 25
  5. 오경의 신학 26
    1) 하나님 27
      (1) 창조주 하나님 27
      (2) 구속자이신 하나님 28
      (3) 하나님의 속성 29
      (4) 하나님의 이름 32
    2) 인간 39
      (1) 하나님의 형상으로 지음 받음 39
      (2) 타락 41
      (3) 인간의 죄성 42
    3) 구원 44
    4) 메시아 44
    5) 믿음 46
    6) 속죄 48
    7) 언약 49
  6. 사마리아 오경 54
  7. 오경의 문학적 특성 56

8. 모세의 중요성　　　　　　　　　　　　　62

제2장 오경의 저자　　　　　　　　　　　　69
　　1. 모세 저작설　　　　　　　　　　　　　70
　　　　1) 모세의 저자로서의 자격　　　　　　70
　　　　2) 모세 저작설을 지지하는 진술들　　　72
　　　　　　(1) 오경 내의 진술　　　　　　　　72
　　　　　　(2) 구약성서의 나머지 책에서의 진술　73
　　　　　　(3) 신약성서 안의 진술　　　　　　75
　　2. 모세가 사용했을 자료　　　　　　　　　76
　　　　1) 서판 이론　　　　　　　　　　　　77
　　　　2) 그 외에 사용했을 가능성이 있는 자료　79
　　　　3) 모세 이후에 추가되었음을 나타내 주는 것들　81
　　3. 오경의 형성에 대한 다른 견해들　　　　83
　　　　1) 초대 시대와 중세 시대　　　　　　84
　　　　2) 종교개혁 시대와 르네상스 시대　　　85
　　　　3) 문서설　　　　　　　　　　　　　86
　　　　　　(1) 자료비평의 발달　　　　　　　86
　　　　　　(2) 그라프-벨하우젠 가설　　　　　91
　　　　　　(3) 19세기의 반론　　　　　　　　93
　　　　　　(4) 문서설의 단점　　　　　　　　95
　　　　　　(5) 20세기의 발전상　　　　　　　98
　　　　4) 양식 비평　　　　　　　　　　　　99
　　　　5) 전승 비평　　　　　　　　　　　101
　　　　6) 수사 비평　　　　　　　　　　　104
　　4. 오경에 대한 최근의 비평 방법　　　　　106
　　　　1) 정경 비평　　　　　　　　　　　106
　　　　2) 구조주의　　　　　　　　　　　　108
　　5. 결론　　　　　　　　　　　　　　　109

제3장 창세기　　　　　　　　　　　　　111
　　1. 표제　　　　　　　　　　　　　　　111
　　2. 목적과 범위　　　　　　　　　　　　112
　　3. 문학적 구조　　　　　　　　　　　　113
　　4. 창세기 1-11장의 문제점　　　　　　　117
　　　　1) 창세기 1:1-2:3의 본질　　　　　　117
　　　　2) 창세기 1:2:3에서 "날"의 의미　　　120
　　　　　　(1) 날이 24시간을 의미한다는 이론　120
　　　　　　(2) Day-Age 이론　　　　　　　　121
　　　　　　(3) 간헐적인 날 이론　　　　　　122
　　　　　　(4) Framework 이론　　　　　　　123
　　　　　　(5) 계시적 날 이론　　　　　　　124
　　　　　　(6) 근대 근동 지방 문헌에서의 칠 일　125

3) 창조와 진화	126
(1) 대 진화	127
(2) 소 진화	128
4) 다윈 이후의 진화 사상의 변화	129
(1) 자연 발생설	129
(2) 발생학	130
(3) 형질유전	131
(4) 평형 상태의 중단	132
5) 유신론적 진화론	133
6) 인간이 존재하기 시작한 연대	132
7) 창세기 6:2에서의 "하나님의 아들들"의 신분	139
(1) 천사라는 해석	139
(2) 경건한 셋의 혈통이라는 해석	142
(3) 왕조의 통치자라는 해석	143
8) 홍수의 규모	145
(1) 전세계적인 홍수설	146
(2) 국지적 홍수설	148
(3) 결론	150
(4) 바벨론의 홍수 이야기	151
9) 가나안의 저주	153
10) 바벨탑	155
5. 이스라엘 민족의 시작	**157**
1) 아브라함의 언약	157
(1) 언약의 표징	159
(2) 언약에 대한 책임	160
(3) 언약의 비준	161
2) 족장들의 사실성	164
(1) 정치적 요인들	165
(2) 고유 명사들	167
(3) 사회적 관습	168
3) 이삭을 제물로 바칠 뻔한 일	170
4) 열 두 지파의 기원	173
5) 요셉 이야기의 구조	176

제4장 출애굽기   183

1. 표제	184
2. 목적과 범위	184
3. 문학적인 구조	187
4. 해방신학	191
5. 열 가지 재앙의 의의	193
1) 재앙의 목적	194
2) 바로의 마음을 강퍅해짐	195
3) 재앙의 유형	196
4) 자연 재해로서의 재앙	198
5) 종말론적인 전조로서의 재앙	198

6) 각각의 재앙	199
(1) 피 재앙	199
(2) 개구리 재앙	200
(3) 이 재앙	200
(4) 파리 재앙	200
(5) 가축에게 임한 재앙	201
(6) 독종(종기) 재앙	201
(7) 우박 재앙	202
(8) 메뚜기 재앙	202
(9) 흑암 재앙	203
(10) 장자들의 죽음	203
6. 유월절	204
1) 유월절 양	204
2) 무교절	205
3) 유월절에 대한 규정	205
4) 장자들의 죽음	206
5) 홍해를 건넘	207
7. 출애굽 연대	209
1) 성경의 중요한 숫자	209
2) 애굽의 증거	211
(1) "람세스"(라암셋)라는 이름	211
(2) 힉소스 왕조의 통치자들	212
3) 여리고 성에서 발굴된 증거물	214
4) 다른 도시에서 발굴된 증거물	215
5) 요단 동편에서 발굴된 증거물	217
6) 아마르나 서판	217
8. 이스라엘의 수적 규모	219
9. 시내 산 언약	223
1) 신 현현	223
2) 십계명	224
3) 언약서	226
4) 언약 인준	227
10. 다른 고대 법전들과의 비교	228
11. 성막: 하나님의 거처	230

제5장 레위기   237

1. 표제	237
2. 목적과 범위	238
3. 문학적인 구조	241
4. 희생제사 제도의 의미	244
1) 일반적인 절차	246
2) 번제	247
3) 소제	249

- 4) 화목제   249
- 5) 속죄제   251
- 6) 속건제   251
- 5. 제사장들과 레위인들의 역할   253
  - 1) 대제사장   254
  - 2) 다른 제사장들   255
  - 3) 레위사람들   255
  - 4) 제사장 위임   256
  - 5) 나답과 아비후의 죽음   257
- 6. "정함"과 "부정함"의 의미   258
  - 1) 기본적인 특성   259
  - 2) 정한 음식과 부정한 음식   260
- 7. 속죄일   263
- 8. 거룩한 생활   265
- 9. 순종하라는 요구   270

제6장 민수기   273

- 1. 표제   273
- 2. 목적과 범위   274
- 3. 문학적인 구조   278
- 4. 12 지파의 조직   282
  - 1) 12 지파   282
  - 2) 각 지파의 배치   283
  - 3) 행진 순서   284
- 5. 가데스바네아에서의 반역   286
  - 1) 정탐꾼들의 보고   286
  - 2) 백성들의 반란   287
  - 3) 하나님이 명하신 형벌   288
- 6. 40년 동안의 광야 생활   290
  - 1) 고라, 다단, 아비람의 반역   290
  - 2) 모세와 아론의 불순종   292
  - 3) 가나안으로 가는 도중에 거둔 군사적 승리   293
  - 4) 성경에서 사용된 광야라는 주제   294
- 7. 발람의 불가해한 역할   295
  - 1) 예언자 발람   296
  - 2) 발람의 예언   298
  - 3) 발람의 치명적인 충고   299
  - 4) 발람의 죽음과 유산   300
- 8. 약속된 땅에 들어가기 위한 준비   301
  - 1) 여인들의 상속권   301
  - 2) 여호수아의 취임   302

3) 미디안과의 전쟁   303
4) 요단 동편에 있는 지파들의 유업   304

제7장 신명기   307
1. 표제   308
2. 목적과 범위   308
3. 문학적인 구조   314
1) 전문   315
2) 역사적인 서언   315
3) 법적인 규정들   316
4) 축복과 저주   317
5) 증인들   318
6) 권면로서의 신명기   319
4. 쉐마의 중심성   319
5. 언약을 이행하지 않는 데 대한 저주: 선지자들을 위한 패러다임   322
1) 기근과 농사의 실패   323
2) 질병과 눈 멂   324
3) 적의 공격과 포로됨   324
4) 치욕   325
6. 저주의 반전: 축복의 약속   326

주   331
참고문헌   351
주제별 색인   389
인명색인   395
성구색인   397

저자서문

모세의 글을 공정하게 다루려는 사람들은 참으로 도전적인 과제에 직면하게 된다. 창조의 경이, 또는 하나님께서 이스라엘 백성을 기적적으로 다루신 일들을 어떻게 적절하게 설명할 수 있을까? 창세기에서부터 신명기에서는, 아브라함과 이삭과 야곱의 하나님이 행하신 일이 소개되며, 하나님의 형상으로 지음을 받았지만 에덴 동산에서 쫓겨나서 죄에 눌린 인간의 놀라운 잠재 능력이 소개된다. 오경은 하나님께서 인류를 회복하시며, 죄의 노예가 된 상태에서 사랑과 은혜로 구속해 내시고 온 세상을 대하실 때에 도구로 사용하실 한 민족을 일으키신 것에 대한 이야기이다. 이 책에서는 이처럼 엄청난 주제들을 다루고 있지만, 나는 이제 겨우 모세의 가르침 및 그것이 오늘 우리 시대를 위해 지니는 의미를 이해하기 시작했을 뿐이다.

이 책을 집필하는 몇 년 동안, 나는 많은 사람들의 도움과 격려를 받았다. 무디 출판사의 편집진은 인내심을 가지고 끝까지 나와 함께 작업해 주었다. 특히 캐리 누스먼과 조 오데이의 도움에 감사한다. 휘튼 대학과 대학원에서 안식년 휴가를 주어 내가 이 책의 저술에 전념할 수 있게 해준 데 대해서도 깊이 감사한다.

이 책의 각 장의 원고 작성이 끝날 때마다 컴퓨터로 입력해준

자넷 시버그, 제인 크리스티안슨, 메리 루 캑커디에게 감사한다. 대학원 조교인 피터 맬비치니와 빌 피트킨 역시 많은 시간을 할애하여 자료를 조사하고 원고를 정리해 주었다. 그들의 도움이 없었다면, 이 책은 완성되지 못했을 것이다. 여러 해 동안 내 강의를 들은 학생들에게도 감사해야 할 것이다. 그들은 강의실이나 오경이 지닌 문제 부분을 탐구한 리포트를 통해서 통찰력 있는 논평을 제공해 주었다.

마지막으로, 몇 년 동안 가정을 돌보지 못하고 이 책을 저술하는 데 매달리는 것을 허락해준 아내 클래어에게도 감사의 말을 하고 싶다. 아내의 이해력과 사랑은 내가 하는 모든 일에 영감을 불어 넣어 주었다. 아내는 여호와께서 "사람의 독처하는 것이 좋지 못하다"고 하신 이유를 깨닫게 해 주었다. 한편 내가 아내와 결혼하기 전에, 주님은 나에게 부모님을 주셨다. 그 분들은 어린 나를 교회에 데리고 다니시면서 하나님의 말씀의 가르침을 받게 하셨을 뿐만 아니라, 경건한 생활의 본보기를 보여 주셨다. 항상 주님과 동행하는 생활을 해 오셨고, 내가 저술하려는 율법의 명령에 대해 깊은 인상을 심어주신 부모님(Hermann and Melanie Seyfert Wolf)께 감사하는 마음으로 이 책을 바친다.

약어표

AnJapB	*Annual of the Japanese Biblical Institute*
AltORAT	*Alter Orient und Altes Testament*
BangTFor	*Bangalore Theological Forum*
BethM	*Beth Mikra*
BETS	*Bulletin of the Evangelical Theological Society*
BibBh	*Bibleshyam*
BibIll	*Biblical Illustrator*
BibOrPont	*Biblia et Orientalia, Pontifico Instituto Biblio*
BibTB	*Biblical Theology Bulletin*
RibRes	*Biblical Research* (Chicago Society of Bibical Research)
BiTod	*The Bible Today*
BiTrans	*The Biblical Translator*
BRev	*Biblical Review*
CalvTJ	*Calvin Theological Journal*
ConcordJ	*Concordia Journal*
DD	*Dor le Dor*
EBC	*Expositor's Bible Commentary*
EDT	*Evangelical Dictionary of Theology*
GTJ	*Grace Theological Journal*
ISBEns	New Series of ISBE
ILR	*Israel Law Review*
IndJT	*The Indian Journal of Theology*
ITS	*Innsbrucker Theologische Studien*
JASA	*Journal of the American Scientific Affiliation*
JJurPapyr	*Journal of Juristic Papyrology*
LexTQ	*Lexington Theological Quarterly*
MasST	*Masoretic Studies*

NASB	*New American Standard Bible*
NBD	*New Bible Dictionary*
NIV	*New International Version*
OTWerkSuidA	*Die Ou Testamentiese Werkgemeenskap, Suid-Africa*
PrWcJesSt	*Proceedings of the World Congress of Jewish Studies*
REX	*Review and Expositor*
RIDA	*Revue Internaltionale des Droits de l'Antiquité*
RSV	*Revised Standard Version*
RTR	*Reform Theological Review*
ScrB	*Scripture Bulletin*
ScotJT	*Scottish Journal of Theology*
SwJT	*Southwestern Journal of Theology*
TB	*Tyndale Bulletin*
Them	*Themalios*
TJ	*Trinity Journal*
TOTC	*Tyndale Old Testament Commentaries*
TWOT	*Theological Wordbook of the Old Testament*
VE	*Vox Evangelica*
VoxR	*Vox Reformata*
WEC	The Wycliffe Exegetical Commentary

제1장

서론

 오경을 이루는 다섯 권의 책은 모든 성경의 기초이며, 하나님의 말씀 중에서 가장 중요한 부분이다. 사복음서에 대한 지식이 신약 성서를 이해하는 데 반드시 필요하듯이, 오경의 내용은 구약 성서의 나머지 부분들 및 성경 전체의 이해에 중요하다.[1] 사복음서는 하나님의 아들이 인간들 가운데 거하기 위해 오신 성육신에 대해서 말한다. 출애굽기 40:34-38을 보면, 여호와께서 광야를 여행하는 이스라엘 백성에게 말씀하시고 인도하시기 위해 그들 가운데 거하실 때에 성막 안에 하나님의 영광이 충만했다. 우리는 구약 성서와 관련하여 주로 하나님의 진노와 능력을 생각하지만, 모세는 이스라엘 백성이 기도할 때마다 하나님이 그들 가까이에 계시다고 했다(신 4:7). 여호와께서는 그들을 위험에서 보호해 주시고, 하나님의 법과 섭리를 계시해 주셨다. 심지어 이교 선지자인 발람도 "여호와 그의 하나님이 그와 함께 계시니 왕을 부르는 소리가 그 중에 있도다"(민 23:21)라고 인정해야 했다.
 하나님은 아브라함의 가족을 "제사장 나라와 거룩한 백성"(출 19:6)으로 만들기 위해서, 그리고 "땅의 모든 족속이 그를 인하여 복을 받게"(출 12:3) 하시기 위해서, 아브라함의 가정 안에서 놀라운 방법으로 역사하셨다. 궁극적으로 그 복은 온 세상에 구원을 주기 위해서 모세의 언약보다 훌륭한 언약을 세우신 중보자이신 예수 그리스도 안에서 임했다..

1. 오경의 다섯 가지 구분

성경의 첫 다섯 권의 책은 흔히 "오경"(Pentateuch)이라고 언급된다. 이 단어는 그리스어의 *penta*("다섯")와 *teuchos*(파피루스 두루마리를 운반하기 위한 상자를 의미하지만, 나중에는 두루마리 자체를 의미하게 되었다)에서 파생된 것이다. 다섯 권으로 이루어진 이 책은 탈무드[2]에서 발견된 "율법의 5/5"라는 묘사와 일치한다. 이처럼 모세의 저술을 다섯 권의 책으로 나누는 것은 실질적인 이유에서 비롯된 듯하다. 율법의 모든 내용을 하나의 두루마리에 담을 수는 없었지만, 다섯 개의 양피지 두루마리는 꽤 쉽게 다룰 수 있었다. 이러한 설명은 시편을 다섯 부분으로 나눈 것에도 적용할 수 있다. 왜냐하면 150편의 찬송 역시 너무 많은 지면을 차지할 것이기 때문이다.

  율법을 다섯으로 구분하는 것은 사마리아 오경과 70인역 성경에서도 입증된다. 이 두 가지 문서에서는 모세의 저술에 사용된 다섯 개의 명사가 수록되어 있다. 1세기에 유대인 역사가 요세푸스(Josephus)도 다섯 권의 율법서에 대해 이야기했다. 오리겐(Origen)은 요한복음 주석에서 "오경"이라는 단어를 처음으로 사용했으며, 뒤이어 터툴리안(Tertullian)이 마르시온파와의 논쟁에서 그 단어를 사용했다.[3]

  성경도 모세의 저술을 "율법책"(수 1:8; 8:34), "모세의 율법책"(수 8:31; 23:6; 왕하 14:6), "모세의 율법"(왕상 2:3), "모세의 책"(스 6:18; 느 13:1; 막 2:26), "하나님의 율법"(느 10:28, 29), "주의 율법"(눅 2:23, 24), "율법"(스 10:3; 눅 10:26)이라고 언급하며, 또 "모세와 선지자들"(눅 16:29; 24:27)과 같은 구절에서는 간단히 "모세"라고 언급한다.[4]

유대인들에게 있어서 "토라"(*Torah*)라는 단어는 성경 중의 이 부분을 가장 잘 묘사해 주는 단어이다. 토라는 "율법"뿐만 아니라 "가르침"이나 "교훈"도 의미한다. 이 다섯 권의 책은 세상과 이스라엘 백성의 기원에 대한 하나님의 가르침을 담고 있을 뿐만 아니라, 죄악된 백성이 거룩하신 하나님을 만날 수 있는 방법도 설명한다. 유대인들의 견해에 의하면, 모세가 구약 성서에 등장하는 다른 인물들과 비교할 수 없이 중요하듯이, 오경은 구약 성서의 나머지 부분—예언서와 성문서—과는 비교할 수 없는 권위를 가지고 있다. 유대인들이 고국에서 추방되어 포로생활을 할 때, 회당에서 가장 자주 읽은 것이 모세의 책들이었다. 다른 책들은 그리 체계적으로 다루어지지 않았지만, 오경은 보통 삼 년에 한 번씩 통독되었다.

2. 오경의 통일성

창세기에서부터 신명기까지 다섯 권의 책은 인류의 기원, 그리고 이스라엘 국가의 탄생과 발달에 대해 일관성 있게 묘사한다. 창세기를 제외한 나머지 책들은 이스라엘 백성을 애굽에서 구출하여 약속의 땅으로 인도하라는 부르심을 받은 모세의 생애와 사역에 초점을 둔다. (창세기 15:14에 예고된 대로) 노예 생활에서 해방된 직후, 이스라엘은 시내 산 밑에서 잠시 멈추었고, 그곳에서 하나님은 그들에게 거룩한 생활의 원리와 하나님의 법을 계시해 주셨다. 거의 1년간 지속된 이 중요한 만남은 출애굽기 19-40장, 레위기 전체, 민수기 1-10장에 묘사되어 있다. 이스라엘 백성은 시내 산을 떠나 가데스바네아에 도착한 이스라엘 백성은 불신앙 때문에 하나님께서 안전하게 가나안 땅으로 인도해 주실 것을 믿지 않았다. 민수기의 나머지 부분에서는, 이스라엘 백성이 모압 평지에 도착하기 전에(민 22:1) 40년간 광야를 방황한 이야기를 다룬다. 그곳에서 그들은 발람과 발락의 음모를 이기고 살아 남았고, 모세는 약속의 땅에서 사는 데 대한 교훈을 주었다. 모세는 요단 강 동편 둑에서 백성들에게 마지막 연설을 하면서, 하나님께서 그들을 위해 행하신 일을 요약하고 여호와께 충성하라고 권한다. 이 위대한 지도자의 마지막 메시지인 신명기는 모세의 죽음에 대한 기사로 끝이 난다.

존 세일헤머(John Sailhamer)는 오경의 주된 설화 부분들은 시적인 것으로 끝이 나며, 때로 끝맺음 말이 이어진다는 사실에 주목해왔다. 예를 들면, 창세기 49장의 족장 이야기의 끝 부분에는 야곱의 시적인 축복이 위치하며, 50장에는 끝맺음 말이 따른다. 출애굽 이야기는 출애굽기 15장의 모세의 노래로 끝이 나는 반면에, 광야의 방랑생활 뒤에는 민수기 23-24장의 발람의 신탁이 따른다. 오경의 끝 부분인 신명기 32-33장에는 열두 지파에 관한 모세의 증언과 축복의 노래를 담고 있는 시적인 내용이 담겨 있으며, 24장에는 끝맺음 말이 담겨 있다.[5]

설화 내의 전체적인 연속성 외에, 오경의 통일성을 강조하는 문법적인 특징들을 지적할 수 있다. 어떤 이유 때문인지, 이 다섯 권의 책에서는 삼인칭 대명사인 "그 남자"(he)와 "그 여자"(she)를 구분하지 못했다. 오경에서는 구약 성서의 나머지 부분에서처럼 *hû*와 *hî*를 구분하여 사용하지 않고 남성형만 사용한다. "소년"과 "소녀"라는 단어들의 경우도 마찬가지이다. "소녀"는

*na'arâ*라고 기록되어야 하지만, 오경에서는 여성형 어미가 없이 *na'ar*로 사용한다.[6)]

오경의 통일성을 지지하는 강력한 논거들이 있음에도 불구하고, 많은 학자들은 육경, 또는 사경 설을 지지한다. 율리우스 벨하우젠(Julius Wellhausen)은 여호수아서가 오경과 결합하여 "육경"을 이룬다고 생각했다.[7)] 반대로, 마틴 노트(Martin Noth)는 민수기에서 끝나는 "사경"을 이야기하면서, 신명기는 열왕기하에서 끝나는 역사서들을 포함하는 하나의 역사의 첫머리 두었다. 그의 표현을 빌자면 "신명기적 저서"(deutronomic work)는 포로기에 작성되었으며, 신명기 1-3장은 전체 전집의 서론 역할을 한다.[8)] 물론 신명기는 여호수아서와 밀접하게 연결되어 있지만, 여호수아 1장에서는 "율법서"와 다른 자료들을 구분했다(8절). 율법은 모세에 의해서 주어졌고, 유대 전통과 내적인 증거들은 다섯 책의 통일성을 강력하게 뒷받침한다.

3. 오경이 구약 성서에 미친 영향

신명기를 나머지 네 권과 분리함으로써 오경의 통일성을 어지럽히기 보다는, 신명기와 오경의 나머지 책들이 구약성서 전체에 큰 영향을 미쳤음을 인정해야 한다. 모세의 율법은 이스라엘 국가 및 그에 속한 개인들의 지침서로 의도된 것이었으므로, 후대의 성경 기자들이 오경의 그늘 아래서 저술한 것은 그리 놀라운 일이 아니다. 오경은 예언서 기자들에게 가장 큰 영향을 주었지만, 시가서와 역사서에도 영향을 미쳤다.

1) 역사서에 미친 영향

여호수아는 여러 해 동안 모세의 주요한 조력자이자 사령관이었다. 여호수아서는 이 두 사람의 밀접한 관계를 반영해 준다. 특히 세 곳(1, 8, 23장)에서 모세가 율법책을 주었다고 강조한다. 왜냐하면 여호수아는 백성들에게 모세의 가르침에 순종하라고 촉구해야 했기 때문이다. 백성들이 순종하면 하나님이 풍성한 복을 주시겠지만, 만일 반역하면 율법의 저주가 그들을 괴롭힐 것이었다(수 8:34; 23:6-13). 사사기와 사무엘서 일부에서는 실제로 이러한 저주가 이스라엘에게 어떻게 임했는지, 그리고 다윗 왕의 통치로 인해 경건과 복이 다시 임한 것에 대해 이야기한다. 다윗의 자손이 하나님의 이름을 위해 집을 세울 것이라는 약속(삼하 7:13)은, 하나님께서 자기 이름을 두실 장소를 택하실 것이라는 신명기 12:5의 말과 연결된다.

다윗은 솔로몬에게 남긴 유언에서 모세의 율법에 기록된 계명과 율례를 강조했다(왕상 2:3). 그 후 여러 세기 동안 경건한 왕 히스기야와 요시야는 모세를 통해 주어진 계명대로 마음과 힘을 다해 여호와를 따랐다(왕하 18:6; 23:25). 역대기상·하에서는 "모세의 책"과 율례가 한층 더 자주 언급된다(대상 5:15; 22:13; 대하 8:13; 25:4; 35:12을 보라). 에스라와 느헤미야도 모세와 그의 저술을 몇 차례 언급했는데, 그것은 에스라의 직업이 서기관이었기 때문일 것이다.

2) 예언서에 미친 영향

소선지서와 대선지서에는 모세의 책들과의 중요한 연결 고리가 포함되어 있다. 이사야는 하늘과 땅을 증인으로 청함으로써 예언을 시작하는데, 그것은 신명기 30:19과 32:1에 기록된 모세의 엄숙한 요청을 빗대어 인용한 것이다. 모세는 불순종은 심판을 초래할 것이라고 경고했고, 이사야는 재앙이 곧 임할 것이라고 선포하려 한다. 이사야 1:24; 49:26; 60:16에서는 심판하실 하나님이 "이스라엘(또는 야곱)의 전능자"라고 불리는데, 이것은 창세기 49:24에서 취한 호칭이다. 이사야는 하나님을 "반석", 또는 "구원"이라고 부르는데, 이 명사들은 신명기 32:15에서 발견된다. 하나님은 구속자인 동시에 창조주이시다. 이스라엘이 애굽에서 구출된 것처럼, 남은 자는 바벨론에서 구출될 것이다. 이사야 12:2은 홍해에서 애굽을 물리친 승리를 찬양하는 구절을 인용한다(출 15:2 참조).

예레미야서의 개념들은 신명기에 크게 의존하고 있다. 9:14; 13:10; 23:17 등에서 언급하는 바 백성들의 마음의 강퍅함은 신명기 9:27에 기록된 백성들의 상태에 대한 평가와 일치한다. 모세는 우상숭배자는 "독"과 "쓴 맛"을 내는 "뿌리"와 같다고 말했다(신 29:18). 이 두 단어—$rō'š$와 $la'anâ$—는 예레미야 9:24; 23:15, 그리고 아모스 6:12에서 함께 등장한다. 열매를 맺었으니 곧 심판이 임할 것이었다. 예레미야는 신명기 28:37의 표현을 인용하면서, 유다가 황폐해지고 조롱과 조소의 대상이 될 것에 주목한다(25:9, 11; 29:18).

레위기 26장과 신명기 28-29장에서 발견되는 많은 저주들은 예언서에서 인용되는데, 이것은 이 부분이 구약 성서 중에서 가장 잘 알려진 부분이라는 것을 지적해 준다. 예를 들어, 신명기 28:22에 언급된 한재와 풍재가 아모스 4:9과 학개 2:17에서 곡식의 수확을 망친다. 또 신명기 28:23, 38-39에 예고된 대로, 한재와 메뚜기 떼가 밭과 포도원 농사를 망친다(학 1:10-11; 욜 1:4).

3) 시가서에 미친 영향

오경은 시가서에는 그다지 큰 영향을 미치지 않는다. 심지어 "토라"라는 단어도 모세의 "율법"이라는 의미가 아니라 "가르침"이나 "교훈"을 의미할 수도 있다(잠 1:8 참조). 시가서에 수록된 자료들은 대체로 실질적인 지혜를 다루며, 삶의 의미(욥기나 전도서), 또는 열심히 일하는 것과 말을 조심하는 것의 중요성(잠언)에 초점을 둔다. 그럼에도 불구하고, 시편은 여호수아서처럼 "여호와의 율법을…주야로" 묵상하라고 권면하는 것에서부터 시작한다(시 1:2; 수 1:8 참조). 시편 19편과 119편 역시 율법의 교훈과 계명을 찬양한다. 이스라엘에서는 제사장들이 가르치는 일을 행했으므로, "사려 깊고 실질적인 지혜와 성전과 제사장은 밀접하게 결합되었을"[9] 가능성이 많다.

4. 오경이 신약 성서에 미친 영향

예수님과 사도들의 사역은 유대인들이 모세의 율법에 깊은 관심을 가지고 있을 때에 행해졌다. 따라서 신약 성서에 오경에 대한 언급이 많은 것은 놀라운 일이 아니다.

1) 신약 성서 내의 인용문

신약 성서에서 시편과 이사야서 다음으로 자주 인용된 것이 오경의 책들이다. 오경 중에서는 신명기가 가장 많이 인용되고, 그 다음에 출애굽기, 창세기, 그리고 레위기의 순서이다.[10] 민수기는 세 번만 인용된다. 자주 인용되는 곳은 창세기 2장과 12장, 출애굽기 3장과 20장, 레위기 19장, 신명기 5장과 6장과 32장이다. 레위기 19:18은 공관복음에서 약 9번 인용되고(마 5:43; 19:19; 22:39; 막 12:31, 33; 눅 10:27), 로마서 13:9, 갈라디아서 5:14, 야고보서 2:8에서도 인용된다. 율법은 "네 이웃을 네 몸같이 사랑하라"는 하나의 법칙으로 요약될 수 있다. 이신칭의의 교리도 창세기 15:6에 근거하고 있다(롬 4:3, 9, 22; 갈 3:6 참조). 예수께서는 광야에서 사탄에게 시험을 받으실 때에 신명기 중 세 구절을 인용하셨다(8:3; 6:13, 16; 마 4:4, 7, 10 참조).

2) 예표론

이스라엘 족장들과 자손들의 경험은 종종 영적 진리를 예증하기 위한 "본보기" 또는 "예표"(고전 10:6, 11)로 사용된다.[11] 아브라함이 살렘의 왕이요 지극히 높으신 하나님의 제사장인 멜기세덱을 만난 것은 히브리서 기자로 하여금 그리스도를 "멜기세덱의 반차를 좇는" 제사장이라고 말할 수 있게 해 주었다(히 7:1-17). 바울은 종살이와 자유, 율법의 속박과 그리스도 안의 자유를 예증하기 위해서 창세기 16-21장에 기록된 바 하갈과 사라, 그리고 그들의 자손들 사이의 경쟁을 사용했다(갈 4:24-31).

이스라엘이 광야를 방황한 것은 바울이 "저희를 따르는 신령한 반석으로부터 마셨으매 그 반석은 곧 그리스도시라"(고전 10:3)고 언급한 배경이 되었다. 모세가 호렙 산에서 바위를 친 사건은 육체적인 갈증의 해소를 강조했다(출 17:6). 비슷하게, 하나님께서 40년 동안 이스라엘 백성에게 주신 만나는, 예수로 하여금 자신을 "하늘에서 내린 떡"이요 "생명의 떡"이라고 언급할 수 있게 해 주었다(요 6:32, 35). 떡은 예수께서 "세상의 생명"을 위해 주신 예수님의 살이었다(요 6:51). 마지막으로, 독사에게 물렸으나 믿음으로 모세의 놋뱀을 바라보아 나음을 받은 사람들은

(민 21:9) 영원한 사망으로부터의 구원을 위해 예수님을 바라보는 사람들과 같았다(요 3:14-15).

그리스도의 죽음은 어떤 면에서 모세의 성막 안에서 이루어지는 대제사장의 사역에 비유된다. 대제사장은 속죄일에 지성소에 들어가 언약궤 위에 피를 뿌려야 했다(레 16:15-17). 히브리서 9:12에서는, 그리스도께서 "자기 피로 영원히 속죄를 이루사 단번에 성소에 들어가셨다"고 말한다(히 9:12). 손으로 만든 성소는 참 것의 그림자에 불과하며, 예수는 참 하늘에 들어가셨다(히 9:24-25).

그리스도는 죽음을 통해서 시내 산에서 맺은 옛 언약보다 한층 우월한 새 언약의 중보자가 되었다. 새 언약은 더 좋은 약속들 위에 세워지며(히 8:6), 시내 산의 어두움과 두려움과 연결되는 것이 아니라 기쁨과 연결된다(히 12:18-22).

5. 오경의 신학

오경에는 신학적 진리가 풍성히 담겨 있으며, 신학의 모든 주요 분야가 다루어진다. 우리는 하나님의 능력과 초월성에 대해서 배우며, 동시에 에덴 동산에서 걸어 다니시거나 시내 산에서 모세와 교제하시는 하나님을 발견한다. 하나님은 다른 신과는 달리 주권적인 창조주이시지만, 말씀과 행위에 의해서 언약의 백성인 이스라엘과 각각의 사람들에게 자신을 계시하신다. 애굽 사람들도 야웨가 하나님이라는 것을 배웠다.

인간은 하나님의 형상으로 지음을 받았지만, 창세기에서는 인간의 죄에 대해서 말하며 하나님의 심판을 사실적으로 묘사한다. 그러나 타락한 세상에서 하나님은 백성들을 돌아오게 하기 위해 세상에 오셨다. 속죄를 위해 희생제사를 드릴 수 있었다. 레위기는 특별히 죄악된 백성이 거룩하신 하나님께 접근할 수 있는 방법을 묘사한다. 출애굽기 12장의 유월절 양을 죽이는 것과 레위기 16장의 속죄일에 희생제사를 드리는 것은 그리스도께서 갈보리에서 궁극적으로 희생의 제물이 되실 것을 훌륭히 묘사한다. 하나님은 인류를 사랑으로 다루시면서, 죄를 용서하시고 백성들이 마음을 다하여 순종할 것을 요구하신다. 여호와는 죄인에게 심판을 내리시는 하나님이시지만, "자비롭고 은혜롭고…인자와 진실이 많은" 분이시다(출 34:6). 이러한 속성들이 가장 분명히 나타나는 곳이 오경이다.

1) 하나님

(1) 창조주이신 하나님

오경은 하늘과 땅의 창조주이신 하나님에 대한 묘사로 시작되며(창 1:1), 이스라엘의 아버지요 창조주이신 하나님에 대한 언급으로 끝난다(신 32:6, 15). 창세기 1장에서는 "창조하다"(*bārā'*)라는 동사가 다섯 번 사용되며, 창세기 2:4부터 6:7 사이에서도 다섯 번 사용된다. 하나님은 항상 그 동사의 주어이시며, 창조하는 데 사용된 물질에 대한 언급은 없다. 신명기 32:6에서 "지으시다"로 번역된 동사는 *qānâ*로서, "소유하다", "사다", 또는 "낳다"라는 의미를 지닐 수도 있다(창 4:1; 시 139:13). 이 동사는 멜기세덱이 "천지의 주재요 지극히 높으신 하나님"을 부르는 창세기 14:19, 22에서도 사용된다. 창세기 1장에서 하나님의 창조 행위의 절정은 27절에 기록된 인간—남성과 여성—의 창조이다. 2장 7절에 기록된 아담의 창조에 대한 상세한 이야기에서는 하나님께서 "흙으로 사람을 지으셨다"고 말한다. "지으셨다"(*yāṣar*)는 토기장이가 진흙으로 토기를 만드는 것을 언급할 때에 사용되는 동사이다(사 45:9, 11 참조).

창조주 하나님은 물질계와는 분리되시며, 물질계보다 우선하신다. 한편, 바벨론의 창조 서사시에 의하면 우주는 살해된 티아맛(Tiamat)의 몸으로 만들어졌고, 인간은 킹구(Kingu)라는 신의 피로 만들어졌다고 한다.[12] 고대 근동 지방에서 신으로 섬김을 받은 해와 달이 단순히 "큰 광명"과 "작은 광명"으로 언급된 것을 보면(창 1:16), 하나님이 자연과 구별되시는 분이심이 분명히 드러난다. 그곳에는 해와 달을 지으신 후에 별들을 지으셨다는 내용도 포함되어 있다. 역시 고대인들이 두려워 했던 바다의 커다란 생물들은 하나님의 지배 하에 있다(21절). 하나님만이 모두가 예배해야 할 주권자이시다.

⑵ 구속자이신 하나님

하나님에 대한 두번째 주요한 묘사는 구속사로서의 사역이다. 이것은 구약 성서에서 가장 위대한 구원의 본보기인 이스라엘 민족을 애굽 땅에서 구하신 일과 직접 연결된다. "구속하다"($gā'al$)라는 동사는 재산과 개인적인 자유를 회복하는 방법에 대해 묘사한 레위기 25장에서 충분히 설명된다. 땅을 판 사람이나 그의 친척은 그 땅을 다시 살 수 있었다(25-27절). 만일 어떤 사람이 가난해져서 자신을 종으로 팔아야 했다면, 그 자신이나 그의 친척이 그의 자유를 살 권리를 가지고 있었는데, 이것을 속량이라고 한다(47-49절). 고의적인 살인과 우발적인 살인에 대해 다룬 민수기 35장에서도 "구속하다(보수하다)"라는 단어가 중요하게 사용된다. 만일 어떤 사람이 살해되었다면, 죽은 사람의 친척이 살인자를 죽여야 했으며, 이 친척은 "피를 보수하는 자"($gō'ēl\ dam$)라고 불렸다(19절). 우발적으로 사람을 죽인 사람은 도피성에 머물면 피의 보수를 피할 수 있었다(25-27절).

구속자이신 하나님의 사역에는 자유를 산다는 개념과 학대에 대해 복수한다는 개념이 혼합되어 있다. 애굽에서 종살이하는 400년 동안 노예 감독이 무자비하게 일을 시켰기 때문에, 이스라엘 백성은 학대받고 매를 맞기도 했다(출 1:12-13; 5:14). 오경에서 이스라엘의 구속을 언급할 때에는 보통 노예 상태로부터의 해방과 연결짓는다(출 6:6). 신명기에서는 거듭 하나님께서 "종 되었던 집에서 속량하셨다"고 말한다(7:8; 13:5). 홍해에서 바로를 이긴 승리를 찬양하는 노래에서, 이스라엘은 "주께서 구속하신 백성"이라고 언급된다(출 15:13). 모세는 애굽으로부터의 구속을 족장들에게 하신 하나님의 약속의 성취와 연결한다(신 7:8). 하나님은 자기 말씀에 충실하시므로, 백성들은 하나님을 사랑하며 그의 계명과 명령을 따라야 한다고 말한다.

하나님을 지칭하는 "구속자"라는 호칭은 이사야 선지자에 의해 거의 완벽하게 발달했다. 이사야서 41:14부터 63:16 사이에서, 그 단어는 13번 등장하며, 다른 형태의 동사도 사용된다. 이사야는 이스라엘을 애굽에서 구속하신 하나님은 그들을 바벨론으로부터 구할 수 있을 것이라고 주장한다. 즉, 새로운 출애굽을 제시한다. 이스라엘을 향한 크신 사랑 때문에, 하나님은 바벨론 사람들에게는 보복하시고 이스라엘 백성을 속량하실 것이다. 이사야 63:4에서는 이스라엘의 석방을 "구속할 해"라고 말하며, 52:9에서는 바벨론으로부터의 해방에 동반된 기쁨의 노래에 대해 말한다.[13] 땅을 잃은 사람의 친척(친척 보수자)이 그 땅을 다시 구입하는 것처럼, 이스라엘의 구속자는 장차 그 민족을 고국으로 귀환하게 하시며 그 지경을 넓히실 것이다(54:1-8).

(3) 하나님의 속성

오경에서는 창조주와 구속자로서의 하나님의 사역이 강조되지만, 하나님의 성품과 사역이 지닌 다른 측면에도 적절한 관심을 기울인다. 예를 들면, 레위기에서는 하나님의 거룩이 등장하는데,

이스라엘 민족에게 "너희는 거룩하라 나 여호와 너희 하나님이 거룩함이니라"고 명한다(19:2). 공동체로부터 구분되어 하나님께 성별된 제사장들이 관리하는 성소에서만 거룩하신 하나님을 예배할 수 있었다. 그러나 이스라엘의 하나님과 생명이 없는 우상들의 차이점을 온 세상에 증명하기 위해서, 이스라엘 민족 전체가 "제사장의 나라와 거룩한 백성"이 되어야 했다(출 19:5). 또 하나님께서 시내 산에서 백성들에게 자신을 계시하셨기 때문에, 그 산 전체가 거룩하게 되었다(출 3:5; 19:11-13).

거룩하시고 경외심을 일으키시는 하나님은 지으신 피조물을 다스리시는 주권자이셨으며, 노아와 아브라함을 취하시고, 그들을 통해서 저주받은 세상에 축복을 주실 능력을 가지고 계셨다. 요셉이 애굽에 팔려감으로써 하나님의 목적이 좌절될 것처럼 보였을 때, 하나님은 요셉의 형들과 주위 여러 국가에게 주려 했던 해로움 대신에 축복을 주셨다(창 45:7; 50:20 참조). 애굽 사람들이 요셉의 일을 잊고 이스라엘 백성을 잔인하게 다루었을 때에, 하나님께서는 여러 가지 재앙을 내리시고 홍해에서 멸망하게 하심을 통해서 바로에게 하나님만이 홀로 여호와이심을 가르치셨다(출 15:11 참조). 여호와께서는 자신의 주권을 증명하시려는 듯 "그 백성으로 애굽 사람의 은혜를 받게 하셨고"(출 11:3), 그들은 애굽을 떠나면서 자기들을 학대하던 사람들의 물품을 강탈했다(출 12:36).

오경 전체에서, 우리는 이 능력의 하나님이 사랑의 하나님이심을 배운다. 그분은 "자비롭고 은혜롭고 노하기를 더디하고 인자와 진실이 많은 하나님"이시다(출 34:6). 이러한 묘사는 민수기 14:18; 시편 103:8; 요엘 12:13; 요나 4:2에서 되풀이 된다. 금송아지 숭배 사건에서 나타난 이스라엘 백성의 완악함과 배교에도 불구하고, 여호와께서는 모세의 중보에 응답하시어 그들에게 자비를 베푸셨다. 이스라엘은 그 죄로 인해 벌을 받았지만, 여호와께서는 "천대까지 언약을 이행하려" 하셨다(신 7:9; 출 20:6 참조). 홍수 때에 하나님께서 노아를 기억하셨듯이(창 8:1), 이스라엘 백성이 종살이로 인해 신음하고 있을 때에 하나님은 아브라함과의 언약을 기억하셨다(출 2:24). 예고된 포로기에도, 하나님은 자기 백성을 기뻐하시며 그들을 다시 약속된 땅으로 데려 오려 하셨다(신 30:9).

우리는 하나님의 사랑과 긍휼을 더 강조하려 하지만, 하나님의 거룩과 공의는 죄인은 벌을 받아야 한다고 요구한다. 창세기에서는 하나님의 진노가 홍수를 통해서 타락한 세상에 부어졌고, 노아의 자손들은 바벨탑을 세우려 했기 때문에 벌을 받았다. 아브라함이 "세상을 심판하시는 이"에게 가나안의 도시인 소돔과 고모라에 살고 있는 의인들을 살려 달라고 간청했음에도 불구하고, 두 도시는 성적인 부도덕함으로 인해 멸망했다(창 18:25). 애굽을 황폐하게 하고 홍해에서 바로와 그의 군대에게 치욕을 준 재앙 속에서 하나님의 두려운 힘이 드러났다.

애굽에서 나온 후 우상숭배 때문에 시내 산과 모압 평지에서 수천 명이 죽게 되면서, 이스라엘은 다시 한 번 하나님의 진노를 느꼈다(출 32:28; 민 25:9). 아론의 두 아들은 "여호와의 명하시지 않은 다른 불을 담아" 분향했기 때문에 죽었고(레 10:2), 고라와 그를 따르는 사람들은 모세와 아론을 거역했기 때문에 산 채로 음부에 빠졌다(민 16:31-33). 광야에서 불평하던 사람들은 불이나 무서운 뱀의 공격을 받았다(민 11:1; 21:6). 마지막으로, 여호와께서는 이스라엘 백성이 약속된 땅에 들어간 후에도 하나님의 명령에 불순종하면 그들을 치욕스럽게 그 땅에서 몰아내겠다고 경고하셨다(레 26:27-32; 신 28:58-64). 과거에 질병과 재앙으로 바로를 멸망시켰듯이, 그들을 멸망시키기 위해서 애굽의 질병과 재앙을 보내실 것이었다.

⑷ 하나님의 이름

오경에는 하나님을 지칭하는 거의 모든 주요한 명칭이 들어 있다. 하나님은 자신의 활동과 이름들을 통해서 족장들과 모세에게 자신을 계시하신다. 한 사람의 이름은 그의 본성과 본질을 표현하므로, 신을 지칭하는 다양한 호칭에 중요성을 부여해야 한다.

하나님(God). "하나님"을 지칭하는 히브리어는 엘로힘('elōhîm)—이것은 우가릿어 el이나 아카드어 ilu에 해당되는 것으로서 하나님을 나타내는 포괄적인 단어이다—이다. 엘로힘은 창조주이신 하나님의 사역을 강조하는 창세기 1장에서 사용된다. 히브리어의 형태는 복수형이지만 단수형의 동사와 함께 사용된다. 학자들은 위엄의 복수, 또는 존경의 복수라고 설명해왔다.[14] 그러나 올브라이트(W. F. Albright)는 "아스다롯"(Ashtototh)이 사용되었음을 지적하며, 이것이 한 신의 "현현들 전체"[15]를 의미한다고 주장한다. 복수형이 삼위일체의 교리를 증명한다고 주장하는 것은 옳지 않지만, 후일 실제로 그러한 이론이 발달했다.[16]

엘로힘은 종종 인격적인 명칭인 "야웨"와 결합되어 사용되는데, 야웨라는 명칭이 엘로힘보다 선행한다. 흔히 "여호와 하나님"으로 번역되는 복합명사는 창세기 2:4에 처음으로 등장한다. 창세기 24장에서, 엘로힘은 "하늘의 하나님, 땅의 하나님"(3절)이요 "우리 주인 아브라함의 하나님"이다(12, 26, 43절). 그 분은 아브라함과 이삭의 하나님(28:13), "아브라함의 하나님, 이삭의 하나님, 야곱의 하나님"(출 3:6)이시다.

여호와(야웨). 하나님을 지칭하는 인격적인 명칭으로서, 모세에게 설명된 의미는 "야웨"였다. "여호와"로 더 잘 알려져 있다. 이 명칭의 정확한 발음은 분명하지 않고, 히브리 성경에는 네 개의 자음—YHWH—만 주어져 있다. 학문적인 논의에서, 이 명칭은 종종 "네 개의 문자"이라는 뜻을 가진 헬라어 tetragrammaton이라고 불린다. 유대인들은 야웨의 이름을 헛되이 부르는 것을 원하지 않았고(출 20:7), 또 이교도들이 그 단어를 함부로 사용하는 것을 막기 위해서 그 이름을 발음하기를 거부했기 때문에 모음은 지적되지 않았다. 이 거룩한 이름이 사용되는 구절에서 유대인들은 그것을 "아도나이"(Adonay)라고 발음했다. "아도나이"의 모음들이 YHWH와 혼합되어 "여호와"(Yehowah)가 된다. 이 단어의 첫 음절은 "할렐루야"(Hallelujah, 즉 Praise Yah)에 보존되어 있다. "Yah"는 "Yahweh"의 단축형이다. 대부분의 현대 역본에서는 이 명사를 언급하기 위해서 "주"(Lord)를 사용함으로써 문제를 피한다.

이스라엘 백성이 누가 그 민족을 애굽에서 인도해 내라고 보내셨느냐고 질문할 때에, 어떤 이름을 사용해야 하느냐고 모세가 질문했을 때, 하나님은 "스스로 있는 자가 나를 너희에게 보내셨다"고 대답하라고 하셨다(출 3:14). "스스로 있는 자"(I AM)는 "YHWH"와 철자가 거의 비슷한 단어이므로, 우리는 그것이 하나님을 지칭하는 이 매우 친밀한 이름의 의미의 핵심이 된다고 확신한다. 12절에서 하나님은 "내가 정녕 너와 함께 있으리라"고 말씀하시며, "I AM" 역시 그런 의미로 이해되어야 할 것이다: "나는 (너를 위해) 존재하는 자, 특히 위기에 처했을 때에 너를 돕고 행동하기 위해 현존하는 자이다."[17] "임마누엘"(Immanuel)이 "우리와 함께 계시는 하나님"(사 7:14)을 의미하듯이, "야웨"는 아브라함의 하나님께서 자기의 약속을 잊지 않으셨음을 지적한다. 족장들은 이 이름을 잘 알고 있었지만, 그 의미를 완전히 알지는 못했다(출 6:3 참조). 이스라엘이 애굽으로부터 하나님의 구속을 경험했을 때, 백성들은 야웨의 은혜로운 섭리를 더욱 완전히 이해했을 것이다.

"스스로 있는 자"(I AM)라는 이름이 애매하기 때문에, 어떤 해석자들은 그것을 창조주, 영원히 실존하시는 분, 또는 존재를 만들어 내시는 분이신 하나님의 역할과 연결한다. 이러한 의미들은 창세기 1장 및 창조에 관한 비슷한 구절에 비추어 보면 매우 타당하지만, 그 이름이 사용되는 문맥들은 다른 것을 지적한다. 창세기 2장에서 야웨는 에덴 동산과 하나님께서 아담에게 주신 지시와 관련하여 처음 등장한다. 그 이름은 인간과 교제하려 하시는 하나님의 소원을 지적하므로, 종종 언약의 문맥에서 사용된다. 이것은 특히 아브라함의 언약 체결을 묘사한 구절에서 분명히 드러난다(창 12:1-9; 15:1-19). 또, 하나님께서 시내 산에서 이스라엘과 언약을 맺으실 때에 "야웨"라는 이름이 자주 등장했다(출 19:7-10; 20:2; 24:1-18). 모세는 백성들이 언약을 존중하지 않으면 야웨께서 그들에게 재앙을 보내실 것이라고 경고한다. 그러므로, 그들은 "네 하나님 여호와라 하는 영화롭게 두려운 이름을 경외"해야 했다(신 28:58-59). 요한복음 8:58에서 예수께서는 "내가 있느니라"(I AM)고 말씀하시면서 자신을 구약성서의 하나님과 동일시 하셨으며, 그 때문에 하나님을 모독했다는 이유로 돌에 맞아 죽을 뻔 하셨다. 여호와의 이름을 훼방한 이스라엘 사람들은 여호와의 거룩한 이름을 저주했다는 죄목으로 모세의 명령에 따라 돌에 맞아 죽었다(레 24:11, 16).

주(Adonay). 아도나이('adōnay)는 "주", 또는 "주인"이라는 기본 개념을 가진다. 바로는 "그 주 애굽 왕"이라고 언급되며(창 40:1), 사라는 아브라함을 "내 주인"이라고 언급한다(창 18:12; 벧전 3:6 참조). 창세기 18:3에서 아브라함이 자기를 찾아온 방문객들의 초자연적인 성품을 알고 있었는지 분명하지 않지만, 그는 그들에게 이 단어를 사용한다(19:2 참조). "아도나이"라는 이름이 하나님에게 적용될 때에는 주로 "야웨"와 결합되어 "주 여호와"로 번역된다(15:2, 8). 창세기 15장의 이 두 구절과 신명기의 두 절(3:24; 9:26)은 기도하는 상황에서 "주 여호와"라는 명칭을 사용한다. 아브라함은 하나님께 후사를 달라고 기도하고 있으며,

모세는 하나님께 백성을 멸하지 말라고, 그리고 뒤에서는 약속된 땅을 보게 해 달라고 기도한다. 신명기 10:17에서는 야웨를 "신의 신이시요 주의 주"라고 부른다.

지극히 높으신 하나님(God Most High). El Elyon('*el 'elyôn*)은 엘로힘(Elohim)의 약자와 "지극히 높은"을 의미하는 형용사 '*elyôn* 로 구성되어 있다. 그것은 창세기 14:18-22에서 4번 사용되며, 민수기 24:16과 신명기 32:8에서 한 번씩 사용된다. 창세기에서는 멜기세덱이 "지극히 높으신 하나님의 제사장"으로 소개된다. 이 이름은 두 번 "천지의 주재"와 연결되어 사용된다(19, 22절). 두 가지 이름은 가나안 신들과 결합되어 있지만, 그렇다고 해서 멜기세덱이 거짓 신들을 섬겼다는 의미는 아니다. Elyon에 해당하는 우가릿어 '*ly*는 케레트 서사시에서 바알 신의 별명으로 사용된다.[18]

민수기 24:16에서는 이스라엘 사람이 아닌 발람이 이스라엘에 대해 예언하면서 "지극히 높으신 자"라는 명칭을 사용한다. 이 구절과 신명기 32:8은 국가들에 대한 하나님의 주권에 대해 말하는 시적인 부분에 포함되어 있다.

전능하신 하나님(God Almighty). 샤다이(*šadday*)는 욥기에서 하나님을 지칭하는 데 자주 사용된 이름들 중 하나이며(31번), 오경에서는 8번 사용되는데 그중 여섯 번은 "엘"(El)이라는 단어가 선행한다. 만일 이것이 아카드어 *šaddû*와 관련된 것이라면, 엘 샤다이는 "산의 하나님"을 의미한다고 볼 수도 있다.[19] 오랜 세월을 버텨온 산들의 힘과 능력은 하나님께 속한다.

엘 샤다이는 하나님께서 아브라함과 야곱에게 맺으신 약속을 확인하기 위해 나타나신 구절, 그리고 그들의 자손이 증가할 것이라고 다짐하는 구절에서 사용된다(창 17:1; 35:11). 그 밖에 이삭(창 28:3)과 야곱(창 43:14; 48:3)은 "전능하신 하나님"께서 아들들에게 복을 주시고 자비를 나타내시기를 기도한다. 출애굽기

6:3에서 하나님은 자신이 아브라함과 이삭과 야곱에게 "여호와"가 아니라 "전능의 하나님"으로 나타나셨다고 모세에게 말씀하신다. 민수기 24:4, 16에서, 발람은 "하나님의 말씀을 듣는 자, 전능자의 이상을 보는 자"로서 이야기한다. 모압 왕이 이스라엘을 저주하기 위해 고용한 사람이었음에도 불구하고, 발람은 각 절에서 이스라엘 지파들에 대한 축복을 선포한다.

영원하신 하나님(Eternal God). 아브라함은 브엘세바에서 그랄 왕 아비멜렉과 언약을 맺은 후에 에셀 나무를 심고 "영생하시는 하나님(*'el 'ôlām*) 여호와의 이름을 불렀다"(창 21:33). 이 이름은 오경의 다른 곳에서는 사용되지 않지만, 하나님의 영원하심이라는 개념은 최소한 두 번 더 나타난다. 출애굽기 15:18에서는 "여호와의 다스리심이 영원 무궁하시도다"라고 진술하며, 신명기 33:27에는 "영원하신 하나님(*'el 'ôlām*)이 너의 처소가 되시니 그 영원하신 팔이 네 아래 있도다"라는 문장이 포함되어 있다. 이스라엘은 무서운 고난을 겪고 많은 원수들을 만났지만, 애굽에서와 메마른 광야에서 이스라엘을 보호해주신 하나님은 앞으로도 계속 도와주실 것이다.

이삭의 경외하는 이(The Fear of Issac). 창세기 31:42에는 "이삭의 경외하는 이"(*paḥad yiṣḥāq*)라는 언급이 있는데, 그것은 "야곱의 전능자"와 조화를 이루는 하나님의 이름일 수도 있다. 창세기 31장에서, 야곱은 라반을 마지막으로 만나 "아브라함의 하나님 곧 이삭의 경외하는 자"이신 하나님의 도우심에 대해 이야기한다. 두 사람이 서로에게 해를 끼치지 않기로 언약을 맺을 때에, 야곱은 "그 아비 이삭의 경외하는 이를 가리켜 맹세했다"(53절). 스파이저(Speiser)는 "이삭의 두려워하는 자"(the Awesome One of Issac)로 번역하는 것이 바람직하다고 주장했으며,[20] 올브라이트는 "이삭의 혈족"(the kinsman of Isaac)[21]이라는 그럴 듯하지 못한 견해를 제시한다.

야곱의전능자(The Mighty One of Jacob). 하나님에 대한 또 하나의 중요한 호칭은 창세기 49:24을 비롯하여 다섯 곳(시 132:2, 5; 사 1:24; 49:26; 60:16)에서 사용되는 "야곱의 전능자"(*'abbîr ya'aqōb*)이다. *'abîr*라는 단어는 *'abbîr*라는 형용사와 관련되는 듯하다. *'abbîr*는 "강한" 또는 "강력한"이라는 의미를 지니며 용사들(렘 46:15), 황소(시 22:12; 사 34:7), 말(삿 5:22) 등을 묘사하기 위해 사용된다.[22] 창세기 49:24에서 요셉을 위한 하나님의 섭리를 강조하는 문맥에서, "야곱의 전능자"는 하나님을 지칭하는 몇 가지 다른 이름과 연결되어 있다. 요셉은 큰 불행을 당했음에도 불구하고, 야곱의 하나님이 도와 주시고 복을 주셨기 때문에 약해지거나 실패하지 않았다. 이사야서에서는 자기 백성을 구원하고 구속하시는 하나님의 능력을 언급하면서 두 번 "야곱의 전능자"가 사용된다(사 49:26; 60:16).

반석(Rock). 신명기 32장에는 모세가 이스라엘 총회 앞에서 읽은 노래가 수록되어 있는데, 이 노래에서 하나님을 지칭하는 "반석"(*ṣûr*)이라는 단어가 여러 번 사용된다(4, 15, 18, 30, 31절). "반석"은 이사야 17:10의 "요새"(fortress)와 동일하다. 왜냐하면 하나님은 사람들이 안전을 위해 도피할 수 있는 접근하기 힘든 요새와 같은 분이시기 때문이다. 이러한 반석은 피난처(신 32:37; 시 18:2), 파괴할 수 없는 안전한 요새이다. 하나님은 이스라엘의 반석이시므로, 하나님께서 이스라엘을 버리지 않는 한 이스라엘 군대는 결코 패하지 않을 것이다(신 32:30). 이스라엘의 반석보다 강한 힘을 가진 신은 없다(31절).

반석이신 하나님이 함축하는 또 다른 의미는 모세가 목마른 백성을 위해 반석을 쳐서 물이 나오게 한 시기와 관련이 있다(출 17:6). 신명기 32장에서는 이 둘이 연결되지 않지만, 시편 78:20에서는 반석에서 물이 나오는 것을 언급하며, 35절에서는 "하나님이 저희의 반석"이라고 언급한다. 고린도전서 10:3-4에서는 그 둘을 보다 정확하게 동일시 한다. 거기서 바울은 이스라엘이 광야에서 신령한 반석으로부터 마셨으매, "그 반석은 곧 그리스도시라"고 말한다.

야곱은 마지막 유언에서 하나님에 대해서 "이스라엘의 반석"('*eben*)이라는 호칭을 사용한다(창 49:24). 이 이름은 "야곱의 전능자"와 유사하며, "반석"(*ṣûr*)과 뚜렷이 구별되지는 않는 듯하다. 그러나 선지자 이사야는 "귀하고 견고한 기초돌"과 병행하여 "한 돌을 시온에 두었다"고 언급한다(사 28:16). 이스라엘의 하나님 위에 자기의 삶을 세우는 사람들은 실망하지 않을 것이다.

아버지. 오경에서 하나님께 "아버지"라는 이름을 적용한 것은 단 한 곳(신 32:6)뿐이지만, "아버지"는 무척 중요한 개념이다. 하나님은 이스라엘의 창조주, 그들을 지으시고 조성하신 분이므로, 그들의 아버지이셨다. "아버지" 다음에 사용된 동사 *qānâ*는 "낳다"를 의미할 수 있으며, 하나님이 "너를 내신 분"이라고 묘사되는 18절의 묘사에 적합하다.

하나님은 이스라엘 민족을 특별한 백성으로 선택하셨기 때문에 이스라엘의 아버지이셨다. 출애굽은 이스라엘 백성을 향한 하나님의 사랑을 증명해 주었고(출 6:6-7), 시내 산에서 하나님과 이스라엘 사이에 언약 관계가 공식화되었다(출 19:5-6). 이스라엘이 광야를 방황하는 동안, 하나님은 "사람이 자기 아들을 안음 같이"(신 1:31) 이스라엘을 인도하셨다. 수백 년 후에 이사야는 이 행동을 사랑과 긍휼의 행위라고 언급했다(사 63:9, 16). 하나님의 사랑이 무척 컸음에도 불구하고 이스라엘 백성이 하나님을 배반할 때에 모세는 크게 놀라지 않을 수 없었다. 그들은 "여호와를 향하여 악을 행하고"(신 32:5), 하나님의 율법과 계명을 버렸다. 모세는 그들에게 하나님을 존경받는 아버지로 여겨 순종하고 신뢰하지 않으면 하나님의 심판을 받을 것이라고 경고했다.

2) 인간

모세 오경은 인간에 대해서 성경의 다른 곳에서는 발견할 수 없는 극단적인 묘사를 제공한다. 에덴 동산에 있는 죄 없는 아담과 이브, 완전히 타락한 소돔의 사회를 제시한다. 에녹과 노아는 하나님과 동행했지만 나머지 인간들의 사악함이 극에 달했기 때문에 하나님은 홍수로 그들을 멸하셨다. 출애굽기는 시내 산에서 모세가 하나님과 대면하여 교제하는 동안에 산 밑에 머물던 이스라엘 백성들은 죄에 빠져 있었음을 묘사한다. 창세기에서는 이타적인 아브라함, 그리고 라헬을 뜨겁게 사랑한 야곱이 묘사되지만, 동시에 아벨을 죽인 가인, 요셉을 시기하여 애굽에 팔아 넘긴 무정한 형들의 이야기도 묘사된다. 요셉은 애굽에게 큰 축복의 근원이었지만, 요셉이 세상을 떠난 후 애굽 사람들은 이스라엘 백성들을 학대하고 무자비하게 혹사했다. 하나님께서는 이스라엘을 그 종된 집으로부터 구해 주셨지만, 백성들은 곧 광야 생활에 대해 불평하기 시작했다.

(1) 하나님의 형상으로 지음 받음

인간은 하나님을 닮았으므로, 세상에서 하나님의 대변인으로서 다른 피조물을 다스릴 권위를 받았다. 하나님은 인간에게 물고기와 새와 짐승을 다스리게 하셨고(창 1:26), 땅을 정복하라고 말씀하셨다(1:28). "다스리다"와 "정복하다"라는 용어에는 인간의 권위에 대한 반대가 어느 정도 포함되어 있지만, 히브리서 기자가 지적한 것처럼 인간은 결코 피조물을 완전히 지배하지는 못했다(히 2:8). 그리스도의 죽음과 승귀로 말미암아 구속함을 받은 인류는 장차 아담의 타락 때문에 무력하게 된 지배권을 발휘할 수 있게 될 것이다(히 2:9 참조).

초대 교회의 교부 이레내우스는 인간이 지닌 하나님의 "형상"

Iimage)과 "모양"(likeness) 사이에는 차이점이 있다고, 즉 전자는 합리성과 자유의지로 구성되며, 후자는 하나님의 의의 선물이라고 주장했다. 종교개혁자들은 이러한 구분에 반대하면서 타락 이후에 인간의 도덕적 기질이 손상되어 더 이상 자유로이 하나님께 순종하지 못하게 되었다고 주장했다.[23]

형상(ṣelem)이라는 단어는 종종 이교도들이 섬기는 우상들을 지칭하는 데 사용되지만(왕하 11:18 참조), 구약 성서는 우상이 하나님을 대표할 수 없다는 점을 분명히 한다(출 20:4-5). 하나님은 무엇으로도 비교할 수 없으며, 어떤 형상도 하나님과 나란히 놓을 수 없다(사 40:18). 동시에, 우리는 "하나님을 인간의 형상으로 상상하며" 인간을 신처럼 만들지 말라는 경고를 받는다.[24] 헤롯 아그립바 1세가 "신의 소리요 사람의 소리는 아니라"는 찬양을 받았을 때(행 12:22), "헤롯이 영광을 하나님께로 돌리지 아니하는 고로 주의 사자가 그를 쳤다"(23절).

창세기의 절정은 여섯째 날에 하나님의 형상으로 인간을 창조하신 것이다. 남자와 여자 모두 하나님의 모양과 형상으로 지음을 받았으며, 이것이 그들을 다른 모든 피조물과 구분해준다. 인간도 하나님처럼 도덕적/영적 능력을 가지고 있으며, 의롭고 거룩하게 될 능력을 지니고 피조되었다(엡 4:24 참조). 그에게는 다른 모든 피조물보다 뛰어난 영광과 존귀가 주어졌다. 또 그는 창조주의 위격을 반영하는 정신을 소유했다. 칼 바르트(Karl Barth)는 창세기 1:26에서 사용된 "우리"라는 복수 인칭대명사는 남자와 여자라는 인간의 복수성을 앞질러 나타내며, 또 신적 실존의 본질에 대한 것도 어느 정도 지적한다고 주장했다. 이러한 "인간과 인간의 결합"은 신적 존재 안의 교제와 상호작용, 즉 신약성서에서 삼위일체라고 묘사하는 관계를 반영한다.[25]

아담과 하와는 에덴 동산의 완벽한 환경에 살게 되었다. 그곳에서 그들은 하나님과 교제하며, 낙원에 준비된 모든 것을 향유했다. 그곳에 죄가 등장하면서 첫 조상들은 동산에서 추방되었지만 하나님의 형상을 잃지는 않았다. 그 형상은 손상되고 이그러졌지만, 창세기 9:6은 홍수 후에도 인간이 하나님의 형상을 보유하고 있었으며, 그 때문에 살인하는 것이 옳지 않다고 주장한다. 아담과 이브가 "하나님과 같이 된다"는 사탄의 주장(창 3:5)은 하나님과 그들의 관계를 강화하라는 것이 아니라 반역하라는 유혹임이 증명되었다.[26] 신약 성서에서 야고보는 "하나님의 형상대로 지음을 받은 사람"(약 3:8)을 저주하는 사람들을 비난한다. 그리스도를 주로 받아들이는 사람은 "새로운 피조물"(고후 5:17)이 되었으며, 하나님의 아들의 "형상을 본받는" 과정 안에 있다(롬 8:29). 믿든지 믿지 않든지 간에, 인간은 영생할 영을 가지고 있다. 이 불멸성은 하나님의 형상이 지닌 한 가지 특성이다.

(2) 타락

창세기에서 하나님과 인간, 그리고 남자와 여자 사이의 아름다운 관계를 제대로 묘사하기도 전에 죄가 들어와 그 완전함이 파괴된다. 아담과 이브는 "천사보다 조금 못하게"(시 8:5) 지음을 받았지만, 하나님을 예배하는 데 있어서는 천사들보다 뛰어난 자유를 지니고 있었다. 그들은 죄를 지을 수도 있고 짓지 않을 수도 있는 자유를 가지고 있었지만, 그 자유를 발휘하여 범죄했다. 선과 악을 아는 지식의 나무 열매를 따 먹은 것은 겉보기에는 하찮은 행동이었지만, 온 인류를 죄에 빠뜨리는 무서운 결과를 초래했다. 로마서 5:12에 의하면, 한 사람으로 말미암아 죄와 사망이 세상에 들어왔고, "모든 사람이 죄를 지었으므로 사망이 모든 사람에게 이르렀다." 그 후로, 세상에 태어난 모든 사람은 타락하고 죄악된 본성을 소유하게 될 것이며, 하나님과의 교제를 회복하기 위해서는 구원이 필요할 것이다.

이브가 먼저 금지된 열매를 먹었음에도 불구하고, 신약 성서는 단호하게 타락의 책임을 아담에게 지운다. 아담은 "꾀임을 보지 아니하였지만"(딤전 2:14), "뱀이 그 간계로 이와를 미혹케" 하였다(고후 11:3). 아담은 아내의 권유를 받아 선악과를 먹었지만, 자신의 행동의 결과를 확실히 알고 있었을 것이다. 어쨌든, 모든 사람은 아담 안에서 죽으며, 에덴 동산에서 하나님이 말씀하신 대상은 아담이었다(창 3:9; 고전 15:22). 바울은 아담으로 말미암은 죽음이라는 무서운 진리와 둘째 아담이신 그리스도로 말미암는 새 생명을 비교한다. 이는 "그리스도 안에서 모든 사람이 삶을 얻을" 것이기 때문이다(고전 15:22). 아담과 그 후손들의 죄 값으로 그리스도께서 죽으셨다. 부활은 그리스도가 하나님의 아들이심을 증명했다(롬 1:4). 그리스도의 순종은 아담의 불순종을 정복하고 영생의 길을 열어놓았다. 그리스도 안에서 구원하는 믿음을 발휘하는 사람에게는 새로운 본성, 하나님의 뜻에 순종하며 하나님을 기쁘시게 할 수 있는 "새 사람"(골 3:10)이 주어진다.

(3) 인간의 죄성

인간의 타락에 이어, 완전한 아담과 이브의 세대로부터 멀어지면서 점점 더 악화될 일련의 소죄(minor sins)이 발생했을 것이라고 생각하는 사람들도 있을 것이다. 이것은 결코 진실일 수가 없다. 왜냐하면 죄는 창세기 6장에서 절정에 달하며, 오경의 나머지 부분은 인간의 타락상을 열거한다. 우선 창세기 4장에서는 아벨의 죽음이 제시된다. 가인은 하나님이 자기의 제물을 받지 않으신 것 때문에 노하여 동생을 죽였다. 가인의 후손은 하나님의 길과 반대되는 문명을 발달시켰다. 창세기 6:5에 의하면, 인류가 무척 사악했기 때문에 하나님께서는 홍수를 보내어 그들을 쓸어내기로 결심하셨다. 그러나 홍수 후에도, 인간이 교만하게 하나님께 반역하여 바벨탑을 쌓자 다시 하나님의 심판이 임했다.

족장 시대에도 상황은 크게 다르지 않았다. 하나님은 아브라함에게 아모리 족의 죄가 아직 절정에 달하지는 않았다고 말씀하셨지만(창 15:16), 소돔 사람들의 동성애 행위(창 18-19장)로 말미암아 여러 도시에 유황 불이 내려왔다. 아브라함의 가족에게도 죄가 없지는 않았다. 왜냐하면 그의 조카 롯이 딸들과 근친상간을 범했기 때문이다(창 19:32-38). 아브라함도 사라에 대해 거짓말을 했고, 그의 손자인 이삭과 야곱은 서로 미워하고 음모를 꾀했다. 요셉의 형들은 요셉을 종으로 팔아 넘겼고, 요셉의 주인 보디발의 아내는 요셉을 유혹하려다가 실패하자 감옥에 집어넣었다(창 39:11-20).

후일 이스라엘이 애굽에서 당한 고난은 인간을 대하는 인간의 비인간성을 증명해 준다. 하나님이 자기 백성을 종살이에서 해방시켜 주셨지만, 그들은 광야의 환경에 대해 투덜대고 불평했다. 그들은 시내 산 밑에서 하나님께 도전하여 금 송아지를 만들어 섬겼다(출 32장). 아론의 아들 나답과 아비후는 어리석게도 "여호와의 명하시지 않은 다른 불을 담아 여호와께 분향"했기 때문에 죽었다(레 10:1-2). 시내 산을 떠난 이스라엘 백성은 하나님께서 그들로 하여금 가나안 족속들을 이기게 해줄 것을 믿지 않았으며, 이 불신앙 때문에 40년 동안 광야를 방황하게 되었다(민 14:34). 40년의 세월이 지난 후에도, 그 백성들은 성적으로 부도덕했고 바알 신을 섬겼으며, 그리하여 모압 평지에서 24,000명이 염병으로 죽었다(민 25:1-9).

모세는 이스라엘에게 마지막으로 연설하면서, 이스라엘 역사에 있었던 몇 가지 불미스러운 일들을 회고한다. 또 그는 마음을 다하여 여호와를 따르지 않으면 임할 무서운 저주의 시기에 대해 경고해 준다. 모세는 죽기 전에 이스라엘이 여호와를 버리고 많은 재앙과 어려움에 직면할 것이라는 말을 듣는다(신 31:14-18). 죄는 항상 심판을 초래하며, 택함을 받은 백성도 하나님의 진노를 느낄 것이다.

3) 구원

개인적인 차원이나 국가적인 차원에서 죄의 급속한 발달은 인류의 절망적인 상황을 드러내준다. 타락의 결과를 뒤집기 위해서 무슨 일을 할 수 있을 것인가? 어떻게 해야 인류가 하나님과의 교제를 회복할 수 있을 것인가? 오경은 죄 사함을 위한 피의 희생제물을 통해서 대속이 이루어지는 방법을 묘사한다. 아브라함의 삶에서는 믿음의 중요성이 강조된다. "아브람이 여호와를 믿으니 여호와께서 이를 그의 의로 여기시고"(창 15:6). 세상에 소망을 가져다 줄 사람—모세 같은 선지자가 될 유다와 아브라함의 후손—에 대해 말하는 구절이 몇 곳 있다.

4) 메시아

죄가 세상에 들어온 후에 하나님은 하와를 유혹한 뱀을 저주하셨다. 그러나 하나님은 하와와 뱀 사이, "너(뱀)의 후손과 여자의 후손" 사이에 적의가 존재할 것이라고 선언하셨다(창 3:15). 이 구절은 protoevangelium("원시 복음")이라고 불리는데, 그것은 많은 사람들이 "후손"이 그리스도, 또는 사탄을 이기고 거둘 그의 승리를 언급한다고 믿기 때문이다. 1세기에 순교자 저스틴(Justin Martyr)과 이레내우스도 그렇게 주장했다.[27] 그리스도는 "여자에게서 나시고 율법 아래 나셨다"(갈 4:4). 바울은 로마서 16:20에서 창세기 3:15을 빗대어 인용한다: "평강의 하나님께서 속히 사단을 너희 발 아래서 상하게 하시리라." 이것은 신자들도 사탄을 쳐부수는 일에 참여하게 되리라는 의미를 함축한다.[20]

창세기의 뒷부분에서 "후손" 또는 "씨"(zera')는 메시아와 관련된 의미를 함축한다. 12:3에서는 아브라함에게 "땅의 모든 족속이 너를 인하여 복을 얻을 것이니라"는 약속이 주어진다. 창세기 22:18과 26:4에서는 이 약속이 "네 씨로 말미암아 천하만민이 복을 얻으리라"라고 약간 확대된다. 사도행전 3:25에 따르면, 이 복은 죄 사함을 위해 죽으셨다가 다시 사신 그리스도의 오심과 연결된다. 갈라디아서 3:16에서 바울은 "이 약속들은 아브라함과 그 자손에게 말씀하신 것"이라고 주장하면서 "자손"을 그리스도와 동일시한다. 아브라함과 그 자손에게는 유업으로 가나안 땅이 약속되었지만, 온 세상은 그리스도를 통해 성취된 약속으로부터 유익을 얻는다.

메시아적 의미로 해석되는 또 하나의 중요하면서도 난해한 구절은 창세기 49:10이다. 이 구절은 야곱이 아들들에게 준 마지막 축복, 또는 유언 안에 포함되어 있다. 8-12절은 유다에게 준 축복인데, 10절에서는 유다에게서 열두 지파를 다스리는 자가 나올 것이라고 지적한다. "실로(šay lōh)가 오시기까지", 또는 "홀의 주인이 오시기까지" 홀이 유다를 떠나지 않을 것이다. 이 모호한 히브리 표현에 대한 후자의 해석은 "마땅히 얻을 자가 이르기까지" 이스라엘 왕의 면류관을 제거하리라고 말하는 에스겔 21:25-27의 지지를 받는다. 예수는 유다와 다윗의 후손이었으며, 다윗의 보좌 위에서 영원히 다스리실 것이다(사 9:7).

이 구절의 세번째 해석은 "공물이 그에게 이르기까지"이다. 선물을 가져오는 것은 "국가들이 그에게 순종한다는 것"을 나타낸다.[29] 이 세 가지 해석 모두 지지를 받지만, 마지막 두 가지 해석이 해석학적으로 더 강력한 지지를 받는 듯하다.

"홀"은 민수기 24:17에서도 중요한 용어로 사용된다. 그 구절은 이스라엘을 저주하기 위해 고용된 선지자 발람의 네번째 예언에서 발견된다. 발람은 이스라엘을 저주하는 대신에 계속 축복했다. 그는 이 네번째 예언에서, 별과 홀이 이스라엘에서 일어나서, 그를 고용한 왕이 다스리는 나라 모압을 전멸시킬 것을 보았다. 별과 홀은 이스라엘과 민족들을 다스리실 메시아적 왕을 언급하는 듯하다(19절 참조). 신약 성서에서는 민수기 24:17이 인용되지 않지만, 사해 사본에서는 몇 번 언급되어 있다. 쿰란 공동체는 별과 달을 두 사람으로, 즉 별은 사제요 달은 왕으로 이해한 듯하다.[30]

신명기 18:15, 18 때문에 "선지자"의 직무에 대해서도 논의된다. 그 구절에서 여호와는 장차 "너와 같은 선지자 하나를 일으키실" 것을 모세에게 계시하셨다. 하나님께서 자기의 말씀을 선지자의 입에 두실 것이므로, 선지자의 모든 말에 주의를 기울여야 한다. 베드로는 솔로몬의 행각에서 행한 설교에서, 창세기 22:18에 사용된 "자손"과 신명기 18:18의 "선지자"를 연결했다(행 3:22-23). 그리스도는 모세가 말한 선지자였고, 그의 말씀은 곧 하나님의 말씀이다. 스데반도 모세에서부터 예수에 이르기까지 선지자들을 박해한 종교 지도자들을 비난할 때에 같은 구절을 인용했다(행 7:37).

5) 믿음

오경에서 모든 백성을 위한 구원의 창시자가 되실 "두번째 아담"은 희미하게 보일 뿐이다. 또 그 구원을 개인적으로 자기 것으로 만드는 방법의 윤곽도 분명히 제시되지 않는다. "토라"는 "율법"이므로, 우리는 여호와의 계명과 율례에 대한 순종이 강조되리라고 기대한다. 그러나 아브라함이 믿음으로 의롭다함을 받았다는 것, 그리고 이것이 신약 성서에서는 물론이요 구약 성서에서도 구원의 수단이었다는 것을 알 수 있는 충분한 정보가 제공된다. 히브리서 11장에서는 아브라함, 모세 등 여러 사람의 믿음에 주의를 기울인다.

창세기에서는 아브라함의 믿음을 간단히 요약한다: "아브람이 여호와를 믿으니 여호와께서 이를 그의 의로 여기시고"(창

15:6). 바울은 행위로 의롭다함을 받는 것이 아니라 믿음으로 의롭다함을 받는다는 것을 증명하기 위해서 여러 번 이 구절을 인용했고(롬 4:3, 20-33; 갈 3:6), 야고보는 행위를 통해서 믿음을 증명하는 것의 중요성을 강조하는 편지를 쓰면서 이 구절을 인용한다(약 2:23). 아브라함은 하나님을 믿었고, 그의 자손이 별처럼 무수할 것이라는 약속의 말씀을 믿었다(창 15:5). 그는 아들 이삭을 제물로 바치라는 요청을 받았을 때에도 하나님을 신뢰하거나 경외했다(창 22:12).

하나님을 믿는 것과 경외하는 것의 결합은 출애굽기 14:31에서도 발견된다. 홍해를 건너는 큰 기적이 이루어진 후에 "백성이 여호와를 경외하며 여호와와 그 종 모세를 믿었다."[31] 과거에 모세가 행한 기적들은 이스라엘 민족으로 하여금 하나님께서 실제로 모세에게 나타나셨다고 확신하게 만들었었다(출 4:1, 5, 31). 그러나 그 민족의 믿음은 변덕스러웠다. 그리하여 정탐꾼들이 가나안은 요새화된 도시들과 강력한 용사들의 땅이라고 보고했을 때에, 그들은 여호와를 믿지 않았다(신 1:32; 민 14:11 참조). 이스라엘 백성의 믿음과 아브라함의 믿음의 차이점은, 백성들은 큰 표적을 보면 믿으려 했고 아브라함은 의지할 것이 약속 외에 아무 것도 없을 때에 하나님을 믿었다는 데 있다. 출애굽기에서는 하나님에 대한 믿음에는 모세에 대한 믿음이 포함되어 있었다고 강조한다(출 19:9 참조). 그러나 아브라함의 믿음에 대한 묘사에는 중재자가 등장하지 않는다.

독 뱀의 사건에서 믿음의 단순성과 효력이 증명된다. 광야에서의 비참한 생활에 대해 불평한 백성들은 뱀에게 물렸다. 하나님은 그들의 목숨을 구하기 위해서, 모세에게 놋뱀을 만들어 장대 위에 세우라고 말씀하셨다. 뱀에게 물린 사람이 그것을 보기만 하면 죽지 않을 것이었다(민 21:4-9). 이것은 십자가에 달리신 구세주를 믿음으로 바라보는 사람들을 훌륭하게 예증해준다(요

3:14-15).

6) 구속

히브리서 기자는 "피흘림이 없은즉 사함이 없느니라"고 말한다(히 9:22). 믿는 사람이 죄사함을 받는 객관적인 기초는 그리스도의 죽으심이다. 오경에는 죄를 정화하기 위해 피를 뿌리고 동물로 제사를 드리는 것에 대한 언급이 가득한데, 그것들은 그리스도의 희생을 앞질러 언급한 것이다. 실제로 메시아나 영생을 얻기 위해 필요한 믿음보다는 여러 가지 제물과 제사를 강조한다.

제사의 중요성은 창세기에서 발견된다. 아담과 하와가 범죄한 후, 하나님은 그들에게 죽은 짐승의 가죽으로 만든 옷을 입히셨다. 아마 그들에게 제사의 필요성에 대해 가르치셨을 것이다(창 3:21). 이것은 아벨이 가축을 제물로 드린 이유(창 4:5), 그리고 홍수 후에 노아가 번제를 드린 이유(창 8:20)를 설명해줄 것이다. 족장 시대에 아브라함, 이삭, 야곱 등은 제단을 쌓고 하나님을 예배했다(창 12:6; 13:18; 26:25; 35:7). 아브라함이 이삭을 제물로 드릴 뻔한 일은 제사의 대리적인 본질을 생생하게 보여준다. 왜냐하면 수풀에 걸린 수양이 이삭 대신에 제물로 바쳐졌기 때문이다(창 22:13). 유월절 양을 제물로 드리는 것 역시 같은 내용을 지적한다. 왜냐하면 문설주에 피를 바른 집의 맏아들은 목숨을 부지했기 때문이다(출 12:23).

출애굽기의 마지막 부분에서는 성막 건설 및 그 중요성에 대해 묘사한다(출 25-40장). 하나님이 고안하신 이 건물은 백성들이 속죄의 제물을 바칠 수 있는 환경을 제공해 주었다. 레위기 1-17장에는 여러 종류의 제사의 목록 및 각각의 제사의 의미와 과정이 요약되어 있다. 흠 없는 짐승을 가져다가 규정된 방법에 따라 제물로 드리면, 여호와께서 그것을 속죄를 위한 제물로 받으실 것이다(레 1:4; 4:26, 31). 히브리어로 "속죄하다"라는 동사 (*kippēr*)는 "속전"을 의미하는 명사 *kōper*와 관련이 있다. 이것은 범죄자의 죄와 교환하기 위해서 짐승의 무죄한 목숨이 어떻게 바쳐지는지를 상징한다.[32] 역시 같은 어원을 가진 *kappōret*(속죄소)는 성막에서 가장 신성한 물건인 언약궤의 황금 뚜껑을 지칭한다. 제사장은 속죄일에 수송아지와 염소를 잡아 그 피를 속죄소 위에 뿌렸다(레 16:11-15). 이 날에만 사람이 지성소에 들어갈 수 있었으며, 히브리서 기자가 그리스도의 사역에 비유한 것이 바로 이 의식이었다. 그리스도는 자신의 죽음에 의해서 "자기 피로 영원한 속죄를 이루사 단번에 성소에 들어가셨다"(히 9:12).

여호와께 번제물과 속죄 제물을 가져온 이스라엘인이 자동적으로 구원을 보장받은 것은 아니다. 제물에는 죄에 대한 진정한 회개와 이스라엘의 하나님에 대한 헌신이 함축되어 있다. 야곱이 20년 전에 크게 노했던 형 에서를 만날 준비를 하면서 행한 행위는 이것을 어느 정도 예증해 준다. 창세기 32:20에서는 형이 야곱과 그 아내를 용서해 주기를 기대하면서 야곱이 선물로 그의 감정을 풀어주고 싶다고 말할 때에 *kippēr* 동사가 사용된다. 야곱은 여러 해 전에 복수하려 하는 에서를 피해 도망친 이후로 마음이 변화되었다.

7) 언약

언약이란 쌍방 간에 맹세로 동의하는 것이며, 여기에는 혈연 관계가 존재하지 않는다. 오경에는 개인들, 국가들, 하나님과 인간 사이의 언약의 본보기들이 포함되어 있다. 많은 학자들은 국가적인 차원에서 성경의 언약과 국제적인 조약, 특히 기원전 2천년대의 히타이트 족의 종주권 조약들 사이의 유사성에 주목해왔다.

이 조약들의 기본 구조는 출애굽기 20장과 신명기 전체에서 상세히 비교되어 있다.[33] 하나님께서는 종주국이 속국에게 하듯이, 이스라엘과의 관계를 유지하시며, 또 히타이트 왕이 요구한 것과 같은 충성을 기대하셨을 가능성이 있다.

창세기에 기록된 아브라함의 언약과 출애굽기에 기록되었고 신명기에서 갱신된 시내 산 언약(모세 언약)은 중요한 언약이다. 그 밖에 홍수 후에 노아와 맺은 언약이 있고, 비느하스에게 제사장 직분을 주겠다고 보장하는 "평화의 언약"도 있다(민 25:12, 13). 세속적인 차원에서의 언약으로는, 아브라함이 브엘세바에서 블레셋 왕 아비멜렉과 맺은 언약이 있다. 우물의 소유권을 두고 분쟁한 후에 맺은 언약도 있다(창 26:26-33). 야곱 역시 폭력을 사용하지 않고 언약으로 해결한 사람이다. 라반이 도망치는 야곱을 쫓아왔지만, 두 사람은 평화롭게 헤어져 각기 자신의 고향에 머물기로 동의했다(창 31:43-55). 마지막에 언급된 두 개의 언약에는 언약을 체결한 후에 서로 맹세하고 음식을 함께 먹은 일이 포함된다.

노아의 언약은 노아 및 그의 후손들과 맺은 영원한 약속이었다. 하나님은 다시는 홍수로 세상을 멸하지 않겠다고 약속하셨고(창 9:8-11), 약속의 징표로서 무지개를 고안하셨다. "무지개"를 의미하는 단어는 "전쟁에서 사용되는 화살"(qešet)이라는 뜻도 지니므로, 하늘을 겨냥하는 화살은 스스로를 저주하는 맹세가 된다고 주장되어왔다. 폰 라드(Von Rad)는 무지개는 하나님께서 전쟁의 화살을 내려 놓으셨다는 것, 즉 심판이 끝났음을 나타내는 징표였다고 주장한다.[24]

하나님과 아브라함의 언약은 창세기, 또는 오경 전체의 중요한 신학적 논점이 된다. 그 언약은 12장에서 처음으로 소개되며, 15장에서 공식적으로 제정된다. 그리고 그 언약의 징표는 17장에서 상세히 제시된다. 창세기 26:2-5과 35:11-12에서는 이삭과 야곱이 언약의 확증을 받는다. 간단히 말해서, 하나님은 아브라함에게 그의 자손이 큰 나라가 되고 가나안 땅을 상속할 것이며, 온 세상에 복을 가져다 줄 것이라고 약속하신다. 아브라함의 언약도 노아의 언약처럼 영원할 것이며(17:7, 13, 19) 무조건적이다. 유일한 단서 조항은 아브라함이 고향을 떠나 알지 못하는 땅으로 가야 한다는 것이었다(12:1). 언약을 맺는 의식에서 하나님은 죽인 동물들의 쪼갠 고기 사이로 지나가심으로써 맹세하셨다(창 15:17). 아브라함과 그의 자손들 중 남자들은 언약의 징표로서 할례를 행해야 했다(17:10-11 참조). 갈라디아서 3장은 아브라함 언약이 지닌 약속의 본질을 강조하며, 율법을 주셨다고 해서 그 언약을 폐기한 것이 아니라고 주장한다(17-18절). 수세기가 지난 후, 이스라엘 백성이 애굽에서 고난을 당할 때에 하나님은 그 언약을 기억하심으로써 자신의 성실하심을 증명하셨다(출 2:24; 6:5). 그리하여 하나님은 그들을 약속의 땅으로 인도하기 위해서 그들을 해방시키셨다(출 6:8).

출애굽 직후, 이스라엘은 시내 산에서 하나님과 언약을 맺으라는 요구를 받았고, 그들은 여호와께서 말씀하시는 일이라면 무슨 일이든지 하겠다고 응답했다(출 19:8). 모세는 "여호와의 모든 말씀과 그 모든 율례"를 백성들에게 말해 주었고, 이번에도 그들은 긍정적으로 응답했다(출 24:3). 모세가 그들의 맹세를 확인하기 위해서 제단과 백성에게 피를 뿌림으로써 언약은 공식적인 것이 되었다(출 24:8).

시내 산 언약의 핵심은 십계명이 기록된 두 개의 돌판이었다. 이 계명들은 "언약의 말씀"(출 34:28), "증거의 두 판"(출 24:29), "언약의 돌판들"(신 9:11, 15), 또는 "그 언약"(신 4:13) 등 다양하게 불린다. 모세는 그것들의 중요성을 보장하기 위해서 여호와의 명령에 따라 그 돌판들을 언약궤 안에 두었다. 첫째 계명은 "너는 나 외에는 다른 신들을 네게 있게 말지니라"(출 20:3)였으며,

따라서 이스라엘이 가나안 사람이나 신들과 언약을 맺는 것이 금지되었다(출 23:32). 만일 이스라엘 민족이 가나안 사람들과 조약을 맺으면, 그들은 곧 가나안 신들을 섬기라는 유혹을 받게 될 것이다(출 34:12-16). 신명기에서는 가나안 족속들과 조약을 맺거나 결혼하는 것을 금지하는 조항과 관련하여 가나안의 일곱 족속이 언급된다(신 7:1-4).

시내 산 언약은 아브라함 언약과는 달리 영원한 언약이라고 불리지 않지만, 그 언약의 몇 가지 측면은 영속적인 것으로 언급된다. 예를 들어, 이스라엘 백성은 "영원한 언약"(berît 'ôlām)으로 안식일을 지켜야 했다. 아브라함 언약의 징표가 할례인 것처럼, 시내 산 언약의 징표는 안식일이었다. 제사장들은 안식일이면 "영원한 언약으로서" 여호와 앞에 열두 개의 떡을 진설했다(레 24:8). 비슷한 용어가 아론과 그의 아들들에게 적용된다. 그들은 "영원한 규례"에 의해서 제사장직을 받았다(출 29:9). 아론의 손자 비느하스가 무서운 염병을 멈추기 위해서 담대하게 행동했기 때문에, 그와 그의 자손에게 제사장 직분이 보장되었다. 비느하스가 "그 하나님을 위하여 질투하여 이스라엘 자손을 속죄"했기 때문에, 그들은 "영원한 제사장 직분의 언약"을 소유하게 되었다(민 25:12-13). 아론의 자손들은 민족 전체를 위한 제사장으로서 백성들이 제물로 가져온 짐승의 특정 부분을 먹는 것이 허락되었다. 이 권리는 "변하지 않는 소금 언약"이라고 언급된다(민 18:19). 모든 제물에는 소금을 쳤다. "언약의 소금"이라는 표현은 협정의 영속성을 지적한다.(레 2:13; 대하 13:5 참조).

이스라엘이 40년 동안 광야를 방황한 후, 하나님은 새로운 세대와 약속의 땅에 들어가는 일에 대한 언약을 갱신하셨다. 히타이트 족 사회에서는 속국이 새로운 통치자를 맞을 때에 흔히 이처럼 조약을 갱신했다.[35] 세월이 흐름에 따라 변화된 상황에 비추어 조약의 조항들을 개정했다. 신명기 29:1에 의하면, 모압 평지에서 새로운 세대와 맺은 언약에는 몇 가지 조건이 추가되었지만, 근본적으로는 동일한 언약이었다. 이것은 신명기 5장에서 십계명이 되풀이 된 데서 훌륭히 나타난다. 조상들이 시내 산에서 언약을 지킨 것처럼, 백성들은 언약을 헌신적으로 지켜야 했다. 하나님은 자기의 말씀에 충실하실 것이었다. 하나님은 "그를 사랑하고 그 계명을 지키는 자에게는 천 대까지 그 언약을 이행하실" 것이다(신 7:9). "사랑"(ḥeṣed)이라는 단어는 하나님께서 하신 약속과 언약 관계에 대한 충성을 가리킨다. 이스라엘이 언약을 잊으면 하나님께서 그들을 심판하시고 약속의 땅에서 쫓아내실 것이라는 말이 주어진다(신 4:23, 27). 그러나 포로생활을 하는 동안이라도 백성들이 죄를 고백하고 여호와께로 돌아오면, 여호와께서는 그들에게 자비를 베푸실 것이다. 여호와는 그들의 선조들과 맺으신 언약을 잊지 않으실 것이다(레 26:42-45; 신 4:31 참조).

우리는 오경 연구를 통해서 하나님이 누구이시며 인류에게 요구하시는 것이 무엇인지 알 수 있다. 하나님은 주로 이스라엘을 통해서 역사하시며 이스라엘과의 언약 관계를 이루시지만, 온 세상 일에 관심을 가지신다. 안타깝게도, 이스라엘과 여러 국가들은 하나님을 배반하지만, 여호와는 언약의 약속을 버리지 않으시며 인류를 회복하고 구속하실 것이다. 하나님은 인내하시며, 자비하신 동시에 거룩하고 의로우시다. 하나님께 순종하지 않는 사람들은 결국 심판을 받는다. 그러나 오경에서는 궁극적으로 죄값을 치르실 하나님의 어린 양을 기대한다.

6. 사마리아 오경

오경의 통일성을 뒷받침하는 강력한 증거는 고대 히브리어로 된 사마리아 오경 안에 완전한 본문이 존재한다는 사실이다. 지금도 사마리아에 살고 있는 몇 백 명의 사마리아인 후손들에 의해서 나블루스(옛 세겜)에 가장 오래된 그 본문의 사본들이 보존되어 있다. 포수기 이후 유대인과 사마리아인의 분열 때문에, 사마리아인들은 오경에 더욱 충실하게 되었다. 스룹바벨 시대(538 B.C.)의 유대인들은 사마리아인들이 예루살렘 성전 재건을 돕는 것을 허락하지 않았다(에 4:1-4). 에스라와 느헤미야 시대에도 논쟁은 계속되었다(느 4:1-8). 마카비 시대인 B.C. 128년부터 110년 사이에 존 힐카누스(John Hyrcanus)가 사마리아와 세겜을 정복했다. 요한복음 4장에서 분명히 드러나는 것처럼, 이들 사이의 분열은 신약 시대에도 계속 심화되었다.

사마리아인들은 하나님께서 시온 산(예루살렘)이 아니라 그리심 산을 거룩한 처소로 택하셨다고 주장했다(요 4:20 참조). 신명기 11:29은 그리심 산에서 축복이 선포되었다고 상술하므로, 이 장소는 어느 정도 성경적인 지지를 받는다. 구약 성서의 다른 책들은 예루살렘을 강조하며 북왕국 사마리아를 비우호적인 관점에서 보기 때문에, 사마리아인들은 그 책들을 받아들이지 않았다.

가장 오래 된 사마리아 오경 사본은 A.D. 10세기 경의 것이며 [36] 하스모니아(마카비) 시대(B.C. 165-60경)의 개정판에서 파생된 것인 듯하다. 프랭크 크로스(Frank Cross)는 사마리아인들이 사용한 고대 히브리 문서는 "민족주의적인 마카비 시대에 부흥한 고대 히브리 문서에서 파생된 것"[37]이라는 사실에 주목했다. 이 문서에는 쿰란 공동체의 문서에서 흔히 사용된 모음 문자들이 많이 포함되어 있다. 사해 사본에는 사마리아 오경의 이문들과 아주 흡사한 이문들의 본보기가 포함되어 있지만, 사마리아인들의 분파주의적인 편견은 나타내지 않는다. 예를 들어 4QExa는 사마리아 오경과 크게 병행하지만, 출애굽기 20:17 이후에 그리심 산에 세운 파괴되지 않은 제단에 대한 내용을 포함하지 않고 있다.[38] 이것은 사라미아 오경도 칠십인역 성경처럼 맛소라 본문(Masoretic Text)과는 근본적인 차이점을 지닌 고대 팔레스틴의 본문 연구 전통에서 기원한 것임을 지적해준다.[39]

사마리아 오경과 맛소라 본문 사이에는 대략 6,000개의 차이점이 있는데, 대부분 철자법과 문법에 관한 것이다. 그중 2,000개의 경우, 칠십인역 성경은 사마리아 오경과 일치한다. 그러나 이것은 2,000개의 경우에, 이문이 원문이라는 의미는 아니다. 왜냐하면 이문들은 종종 어려운 문법을 쉽게 해 주거나 "도움이 되는" 용어를 추가하기 때문이다.[40] 그러나 종종 두 본문의 원문은 일치하는 듯하다. 창세기 4:8의 "그들이 들에 있을 때에"라는 문장은 맛소라 본문에서는 생략된 듯하며, 창세기 10:4의 "도다님"이 "로다님"(로드 섬)으로 바뀌었다고 주장된다.

브루스 월트케(Bruce Waltke)는 사마리아 오경이 본질적으로 난해한 것들을 제거하고 읽기 쉽게 하기 위해서 "현대화" 되었음을 나타내기 위해 오경 안에서 이루어진 변화를 종류별로 분류했다. 고어체나 희귀한 형태의 표현 대신에 흔한 표현이 사용되었고, 문장을 완전하게 하거나 명료하게 하기 위해서 단어나 구가 추가되었다. 부적절하거나 저속하다고 간주되는 구절들은 완곡한 표현으로 수정되었다.[41] 따라서 사마리아 오경은 매우 신중하게 사용해야 한다. "사마리아 오경의 주된 가치는 그것이 성경 중 처음 다섯 권의 책의 맛소라 본문의 본질적인 순수성을 증명한다는 점에 있다"는 브루스(F. F. Bruce)의 평가에 월트케는 동의한다.[42]

7. 오경의 문학적 특징

고대 근동 지방의 문헌을 조사함으로써, 이용할 수 있는 문서들이 많다는 것을 알게 되었다. 현재 연구되는 많은 장르 중에는 율법, 찬송, 개인적인 문서, 서사시, 조약, 금언 등이 있는데, 그 중 대부분이 오경에서 발견된다. 오경을 지칭하는 가장 흔한 명칭은 "율법"(히브리어로는 토라)이지만, 이 다섯 권의 책의 전체 구조는 훨씬 더 복잡하다. "율법"은 다시 "판례법"과 "명백한 법"으로 나뉘며, 언약과 율법의 관계를 정의하기는 어렵다. 아브라함의 언약과 시내 산 언약의 중심성 때문에, "언약들"에 대한 묘사는 매우 중요하다.

또 하나의 근본적인 문학적 구분은 시와 산문의 구분이다. 오경의 대부분은 산문이지만, 창세기 49장, 출애굽기 15장, 그리고 신명기 32-33장에서는 특별히 아름답고 힘있는 시적인 표현이 발견된다. 창세기 1장에서는 시적인 요소들이 자연에 대한 토론에 기여한다. 또 오경에는 족보와 관련된 기록, 종교 의식에 관한 규정, 극적인 이야기, 그리고 신조 등이 포함되어 있다.

문학적 형태에 대한 우리의 이해는 헤르만 궁켈(Hermann Gunkel)과 휴고 그레스만(Hugo Gressmann)이 주도한 양식 비형의 발달로 인해 크게 강화되었다. 궁켈은 특별한 문학의 형태의 배후에 놓여 있는 문화적 배경 또는 "삶의 정황"을 이해하는 데 관심을 가졌다. 그는 연구하는 데 있어서 1900년경에 유행한 몇 가지 주요한 경향의 영향을 받았다. 그 중 하나는 계층과 공동체 구조를 강조하는 사회과학에 대한 관심이었다. 두번째 경향은 고대 근동 지방의 다른 문학을 고려하여 행해진 성경 연구였다. 메소포타미아, 이집트, 아나톨리아 등지의 고고학적 발굴물들로 인해, 학자들은 구약 성서 세계의 문화와 저술 방식들을 더욱 완전히 이해할 수 있게 되었다. 셋째, 다양한 문학 장르에 대한 분석이 점차 대중화되고 있었다. 그림(Grimm) 형제는 독일의 민간전승을 동화, 신화, 무용담, 전설 등으로 세분했다.[43] 궁켈은 창세기를 이러한 범주들 안에서 다루었다. 그는 창세기 1-11장은 "신화적 전설들", 다신론적인 요소들이 제거되었기 때문에 "색 바랜 일련의 신화들"이라고 말했다.[44] 족장 자료에도 전설들이 가득했다. 대부분의 이야기는 사해 지역이 황량한 이유, 또는 야곱이라는 이름이 "발꿈치를 잡았다"를 의미하는 이유를 설명하기 위한 가공의 이야기들이었다. 보통 사람들은 모닥불 주위에 둘러 앉아서, 또는 종교적인 축제에 참석하여 보통 그러한 이야기를 했다.

창세기에 대한 궁켈의 평가는 복음주의자들에게는 그리 도움이 되지 못했지만, 그가 특히 시편을 분석하면서 발달시킨 분류법은 오경 연구에 유익을 주었다. 학자들은 사업상의 거래, 법정 소송, 유언, 또는 계약 체결 등의 삶의 정황에 한층 더 관심을 기울인다. 성경을 연구하는 사람들은 성경의 이야기들을 거의 같은 시대에 배출된 다른 문학과 비교함으로써 성경에 대한 이해를 크게 증가시킬 수 있다. 이것은 역사적 서언, 규정들, 축복과 저주, 증인들의 목록 등의 구조로 나눌 수 있는 성경의 언약들에 대한 연구에서 가장 뚜렷이 나타난다. 이 구조는 출애굽기 20장과 신명기에서 매우 중요하다.

창세기는 다섯 권의 책 중에서 가장 복잡한 문학적 묘사를 제공한다. 알렉산더 하이델(Alexander Heidel)이 "고상한 산문"이라고 표현한 창세기 1장의 창조의 경이에 대한 묘사는 매우 장엄하다.[45] 7개의 연과 27절의 분명한 대구법으로 이루어진 구조는 시적인 필치를 제공하여 전체적으로 아름다움과 신비를 더해준다. 창세기는 가족에 대한 기록을 강조하며, 5장과 11장에는 족보가 기록되어 있다. 이 족보들은 *tôledôt*(계보)라는 단어에 의해 도입되는데, 이 용어는 창세기에서 11번 사용되며, 전반적인 구조를 제공해 준다(제3장을 보라). 10장 첫머리의 "수정된 족보"[46]로 정리된 "민족들의 일람표"에서도 그 용어가 사용된다. *tôledôt*는 모세와 아론, 그리고 레위 지파의 기록인 민수기 3:1에서도 사용된다.

창세기의 대부분은 역사적인 설화(narrative)라고 할 수 있지만, 14장은 특히 두드러진다. 아브라함이 롯을 구한 이야기에는 왕들, 나라들, 도시들의 이름이 가득하며, 그 시대의 국제 정치에 대한 풍부한 정보를 제공해준다. 창세기에서 가장 긴 설화는 37-50장의 요셉 이야기이다. 저자는 요셉이 갑자기 요직에 오른 것 및 형들과의 극적인 만남을 솜씨 좋게 이야기한다. 이야기의 절정은 45장에서 요셉이 자신의 신분을 알리는 부분이다. 창세기 21:22-34에서는 세속적인 차원에서 아브라함이 아비멜렉과 언약을 맺은 것에 대해 묘사하며, 23장에서는 아브라함이 사라를 매장할 장소를 구입한 경위에 대해 이야기한다.

존 월튼(John H. Walton)은 족장 설화를 이집트의 시누헤(Sinuhe)와 웬나문(Wennahum)의 이야기, 가나안의 케레트 서사시 등과 같은 근동 지방의 서사 문학과 비교했다. 이 이야기들 역시 창세기처럼 등장 인물의 삶에서 발생한 무수한 일화들을 기록하며, 신학적인 교훈을 제공한다. 각각의 서사시에서는 실제 지명과 인명이 사용되고 있지만, 그 역사적 가치에 대해 많이 논의된다. 서사적 자료는 산문과 시, 삼인칭 설화와 일인칭 설화 사이를 오간다.[47]

리랜드 라이켄(Leland Ryken)의 주장에 의하면, 오경 중 나머지 설화 부분들은 "출애굽의 서사시"라고 할 수 있으며, 출애굽기 1-20장, 32-34장; 민수기 10-14장, 16-17장, 20-24장; 그리고 신명기 32-34장이 포함된다.[48] 서사시에는 무수한 역사적인 언급이 포함되며, 보통 강력한 민족주의적인 취지를 지닌다. 따라서 이스라엘 국가의 형성을 묘사하고 종교적인 면을 강조하는 "출애굽의 서사시"가 그 발달 상의 특징이다. 그러나 다른 서사시들과는 달리, 이 성경적 서사시에 등장하는 영웅은 인간이 아니라 하나님이시다. 모세는 언변이 유창하지도 못하고, 위대한 군사 지도자도 아니며, 이스라엘 민족의 구원은 하나님의 강하신 행동들에 기인하는 것으로 간주된다. 하나님은 홍해에서 바로를 참패시키시며(출 14:13-14, 27), 이스라엘 민족을 사막을 통과하여 약속의 땅의 경계에까지 인도하심으로 인해 크게 찬양을 받으신다(신 32:3-4).[49]

창세기에서는 시도 중요한 역할을 한다. 창세기 전체에 "운명에 대한 예언들"이 많이 있는데, 그것들은 종종 미묘한 축어적 의미를 함축한다.[50] 창세기 3:15을 필두로 하여 이러한 구절들은 한 사람의 운명 및 그의 앞에 예비되어 있는 축복이나 갈등을 간결하게 묘사한다(16:11-12; 24:60; 27: 27-29, 39-40; 40:13, 19 참조). 하나님께서 야곱에게는 "하늘의 이슬과 땅의 기름짐"을 주시겠지만 에서의 "주소는 땅의 기름짐에서 뜨고 내리는 하늘 이슬에서 뜰 것이다"는 이삭의 말처럼, 두 가지 의미가 사용되기도 한다(창 27:28, 29). 두 구절에서, 동일한 전치사가 각기 다르게 번역된다. "이슬"과 "기름짐"의 교차대구법적 순서에 주목하라(a b b' a').

민수기 23장과 24장에는 모압 왕 발락이 이스라엘을 저주하기 위해 고용한 브올의 아들 발람의 예언이 기록되어 있다. 발람은 처음에는 자기에게 맡겨진 일을 받아들이려 하지 않고, 네 번이나 이스라엘을 축복했으며, 네번째 예언에서는 장차 모압을 칠 통치자가 나올 것이라고 예언한다(민 24:17). 마지막 세 가지 예언에서는 다른 민족들을 간략하게 비난한다.

오경 중에서 가장 난해한 부분은 야곱이 아들들을 축복하는 곳(창 49장), 홍해에서 애굽 사람들이 전멸한 후에 부른 승리의 노래(출 15장), 그리고 모세가 열두 지파를 축복한 것(신 33장)

등이다.[51] 시로 표현된 이 부분에는 어려운 단어와 구문이 가득하지만, 성경 전체에서 가장 아름답고 유명한 구절들이 담겨 있다. 출애굽기 15:2은 이사야 12:2과 시편 118:14에서 반복된다:

> 여호와는 나의 힘이요 노래시며
> 나의 구원이시로다.

아마 신명기 33:27이 더 잘 알려져 있을 것이다:

> 영원하신 하나님이 너의 처소가 되시니
> 그 영원하신 팔이 네 아래 있도다.

신명기 32장에 기록된 모세의 두번째 노래도 창세기 49장처럼 하나님의 이름들을 강조한다. 어네스트 라이트(G. Ernest Wright)는 이 시를 "언약의 소송", 이스라엘에게 불리하게 진행되는 소송이라고 말하며, 다음과 같이 세분한다: ① 증인 소환(1절), ② 질문 형태의 고발(6절), ③ 고발되어야 할 하나님의 은혜에 대한 묘사(7-14절), ④ 언약이 위반되었다는 주장(15-18절), ⑤ 재판과 판결(19-42절).[52]

오경 중에서 법에 관해 다룬 주요한 부분은 출애굽기 20-23장, 십계명, 그리고 언약서(출 24:7)이다. 십계명이 기록된 두 돌판은 시내 산 언약의 중심이며, 하나님께서 백성들에게 요구하시는 것들을 요약하고 있다. 앞에서 살펴본 바와 같이, 출애굽기 20장은 종종 고대 근동 지방에서 흔히 사용되던 형태의 조약과 비교된다. 2절은 노예 상태에서 구해낸 이스라엘과 하나님의 관계를 간결하게 묘사한다는 점에서 역사적인 서언에 해당된다. 3-17절은 조약의 세부 조항들에 해당되며 분명한 용어로 표현되어 있다. 십계명 중 여덟 계명은 부정적인 진술이며, 히브리어로 사용할 수 있는 가장 강력한 형태의 금령의 형태를 사용한다. 힐러즈(D.

R. Hillers)는, 십계명이 형벌들을 상세하게 정의하고 규정한 법이 아니라는 점에 주목한다. 그것들은 언약 공동체의 생활 방법을 기술하는 "법적인 정책"에 더 가깝다.[53] 출애굽기 21-23장에서는 십계명을 범하는 데 대한 형벌을 상세히 기술하는데, "판례법"의 특수한 예들이 "만일…하면"이라는 형식으로 상세히 설명된다. 이 "민법들"은 십계명의 도덕적인 원리들에 기초를 두고 있었다.

시내 산 언약 안에서 십계명의 중요성은 성막 안에서 가장 신성한 물건인 언약궤 안에 두 돌판을 보존한 사실에 의해서 증명된다(신 10:1-2, 5). 클라인(Kline)은 히타이트족은 종주권 조약을 두 개를 복사하여 하나는 히타이트족의 수도에 있는 신전에 보관하고, 나머지 하나는 속국의 주요 성소에 보존했다는 사실에 주목했다.[54]

이것은 율법을 기록한 두 개의 돌판에 각기 열 개의 계명이 새겨져 있었는지의 여부에 대한 질문을 제기한다. 어쨌든, 두 개의 돌판은 성막 안에 보존되었다. 왜냐하면 성막은 이스라엘의 유일한 성소였으며, 동시에 "종주"이신 하나님은 기꺼이 그곳을 자기의 거처로 삼으셨기 때문이다. 조약에 대한 존경심은 이스라엘이 십계명을 지켜야 할 책임을 강조한다.

출애굽기의 마지막 부분은 성막의 디자인과 내용을 묘사하며, 제사장과 그들의 의복에 대한 정보도 포함하고 있다. 이 자료는 25-31장에 포함되어 있으며, 모세가 하나님의 가르침을 실행하는 35-40장에서 반복된다. 이렇게 반복되는 것은 근동 지방의 다른 지역에서도 행해지는 관습이었다. 우가릿의 케레트 서사시에는 엘(El) 신이 신부를 아버지의 집에서 데려오기 위해 필요한 군사 전략을 케레트 왕에게 설명하는 내용이 있는데, 케레트가 그 사명을 수행하는 내용에서 그 부분 전체가 반복된다.[55]

레위기는 주로 제사와 그밖의 제의적인 일에 대한 상세한 가르침을 다룬다. 거기에는 음식, 정화를 위한 의식들, 죄 씻음, 질병으로부터의 씻음 등에 대한 규정이 포함되어 있다. 민수기는 역사적인 설화를 율법적인 자료와 제의적인 자료와 결합한다는 점에서 출애굽기와 흡사하다. 또 민수기 1장과 26장의 인구조사 기록은 창세기의 족보들과 흡사하다.

신명기는 모세기 약속의 땅을 정복하기 직전에 이스라엘 민족에게 준 일련의 연설 형태를 취한다. 동시에, 그 책은 새로운 세대가 하나님께 헌신하는 데 따른 시내 산 언약의 갱신을 표현한다. 위에서 살펴본 바와 같이, 신명기는 고대의 계약/조약 형식을 토대로 하여 요약할 수 있다. 조약 형식의 역사적 서언에 해당하는 1-4장에서, 모세는 하나님께서 여러 해 동안 이스라엘에게 행하신 일들을 요약하며, 일련의 권면을 통해 백성들을 격려한다. 27, 28장에는 조약에서 발견되는 축복과 저주가 담겨 있다. 장황한 저주 부분은 이스라엘 백성이 여호와께 불순종할 때에 그들 앞에 예비된 형벌을 요약하는 레위기 26장과 아주 흡사하다.

폰 래드는 이스라엘의 전승의 중요한 요소를 보존하고 있는 신명기 26:5-9과 6:20-24에서 발견되는 신조에 관한 간명한 진술에 주의를 기울인다. 이 "신조들"은 애굽에서 종살이한 세월, 출애굽, 그리고 가나안 정착 등을 회상한다.

8. 모세의 중요성

유대교의 관점에서 보면, 오경과 구약 성서 전체에서 가장 두드러진 인물은 모세이다. 아브라함은 창세기에서 중요한 역할을 하지만, 그의 능력과 업적은 모세의 능력이나 업적에 비교할 수 없다. 비록 아브라함은 이스라엘 민족의 시조였지만, 모세는 그 민족을 조직하고 율법을 보급했으며 하나님의 이끄심 아래 40년 동안 광야에서 그들을 인도한 사람이었다. 그는 선지지요 제사장이요 그 민족의 삶의 모든 면을 지도했다는 점에서 거의 왕 같은 인물이었다.[56] 신약성서는 아브라함과 모세를 크게 찬양하지만, 변화산에서 엘리야와 함께 나타나서 예수님과 대화한 사람은 모세였다(마 17:3-8).

모세의 생애는 처음부터 특별했다. 그는 바로의 딸에 의해 양육되었고, 왕자의 신분에 걸맞는 교육을 받았다. 따라서 그는 "말과 행사가 능했다"(행 7:22). 그러한 양육 과정 때문에 동족들로부터 분리되었을 수도 있지만, 그는 "잠시 죄악의 낙을 누리는 것보다" 자기 민족들과 함께 고난받는 편을 택했다(히 11:25). 그의 인생에는 애굽의 모든 보화보다 중요한 것이 포함되어 있었다(히 11:26).

동족을 향한 관심 때문에 모세는 이스라엘 사람을 때리고 있는 애굽 사람을 죽이고 애굽에서 추방되었다(출 2:11-15). 그러나 미디안에서 사십 년을 보낸 후, 하나님께서는 모세를 불러 애굽으로 돌아가 이스라엘을 종살이에서 인도하여 내라고 말씀하셨다. 타는 떨기나무 앞에서의 부르심은 모세를 선지자, 이스라엘 백성과 바로에게 하나님의 말씀을 전할 사람으로 구분했다. 선지자는 하나님의 대변인이다(출 7:1 참조). 모세는 아론의 도움을 받아 하나님의 구원의 메시지를 전달했다. 출애굽 후에도, 모세는 시내 산에서 이스라엘 백성에서 하나님의 말씀을 전했다(출 19:3, 7).

모세는 이스라엘을 애굽에서 인도해 내는 데 동의하기 전에, 여호와와 논쟁하면서 그처럼 어려운 일을 맡을 수 없다는 생각을 표현했다: "내가 누구관대 바로에게 가며 이스라엘 자손을 애굽에서 인도하여 내리이까"(출 3:11). 민수기 12:3에 의하면, 모세는 매우 겸손한 사람이었지만, 이 때의 그의 감정을 보다 정확하게 표현하자면 확신이 부족했다고 말할 수 있을 것이다. 얼마 후에, 그는 자신이 "본래 말에 능치 못한 자라"고 주장하면서(출 4:10) 여호와께 다른 사람을 보내라고 간청했다. 그러나 하나님께서 아론을 모세의 대변인으로 보내셨을 때에, 두 형제는 담대하게 막강한 군주인 바로 앞에 가서 학대받는 이스라엘 백성들을 놓아 달라고 도전했다.

모세의 선지자로서의 역할은 독특했다. 아론과 미리암이 하나님께서 모세 뿐만 아니라 자기들을 통해서도 말씀하신다고 주장했을 때, 하나님께서는 자신이 꿈이나 환상을 통하지 않고 대면하여 말씀하신다고 대답하셨다(민 12:6-8). 출애굽기 33:11은 "사람이 그 친구와 이야기함같이 여호와께서는 모세와 대면하여 말씀하신다"고 기록한다. 모세는 두 차례 시내 산에서 하나님의 영광에 둘러싸여 사십 일 밤낮을 보냈다(출 24:18; 34:28). 두번째로 사십 일을 보내고 산에서 내려왔을 때, "여호와와 말씀하였음을 인하여" 그의 얼굴에서 빛이 났기 때문에(34:29), 모세는 백성들에게 말할 때에 얼굴에 베일을 써야 했다(34:33-35; 고후 3:13 참조). 자주 괴롭힘을 당하는 지도자에게 이러한 친밀한 교제는 큰 힘이 되었을 것이다. 신명기 18:15, 18에서 모세는 "하나님께서 나와 같은 선지자 하나"를 일으키실 것이라고 예언한다. 사도행전 3:22에 의하면, 이 예언은 궁극적으로 그리스도를 통해서 성취되었다.

모세의 선지자 역할에는 여호와께서 그를 통해서 행하신 "이적과 기사들"이 밀접하게 연결되어 있었다(신 34:10-11). 이 기적들 중 다수는 바로와 그의 관원들을 설득하여 이스라엘 백성을 석방하게 하려는 목적을 지닌 것이었지만, 바로는 열번째 재앙이 임한 후에야 그것을 허락했다. 이스라엘 백성이 홍해에서 궁지에 빠진 것처럼 보였을 때, 모세는 지팡이를 들고 팔을 폈고, 하나님은 물 가운데 길을 만드셨다(출 14:15-22). 그러나 이것이 모세의 활동의 끝이 아니었다. 광야에서 백성들이 갈증을 느꼈을 때에 여러 번 하나님의 개입이 요구되었다. 호렙에서 모세가 반석을 치니 물이 나왔다(출 17:6). 후에 가데스에서도 동일하게 행했는데, 당시에 그는 바위를 치지 말고 말로 했어야 했다(민 20:8-11). 아말렉 족속과 싸울 때에, 모세가 두 손을 들고 있는 동안에는 이스라엘 군대가 승리했다(출 17:11-13).

선지자는 기도의 사람이기도 했다(창 20:7). 모세가 이스라엘을 위해 드린 중보기도는 그의 위대함을 나타내 주었다. 시내 산 밑에서 백성들이 금송아지를 숭배했을 때, 모세는 여호와께 소리쳐 아브라함과 이삭과 야곱에게 하신 약속을 근거로, 그리고 하나님 자신의 명예를 위해서 그들을 용서해 달라고 기도했다(출 32:11-14; 시 106:22). 이 사건은 어떤 사건보다 더 모세의 강력한 지도력을 증명해준 것 같다. 이스라엘 민족 전체, 심지어 아론까지도 금송아지를 숭배한 것 같았지만, 불과 몇 분 안에 모세는 그 송아지를 가루로 만들고 이 음울한 배교의 사건을 종식시켰다. 가데스 바네아에서 정탐꾼들의 보고 때문에 이스라엘이 불신앙에 빠졌을 때에 다시 위기가 왔다(민 14장). 이번에도 여호와께서는 그 백성을 멸하고 모세에게서 큰 민족을 일으키려 하셨지만, 모세는 여호와께 그렇게 행하지 말라고 간청했다. 하나님은 은혜로 그 뜻을 완화하셨지만, 이스라엘은 사십 년 동안 광야에서 방황하게 되었다(12-19, 34-35절).

민수기 11장에서 모세의 예언 능력은 하나님의 영과 연결되어 있다. 이 구절에서 백성들의 불평이 모세를 압도하기 시작했을 때, 여호와께서는 지도자를 도와야 하는 칠십 명의 장로에게 모세에게 임했던 영을 내리셨고(16-17절), 그들은 잠시 예언을 했다(25절). 모세가 여호수아에게 안수하였으므로 여호수아에게 지혜의 신이 충만했다"(신 34:9). 여호수아는 광야에서 지내는 사십 년 동안 모세와 밀접한 관계를 유지했으며 그 민족의 다음 번

지도자로서 훌륭한 교육을 받았다. 여호수아는 모세의 조수로 봉사하면서 이스라엘 군대를 이끌었고, 모세가 시내 산에 올라가 하나님을 만날 때에도 동행했다(출 24:13). 여호수아는 여러 해 동안 경건한 선임자 곁에서 지냈고, 마지막 격려의 말에 의해 힘을 얻어(신 31:7-8) 그 민족을 인도하여 가나안으로 들어갈 준비를 갖추었다.

광야를 방황하는 동안, 모세는 많은 불평과 원망을 들었으며, 포기하려 한 적도 있었다(민 11:11-15). 이 불평은 모세와 아론을 향한 것일 뿐만 아니라 여호와를 향한 것이었고(출 16:18; 민 16:11 참조), 백성들에 대한 모세의 분노 역시 여호와의 분노와 다르지 않았다. 그러나 하나님께서 백성들을 심판하겠다고 위협하셨을 때, 모세는 열심히 기도하여 그들을 향한 깊은 사랑을 증명했다. 그는 백성들을 매우 사랑했기 때문에 여호와께 그들을 용서해 달라고 거듭 간청했다. 모세는 하나님께서 이스라엘을 구해 주실 것이라고 굳게 믿었다. 애굽 사람들이 홍해에서 이스라엘 백성을 가로막았을 때, 모세는 백성들에게 가만히 서서 여호와의 구원을 보라고 말했다(출 14:13-14). 많은 어려움에도 불구하고, 모세는 여전히 그들의 충실하고 충성된 지도자, 제멋대로 행하는 양떼를 돌보는 솜씨좋은 목자였다.

이스라엘 백성이 시내 산에서 보낸 일 년은 모세와 그 민족에게 중요한 시기였다. 그 때 모세는 입법자로 활동했고, 옛 언약의 중보자가 되었다. 백성들이 하나님의 강력한 음성 듣기를 두려워했으므로, 하나님은 모세에게 말씀하시고 모세는 백성들에게 율법을 주었다(출 20:18-19). 그는 "여호와의 모든 말씀을 기록하고" "언약서"를 백성들에게 읽어 주었다(출 24:4, 7). 모세의 입법자로서의 역할은 오경의 기록과 관련된다. 왜냐하면 다섯 권의 책 모두 "율법"이라고 언급되기 때문이다. 오경은 법적인 자료 외에 설화와 시로도 구성되어 있지만, 모세는 애굽에서 받은 교육 덕분에 이 입법자로서의 임무를 맡을 준비를 훌륭히 갖추었을 것이다.

시내 산에서 모세는 제사장들과 레위인들이 주도하는 국가적인 예배 제도를 확립했다. 모세는 제사장들의 임명을 집례했고, 규정된 제물을 드리고 필요한 곳에 그 피를 발랐다(레 8장). 따라서 아론이 대제사장으로 임명되기 전까지는 모세가 그 민족의 제사장이었다. 모세는 시내 산에서 여호와로부터 성막 건설을 위한 계획 및 여러 가지 제사를 위한 규정을 받았다(출 25:9; 레 7:37-38). 제사장과 레위인들이 맡은 책임을 수행하게 된 후에도, 모세는 여전히 이스라엘의 지도자였다.

구약 성서에서 하나님의 사람에게 주어진 위대한 호칭 중의 하나가 "여호와의 종"이다. 왕의 "종"은 왕실의 관리(출 7:10; 사 37:5)이거나 군사 지도자이다. 여호와의 종이 되려면 여호와를 예배하며 그의 명령대로 행해야 한다. 모세는 여러 번 여호와의 종이라고 언급된다(신 34:5; 수 1:1). 아론과 미리암이 모세의 지도자의 지위에 도전했을 때, 여호와께서는 모세를 "내 종", "나의 온 집에 충성된 자"라고 말씀하셨다(민 12:7-8; 히 3:5 참조). 민수기 12장에는 모세가 세상에서 가장 겸손한 사람이라는 말이 삽입되어 있다(3절). 그의 겸손함은 그가 신실하게 예배한 하나님께 순종한 데서 생겨난 것이었다.

많은 장점과 업적에도 불구하고, 모세는 결코 완전한 사람이 아니었다. 그는 때때로 용기를 잃고 낙심했다(민 11:11-15). 모세도 자신의 성질을 제어하는 데 어려움을 가지고 있었다. 가데스에서 모세가 노하여 바위를 쳤기 때문에, 약속의 땅에 들어가지 못했다(민 20:8-12). 시내 산 밑에서 백성들이 금송아지를 숭배할 때처럼 성내는 것이 정당화된 경우에도, 그는 격노하여 폭언을 퍼붓고 두 돌판을 깨뜨렸다. 또 수십 년 전에 히브리인을 때리는 애굽인 십장을 죽인 것도 그의 강력한 감정이 폭발하여 행동으로 나타난 것이었다. "그는 동족에 대한 충성심 뿐만 아니라, 뜨거운 정의감도 가지고 있었다."[57] 그러나 그는 자신이 정의를 시행하려 하는 충동적인 태도를 나타냈는데, 그것이 그의 인생에서 중요한 역할을 했다. 아마 그가 지닌 몇 가지 결점 때문에, 후일 유대인들은 이 훌륭한 지도자, 지금까지 세상에 살았던 사람들 중에서 가장 경건한 사람을 그리 존경하지 않았을 것이다.

제2장
오경의 저자

오경의 저자 문제만큼 많이 논의되고 많은 의견이 제기되는 주제는 거의 없다. 어떤 사람들은 오경 전체가 모세의 저술이라고 주장하는 등 의견이 매우 다양하다. 어떤 사람들은 모세가 오경의 저술과 전혀 관계가 없다는 것을 증명할 수 있다고 주장하며, J, E, D, P라는 명칭에 붙은 몇 개의 자료를 제시한다. 이 문서들의 저자는 야위스트(Yahwist), 엘로히스트(Elohist) 등으로서 오경의 참된 저자들로 간주된다. 20세기에는 고고학적 발굴물과 문학 비평의 발달로 인해 논쟁이 한층 가열되었고, 지금도 뜨겁게 진행되고 있는 논쟁은 쉽게 끝날 것 같지 않다.[1]

오경은 분명하게 원 저자를 진술하지 않으므로, 어떤 면에서는 익명의 저서이다. 특히 아주 방대한 시대를 다루며, 모세가 살았던 시기에 발생한 일은 전혀 다루어지지 않는 창세기가 그러하다. 구약 성서의 다른 책들 역시 저자가 모호하다. 특히 사사기, 사무엘서, 열왕기, 역대기 등이 저자를 밝히기 어렵다.[2] 고대 근동 지방의 다른 문헌들도 그러한 경향을 나타낸다. 메소포타미아의 저술들 중에는 저자가 확인된 글이 거의 없으며, 저자가 확인된 경우에도 저자라기보다는 편집자나 편찬자로 보는 것이 정확할 것이다. 아마 점토판에 설형문자를 기록하는 일의 어려움 때문에 이러한 상황이 초래되었을 것이다. 하지만 구약 성서를 주의 깊게 읽어 보면, 오경이 그 시대의 주요한 인물이요 이스라엘의 지도자였던 모세가 기록했다는 느낌이 강하게 든다.

2. 모세 저작설

최근까지도 대부분의 유대인들은 모세가 오경의 저자라고 믿어 왔다. 구약 성서 중 처음 다섯 권의 책은 "율법"이라고 불렸고, 지속적으로 모세와 연결되었고, 이와 다른 주장을 하면 이단이라는 비난을 받았다. 기독교인들도 대체로 모세가 다섯 권을 저술했다는 견해를 받아들인다. 17세기에 이르러서야 비로소 모세가 저자라는 설에 반대하는 진지한 논의가 제기되었다.[3]

1) 모세의 저자로서의 자격

오경에 제시된 모세의 삶에 대한 기록에 비추어 판단해 보면, 모세가 그의 이름과 밀접하게 연결된 책의 저자일 수 있다고 믿을 수 있는 타당한 근거가 있다. 첫째, 그의 성장과 교육을 고려해 보아야 한다. 나일 강 가에서 바로의 딸이 갈대 상자에 담겨 있는 모세를 구했다. 그리하여 모세는 히브리 민족의 다른 남자 아기들처럼 죽지 않고, 바로의 궁전에서 자라면서 "애굽 사람의 학술을 다 배웠다"(행 7:22). 만일 모세가 기원전 1500년 경에 태어났다면, 그는 이집트 역사상 가장 강력하고 진보된 왕조인 제18왕조의 궁중에서 교육을 받았다. 이집트의 군대가 꾸준히 국경을 넓혔기 때문에, 이집트는 국제적으로 큰 명성을 확보하고 있었다. 1887년에 발굴된 텔 엘 마나르나(Tell el-Amarna) 서판에는 기원전 1400-1370년부터 팔레스틴과 시리아의 통치자들이 아카드 어 설형문자로 기록하여 바로에게 보낸 본문들이 들어 있었다. 이집트 왕실은 다양한 민족과 다양한 문화에 접했는데, 이것이 모세와 같은 왕자들의 교육의 폭을 넓게 만든 요인일 것이다. 무식한 셈족 노예들이 세라빗 엘-카딤(Serabit el-Khadim)에 있는 터키석 광산 벽에 기록했던 시대에, 모세는 분명히 글을 읽고 쓸 수 있었다.[4]

애굽에서 상류 생활을 하던 모세의 삶은 노예 감독들과 히브리인들의 싸움에 휘말리면서 갑자기 끝이 났다. 그 결과 모세는 미디안 땅으로 도망쳐서 그곳에서 약 40년 동안 지냈다. 미디안은 시내 사막에 위치해 있었는데, 그곳에서의 경험은 후일 모세가 이스라엘의 지도자가 되는 데 도움이 되었다. 오경의 많은 부분—출애굽기 16장부터 민수기 20장—은 시내 반도에서의 사건들을 다룬다. 아마 모세가 그 지역을 잘 알고 있었기 때문에, 광야 생활을 더 잘 묘사할 수 있었을 것이다. 모세는 그 지역의 기후, 지리, 식물, 동물 등에 대해 알고 있었다. 이집트 땅에 대한 지식도 그가 그 지역에 정착한 조상들의 경험을 묘사하는 데 도움이 되었을 것이다(창 37-50장).

세번째 자격은 이스라엘의 정치적·종교적 지도자로서의 모세의 역할과 관련되어 있다. 그는 시내 산에서 이스라엘이 언약으로 하나님과 결속된 특별한 민족이 되는 데 중요한 역할을 했다. 이스라엘 민족이 자신의 뿌리, 또는 하나님께 대한 헌신을 잊지 말아야 한다고 염려한 사람이 모세였다. 그는 이스라엘 백성들을 격려하고, 그들을 위해 기도하고, 그들에게 하나님의 메시지를 전하고, 그들을 축복했다. 종종 그들이 배반하는 태도를 나타냈음에도 불구하고, 그는 백성들이 약속의 땅에서 하나님을 따르기를 원했다. 이런 까닭에, 모세를 오경을 저술한 주요한 후보자로 간주하는 것이 타당하다.

그러나 막중한 책임을 맡고 있었던 모세가 그처럼 오랜 시간을 요하는 일을 완수할 수 있었는지 질문해 보아야 할 것이다. 모세는 때때로 자기에게 지워진 짐과 결정해야 할 많은 일들로 인해 압도된 것 같았다. 아마 그 해결책은 광야에서 방황한 사십 년에 있는 듯하다. 모세가 몇 달 동안 비교적 평온하게 지내면서 거룩한 역사를 저술할 수 있는 시기가 있었을까?[5] 모세는 장인 이드로의 충고를 받아들여 일상적인 문제들을 다룰 많은 관리들을 임명하고 그들로부터 어느 정도 행정적인 도움을 받고 있었다(출 18:17-26). 모세를 도와 "백성의 짐을 담당하기 위해서, 하나님의 영이 칠십 명의 장로에게 능력을 부어 주였다(민 11:16-17). 지도자인 모세가 오경을 저술하는 동안, 이 장로들이 큰 도움을 주었을 수도 있다.

2) 모세 저작설을 지지하는 진술들

(1) 오경 내의 진술

모세가 최소한 오경의 일부를 저술했을 것이라고 주장하는 구절들이 많다. 출애굽기 17:14에서, 여호와는 모세에게 출애굽 직후에 이스라엘을 공격한 아말렉족과의 전쟁에 대한 기사를 기록하라고 말씀하셨다. 모세는 시내 산에서 여호와의 모든 말씀과 율례를 기록하고 백성들에게 알려 주었다(출 24:4). 이 "언약서" (7절)에는 출애굽기 20-23장이 포함되어 있었다. 그러나 십계명은 두 개의 돌 판에 하나님이 친히 쓰신 것이다(출 31:18). 처음에 받은 돌판이 깨진 후, 모세는 시내 산 꼭대기로 돌아갔고, 그곳에서 언약에 관한 여호와의 말씀을 기록했다(출 34:27). 신명기 역시 모세가 율법을 기록했다고 강조한다. 특히 31:24을 보면,

"모세가 이 율법의 말씀을 다 책에 써서 마쳤다." 이 구절은 오경 중에서 모세의 저술에 대한 가장 함축적인 진술이다.

신명기 31:30도 모세가 이스라엘 백성에게 끝까지 가르친 노래의 말씀을 모세와 연결하여 다룬다. 신명기 32장에 기록된 노래는 성경에서 가장 힘이 있는 찬송들 중 하나이다. 출애굽기 15장에 수록된 또 하나의 감동적인 찬송인 승리의 노래 첫 절에서도 그 노래를 모세와 연결시킨다.

민수기에서는 33장에 기록된 야영지 목록과 관련해서 모세 저작설을 언급한다. 2절에서는 모세가 "여호와의 명대로 그 노정을 따라 그 진행한 것을 기록하였다"고 말한다. 이 목록은 일종의 일기 형태를 취한다.

신명기의 거의 대부분은 모세가 새로운 세대의 이스라엘 백성들에게 행한 몇 가지 연설의 형태를 취한다. 연설의 탁월함은 모세의 선지자 역할에 잘 들어맞는다. 왜냐하면 선지자들은 책을 저술하기 전에 대변인이었기 때문이다. 모세의 말이 서기관, 또는 정규적으로 그를 도와준 칠십 명의 장로 중 몇 사람에 의해 보존되었을 수도 있다. 위에서 살펴본 바와 같이, 신명기 31장에서는 모세가 율법을 기록하여 제사장들과 레위인에게 주었다고 언급한다(9, 24절). 하나님의 말씀의 전파는 기록되어 전달됨으로써 더욱 강화되었다.[6]

(2) 구약 성서의 나머지 책에서의 진술

구약성서의 다른 책들은 종종 오경을 언급하며, 대체로 직접적인 문맥에서 모세를 언급한다. 모세의 사후에, 하나님께서는 여호수아와 이스라엘 백성에게 모세가 준 "율법을 다 지켜 행하고" 주야로 율법책을 묵상하라고 가르치셨다(수 1:7-8). 에발 산에서 언약을 갱신하는 예식을 거행할 때에, 여호수아는 모세의 율법책에 기록된 대로 "다듬지 않은 새 돌로" 단을 만들었다(수 8:31).

출애굽기 20:25에 그러한 제단에 대해 상세히 기록되어 있다. 여호수아 8:34-35에서는 율법의 모든 말씀을 백성들에게 낭독해 주었다고 강조한다. 여호수아는 한 마디도 생략하지 않고 낭독했다. 이것은 이미 이 시기에 율법의 많은 부분이 기록되어 있었음을 의미한다. 여호수아는 이스라엘 백성에게 남긴 유언에서 "모세의 율법책에 기록된 것을 다 지켜" 행함으로써 하나님께 충성하라고 말한다(수 23:6).

다윗은 죽기 직전에 아들 솔로몬에게 모세의 율법에 기록된 법과 계명을 지키라고 명했다(왕상 2:3). 열왕기하에는 율법에 대한 많은 언급이 있는데, 그것들을 모두 신명기와 밀접하게 관련되어 있다. 열왕기하 14:6에서는 아마샤가 자기 아버지를 죽인 사람들의 아들들은 관대하게 다룬 일을 기록하면서 신명기 24:16을 인용했다. 또 히스기야와 요시아는 모세의 율법에 순종했다. 특히 요시아는 모세의 계명에 따라 마음과 성품을 다하여 여호와를 섬겼다(왕하 18:6; 23:3). 이렇게 열왕기와 여호수아서에서 신명기를 강조한 것을 고려하여, 모세의 이름이 처음에는 율법의 일부와 결합되었고, 그 후에 신명기와 결합되고, 마지막에는 오경 전체와 결합되었다는 견해가 제시되었다.[7] 그러나 성경은 신명기 뿐만 아니라, 율법 전체가 처음부터 모세의 것으로 간주되었다고 강력하게 암시한다. 신명기는 권고의 특성 때문에 보다 쉽게 인용되지만, 이것은 모세가 그 이전의 책들과 관계가 없다는 의미는 아니다.

기원전 5세기, 에스라와 느헤미야의 시대에 오경이 모세의 것으로 간주되었다는 데 학자들은 동의한다. "모세의 책"이라는 말은 역대하 25:4 뿐만 아니라 에스라 6:18과 느헤미야 13:1에서도 사용된다. 에스라는 거룩한 칠월에 수문 앞 광장에 모인 사람들에게 모세의 율법책을 읽어 주었고, 백성들은 새벽부터 오전까지 귀를 기울여 들었다(느 8:3). 에스라는 칠 일 동안의 초막절 기간에 날마다 "하나님의 율법책"을 낭독했다(느 8:17). 백성들은 율법을 이해하고 그에 응답하면서 큰 기쁨으로 충만했다(느 8:12, 17).

(3) 신약 성서 안의 진술

신약 성서에서는 모세와 오경의 관계가 보다 직접적인 것이 되며, 다른 저자가 관련되어 있다는 암시는 전혀 없다. "모세의 율법"이나 "모세의 책"에 대한 언급이 많으며(막 12:26 참조), 때로는 "모세"라는 단어가 오경과 동일한 것으로 사용된다. 사도행전 26:22에서, 누가는 "선지자들과 모세"의 예언에 대한 바울의 언급을 인용한다.

바울 서신에서도 "모세"라는 단어를 비슷하게 사용한다. 로마서 10:5에서, 바울은 "모세가 기록하되 율법으로 말미암는 의"라고 말하며, 계속해서 레위기 18:5을 인용한다. 고린도후서 3:15은 "모세의 글을 읽을 때에" 유대인들의 마음을 덮은 베일에 대해 언급하는데, "모세"는 분명히 "모세의 책"을 의미한다.

복음서에도 모세와 그의 글에 대한 언급이 담겨 있지만, 가장 중요한 것은 요한복음이다. 요한은 1장에서 "율법은 모세로 말미암아 주신 것이요"라고 말한다(17절). 45절에서는 빌립이 "모세가 율법에 기록한 분을 찾았다"고 나다니엘에게 말했다고 보고하는데, 그는 곧 메시아이신 나사렛 예수이다. 예수께서도 모세가 자신에 대해 기록하였다고 선언하셨지만, 유대인들은 모세가 기록한 것을 믿지 않았기 때문에 그리스도를 믿지 않았다(요 5:46-47). 유대인들과의 논쟁이 치열해지자, 예수님은 모세가 실제로 그들에게 율법을 주었으나 아무도 그것을 지키지 않았다고 지적하셨다(요 7:19). 모세와 족장들이 준 특별할 계명 중에는 사내 아이들은 태어난 지 팔 일만에 할례를 행해야 한다는 규정이 있었다. 팔 일이 되는 날이 안식일이라도, 할례를 행해야 했다. 예수께서는 그런데 자신이 안식일에 병자를 고쳐 주었다고 해서 유대인들이 불평하는 이유가 무엇이냐고 물으셨다(요 7:21-23). 이 논쟁에서, 예수님은 오경이 모세에게서 온 것이라는 데에는 유대인들에게 동의하셨다. 이 점에 대해서는 유대인들의 견해가 완전히 일치했다. 모세가 그들에게 할례를 명했다는 언급은 암시적으로 모세가 창세기의 저자라고 주장한다. 왜냐하면 언약의 징표로서 할례를 제정한 일이 창세기 17장에 기록되어 있기 때문이다. 창세기는 출애굽기-신명기의 서언 역할을 하지만, 오경 중에서 모세와 연결짓기에 가장 어려운 책이다.

2. 모세가 사용했을 자료

모세가 오경을 기록했다는 주장에서는 그가 자료들을 사용했는지의 여부에 대해 질문해야 할 필요성을 제거하지는 않는다. "원전 비평"(source criticism)은 종종 문서설(Documentary Hypothesis)와 동일시되지만, 그것은 그 문제를 바라보는 데 사용할 수 있는 하나의 방법을 표현하는 데 불과하다. 대부분의 저자들이 자료를 사용하므로, 모세가 하나님의 계시를 보충하기 위해서 옛 기록과 당대의 기록을 마음대로 사용했을 수도 있다. 특히 창세기의 경우에 이 질문이 중요하다. 왜냐하면 창세기에서 다루어지는 사건들은 모세의 시대보다 수세기 앞선 것들이기 때문이다. 모세는 대대로 전해져 왔으며, 그 후에는 족장들을 통해서 전달된 구전 전승으로부터 정보를 얻었을까? 에덴 동산의 아담과 하와의 이야기들은 하나님께서 직접 모세에게 계시해 주신 것인가, 아니면 기록되거나 구전으로 보존되어온 것인가? 창세기 1-11장에 수록된 자료들은 그 범위가 무척 넓고 오래된 것들이기 때문에 가장 설명하기 어렵다.

1) 서판(tôledôth) 이론

1936년에 와이즈먼(P. J. Wiseman)은 창세기에 사용된 자료들을 이해하는 열쇠는 "이야기"(대략, 계보, account) 또는 "세대들"(generations)이라고 번역되는 "tôledôt"라는 히브리 어에 있으며, 그것에 의해 창세기가 10부분으로 나뉜다고 주장했다.[8] 이 단어는 칠십인역 성경에서 geneseōs 로 번역되었으며, 여기에서 "창세기"라는 그 책의 제목이 생겼다. 와이즈먼은 기록한 사람이나 소유자의 이름이 담긴 서판의 끝날 때마다 tôledôt라는 단어가 사용되었다는 이론을 세웠다. 그러한 기록은 하나의 본문을 간기(刊記)—서판이 기록된 시기와 서기관을 밝히는 글—로 마치는 고대 근동 지방의 일반적인 관습과 일치했을 것이다. 서판이 하나의 시리즈에 속한 것이면, 전후 관계를 유지하기 위한 표제로서 다음 서판의 서두에서 사용되는 몇 개의 단어를 간기에 포함시켰다.[9] 따라서 창세기 11:26에서 데라가 "아브라함과 나홀과 하란을 낳았다"는 묘사는 하나의 표제의 기능을 하며, 새로운 서판이 시작되는 27절에서 같은 말이 되풀이 된다.[10] tôledôt가 처음 두 번은 매우 특별하게 사용되었다. 2:4에서는 "대략"이라는 단어 뒤에 명사가 사용되지 않으며, 5:1에서는 "책"(sēper)이라는 단어가 포함되어 있다: "아담 자손의 계보가 이러하니라." 와이즈먼의 이론에 따르면, 창세기 2:4과 5:1 사이의 자료가 아담의 "계보"를 구성한다. 그 용어는 마지막으로 37:2에 있는 야곱의 "약전"에서 사용되며, 그 후에는 더 이상 서판이 필요하지 않다. 왜냐하면 창세기 37-50장의 배경은 애굽이며, 모세는 이스라엘 백성들로부터 구두로 필요한 정보를 입수할 수 있을 것이기 때문이다.

전술한 이론은 분명히 매력적인 이론이다. 해리슨(R. K. Harrison)은 자신의 저서인 『구약개론』(Introduction to the Old Testament)에서 그 이론을 훌륭히 변호했다. 성문화된 자료들의 발견은 모세가 묘사하는 사건들과 모세가 실제로 살았던 시대 사이의 간격이라는 문제를 해결해 줄 수 있으며, 알려져 있는 그 시대의 관습에 매우 적합할 것이다. 그러나 그 이론에는 심각한 결점들이 있다. 첫째, 일반적으로 tôledôt는 선행하는 구절보다는 뒤에 이어지는 구절과 잘 어울린다. 종종 창세기 5:1; 11:10, 27; 25:12; 36:1에서처럼, 그 단어 바로 뒤에 후손들의 목록이 제시된다. 이것은 창세기가 아닌 곳에서도 적용되는데, 예를 들어 민수기 3:1-2에서 아론과 모세의 "계보"는 그들의 세대들을 언급한다(룻 4:18 참조). 이런 까닭에 "계보가 이러하니라"는 후기(後記)가 아니라 표제로 이해되어야 한다.[11]

둘째, 만일 "아담 자손의 계보가 이러하니라"(5:1)는 구절이 아담, 또는 그의 직계 가족이 보존한 자료를 언급한다면, 서판 이론은 글을 쓰는 것의 역사도 인류의 역사만큼이나 오래된 것이라는 뜻을 함축한다. 성경은 아담을 매우 지적인 존재로 묘사하지만, 그가 글을 쓰는 법을 발명했다고 주장하지는 않는다. "책" 또는 "기록된 이야기"는 창세기 5장이 아담이 무엇을 기록했다는 것을 의미하는 것이 아니라, 아담의 후손들에 대한 성문화된 기록이라는 의미일 수 있다. 우리는 바벨탑 이전에 아담과 인류 전체가 어떤 언어를 사용했는지 알고 싶을 수도 있다. 모세는 그들이 기록한 성문화된 자료들을 읽을 수 있었을까?

tôledôt를 하나의 결론으로 여기는 데 대한 세번째 반론은 있을 법하지 않은 시나리오에서 비롯된다. 이스마엘이 아브라함의 이야기를 보존한 사람일 수도 있다(11:27-25:12). 에서는 야곱의 기록을 보유했고((11:27-25:12), 야곱은 에서의 기록을 보존했다(36:2-37:2). 경쟁심과 질투가 이 형제들을 갈라놓았기 때문에, 이

서판들이 어떻게 기록되었을지 이해하기 어렵다.[12] 특히 야곱이 밧단 아람으로 도망친 후, 야곱과 에서는 거의 접촉이 없었다(창 28:2).

2) 그 밖에 사용했을 가능성이 있는 자료

오경에서 인용한 구체적인 자료는 민수기 21:14의 "여호와의 전쟁기"뿐이다. 대조적으로 열왕기서와 역대기서의 기자들은 유다와 이스라엘 왕들의 연대기와 여러 선지자들의 기록을 언급했다(예를 들면, 대하 9:29). 학자들은 모세가 자료를 사용했지만, 그것들에 대해 언급하지는 않았을 것이라고 주장했다. 족보 기록들이 종종 보존되었으므로(대상 4:33; 대하 12:15), 가족 관계를 약술하는 부분들은 성문화된 선례를 따른 듯하다. 이것은 창세기 5장 첫 머리에서 "책", 아담의 자손들의 목록을 사용한 것을 설명해줄 수 있다.[13] 창세기 10장의 "족속들의 목록"도 창세기 11:10-26에 수록된 "셈의 족보"와 함께 이 범주에 속할 것이다. 민수기에는 인구 조사 목록이 수록되어 있는데, 그것들은 모세를 도운 장로들이나 레위인들에 의해 보존되었을 것이다(1-4, 26장).

스파이저는 창세기 14장은 특별한 용어를 사용하며 그 범위가 국제적이라는 점에서 외국 문서를 개작한 것이라고 주장했다.[14] 14장에서만 사해를 "싯딤 골짜기"라고 언급한다(3, 8, 10절). 또 하나의 단서는 13절의 "히브리 사람 아브람"이다. "히브리 사람"이란 유대인이 아닌 사람들이 유대인들을 지칭할 때 사용하는 단어이기 때문이다(창 39:14, 17 참조). 역사적인 관점에서 보면, 14장에는 두 개의 적대적인 동맹에 대한 상세한 이야기가 담겨 있고, 시날 왕 아므라벨에 대한 언급도 포함되어 있다. "시날"은 "바빌로니아"를 지칭하는 것으로서 10:10과 11:2에서만 사용된다. 창세기의 저자는 몇 가지 용어를 설명해야 할 필요성을 느꼈

다: "벨라"는 "소알"과 동일하며(3, 8절), "싯딤"은 "염해"와 동일하고(3절); "사웨 골짜기"는 "왕의 골짜기"(17절)와 동일하다. 만일 저자가 외국의 자료를 개작하고 있었다면 이러한 부연 설명이 필요했을 것이다.

"여호와의 전쟁기"는 민수기 21:14에서만 언급되며, 모압 주위를 행진한 것을 다루는 짧고 시적인 부분의 도입 역할을 한다. 아마 이 책은 하나님께서 많은 대적들과 싸우는 이스라엘의 편에 서서 개입하신 일을 기념하는 책인 듯하다. 해리슨은 이 자료의 "초기 단계의 저술은 광야 시대 후기에 이루어졌다"[15]고 말한다. 그와 비교할 만한 자료는 여호수아 10:13과 사무엘하 1:18에 인용된 "야살의 책"이다. 이 두 개의 발췌문은 시적인 형태를 취하며, 전쟁기와 같은 종류의 문헌을 반영할 수도 있다. 모세보다는 이스라엘 백성들이 하나님의 축복과 보호하심 아래서 그 민족이 경험한 일들에 대한 기록을 보존하는 데 관심이 있었다. 아마 민수기 21:27-30에 인용된 작품을 쓴 시인이 여호와의 전쟁기를 저술하는 데 어떤 역할을 했을 것이다.

민수기에 등장하는 또 하나의 중요한 시인은 발람 선지자였다. 23장과 24장에 있는 그의 예언들은 요단 강을 건너 약속의 땅에 들어갈 준비를 갖춘 하나님의 백성 이스라엘의 찬란한 미래를 예고한다. 대부분의 학자들은 발람의 예언들이 모세가 죽고 나서 오랜 후에 오경에 삽입되었다고 생각하지만, 여호수아 13:22에서 다시 발람이 언급되는 사실에 주목할 필요가 있다. 만일 여호수아가 발람에 대해서 알고 있었다면, 발람의 예언들은 예언된 직후에 모세에게 전해졌을 가능성이 있다.

3) 모세 이후에 추가된 것들을 보여 주는 것들

오경의 저자 문제를 객관적으로 다루려면, 모세가 오경을 저술했을 가능성에 대해 의심을 제기하는 진술들을 참작해야 한다. 물론 가장 분명한 문제점은 신명기 34:1-2의 모세의 죽음에 대한 묘사이다. 랍비들은 이 구절이 여호수아가 율법을 완성하기 위해 추가한 것이라고 가르쳤고, 보수적인 학자들은 일반적으로 이러한 결론에 동의해왔다.[16] 구약 성서의 책들은 주된 저자가 저술한 것이 아닌 부록으로 끝맺는 일이 흔히 있다. 예를 들면, 예레미야 51:64은 "예레미야의 말이 이에 마치니라"고 진술하지만, 52장은 열왕기하 25장과 매우 흡사한 예루살렘의 함락에 대한 이야기를 제시한다. 따라서 예레미야 52장은 바룩이나 후대의 편집자가 첨가한 부록일 가능성이 크다.

문제가 되는 또 하나의 구절은 모세를 세상에서 가장 온유한 (겸손한) 사람이라고 묘사하는 민수기 12:3이다. 모세가 정말 그렇게 겸손한 사람이었다면, 어떻게 자신을 그렇게 칭찬할 수 있었겠는가? 델리취(Delitzsch)를 비롯한 사람들은 그 문맥에 필요한 객관성에 비추어 그 진술이 모세의 것이라고 주장하지만, 모세가 그 부분을 기록했다고 주장할 필요가 없다. 그 구절은 후대의 편집자가 부가 논평으로 삽입해 넣은 것이라고 볼 수 있을 것이다. 여호수아 24:26에 의하면, 모세의 후계자인 여호수아는 율법책에 몇 가지 말을 기록했다. 만일 일반적인 경우처럼 이 책이 오경을 언급한다면(느 8:18 참조), 우리는 여호수아의 편집 행위를 나타내 주는 또 하나의 증거를 소유하게 된다.[17]

모세나 여호수아의 시대보다 훨씬 후대의 내용을 언급하는 구절들도 있다. 창세기 36:31은 "이스라엘 자손을 다스리는 왕이 있기 전에" 에돔 땅을 다스린 왕들에 대해 언급하면서, 당시 이스라엘을 통치하는 왕이 있었음을 암시한다. 사울이 이스라엘의 초대 왕이었으므로, 이 구절에서 언급하는 연대는 B.C. 1000년 이후로 주장된다.[18] 이스라엘이 결국 왕을 갖게 될 것을 모세가 알고 있었다고 주장하는 사람도 있겠지만(창 17:6; 신 17:14-20 참조), 그것은 무리한 주장이다. 그보다는 후일 왕정 시대에 어느 편집자가 이것을 첨가했을 가능성이 더 크다.[18]

신명기의 앞 부분에서 몇 족속들을 쫓아낸 내용에서도 편집 행위가 발견된다. 특히 네 개의 구절은 요단 동편에서 살았던 르바임에 대해 다룬 삽입 논평인 듯하다(신 2:10-12, 20-23; 3:11, 13). 이 논평들의 목적은 이스라엘 백성들로 하여금 여호와께서 르바임을 몰아내기 위해서 그들의 군대 뿐만 아니라 그들의 친척들—에돔 사람들, 모압 사람들, 암몬 사람들—을 어떻게 사용하셨는지 이해하는 데 도움을 주려는 것이었다. 이 지역은 이스라엘에게 주어진 땅의 일부였으므로, 이스라엘은 그 땅의 역사를 알아야 했다. 신명기 2:12은 에돔 사람들의 승리를 이스라엘이 약속의 땅을 차지할 때의 승리에 비유하는데, 이것은 가나안 정복이 이미 이루어졌음을 암시한다. 마찬가지로, 옥의 철 침상이 "암몬 족속의 랍바에 있다"는 말은(신 3:11) 모세와 여호수아의 지도 하에 바산을 정복한 후 오랜 세월이 흘렀음을 지적한다. 군사 정복 및 도시와 지역에 새로운 명칭을 부여한 것이 몇 가지 성경의 지명이 바뀐 배경이 되었다. 학자들은 아브람이 롯을 구하기 위해서 단까지 쫓아갔음에 주목하는데(창 14:14), "단"은 가나안 정복 후에 단 지파가 북쪽으로 이주했을 때에 "라이스"(또는 레센) 지역에 새로 주어진 명칭이었다(수 19:47; 삿 18:29 참조).[20] 창세기 14:14에 "단"이 사용된 것은 14장이 모세의 시대가 지나고 오랜 후에 기록된 것임을 증명해 준다고 주장하기보다는, 후대의 편집자가 명칭을 "라이스"에서 "단"으로 바꾸었다고 보아야 할 것이다. 이렇게 하나의 명칭이 예변법적으로 사용된 것은 벧엘에 의해서 예증된다. 야곱이 꿈을 꾼 후에 "루스"에 "벧엘"이라는 명칭이 주어졌지만(창 28:19), 창세기 12:8은 아브라함이 벧엘 근처에 장막을 쳤다고 말한다. 창세기 47:11에서 "라암세스"를 언급한 것도 비슷한 사례일 것이다(출 1:11 참조).

창세기 12:6에서는 아브람이 약속의 땅에 들어갔을 때에 "가나안 사람이 그 땅에 거하였더라"라고 말한다(13:7 참조). 일부 주석가들은 이것은 창세기가 기록된 시대에는 이스라엘 백성이 가나안 족속을 쫓아냈기 때문에, 가나안 족속은 더 이상 약속의 땅에 없었다는 의미라고 해석한다. 그러나 이스라엘 백성이 약속의 땅에 들어갈 준비를 하면서 가나안 족속과 대면했듯이, 수세기 전에 아브람도 가나안 족속과 대면했었다는 의미일 수도 있다. 가나안 족속은 아브람의 시대에도 그 곳에 있었고, "이제도" 여전히 그곳에 있었다(수 14:11 참조).[21]

결론적으로, 오경 안에는 모세 시대 이후의 자료들이 있을 가능성은 비교적 적다는 것을 알 수 있다. 다섯 권의 책이 실제로 모세가 기록했거나 그의 감독 하에 기록되었을 수 있다. 만일 실제로 모세의 저작에 첨가하거나 수정한 편집자들이 있었다면, 그들의 활동은 모든 성경을 감동하신 성령의 감독을 받았을 것이다. 여호수아, 사무엘, 에스라, 그밖에 다른 사람이 바꾼 내용이 있다면, 그 일 역시 하나님의 성령의 감동하심에 의해 이루어졌으며 하나님께서 의도하신 대로 정확하게 전달되었을 것이다(벧후 1:21).

3. 오경의 형성에 대한 다른 견해들

학자들은 대체로 모세가 오경의 대부분을 기록했다고 믿지 않으며, 많은 사람들은 모세가 전혀 오경을 기록하지 않았다고 주장하려 한다. 그들은 자신의 논거를 문학적, 역사적, 신학적 근거 위에 두고서 오경의 기원을 설명하려 하는 정교한 이론들을 발달시켜왔다. 이러한 이론들 및 그 이론들의 발달에 기여해온 많은 경향들을 이해하기 위해서, 역사적인 관찰을 해보는 것이 바람직하다.

1) 초대 시대와 중세 시대

신약 성서가 완성되고 있을 때, 필로와 요세푸스 같은 유대인 저자들은 모세를 오경의 저자로 간주했다. 탈무드에 의하면, 모세는 여호수아가 기록한 것으로 알려진 신명기의 마지막 여덟 구절을 제외한 모든 것을 기록했다. 그럼에도 불구하고, 발렌티누스(Valentinus)라는 알렉산드리아 출신의 영지주의 지도자는 율법서와 예언서의 신빙성을 부인했다. 유대교-기독교 분파인 나세렛 파는 모세가 오경을 기록했다는 사상을 거부했고, 에피파니우스(Epiphanius)라는 교부는 에비온파(Ebionites)가 오경의 일부를 받아들이지 않았음을 지적했다.[22] 위경인 에스드라 2서는 에스라가 필기에 능숙한 서기관들의 도움을 받아 율법서와 다른 유대교의 책들을 재생했다고 말한다(14:19-48). 이 전설이 제롬에게 영향을 주어 오경의 최종적인 형태가 에스라 시대에 완성되었다고 믿게 했을 수도 있다.

스페인의 콜도바의 이븐 하잠(Ibn Hazam, A. D. 994년경)은 에스라가 오경의 주된 저자라고 주장했다. 스페인의 위대한 학자 이븐 에즈라(Ibn Ezra, 1092-1167)는 모세 저작설을 지지하면서도, 오경 안에 모세 시대 이후에 삽입된 것들이 있다고 인정했다.[23] 이븐 에즈라도 그 이전에 활동한 사람들처럼 모세가 자신의 죽음에 대해 기록했다고 믿지 않았다.

2) 종교개혁 시대와 르네상스 시대

중세 시대가 끝나면서, 성경을 기록한 원어에 대한 관심이 되살아났고, 원 저자와 신빙성에 대한 관심이 증대되었다. 그러나 종교개혁 시대에는 그러한 문제들을 조사하려는 시도는 몇 번에 불과했다. 독일에서 마틴 루터의 경쟁자들 중 한 사람이었던 안드레아스 보덴스타인(Andreas Bodenstein, 1480-1541)은, 만일 모세가 신명기 34장에 있는 그의 죽음의 이야기를 기록하지 않았다면 오경의 다른 부분도 기록하지 않았을 것이라고 주장했다. 왜냐하면 그것은 동일한 문학 양식을 나타내고 있기 때문이다. 스페인의 제수잇 수사인 페리에라(B. Pereira)는 창세기에 관한 책에서(1589) 서기관들이 첨가하거나 개정했다는 주장을 했다. 이신론주의 철학자인 토머스 홉스(Thomas Hobbes)는 『국가론』(*Leviathan*, 1651)이라는 저서에서 모세의 것으로 간주되는 부분들은 모세가 기록했지만 오경의 대부분은 모세의 시대가 지나고 오랜 후에 기록되었다는 견해를 옹호했다.[24]

보다 중요한 것은 데카르트의 관념론의 영향을 크게 받은 유대인 철학자 베네딕트 스피노자(Benedict Spinoza)의 저서이다. 스피노자는 1670년에 출판된 『신학 · 정치론』(*Tractatus Theolgico-Politicus*)에서 오경의 저작 목적과 저술 연대를 발견하려 하면서 체계적인 오경 연구 방법을 약술했다. 그는 모세가 지속적으로 3인칭으로 언급된다는 사실 때문에 고민했으며, 따라서 에스라가 모세에게서 유래된 몇 가지 자료를 사용하여 오경을 편집했을 것이라고 결론지었다.[25] 로마 가톨릭 교회 사제요 철학 교수인 리처드 사이먼(Richard Simon, 1638-1712)은 오경에서 발견되는 문체의 다양성 및 논리적 · 연대적인 문제들은 모세가 저자일 수 없음을 증명해 준다고 결론지었다. 그러나 후대의 저자가 누구이든지 간에, 그는 분명히 과거의 자료들을 사용했다. 장 르 클레흐(Jean le Clerc)라는 개신교 알미니우스주의 신학자는 1685년에 출판된 책에서 오경이 후대의 것이라는 사이먼의 주장에 동의했다. 르 클레흐에 의하면, 오경은 기원전 4세기에 사마리아가 분리되기 전에 기록되었다.[26]

3) 문서설(The Documentary Hypothesis)

스피노자, 사이먼, 르 클레흐 및 그 시대 정신의 영향을 받은 많은 학자들은 오경의 형성을 적절히 설명하기 위한 자료들과 문서들을 찾기 시작했다. 그리하여 18, 19세기에, 하나의 이론이 발달되어 오늘날까지 엄청난 영향을 미치고 있다. 그것은 문서설이라고 불린다.

(1) 자료 비평의 발달

1689년에 캄페기우스 비트링가(Campegius Vitringa)라는 신학자는, 모세가 고대의 자료들을 사용하여 족장들에 대해 기록했다고 주장했다. 그는 아브라함이 메소포타미아로부터 성문화된 자료들을 가져왔을 수도 있다고 추정했다. 창세기에 사용된 자료들을 확인하려는 최초의 시도는 프랑스인 의사 장 아스트뤼(Jean Astruc)에 의해 이루어졌다. 그는 1753년에 『모세가 창세기를 지을 때에 사용한 듯한 원래의 기록들에 대한 추측』(*Conjectures About the Original Momoirs Which It Appears Moses Used to Compose the Book of Genisis*)이라는 제목으로 창세기에 관한 논문을 출판했다.[27] 그는 이 책에서 몇 가지 자료가 사용되었음을 보여 주는 주요한 단서는 하나님을 지칭하는 두 개의 명사, 엘로힘과 야웨라고 주장했다. 예를 들어, 창세기 1장은 엘로힘이라는 명칭만 알고 있었던 저자의 자료를 반영하며, 창세기 2장은 야웨라는 명칭에만 친숙한 저자가 기록한 제2의 자료를 이룬다. 아스트뤼는 엘로힘이라는 명사를 사용한 장들과 야웨라는 명사를 사용한 장들을 구분하여 정리했다. 또 창세기 14장처럼 이스라엘에서 유래된 것이 아닌 자료들과 되풀이되어 사용된 자료들을 구분하여 정리했다. 모세는 하나의 연결된 이야기를 구성하기 위해서 이 네 종류의 자료들을 종합하여 기록했다. 아스트뤼는 오경의 자료들을 확인하려 하면서 오경의 모세 저작설을 부인하지 않았지만, 그의 견해는 그러한 결론을 위한 기초가 되었다.

아스트뤼의 중요성을 이해하려면, 아스트뤼가 저술하던 시대에 고전주의 학자들은 호머의 서사시의 저자 문제로 씨름하고 있었음을 알아야 한다. 프레드릭 볼프(Frederick Wolf)과 같은 사람들은 호머의 『일리아드』와 『오딧세이』를 여러 개의 상이한 자료로 나누고 있었다.[28] 이와 같은 자료 분석에 대한 관심이 오경에 관한 아스트뤼의 제안들에 대한 연구를 고무했다.

아스트뤼의 시대로부터 약 30년이 지난 후인 1780-83년에 독일의 이성주의자 요한 아이히호른(Johann G. Eichhorn)이 『구약개론』(Introduction to the Old Testament)을 출판했다. 아이히호른은 창세기와 출애굽기 1-2장을 J(Jahwist) 자료와 E(Elohist) 자료로 나누었고, 레위기의 배후에서 자료들을 발견할 수 있는 가능성에 대해 논했다. 그는 홍수에 대한 두 개의 이야기가 J 자료와 E 자료에 매우 일치한다는 것, 그리고 그 자료들이 하나님을 지칭하는 상이한 명사들 외에 특징적인 단어와 구를 사용하는 경향이 있음을 보여 주려 했다. 따라서 문학 양식은 자료들을 확인하기 위한 중요한 판단 기준이 되었다. 아이히호른은 처음에는 모세는 이 자료들을 편집한 사람들 중 하나라고 주장했지만, 나중에 출판된 『구약개론』에서는 모세의 관련성을 배제했다.

스코틀랜드의 가톨릭 신학자인 알렉산더 기즈(Alexander Geddes)는 약간 다른 방법을 취했다. 그의 저서들은 1792년부터 1800년 사에 출판되었다. 기즈는 단편 가설(fragmentary hypothsis)에서, 오경은 솔로몬의 시대에 무수한 단편들을 활용한 편집자에 의해 편찬되었다고 주장했다. 그는 두 개의 자료들을 확인하기 위해서 신의 명칭들을 사용했지만, 다른 판단 기준들도 필요했다. 많은 단편들 중에는 모세의 시대, 또는 그 이전의 것도 있었다. 기즈는 여호수아서도 자신의 연구에 포함시켜, 동일한 편집자가 여섯 권의 책 모두를 종합했다고 주장했다. 현대의 많은 학자들도 "육경"(Hexateuch)라는 개념을 지지한다.

1798년에 칼 일겐(Karl D. Ilgen)은 창세기를 17개의 상이한 자료들로 나누었다. 일겐은 E 문서를 E1과 E2로 나누고, 창세기 1-11장을 E2에 배정했다. 그는 자료들을 확인하기 위해서는 신의 명칭들이 아닌 다른 기준이 필요하다는 기즈의 견해에 동의했다.

요한 파터(Johann Vater)는 1802년에 출판된 오경 주석에서 단편 가설을 한층 더 발달시켰다. 파터는 최초로 오경 전체를 분석한 사람이다. 그는 약 40개의 단편들을 원 자료로 확인했다. 파터도 기즈처럼 이 단편들 중 일부는 모세 시대의 것일 수 있지만 오경을 최종적으로 기록하고 편집한 시기는 바벨론 포로기(586-38 B.C.)라고 주장했다.

빌헬름 데베테(Wilhelm M. L. DeWette)의 연구는 문서설 발달에서 또 하나의 중요한 단계를 이룬다. 그는 1807년에 출판된 *Beitrage zur Einleitung is das Alte Testament*라는 책에서 단편 가설을 옹호했지만, 오경 중에 다윗 시대(1010-970 B.C.) 이전의 것으로 여길 수 있는 부분이 없다고 주장했다. 신명기는 기원전 621년 요시야 왕의 개혁이 시작될 때에 대제사장 힐기야가 성전에서 발견한 율법책이었다(왕하 22:8). 데베테는 신명기가 예배의 중심지를 강조하려는 요시야 왕의 명령에 따라 기록되었다는 이론을 세웠다. 많은 유대인들이 산당에서 제사를 드리고 있었으므로, 요시야는 그들을 저지하고 그 땅에 종교적·정치적 통일을 가져올 방법이 필요했다. 따라서 신명기는 J문서와 E 문서와 함께 세번째 주요 자료인 D 문서로 알려졌다.

문서설이 일반적으로 받아들여지기 전, 많은 학자들은 보충설(supplementary theory)을 제시했다. 하인리히 에발트(Heinrich Ewald)는 『비평적으로 살펴본 창세기의 구성』(*The Composition of Genesis Critically Examined*, 1823)라는 저서에서 데베테의 단편적 방법에 대해 이의를 제기했다. 에발트는 창세기의 놀라운 통일성의 원인이 단편들의 종합이라는 사실에 있다고 설명할 수는 없다고 주장했다. 오경의 구성의 배후에 E 문서가 놓여 있다는 것이 더 그럴듯한 설명이었다. 후일, J 자료의 일부가 E 문서에 삽입되었다. 1840년에 데베테는 E 문서에 대한 에발트의 견해를 지지했고, 보충된 E 자료라는 견해가 단편설보다 타당하다는 데 동의했다. 투흐(J. C. E. Tuch)도 그 견해를 지지했다. 그는 창세기 주석(1838)에서 E 문서를 핵심 자료로 지적했고, 그것을 오경의 기초 문서(*grundschrift*)라고 칭했다. 이것은 솔로몬 시대에 J 문서의 자료들로 보충되었다.[29]

에발트는 1840년에 출판한 『이스라엘 민족의 역사』(*History of the People of Israel*)라는 책에서는 견해를 약간 바꾸었다. 이제 그는 E 문서와 J 문서와 D 문서로는 오경 전체를 설명할 수 없으며 다른 자료들이 사용되었다고 가정해야 한다고 믿었다. 그는 사사 시대에 누군가가 모세의 핵심적인 자료 일부를 첨가하여 작성된 "언약서"에 대해 말했다. 이것은 솔로몬 시대에 E 문서의 많은 부분을 통합한 레위인에 의해 기록된 "기원의 책"(Book of Origins)이 보충되었다. 후대의 기자들이 모세의 전기를 추가하고, 본문에 "야웨"라는 명칭을 포함시키고, 전집 전체를 재편집했다. 연속적으로 작업한 각각의 기자들이 다른 부분은 손대지 않은 채 자신의 글을 추가한 것이 아니라, 이전의 자료 전체를 재작업했기 때문에, 에발트의 이러한 견해는 "구체화 설"(crystalization theory)이라고 언급되기도 한다.[30]

데베테와 에발트가 만족스러운 가설에 이르기 위해 자기들의 주장을 바꾸는 동안, 베를린에서는 빌헬름 파트케(Wilhelm Vatke)가 성경신학에 관한 중요한 책을 출판했다. 파트케는 자신의 사고에 깊은 영향을 미친 헤겔의 철학 체계의 시각으로 성경 연구에 임했다. 헤겔에 의하면, 종교는 세 단계의 발달 과정을 지닌다: (1) 하나님과 자연이 동등시되는 자연적인 단계; (2) 하나님이 인격적인 영으로 간주되는 단계; (3) 하나님이 무한한 영으로 간주되는 단계. 파트케는 이 틀에 맞추어 성경의 자료들을 정리했다: (1) 사사들과 초기 군주제(정); (2) 선지자들과 후기 군주제(반); (3) 포로기 이후 시대(합). 오경은 셋째 단계에 해당되며, 이 때에 이스라엘의 법 제정이 공식적으로 제도화되었다. 모세의 일신론은 "합"의 단계에 적합하며, 따라서 오경은 국가를 위한 기초와 헌법이 아니라 국가의 산물이었다. 율법의 "기초 문서"가 포로기의 것일 수도 있다. 파트케의 견해는 당시에는 매우 급진적이라고 간주되었지만, 그의 견해는 벨하우젠(Wellhausen)에게 강력한 영향을 주었다.[31]

그라프(Graf)와 벨하우젠 이전에 문서설의 마지막 중요한 발전상은 1853년에 저술된 헤르만 후펠드(Hermann Hupfeld)의 『창세기의 자료들』(*The Sources of Genesis*)에서 발견된다. 후펠드는 E 문서를 상세하게 조사하여 E 문서가 동일한 하나님의 명칭을 사용하는 두 개의 문서로 구성되어 있다는 결론을 내렸다. 창세기 20장에서부터 시작되는 E 자료는 그 어휘, 문체, 전반적인 내용 등에 있어서 J 문서와 아주 흡사하며, E 문서의 나머지 부분들보다 더 J 문서와 흡사하다. 이런 까닭에 후펠드는 E 문서를 "기초 문서"인 E1과 J 문서를 닮은 보다 고대의 문서인 E2로 나누었다. E1이라고 불리는 문서에는 상당히 많은 제사장 자료가 포함되어 있기 때문에, 후대의 비평가들은 그 문서를 P문서라고 명명했다. 창세기 앞 부분의 여러 장은 E1으로 분류되었다.

후펠드는 분석을 하면서 이 세 개의 문서들은 개별적으로 연구해야 이해되며, 따라서 한 때는 각기 분리된 문학적인 단위들이었다고 진술했다. 최종 편집자가 그 문서들을 엮어 연속되는 하나의 통일체로 만들었다. 그는 특정 문서에서 틀린 단어나 구가 발견되면, 간편하게 편집자의 책임으로 돌렸다.

⑵ 그라프-벨하우젠 가설

후펠드의 작업이 이루어진 직후, 문서설은 주로 칼 그라프와 율리우스 벨하우젠의 노력 덕분에 표준적인 형태에 도달했다. 그라프도 스승 에두아르드 로이스(Eduard Reuss)처럼 E 문서는 가장 초기의 문서가 아니라 가장 후대의 것이라고 생각했다. 그라프는 처음에는 후펠드가 제시한 E1은 후대에 J 문서에 의해 보충된 "기초 문서"로 간주했다. 그러나 E1 안에 신명기(621 B.C.)보다 후대의 것으로 보이는 레위기의 율법이 들어 있다는 사실 때문에, 그라프는 E1의 율법적인 부분은 에스라 시대의 것이라고 확신했다. 그는 E1의 설화 부분은 아주 초기 시대의 것이라고 주장했지만, 결국 쿠에넨(Kuenen)의 반대 논거가 승리를 거두었다. "성결 법전"(Holiness Code)라고 불리는 레위기 1-26장은 에스라가 E, J, D 문서를 결합한 제사장 법전의 일부였음에도 불구하고 에스겔 시대의 것으로 간주되었다.

그라프와 동시대 사람인 아브라함 쿠에넨(Abraham Kuenen)은 네덜란드의 학자로서 『이스라엘에서의 하나님 예배』(*The Worship of God in Israel*, 1869)이라는 저서에서 E1의 통일성, 그리고 연대적으로 후대의 것이라는 점을 증명했다. 쿠에넨 역시 E2와 J문서 중 어느 것이 연대적으로 더 오래 전의 것인가 하는 문제와 씨름했는데, J문서가 E문서보다 연대적으로 앞선 것이라는 견해는 바뀌지 않았다.

문서설을 가다듬고 대중화하는 데 가장 크게 기여한 사람은 독일인 학자 율리우스 벨하우젠이었다. 그는 에발트 밑에서 수학한 신학자로서 셈어에 능숙했다. 벨하우젠은 후펠드와 그라프와 쿠에넨의 결론들을 채택했고, 파트케와 함께 헤겔 철학의 영향을 크게 받았다. 그는 헤겔의 변증적인 방법과 다윈이 『종의 기원』에서 제시한 진화 모델을 병행하여 사용했다. 다윈의 인기 덕분에, 이스라엘의 종교는 자연주의적인 정령 신앙에서부터 진보된 일신론으로 발달했다는 벨하우젠의 견해는 즉시 받아들여졌다.

그의 전반적인 논제는 『육경의 구성』(The Composition of Hexateuch, 1876-77)과 『이스라엘 역사 개론』(Introduction to the History of Isreal, 1878)에 요약되어 있다. 벨하우젠에 의하면, 오경 중에서 초기에 작성된 부분들은 J 문서와 E 문서로 구성되었다. J 문서는 기원전 850년 경에 유다 출신의 사람이 기록했는데, 그는 윤리적·종교적 관심사들 뿐만 아니라 전기(傳記)도 강조했다. 반면에 E 문서는 기원전 750년 경에 북왕국에서 배출된 것이며, 설화체 양식을 사용함으로써 객관성을 나타낸 듯하다. 벧엘, 세겜(창 28:17; 31:13; 33:19), 그리고 에브라임과 므낫세 지파의 조상인 요셉을 강조한 것은 E 문서가 북왕국에서 기원한 것으로 간주하는 데 도움을 준다. 기원전 650년 경에 어느 편집자가 이 두 문서를 결합했다. D 문서는 기원전 621년에 대제사장 힐기야가 발견했거나 기록한 책으로서 많은 권면과 율법이 섞여 있는데, 그것은 므낫세 왕의 악한 통치에 대한 반작용이었을 수도 있다. D 문서는 기원전 550년 경에 편집자에 의해 J-E 문서와 결합되었다(RD). 마지막 문서는 P(E1)였다. 벨하우젠은 그라프와 쿠에넨의 견해를 따라서 이 자료를 포로기 이후의 것으로 간주했다. P 문서를 포함하는 법적이고 예식적인 자료의 주요 편집자요 편찬자는 에스라였지만(기원전 450년경), "성결 법전", 즉 레위기 17-26장의 저자는 에스겔이었다. 계보, 기원, 제사, 성막에 대한 묘사 등은 모두 P 문서에서 다룬 주제였다. "제사장 문서"는 최종 편집자(RP)의 도움을 받아서, 나머지 세 문서(J, E, D)와 결합되어 하나의 연속적인 설화를 이루었다. B.C. 400년부터 200년 사이에 몇 가지 작은 수정이 이루어지면서 오경은 완성되었다.

벨하우젠이 설명한 문서설은 학계를 열광시켰고, 많은 신학자들의 열광적인 지지를 받았다. 독일에서는 코른힐(H. Cornhill)과 스토이어나겔(C. Steuernagel)이 구약 개론을 저술하면서 그라프-벨하우젠 이론을 사용했다. 영국인 윌리엄 로버트슨 스미스(William Robertson Smith)는 문서설 지지자가 되었고, 그 이론을 지지하는 몇 권의 책을 저술했다.『유대 교회 내의 구약성서』(The Old Testament in Jewish Church)는 가장 잘 알려진 저서이다. 영어권 세계에서는 드라이버(S. R. Driver)가 벨하우젠의 견해를 받아들였다. 드라이버는 1891년에 『구약성서 문학 개론』(Introduction to the Literature of the Old Testament)이라는 기념비적인 책을 출판했다. 드라이버로 말미암아 그 후 영국 학자들은 비평적 연구의 필요성을 인식하게 되었다. 미국에서는 유니온 신학교의 찰스 오거스투스 브릭스(Charles Augustus Briggs)가 『육경에 대한 고등 비평』(The Higher Criticism of the Hexateuch, 1893)이라는 책에서 처음으로 문서설을 받아들였다. 그로부터 십여 년 후에, 브릭스는 프랜시스 브라운(Francis Brown)과 드라이버(S. R. Driver)와 공동으로 유명한 『구약 히브리어 사전』(Hebrew Lexicon of the Old Testament)을 저술했다. 많은 히브리 학생들은 이 책을 "BDB"라고 부른다. 이 책은 문서설 학파의 많은 결론들을 종합하고 있다.

(3) 19세기의 반론

문서설의 인기와 영향력이 커짐에 따라, 보수적인 학자들은 이에 크게 반대했다. 독일에서 모세 저작설을 지지한 주된 인물은 헹스텐베르그(E. D. Hengstenberg)였다. 그의 저서인 『오경이 저자 친필 저서임』(*The Genuineness of the Pentateuch*)은 1847년에 영어로 번역되었다. 헹스텐베르크의 제자 두 사람이 자료 비평을 공격하여 싸우는 데 중요한 역할을 했다. 모리츠 드레히슬러(Moritz Drechsler)는 창세기가 저자의 친필 저서라는 사실과 통일성을 다룬 저서를 출판했고(1838), 카일(C. F. Keil)은 19세기 후반에 가장 두드러진 보수주의자가 되었다. 프란츠 델리치(Franz Delitzsch)는 카일과 가까운 동료로서 훌륭한 주석 시리즈를 함께 저술했다. 델리치는 어떤 종류의 보충설에 양보했지만, 모세의 것으로 간주되는 본문들은 실제로 모세가 저술한 것이며, 그렇지 않은 부분들은 가나안 정복과 정착 시기에 제사장들이 첨가한 것이라고 주장했다.[32]

다른 사람들도 고등비평의 주장을 비난했다. 게르하르두스 포스(Gerhaardus Vos)는 제사장 자료가 연대적으로 후대의 것이라는 견해를 공격하고, 오경의 모세 저작설을 지지했다(1886). 영국의 유명한 고고학자인 세이스(A. H. Sayce)는 한 때 진보적인 견해에 동의했지만, 문서설의 오류를 지적하기 시작했다. 세이스는 『고등비평과 고문서들의 평결』(*The Higher Criticism and the Veredict of the Monuments*, 1894), 『고문서에 나타난 사실들과 고등비평의 망상』(*Monument Facts and Higher Critical Fancies*, 1904)을 저술했다. 그 주제를 보다 포괄적으로 다룬 사람은 프린스턴 신학교의 윌리엄 헨리 그린(William Henry Green)이다. 그가 벨하우젠의 이론을 비판한 것은 1895년에 출판된 두 권의 책에서 찾아볼 수 있다: 『창세기의 통일성』(*The Unity of the Book of Genesis*)와 『오경에 대한 고등비판』(*The Higher Criticism of the Pentateuch*). 그린은 이 책에서 벨하우젠이 성경적 자료를 설명할 수 없다는 것, 그리고 그의 방법론은 일관성이 없고 모순적이라는 것을 증명했다.

(4) 문서설의 단점

문서설이 의지하고 있는 주관적인 기초 때문에, 그 이론에 대한 반론이 제기되었다. 학자들은 각각의 문서들이 과거에 독립하여 존재했었다고 주장하지만, 추정되는 문서들 중에 실제로 발견된 문서는 하나도 없었다. 만일 비평가들이 각각의 문서의 내용에 동의한다면, 이러한 반론을 무시할 수 있겠지만, 상황은 그렇지 못하다. 특정 구절들에 대해 상당한 논란이 있고, 학자들에 따라서 동일한 구절이 E 문서나 P 문서에 달리 배정되기도 한다. 앞으로 살펴보겠지만, 이 분야의 권위자들은 오경의 기원을 이해하려 하면서 추가 자료들(K, L, 또는 S)이 있다고 가정했다. 이처럼 본문을 주관적으로 다루는 것은 그 방법에 대한 확신을 증대시켜 주지 못한다.

문서설을 반대하는 가장 중요한 비평은 자료들, 특히 J와 E를 결정하기 위해서 신의 이름들을 사용하는 것과 관계가 있다. 많은 학자들은 고대 근동 지방의 문헌에서는 하나의 신이 하나 이상의 이름을 소유하는 일이 흔했다는 사실에 주목해왔다. 이집트의 태양신 라(Ra)는 종종 양의 머리를 한 테베의 신 아몬(Amon)과 동일시되었다. 그리고 제18왕조 시대 이후의 많은 본문에서는 아몬-레(Amon-Re)가 결합되어 나타난다. 이크헤르노프레트의 베를린 석비에서는 오시리스(Osiris) 신이 웬노퍼(Wennofer) 및 다른 두 가지 이름으로 언급된다. 함무라비 법전의 서언에서는 이쉬타르(Ishtar)를 "이난나"(Inanna)나 "텔리툼"(Telitum)이라고 부르기도 한다.[33] 사이러스 고든(Cyrus Gordon)은 라스 샴라(Ras Shamra) 본문들에서 규칙적으로 등장하는 복합명사를 가진 우가릿의 신 "코샤르와 하시스"(Koshar and Hasis)에 주목했다.[34] 이러한 여러 복합 명사들은 성경의 엘로힘(하나님)과 야웨(주)에 상응한다. 성경에서는 종종 이 두 개의 명칭이 합쳐 "주 하나님"(Lord God)으로 사용되기도 한다(창

2:4f.). 그러나 이집트나 메소포타미아의 본문들과 관련하여 상이한 명칭들이 상이한 문서들을 의미한다고 주장한 사람은 없었다. 성경에서 어떤 곳에서는 엘로힘을 사용하고 다른 곳에서는 야웨를 사용한 것은 그 구절의 특징에 따른 것이다. 창세기 1장에서는 "엘로힘"이라는 포괄적인 명사가 창조주이신 하나님의 사역에 가장 적합하다. 따라서 창세기 1-2장에 있는 두 개의 창조 이야기는 두 명의 저자가 쓴 것이 아니며, 하나님의 활동에 대한 보완적인 묘사를 제공한다. 2장은 인간의 창조를 강조하며 아담과 하와, 그리고 에덴 동산에 대한 세부 내용을 제공한다.

마찬가지로, 다른 사건들에 대한 이중의 이야기들도 합리적으로 설명된다. 창세기 6:19-20에서 노아에게 모든 종류의 새와 짐승들을 한 쌍씩 방주에 데리고 들어가라고 말하고, 7:2-3에서는 암수 일곱씩 데리고 들어가라고 말하면서 "일곱"은 정결한 짐승에게만 적용된다고 말한다. 비평가들은 J 문서와 P 문서가 하나로 합쳐진 것을 예증하기 위해서 홍수 이야기의 이와 같은 모순점을 비롯하여 여러 가지 특성을 사용한다.[35] 문서설을 입증해 주는 또 다른 부분은 창세기 37장이다. 그곳에서는 요셉이 팔려가는 내용이 J 문서와 E 문서 사이에 뭉뚱그려져 있다. 28절에서 미디안 사람들과 이스마엘 사람들을 언급한 것은 그 본문의 근저에 두 개의 상이한 이야기가 있음을 보여 주는 증거로 간주된다. 그러나 케네스 키친(Kenneth Kitchen)이 증명한 것처럼, "미디안 사람들"과 "이스마엘 사람들"이라는 용어들은 중복되며, 근본적으로 동일한 집단을 언급한다(삿 8:24).[36] 그 이야기 안에 있다고 추정되는 다른 모순들도 만족하게 설명될 수 있다.[37]

오경은 산문과 시, 그리고 많은 문학적 형식으로 구성된 하나의 복합적인 통일체이므로, 어떤 학자들은 여러 가지 병형 문체들을 살펴보고서 오경의 저자가 최소한 넷이라는 결론을 내렸다. 그러나 고대 근동 지방의 다른 문헌에서도 쉽게 그러한 변화를 발견할 수 있다. 예를 들면, 이집트의 관리 우니(Uni, B. C. 2400 년경)의 비문에는 설화, 간단한 진술, 승리의 찬송, 한 쌍의 후렴 등이 우니의 요청에 의해 새겨져 있다. 이러한 다양성을 문학적으로 어떤 경위를 가진 상이한 자료들 때문이라고 간주할 수는 없다.38) 그 외에도 다양한 장르를 구성하는 부분들을 확인하는 데 도움을 주는 문학 자료들이 있다. 장르에 대한 연구—이것은 양식 비평의 영역이다—는 독자로 하여금 언제 하나의 문학적인 단위를 다루어야 할지 확인할 수 있게 해준다. 앞에서 살펴 보았듯이, 성경의 언약들은 옛 조약들 안에서 발견되는 구조에 비추어 연구할 수 있으며, 이 구조는 창세기 31장과 출애굽기 19-20장을 J와 E로 구분하는 것을 어렵게 만든다. 만일 그러한 구분이 이루어진다면, 개요에 반드시 필요한 부분들이 상실될 것이다. 그레타 홀트(Greta Hort)는 출애굽기 7-10장에 기록된 재앙들의 순서는 일반적으로 나일강이 범람할 때에 동반되는 자연 현상과 일치한다고 주장했다.39) 이 장들을 J문서와 E문서로 구분하면, 전후 관계가 파괴될 것이다. 히브리 시에서 두세 개의 행을 의미있는 전후관계로 연결해주는 방법들이 종종 등장하는 것도 역시 중요하다. 예를 들면, 창세기 30:23-24에는 라헬의 아들 요셉에 대한 두 개의 진술이 있다. "씻다"('*asap*)라는 동사와 "더하다"(*yosep*)라는 동사는 발음이 매우 비슷하며, 아마 "요셉"이라는 명사와 관련된 언어 유희인 듯하다. 만일 23절에서는 엘로힘(하나님)이 사용되고, 24절에서는 야웨(여호와)가 사용되었다는 이유로 이 부분을 두 개의 자료로 나눈다면, 이 언어 유희는 상실될 것이다.

문서설의 마지막 결점은 각 문서들의 연대, 특히 P 자료의 연대의 불확실성과 관련된다. 쿠에넨과 벨하우젠이 주장한 것처럼, P 자료가 연대적으로 가장 후대의 것인가? 사이러스 고든은 창세기 6장(비평가들의 주장에 의하면 P자료)에서 노아의 방주에 대해 상세하게 묘사한 부분은 오경보다 먼저 기록된 메소포타미아의 문학 작품인 길가메쉬 서사시에 수록된 배의 규모와 대등하다는 것을 관찰했다.[40] 비슷한 맥락에서, 예헤즈켈 카우프만(Yehezkel Kaufmann)은 P 자료가 신명기나 바벨론 포로기보다 앞선 것이라고 입증하는 많은 자료들을 수집했다.[41] 그의 증거는 JEDP라는 순서의 정확성에 대해 의심을 제기한다. 그 이론이 불확실한 공식을 의지하고 있는 것이 아닌지 의심해볼 수도 있다.

(5) 20세기의 발달상

그라프-벨하우젠이 제시한 문서설 공식들의 결점 때문에 전체 이론에 몇 가지 변화가 초래되었고, 아울러 문서설 주장자들의 기본 원리로부터 첨예하게 벗어난 반응들도 나타났다. 그러나 정도에서 벗어난 모든 도전에도 불구하고, JEDP 가설은 계속 학계에서 받아들여지고 있다.

그러나 헤겔의 변증 철학과 다윗의 진화론적인 방법을 문서설의 기초로 사용하는 것은 진지하게 삼가고 있다. 많은 학자들은 그러한 본보기를 종교사에, 그리고 오경의 기원에 적용하는 것의 타당성을 거부해왔다.[42] 일부 학자들은 카우프만의 견해에 동의하여, 일반적으로 인정된 다양한 문서들의 연대, 또는 특별한 문서의 존재에 대해 의심하기 시작했다. 오이스트라이허(Oestreicher, 1923)와 웰치(Welch, 1924)는 P 문서의 연대를 요시아 이전, E 문서보다 앞선 것으로 본다. 로버트슨(Robertson, 1950)은 신명기가 사무엘 시대에 기록되었다고 주장했다.[43] 요한 판 세터즈(John van Seters)는 반대로 J 문서를 포로기, P 문서를 포로기 이후의 것으로 보았다. 볼츠(Volz)와 루돌프(Rudolph)는 E 자료는 하나의 독립된 문서로 존재한 적이 없다고 주장했다.[44] 일부 비평가들은 문서들을 제거한 반면, 다른 사람들은 새로운 문서들을 밝혀내려 했다. 오토 아이스펠트(Otto Eissfeldt)는 레갑 사람들의 유목생활의 이상을 반영하며 기원전 860년경에 기록되었을 L 자료(Lay Source)가 J 문서 안에 삽입되어 있다고 주장했다. 약 5년 후(1927)에, 율리우스 모르겐스테른(Julius Morgenstern)은 K(Kenites의 약자) 문서를 발견했다고 발표했다. 그는 그 문서가 기원전 890년 경에 있었던 아사 왕의 개혁 때에 유익하게 사용되었다고 생각했다(왕상 15:9-15 참조). 1941년 하버드 대학 교수 로버트 파이퍼(Robert Pfeiffer)는 S 문서를 소개했다. 그것은 에돔에 있는 세일 산을 나타내는 것으로서, 그는 창세기 1-38장에 있는 J 자료와 E 자료로부터 그것을 분리했다. 파이퍼의 주장에 의하면, S 문서는 솔로몬 시대에 작성되었고 수세기 후에 일부가 첨가되었다고 한다.[45] 이 시점에서, 독일인 학자인 게르하르드 폰 라드(Gerhard von Rad)와 마르틴 노트(Martin Noth)를 언급해야 할 듯하다. 폰 라드는 P를 P(a)와 P(b)로 나누었고, 노트는 JEDP의 배후에 G(*grundschrift*의 약자)라는 기초 문서가 존재한다고 가정했다.

문서설이 고대 근동 지방 문헌에 기초를 두고 있지 않다는 주장에 반대하여, 제프리 티게이(Jeffrey Tigay)는 길가메쉬 서사시(Gilgamesh Epic)가 원래는 독립되어 있던 수메르 이야기들을 편찬한 것임을 증명했다. 구 바벨론 시대에 처음으로 편집된 이 서사시는 여러 편집 단계를 거쳐 신 앗시리아 시대에 최종적인 형태를 갖추었다.[46] 그러나 길가메쉬 서사시의 발달은 JEDP 가설과는 다르다. JEDP 가설은 독립된 개별적인 이야기들의 결합에 반대하여 확대된 대등한 설화들의 융합을 주장한다. 혹 길가메쉬 서사시가 J나 E와 같은 독립된 문서가 발달하여 하나의 통합된 설화가 된 것과 유사한 것일 수도 있다.

4) 양식 비평

20세기에 여러 가지 비평 방법들이 등장했고, 어떤 경우에는 문학 비평(또는 자료 비평)에 도전한다. 그 중 하나가 금세기 초에 궁켈(Gunkel)과 그레스만(Gressmann)이 발달시킨 양식비평(from criticism), 또는 장르/유형 비평이다. 하나의 본문이 배출된 사회적 상황과 문학적 장르를 이해하는 것은 그 본문을 이해하는 데 크게 도움이 된다. 한 문학적 단위의 구조에 대한 지식이 있으면, 독자는 원래 하나의 문학적 통일체로 의도된 작품을 세분하려 하지 않을 것이다. 때로 이러한 지식은 그러한 통일된 문학 작품의 여러 부분을 두세 개의 문서로 배정하려는 사람들에게는 큰 장애물이 될 것이다.

원래 궁켈과 그레스만이 고안한 양식 비평은 주로 다양한 장르들의 구전 단계, 또는 문자화되기 이전의 단계에 관심을 두었다.[48]

이 방법은 모든 기록된 문서의 배후에는 구전 발달 단계가 있으며, 그러한 발달 단계에 대한 지식은 성문화된 본문을 이해하는 데 도움이 된다고 가정한다. 특정의 문학 작품이 생긴 문화적인 배경, 즉 삶의 정황에 대한 의식이 그 구절을 이해하는 데 매우 도움이 된다는 데에는 누구나 동의할 것이다. 구전 단계를 강조하는 것이 필연적으로 문서설에 불리하게 작용하는 것은 아니다. 사실 일부 학자들은 JEDP 구조를 인정하면서도, 그 문서들의 배후에 있는 문서화 이전 단계에 대한 이해를 촉진하기 위해서 양식비평을 이용한다. 예를 들어, 양식비평은 그 문서들의 "저자들"을 전통적인 자료의 수집자, 또는 편집자로 묘사하는 것이 더 정확하다는 것을 증명했다.[49]

그러나 비평가들에게는 기록된 문서들을 무시하고 구전 전승을 강조하려는 경향이 있다. 창세기를 수필들의 수집물로 보는 사람들은 일반적으로 이 이야기들이 유동적인 형태로 존재했으며 이스라엘 역사에서 늦게 성문화되었다고 주장한다. 스웨덴의 "웁살라 학파" 회원인 이반 엥그넬(Ivan Engnell)은, 네 개의 대등한 문서들에 대한 벨하우젠의 견해는 근동 지방에서 구전 전승이 어떤 기능을 발휘했는지 이해하지 못한 유럽의 방식에서 생겨난 것이라고 주장하면서 문서설을 거부했다. 엥그넬의 주장에 의하면, 오경 자료의 대부분은 포로기, 또는 포로기 이후에야 성문화되었다고 한다.[50]

엥그넬 및 다른 스칸디나비아 학자들의 견해는 "전승비평" 항목에서 상세히 논하려 한다. 그 주제로 이동하기 전에, 양식비평은 본문의 문학적 단계에 관심을 갖는다는 점에 주목해야 한다.[51]

보수주의자들의 입장에서 보면, 이것은 성경의 작은 부분이나 큰 부분의 양식에 대한 탐구가 해석 과정에 큰 도움이 될 수 있다는 의미가 된다.[52] 제4장에서는 오경에서 발견되는 주요한 문학 유형에 대해 설명할 것이다.

5) 전승 비평

양식 비평과 밀접하게 관련된 방법이 "전승 비평"(tradition criticism), 또는 "전승 역사"(tradition history)라고 알려진 방법이다. 이것은 양식비평이라고 정의하기 어려운 성경 접근 방법이다. 많은 사람들이 이 방법을 사용하지만, 항상 동일한 방법으로 작업하지는 않는다. 어떤 전승 비평가들은 한 권의 책이나 개별적인 주제가 성문화되기 전의 단계에 대한 역사를 강조한다; 또 다른 사람들은 문학적인 단계들을 강조하는데, 이것은 편집 비평과 흡사한 과정이다.[53] 넓게 생각해보면, 양식비평은 그 과정의 시작을 강조하는 데 비해, 전승비평은 최종적으로 성문화된 산물이 이루어지기 전의 발달을 조사한다. 그러한 방법에서는 하나의 전승의 성장 과정에서 여러 개의 상이한 층을 발견할 수 있다고 가정한다.

전승비평가는 자신의 과업을 성취하기 위해서 기본적으로 네 가지에 관심을 갖는다. 첫째, 하나의 전승과 관련된 집단이나 공동체에 관심을 둔다. 그 전승의 형성에 제사장이나 선지자나 현인들이 관련되었는지의 여부를 아는 것이 중요하기 때문이다. 『오경의 문제』(The Problem of the Pentateuch)라는 매우 훌륭한 책의 저자인 게르하르드 폰 라드는 신명기가 교훈적인 방식을 갖는 것은 레위인들의 설교에 기인한다고 보았다.

두번째 기본적인 관심사는 지리적인 배경이다. 벧엘과 세겜과 같은 도시들은 족장들에 대한 다양한 전승들의 저장소로 간주된다. 후일 이 전승들은 문서화되면서 개정되고 정돈되었다.

셋째, 전승 비평가들도 양식비평가들처럼 자료의 배후에 있는 사회적, 정치적, 종교적인 상황에 관심을 기울인다. 그러나 양식비평가들은 특정한 이야기나 연설과 관련된 "삶의 정황"을 확립하는 데 만족하지만, 전승비평가들은 그 상황 안에서 변화를 찾아내려 한다. 예를 들어, 어떤 학자들은 신명기 배후의 제의적 환경은 세겜에서의 언약 갱신 축제였다고 생각한다(신 27:12-13). 그러나 기원전 700년 경, 성전(聖戰)의 개념과 아울러 의용군이 부흥하면서 새로운 상황이 발생했다.[24]

마지막 관심은 주제와 모티프들, 그리고 그것들이 결합되는 방법과 관련된다. 폰 라드는 신명기 6:20-24, 26:5b-9, 여호수아 24:2b-13의 신조들이 이스라엘이 시내 산 밑에서 경험한 것을 언급하지 않음을 관찰하고, 원래 출애굽과 약속의 땅에서의 정착에 대한 전승과는 상관없이 시내 산에 대한 전승이 보급되어 있었다고 결론지었다. 결국 야위스트(Yahwist)가 두 전승을 종합하고, 족장들의 전승을 포함시키고, 그 후에 자기의 작품의 서론으로서 원 역사(창 2-11장에 해당되는 J 문서)를 첨가했다.

마틴 노트는 동일한 주제를 다룬 중요한 책에서 이스라엘의 믿음에 대한 진술 안에 표현된 중요한 주제들을 강조했다.[55] 애굽으로부터 인도해냄, 족장들에게 준 약속, 시내 산에서 맺은 언약

등의 모티프는 사사기에 형성되었으며 J 문서와 E 문서의 자료가 된 흔한 전승(*Grundlage*, 또는 G)을 포함하고 있었다. 두 문서 사이에 비슷한 것들이 존재하는 이유는 G 전승에 의해 설명된다. 노트는 신명기부터 열왕기하서까지의 기록에 대해 책임이 있는 신명기 편집자를 밝혀낸 것으로 유명하다. 이 "신명기적 작품"은 이스라엘이 약속의 땅에 들어갈 때부터 예루살렘의 멸망에 이르는 역사를 자세히 검토하면서 몇 개의 과거의 자료들을 이용했다. 노트의 주장에 의하면, 신명기 1-3장은 포로기에 기록된 이 전체 전집의 서론 역할을 했다. 본질적으로 이 이론은 창세기-민수기의 "사경"(tetrateuch)을 제시한다. 그러나 노트는 신명기 31-34을 그 이전의 책들과 연결하지 않았다.[56]

스웨덴의 "웁살라 학파"는 폰 라드와 노트의 사상 중 일부를 따랐지만 문서설을 전혀 의존하지 않았다. 니베르그(H. S. Nyberg)는 벨하우젠의 자료 이론은 보다 깊은 관심을 기울여야 할 구전 전승의 중요성을 축소시켰다고 생각했다. 이반 엥그넬은 전승을 다룬 "학파들"(schools) 또는 "그룹들"(circles)을 다룬 *Traditio-Historical Introduction of 1945*라는 책에서 니베르그의 견해를 지지했다. 니베르그와 엥그넬도 노트와 마찬가지로 창세기-민수기를 신명기-열왕기로부터 분리했다. 전자는 남왕국의 제사장 집단에 의해 보존되고 전해진 "P작품"이고, "D작품"은 북왕국의 전승들을 반영하고 있었다. 몇 가지 법적인 자료들을 제외하면, 이 전승들은 대부분 포로기에 비로소 성문화되었다.

전승비평의 가장 큰 결점은 구전 전승을 지나치게 강조하는 것이다. 모세와 족장들의 시대에 근동 지방의 다른 국가들은 성문화된 풍부한 자료를 가지고 있었는데, 히브리인들은 매우 관심있는 문제들을 기록으로 남기지 않은 이유는 무엇일까? 오경에서 발견되는 것들과 아주 흡사한 서사시, 찬송, 율법, 사업상의 거래 등을 기록한 서판들이 수천 개나 된다. 케네스 키친은 기록을 통한 전달과 구두 전달을 구분했다. 중요하다고 간주되는 것은 기록되었고, 그 다음에 구두로 백성들에게 전파되었다(대하 17:9 참조).[57] 이것은 자료의 보존에 있어서 어떤 경우에는 구전 전승이 중요한 역할을 했다는 것을 부인하는 것이 아니라, 전승 비평가들이 그 역할을 지나치게 과장했다는 것이다.

6) 수사 비평

제임스 뮐렌버그(James Muilenburg)는 1969년에 출판된 "양식비평과 그 한계의 초월"(From Criticism and Beyond)이라는 글에서, 통합된 통일체로서의 자료를 구성하기 위해 사용된 히브리 문학의 구성과 그 장치에 대한 연구를 "수사 비평"(rhetorical criticism)이라고 불러야 한다고 주장했다.[58] 양식비평은 특정한 발췌문만이 지닌 특징에 충분한 관심을 기울이지 않으므로, 수사 비평을 행하는 사람들은 그러한 취약점을 바로잡을 수 있었다. 주어진 구절의 문체상의 특징들을 세심하게 연구함으로써, 학자는 저자의 생각을 보다 만족스럽게 파악할 수 있다. 그러한 연구에서는 사용된 구조적 양식, 다양한 단위들 간의 관계, 그리고 반복되는 회수 및 어떠한 예술적인 기교가 사용되었는가 등에 주목한다. 뮐렌버그는 주로 시에서 예를 취했지만, 산문도 수사 비평가가 작업할 분야가 될 수 있다.

포클먼(J. P. Fokkelman)은 창세기 안에 있는 설화에 대한 연구서에서, 바벨탑 이야기 안에서 발견되는 훌륭한 대칭을 지적했다. 스스로 유명해지기 위해서 탑을 건설하려는 사람들의 계획은 하나님의 개입으로 인해 중지되고 인류의 통일성이 혼란스러워졌다. 9절에서 "바벨"(Babel)이라는 명사를 가지고 행하는 동음이의(pun)는 그 설화를 이해하는 열쇠이다.[59] 포클먼은 그 이야기의 전환점을 7절로 보았지만, 다른 사람들은 5절을 그 이야기의 중심점으로 본다. 5절 전후에는 담화가 담겨 있으며(3-4절에는 건축자들의 말, 6-7절에는 하나님의 말), 이 담화들은 각기 1-2절과 8-9절에 있는 한 쌍의 이야기 구절들과 연결된다. 그리하여 훌륭하게 균형을 이루는 반전된 구조가 형성된다.[60]

창세기에서 가장 난해한 설화는 37-50장에 있는 요셉 이야기이다. 로버트 알터(Robert Alter)는 이 부분에 포함되어 있는 병행구들과 그 상호관계를 조사함으로써 화자의 훌륭한 문학적 기교를 밝혀냈다. 예를 들면, 알터는 37장과 38장 끝부분에서 "알아보다"(hakker-nā)라는 동사가 반복하여 사용된 것에 주목했다. 37:32에서 야곱은 겉보기에는 분명히 사나운 짐승에게 찢긴 것처럼 보이는 사랑하는 아들 요셉의 옷인지 알아보라는 요청을 받고서 철저히 속았다. 대조적으로 38:25에서, 유다는 도장과 끈과 지팡이가 누구의 것인지 확인해달라는 부탁을 받았는데, 그 일을 통해서 그가 다말이 낳은 아기의 아버지임이 증명되었다. 후자의 경우, 유다가 아기의 아버지임이 드러났지만, 전자의 경우에 야곱은 속고 말았다. 창세기 42:8에서 애굽의 총리대신인 요셉은 기근 때에 곡식을 사러 온 형들을 알아보지만 형들은 그를 알아보지 못하는 장면에서도 이 동사는 중요한 역할을 한다.[61]

창세기 38장과 43장에서 'ārab이라는 어근이 반복되어 사용된 것 역시 비슷한 용어가 병행하여 사용된 예이다. 38:18에서 유다는 당시 관행으로 창녀에게 지불되던 염소 새끼를 다음 날 주겠다는 약조물('ērābôn)로서 도장과 끈과 지팡이를 주었다. 몇 장 뒤에서, 베냐민을 애굽으로 데려 가지 않으면 더 이상 곡식을 살 수 없게 되었을 때에, 베냐민의 안전을 보장('ārab)하는 유다는 매우 상이한 관점에서 보여진다(43:9). 유다가 야곱과 베냐민을 염려하며 그들의 안전에 관심을 기울이는 모습은 38장에 표현된 이기적인 그의 모습과는 판이한 모습이다. 이러한 그의 성품의 변화는 열두 지파의 지도권이 결국 유다의 후손에게 주어지는 이유를 설명하는 데 도움이 된다(49:10 참조).

　창세기는 수사비평을 위한 가장 효과적인 자료를 제공해 준다고 볼 수 있겠지만, 오경의 다른 책들 역시 문학적인 복잡함을 포함하고 있다. 출애굽기 내의 재앙을 연구해보면 세 개의 재앙이 세 차례 임한 후에 그 절정으로 열번째 재앙이 임하는 구조를 파악할 수 있다. 민수기 23-24장에 기록된 발람의 일곱 가지 예언은 이스라엘의 장래에 대한 놀라운 예언들을 제시하며, 네 개의 예언 다음에 설화체의 자료가 삽입되고 그 후에 다시 세계의 예언이 배열되는 구조를 지닌다. 비록 24:20-24에 기록된 마지막 세 개의 예언은 신속하게 연속적으로 주어지지만, 각각의 예언은 "발람이 노래를 지어 가로되"라는 말로 시작된다.

4. 최근의 오경 비평 방법

오경에 접근하는 최근의 방법들 중에 주의를 기울일 만한 것이 몇 가지 있으며, 그 중에서 특히 정경 비평(canonical criticism)과 구조주의(structualism)는 현대의 사고에 큰 영향을 미쳐왔다. 이 두 가지 방법은 오경이 어떻게 형성되었는지에 주된 관심을 갖지 않으며, 현재 우리가 소유하고 있는 최종적인 형태의 본문 연구에 중심을 둔다. 두 방법의 공통점은 이것뿐이다. 왜냐하면 정경비평은 신학적인 것을 강조하는 데 비해, 구조주의는 언어학에 기초를 두며 심층 의미에 관심을 갖기 때문이다.

1) 정경 비평

최종적인 형태의 본문이 정경으로서의 권위를 지니므로, 브레버드 차일즈(Brevard Childs)는 종교 공동체 내에서의 최종 형태의 본문의 기능을 재조사하면서 학계를 주도했다. 성경은 그것이 기록된 공동체 내에서의 기능에 비추어 해석되어야 한다.[62] 이것은 각각의 본문은 구약성서 전체의 증거에 비추어 이해되어야 하며, 구약성서 전체는 각각의 본문들에 비추어서 이해되어야 한다는 의미이다. 차일즈는 위에서 언급된 다른 성경 비평 방법들을 사용하지만, 그러한 비평에서 채택하는 방법론의 한계를 깨닫고 있었다. 문학 비평과 양식비평은 도움이 되고 필요한 것이지만, 성경이 형성된 과정에 대한 연구에 그치는 것은 옳지 않다. 우리는 현재 소유하고 있는 형태의 성경을 연구해야 하며, 그 본문들의 종교적인 기능을 이해하려 해야 한다. "이스라엘은 한 권의 책에 의해서 스스로를 정의했다! 정경은 유대 공동체 생활을 위한 결정적인 삶의 정황(Sitz im Leben)을 이루었으며, 그럼으로써 현대 역사가가 찾으려 하는 사회학적인 증거들을 희미하게 만들었다."[63] 정경이 형성되면서, 전통의 어떤 요소들은 강조되고 다른 요소들은 배제되었다.

정경비평의 한 가지 장점은 각각의 장들과 책들의 관계에 관심을 갖는 것이다. 예를 들어, 창세기 1-2장의 P자료와 J자료는 창조와 그 후손들 사이의 연결고리를 제공한다. 창세기의 약속들은 출애굽 이야기의 전주곡 역할을 한다.[64] 오경 전체는 이스라엘 백성이 모세의 전승을 어떻게 이해했는지를 규정한다. 따라서 사경이나 오경이 존재했는지의 여부에 대한 질문이 중요하게 된다.

차일즈는 성경 자료들의 역사성이나 비역사성에 대해 그다지 논하지 않는다. 그는 주로 특정 본문이 전달하는 신학적인 메시지에 관심을 갖는다. 그러나 이 방법은 최종적으로 한 구절의 역사적인 배경을 무시하며 사건들 자체의 중요성을 깎아내리는 결과를 낳았다. 차일즈는 원래의 메시지와 최종 형태의 본문에서 발견되는 메시지의 실질적인 차이점을 보려 한다.

2) 구조주의

몇 가지 측면에서 정경비평의 등장이 보수주의자의 연구에 도움이 된다면, 구조주의(structuralism)의 경우에는 대체로 상황이 완전히 역전된다. 성경비평 분야에서 가장 최신의 방법은 구조주의는 언어학 또는 기호학(semiology) 분야에서 출발한다. 스위스의 학자 페르디난드 드 소쉬르(Ferdinand de Saussure)는 1916년에 『일반 언어학의 과정』(*Course of General Linguistics*)이라는 책을 출판하여 학계에 심오한 영향을 미쳤다.[65] 드 소쉬르는 언어학에 접근하는 데 있어서 통시적(通時的)인 방법과 반대되는 공시적(共時的)인 방법을 강조했다. 즉, 언어의 역사적인 발달에 대한 이해보다는 현재의 상황에 대한 지식이 훨씬 더 중요하다고 본다.[66] 클라우드 레비-스트라우스(Claude Levi-Strauss)와 롤란드 바르테스(Roland Barthes)같은 학자들은 신화학과 성경 문학에서의 인간 사고에 대한 연구에 이러한 통찰을 적용했다. 그들은 언어의 구조는 현실과 뒤얽혀 있으며 그 의미는 단어와 주제들의 관계 안에서 발견된다는 데 동의했다.[67] 저자의 의도를 식별하기 위해 노력하는 것보다는 저술 자체에 대해 연구함으로써 본문의 의미를 파악할 수 있다. 이 방법 안에는 본문의 표면 밑에는 보다 깊은 의미의 차원이 있다는 믿음이 내재해 있다. 해석자는 본문 만에서 상직적이고 보편적인 구조를 찾아내려 한다.

아마 이 보편적인 구조를 발견하는 열쇠는 한 쌍의 반대 개념이다. 현실을 다루는 데 있어서 인간적인 표현은 기본적으로 양극성이라는 형식을 따른다. 에드먼드 리치(Edmund Leach)는 『신화로서의 창세기』(*Genesis as Myth*)라는 책에서 삶과 죽음, 하나님과 인간, 허락할 수 있는 성관계와 허락되지 않은 성관계의 대조를 언급했다.[68] 리치는, 창세기는 성도덕의 파괴에 대한 많은 이야기(롯과 그의 딸들, 소돔 사람들과 천사들)를 포함시킴으로써 사라가 아브라함의 이복 누이였음에도 불구하고 아브라함과 사라의 관계가 고결한 것이었다고 나타낸다. 현대 독자들은 쉽게 이해하지 못하지만, 이 이야기들이 변형된 형태로 반복됨으로써 하나의 일관성있는 메시지를 형성한다.[69] 리치는 창세기의 구조 안에 근친상간과 성 도덕이 강조되어 있다는 걸 발견했지만, 대부분의 해석가들은 그것에 주목하려 하지 않는다.

마틴-아카드(Martin-Achard)의 창세기 32장 분석에서 발견되는 구조주의는 그리 급직적이지 않은 형태이다. 그는 이 연구서에서 창세기 12장에서 언급된 축복이라는 개념이 두드러지게 나타남에 주목한다. 그리고 야곱이 천사와 씨름한 것은 장차 한 민족으로서의 이스라엘이 직면하게 될 갈등의 계시이다.[70] 이러한 유형이 국가적인 차원에서 반복될 것이다.

구조주의는 공시적인 방법을 강조하기 때문에 실질적으로 역사의 역할을 무시한다. 하나의 본문의 배후에 놓여 있는 사회학적인 상황(삶의 정황)이나 그 본문이 배출된 역사적인 과정을 이해하는 것은 중요하지 않다. 그보다는 "그 본문이 어떻게 의미를 만들어내며" 그 문헌의 심층 구조 안에 어떤 메시지가 기호화되어 있는가를 찾으려 해야 한다.[71] 이러한 탐구를 통해서 그 메시지의 핵심을 이루는 "보편적인 것들"을 설명한다.

5. 결론

20세기에 학자들은 구약시대의 문헌 기록에 대한 많은 새로운 정보를 발견해왔지만, 이러한 발견이 오경 저자에 대한 논란을 종식시키지는 못했다. 오경 연구에 대한 새로운 방법들이 계속 발견되고 있으며, 일부 학자들은 1세기 전에 벨하우젠이 주장한 것처럼 오경이 비-모세적 특성을 가지고 있다고 확신하고 있다. 동시에, 고대 근동 지방의 역사와 문화와 종교에 대한 지식이 증가함으로써, 오경의 모세 저작설에 대한 지지도 강화되어 왔다. 양식비평과 수사 비평과 같은 다소 최근의 방법들에서도 오경의 통일성을 지지하며 모세가 실제로 오경의 주된 저자라는 견해를 지지한다. 모든 학자들이 자료에 의해서 확신을 가진 것은 아니지만, 문서설을 아무래도 불안한 이론이며, 머지 않아 학계에서는 이 이론을 완전히 포기해야 할 것이다.

제3장

창세기

여러 면에서, 창세기는 오경 중에서 가장 흥미로우면서도 가장 어려운 책이다. 창세기는 세상과 인류 창조에 대한 매력적인 이야기를 가지고 독자를 낙원으로 데려 가서 인간의 완전함과 영광을 보게 해준다. 그러나 곧 우리는 인류의 타락 및 죄로 인한 무서운 결과들을 보게 된다. 창조와 홍수 이야기에는 과학에 영향을 주며 쉽게 해결할 수 없는 많은 문제들이 포함되어 있다. 모두가 타락한 것처럼 보일 때에 하나님은 아브라함을 택하시고 그를 통하여 온 세상을 축복하기 위한 도구가 될 민족을 만드셨다. 창세기의 대부분은 아브라함의 가문의 발달에 대해 다루며, 이삭과 야곱과 요셉에 대한 상세한 이야기가 이어진다.

1. 표제

히브리 문학에서는, 종종 책의 처음 단어들을 표제로 삼는다. 따라서 창세기는 "태초에"(*berē' šît*)라고 알려져 있는데, 이것은 기원을 강조한다는 점에 비추어 볼 때에 적절한 명칭이다. 많은 학자들은 이 서두의 단어들을 "하나님께서 창조를 시작하셨을 때"라는 번역을 선호하지만, 이러한 번역은 불필요하게 처음 세 구절의 구문을 복잡하게 만들며, 문법적으로도 바람직하지 하지 못한 듯하다. 요한복음의 서언에서도 창세기의 표현을 따라서 "태초에"로 시작하고 나서, 그 후에 만물이 그로 말미암아 지은 바 되었다고 말한다(요 1:1, 3, 10).

"창세기"(Genesis)라는 영어 제목은 칠십인역에서 사용되었던 "시작"(beginning) 또는 "세대들"(generations)을 의미하는 헬라어 *geneseōs*에서 유래한다. 앞에서 살펴보았듯이, 이것은 창세기에서 11번 나타나며 간편하게 개요를 지적해 주는 용어인 *tôledôt*라는 히브리어의 번역이다.

2. 목적과 범위

창세기는 성경 전체의 서언으로 기록되었다. 따라서 그것은 우주, 물질계, 인간 생활과 문화, 그리고 이스라엘 민족의 기원에 대한 기사를 제공한다. 창세기의 첫 부분에서는 세월이 흐르는 동안 인류를 당황하게 해온 많은 중요한 질문들이 간결하면서도 솜씨좋게 다루어져 있다. 창조의 이야기가 간단하면서도 장엄하게 제시될 뿐만 아니라, 죄가 어떻게 세상에 들어왔는지, 그리고 어떻게 하나님의 원래의 창조를 망쳤는지에 대해서도 이야기한다. 홍수 심판 후에, 모세는 민족들의 성장 및 바벨탑을 쌓으려다가 흩어지게 된 경위를 묘사했다. 인류는 자기들의 "이름을 내기 위하여" 탑을 쌓으려 했지만(창 11:4), 하나님께서는 아브라함을 택하셔서 그의 이름을 창대케 하고 하나의 큰 민족으로 만들겠다고 약속하셨다(창 12:2).

창세기 12장 이후에서, 모세는 아브라함, 이삭, 야곱, 요셉을 집중적으로 다룬다. 그는 이 히브리 민족이 성장하고 발달한 경위를 보여주었다. 모세는 이스라엘이 애굽의 종살이에서 해방되었을 때에 살았으므로, 백성들은 자기들이 어떻게 애굽으로 갔으며, 왜 그렇게 오랫동안 그곳에서 살았는지를 알아야 했다. 요셉이 행한 역할은 이스라엘이 오랫동안 애굽에 체류한 이유를 설명하는 데 도움이 된다(15:13-14 참조).

창세기는 또한 모세와 이스라엘 백성이 침입하려 하는 가나안 땅에 대한 정교한 정보를 제공했다. 9:25에는 가나안에 대한 저주가 기록되어 있고, 18-19장에서는 소돔과 고모라의 음란함과 멸망에 대해 묘사한다. 아모리족의 죄가 "관영했기" 때문에 이제 동일한 멸망이 가나안 전체 앞에 놓여 있었다(창 15:16). 가나안에서 멀지 않은 곳에 모압, 암몬, 에돔 족속들이 살고 있었으며, 이스라엘은 역사적으로 초기에 아말렉족과 미디안족을 상대로 전쟁을 했다. 이스라엘에게 가시 같은 존재가 된 이 골치 아픈 이웃들의 기원은 어디인가? 이번에도 창세기는 롯이 모압과 암몬의 시조라는 대답을 제공한다(19:36-38). 에돔과 아말렉은 에서의 후손이었고(36:1, 12), 미디안은 아브라함이 그두라를 통해서 낳은 아들이었다(25:1-2). 그러나 이와 같은 밀접한 혈연에도 불구하고, 이 민족들은 종종 서로를 위협했다(출 17:8-16 참조).

3. 문학적 구조

창세기는 1-11장과 12-50장으로 나뉜다. 첫 부분에서는 우주의 기원과 인간의 창조에 대해서 다루면서 아담과 타락과 죄의 급속한 성장에 대해 이야기한다. 모세는 홍수로 말미암은 황폐함에 대해 상세히 이야기한 후에, 노아의 세 아들의 후손들이 세상에 다시 거주하게 된 경위에 대해 이야기한다. 이 창세기의 첫 부분에서는 지리적으로는 메소포타미아 지역이 강조되고, 수천 년 동안의 사건들이 다루어진다.

두번째 부분에서는 족장 아브라함에게 초점을 둔다. 하나님은 아브라함을 가나안 땅에서 새로운 삶을 시작하게 하려고 그를 고국에서 불러내셨다. 이것은 실질적으로 창세기에서 (아담과 노아에 이은) 세번째 "시작"이다. 이번에 하나님은 "땅의 모든 족속이 복을 얻는" 통로가 될 새로운 민족을 만드시겠다고 약속하셨다(창 12:3). 이 아브라함의 언약의 내용은 몇 곳에서 되풀이되고 상세히 설명된다. 17:6-8과 22:11에서는 아브라함에게; 26:4에서는 이삭에게; 28:3, 14, 35:11에서는 야곱에게 상세한 내용이 주어진다. 책의 내용이 전개되면서, 아브라함과 그의 후손들은 가나안 땅을 영원히 소유하게 될 것이라는 말을 듣는다. 가나안이 약속의 땅이지만, 애굽도 아브라함의 가족사에서 중요한 역할을 한다. 아브라함은 기근 때에 잠시 애굽에서 지냈고(12:10-20), 요셉과 그의 형제들이 등장하는 드라마의 무대는 주로 애굽이었다(37-50장). 이삭도 기근 때에 애굽으로 피난하려 했지만, 하나님께서는 그에게 가나안에 머물라고 말씀하셨다(26:1-2). 메소포타미아는 이삭의 아내 리브가가 살았던 지역이며(24장), 야곱이 20년 동안 지내면서 라헬과 레아와 결혼하고 가정을 이룬 중요한 지역이다(28-31장). 그러나 12-50장에서는 대체로 가나안과 애굽에 초점을 두고 있다. 1-11장과는 달리, 두번째 부분에서는 400년의 기간에 대해서만 다룬다.

흔히 학자들은 창세기 1-11장을 신화로 분류하고 12장을 역사적인 부분의 출발점으로 간주하지만, 문학적인 관점에서 보면 그렇게 구분하기는 어렵다. 월터 카이저(Walter Kaiser)는 "창세기 1-11장의 문학적 형태"라는 논문에서, 이 부분에 "64개의 지리학적인 용어, 88개의 인명, 48개의 일반 명사, 그리고 최소한 21개의 문화적인 품목들(예를 들면 나무, 금속, 건물, 악기 등)이 포함되어 있음에 주목한다.[1] 그는 창세기 1-11장은 시가 아니라 산문이며, 이 부분의 형태를 가장 훌륭하게 정의하자면 역사적 설화로 정의할 수 있다고 결론짓는다.[2] 이런 까닭에 New English Bible에서는 창세기 11:1을 "옛적에"라고 번역하는데, 이것은 바벨탑 일화의 본질과 관련하여 독자를 크게 오해하게 만든다.

창세기의 문학적 구조

제1부: 만물의 기원
서론과 창조	1:1-2:3
하늘과 땅의 이야기	2:4-4:26
아담 이야기	5:1-6:8
노아 이야기	6:9-9:28
셈과 함과 야벳 이야기	10:1-11:9
택함을 받은 셈 이야기	11:10-26

제2부: 하나님의 백성의 역사
데라(아브라함) 이야기	11:27-25:11
(택함을 받지 못한) 이스마엘 이야기	25:12-18
(택함을 받은) 이삭 이야기	25:19-35:29
(택함을 받지 못한) 에서 이야기	36:1-43
(택함을 받은) 야곱 이야기	37:2-50:26

창세기 1-11장 분석에서 또 하나의 중요한 요인은 2:4; 5:1; 6:9; 10:1; 11:10; 11:27에서 "…의 계보(후예)는 이러하니라"는 도입 공식을 사용한 것이다. 이 공식은 후반부에서 이스마엘, 이삭, 에서, 야곱 등의 활동과 가족들에 대한 정보를 제공하는 부분

에서 다섯 번 나타난다(25:12; 25:19; 36:1; 36:9; 37:2). 아담과 노아에 대한 기록을 아브라함과 그의 후손들에 대한 자료보다 덜 역사적인 것으로 이해되어야 한다고 지적해주는 것은 전혀 없다.

또 창세기 기자가 끝 부분에서 가장 중요한 가족들에 대해 논의하는 방법도 흥미롭다. 가인의 계보가 셋의 계보 앞에 주어지며(4:17, 25), 셋의 아들들에 대한 논의보다 야벳과 함의 가족들에 대한 논의가 먼저 등장하며(10:2, 6, 21), 이삭보다 이스마엘이 앞서며(25:12, 19), 에서의 이야기가 야곱 이야기보다 먼저 등장한다(38:1, 31:2).[3] 이러한 체계적인 특징들은 창세기의 통일성, 그리고 그 책에 대한 통일된 해석을 지지한다.

창세기의 두 부분에 걸쳐 있는 또 하나의 특징은 종종 "운명의 예언"을 사용한 것이다. 이 구절들은 시적인 형태를 취하며 개인이나 국가의 운명에 대한 비중있는 예언이 담겨 있다. 보통 어떤 종류의 단어 유희도 포함된다. 메시아적인 내용을 지닌 가장 잘 알려진 예는 하와의 후손과 뱀의 싸움을 언급하는 창세기 3:15이다. 또 다른 예는 가나안에 대한 저주(9:24-27), 아브라함과 리브가에 대한 축복(12:2-7; 24:60), 이삭이 야곱과 에서에게 준 축복(27:21-29, 39-40), 바로의 술관원과 빵굽는 관원의 운명에 대한 요셉의 예언(40:13, 19) 등이 있다.

창세기 1-11장의 전반적인 구조를 생각할 때에, 우리는 바벨론의 아트라하시스 서사시(*Atrahasis Epic*)의 배열에 대해서 언급해야 한다. 아트라하시스 서사시도 창세기처럼 인류의 창조와 시작과 실패를 묘사하며, 홍수 이전에 살았던 사람들의 목록을 제공하고, 그 다음에 홍수 자체에 대해서 묘사한다.[4] 특수한 내용은 창세기와 상당히 다르지만, 대략 아브라함 시대의 본문에서 비슷한 문학 형식이 발견된다는 것은 흥미로운 일이다.

4. 창세기 1-11장의 문제점

1) 창세기 1:1-2:3의 본질

창세기의 서론은 성경 전체에서 가장 아름답고 장엄한 부분이다. 불과 34개의 절 안에, 6일 동안에 이루어진 천지 창조에 대한 장엄한 이야기가 주어진다. 모세가 첫째날 빛의 창조에서부터 여섯째날의 인간 창조로 진행하는 동안에 단 하나의 단어도 낭비되지 않는다. 이 위대한 작업은 원활하게, 그리고 어렵지 않게 진행되어, 마침내 하나님께서는 "보시기에 심히 좋았더라"고 선포하신다(31절). 창조가 완성된 후인 일곱째 날에 하나님은 안식하시고 그 날을 특별한 날로 구별하셨다(2:3).

단순하고 아름답게 창조 사역을 제시하는 이 훌륭한 장을 어떻게 이해해야 하는가? 문자 그대로 해석해야 하는가, 아니면 상징적으로 해석해야 하는가? 그것은 문학적인 작품인가, 아니면 과학적인 논문인가? 아니면 두 가지 모두에 해당되는가? 그 장의 표현은 진화 과정을 허용하는가, 아니면 완전히 배제하는가? 이러한 문제들에 주의를 기울여 왔으며, 현재 우리 세대에게도 큰 도전이 되고 있다. 경건한 신자들 사이에도 이러한 문제들에 접근하는 방법에는 크게 차이가 있다.

앞에서 "문학적인 구조" 항목에서는 창세기 1-11장이 근본적으로 12-50장과 같은 종류의 문학이라는 것을 보여 주려 했다. 그러나 창세기 1장은 시적인 것과의 경계를 이루는 일종의 "승화된 산문"으로 기록되어 있다.[5] 이것은 해석 과정에서 고찰되어야 한다. 비록 창조의 이야기가 시편 104편과는 달리 분명하게 시로 저술되지는 않았지만, 두드러진 시적인 특징들이 있다. 창세기 1:1에서, "태초에"를 나타내는 히브리어 *berē' šīt*와 "창조하다"를 나타내는 히브리어 *bāra'*는 모두 *b*로 시작되며, 따라서 일반적인 시적 기교인 압운법을 보여준다. 2절에서 "혼돈"(*tōhû*)과 "공허"(*bōhû*)는 첫 문자를 제외하고는 모든 문자가 동일하다. 히브리 시에서는 이러한 종류의 내적 운율, 또는 유운(assonance) 역시 자주 등장한다. 22절과 28절의 "생육하고 번성하여 충만하라"(*perû ûrebû ûmil' û*)를 비교해 보고, "구하라", "평안", "예루살렘"(*să' alû šelôm yerûšālayim*) 등 발음이 매우 비슷한 세 단어가 잇달아 사용된 시편 122:6에 주목하라. 또 "혼돈"과 "공허"라는 용어가 다른 곳에서는 산문보다는 시적인 구절에서 주로 발견된다는 점도 주목할 만하다(렘 4:23; 사 34:11 참조). "깊음"이라는 단어도 구약성서 전체에서 35번 사용되는데, 그 중 31번은 시에서 사용된다(창 7:11, 8:2 참조).

　일반적으로 히브리 시는 하나의 시구를 형성하는 병행되는 행들에 의해 확인된다. 대부분의 현대 역본에서, 욥기, 시편, 잠언 등 등을 인쇄할 때에는, 행들이 병행하는 구조를 나타내기 위해서 새 줄을 들여 짜는 형식을 사용한다. 창세기 1장은 결코 병행하는 행들로 배열되어 있지 않지만, 27절은 이러한 형식에 아주 근접하며 각기 "창조하다"라는 단어를 담고 있는 세 개의 병행행으로 이루어져 있음에 주목해야 한다. 24-25절도 시와 아주 흡사하며, "짐승"과 "육축"이라는 단어들의 순서를 바꾸어 사용함으로써 a-b-b-a라는 교차 대구법 형식을 나타낸다.

　창세기 1:1-2:3을 일련의 연이나 절로 간주할 수도 있다. 시편 중에서 몇 편은 시편 119편처럼 히브리 알파벳의 문자들에 기초를 두고 이루어진 여러 개의 연으로 이루어지거나, 시편 42-43편처럼 후렴들에 의해 나뉘어진다(42:5, 11:43:5 참조). 창조 기사는 일곱 날로 나뉘는데, 그 중 육일은 "하나님이 가라사대"로 시작되어 "저녁이 되며 아침이 되니"로 끝난다. 대부분의 날에는 31절처럼 "보시기에 심히 좋았더라"는 진술이 포함되어 있다. 1-2절은 창조 기사의 서언이라고 해도 무방하며, 2:1-3은 엿새 동안의 사역을 마치는 적절한 에필로그를 이룬다. "천지"(1:1; 2:1)라는 말이 어떻게 일종의 "삽입구" 역할을 하는지에 주목하라.

만일 실제로 창세기 1:1-2:3에 시적인 풍미가 있다면, 이 구절에서 창조를 지나치게 과학적으로 다루었다고 기대하지 말아야 한다.[6] 결국, 이 장의 주된 목적은 신학적인 것으로서, 창조 이전에 존재하고 계시며 창조의 모든 측면을 다스리시는 창조주 하나님을 지적하는 데 있다. 바벨론의 에누마 엘리쉬(*Enuma Elish*)에서처럼 신들의 전쟁은 없으며, 태양과 달처럼 종종 예배되는 창조의 측면들의 이름이 언급되지도 않는다(1:15-16 참조). 또 16절에서 별(광명)들은 바벨론 사람들이 신화한 매우 중요한 천체들로서가 아니라, 하나의 추가 표현으로 삽입되어 있다. 학자들은 종종 주위 국가에서는 악한 신들로 여기는 거대한 바다 생물들(사 27:1 참조)이 1:21에서 하나님의 창조의 일부로서 완전히 하나님의 지배 아래 있다고 표현되었음을 지적했다. 신적인 것을 보여주는 유일한 암시는 인간을 창조한 이야기에서 제시된다. 인간은 창조의 한 주간의 정점에 "하나님의 형상으로"(1:27)로 지어졌다. 하나님이 지으신 다른 모든 것들은 인간의 지배 아래 놓였다.

2) 창세기 1-2:3에서 "날"의 의미

창세기 1장의 신학적인 가르침이 탁월하다는 데 동의하더라도, 여전히 이 장이 창조 과정에 대해서 무엇을 말해 주며 현대 과학과 어떻게 관련되는지 이해하기 위해 노력해야 한다. 이 연구에 있어서 중심되는 요인은 "날"이라는 단어의 의미, 그리고 학자들이 주장하는 주요 이론들이다.

(1) 날이 24시간을 의미한다는 이론

"날"을 가장 간단하게 해석한 것은 그것을 지구의 자전에 비추어 이해하려는 것이다. 각각의 날에 대한 묘사가 "저녁이 되며 아침이 되니"라는 진술로 끝나는데(5, 8, 13절), 그것은 첫째 날 빛과 어두움을 구분한 것과 매끈하게 연결된다. 따라서 24시간이라는 각각의 기간은 "낮"과 "밤"으로 나뉜다(5절). 하나님께서 24시간 동안에 그렇게 많은 일을 어떻게 이루셨는지 이해하기 어렵지만, 우리는 3, 6, 9절에 의거하여 하나님이 전능하시다는 것을 인정한다. 하나님이 말씀하시니 "그대로 되었다"(7, 9, 11, 15, 24절). 일곱째 날에 하나님은 일을 하지 않고 안식하셨다(창 2:3). 출애굽기 20:11에서는 이것을 이스라엘 백성이 안식일을 지켜야 할 이유로 제시한다. 이렇게 직접적으로 연결한 것은 안식일이 세상이 창조된 주간의 일곱째 날과 동일한 기간이었음을 의미한다.

그럼에도 불구하고, 창세기 1장에는 24시간을 의도한 것이 아니었을 수도 있다는 암시들이 있다. 첫째, 태양은 네째날에 만들어졌는데, 그렇다면 첫째 날부터 셋째 날까지를 어떻게 태양일로 간주할 수 있겠는가? 태양의 창조가 첫째 날, 하나님께서 "빛이 있으라"(3절)고 말씀하실 때에 이루어졌다고 말하는 사람들은 이러한 주장에 반대해왔다. 아마 태양은 네째날이 되기 전까지 짙은 수증기 속에 감추어져 있었을 것이다.

두번째 논거는 여섯째 날에 이루어진 활동의 분량에 초점을 둔다.[7] 하나님은 모든 짐승들을 만드셨을 뿐만 아니라, 아담을 지으시고 그에게 에덴 동산을 다스리라고 말씀하셨다. 그 후에 하나님은 아담에게 모든 짐승과 새들에게 이름을 지어주라고 말씀하셨다. 아담은 하나님의 명령대로 행하면서, 자기에게 "돕는 배필"이 없음을 깨달았다. 이 고독함을 고쳐주기 위해서, 하나님은 아담을 깊이 잠들게 하신 후에 그의 갈비뼈 하나를 취하시고 그

것으로 하와를 만드셨다. 잠에서 깨어난 아담은 자기의 배필로 인해 기뻐하면서 "이는 내 뼈 중의 뼈요 살 중의 살이라"고 했다 (창 2:23). 비록 하루가 시작될 때에 순식간에 동물들을 만들었다고 해도, 이 모든 사건들이 24시간 안에 일어났다고 여길 수는 없다. 짐승들과 새들에게 이름을 지어주는 데에도 많은 시간이 걸릴 것이며, 23절에서 아담이 흥분한 것은 여인의 창조로 인해서 고독했던 오랜 시간이 끝났음을 암시한다.

(2) Day-Age 이론

"날"이 24시간을 의미한다는 주장과 정반대되는 견해로서, 창세기 1장에 기록한 각각의 날은 대충 지질학적인 한 시대와 동일한 막연한 기간을 나타낸다는 주장이 있다. 만일 과학에서 말하는 것처럼 지구가 수백만 년, 또는 수십억 년 전에 만들어졌다면, 창조 사역을 엿새라는 짧은 기간에 이루어졌다고 여길 이유가 무엇인가? "날"이 "시대"를 의미한다고 주장하는 사람들은 시편 90:4처럼 "주의 목전에는 천 년이 지나간 어제 같다"고 말하는 구절들을 지적한다(벧후 3:8 참조). "여호와의 날"은 악인들의 심판과 관련된 장기적인 기간을 언급한다(사 13:6, 9 참조). 하나님은 영원하시므로, 수억만 년에 걸쳐 여섯 단계로 세상을 창조하셨을 수도 있다. 창세기 2:1의 "천지 만물이 다 이루니라"는 표현은 시대별로 이루어진 창조를 의미할 수도 있다.[8] 지질학적인 시대가 창조의 여섯 날과 완벽하게 일치하지는 않지만, 과학자들은 창세기 1장의 일반적인 전개에 동의한다: 생명체가 등장하기 전에 땅과 바다가 분리되었고, 땅과 바다가 분리되기 전에는 수증기와 많은 물이 존재했다. 동물이 등장하기 전인 캄브리아기에 식물체가 출현했고, 인류는 가장 나중에 등장한 가장 복합적인 생명체였다.

그러나 창세기 1장의 몇몇 부분은 현대 과학과 첨예하게 상이한 듯하다. 예를 들어, 만일 각각의 날이 아주 오랜 기간을 나타내며 태양이 넷째 날에 만들어졌다면, 셋째 날에 지음을 받은 식물들이 어떻게 생존했겠는가? 또 만일 곤충들과 새들이 두 세대 후인 다섯째 날에 만들어졌다면, 식물들의 가루받이 과정이 어떻게 발생할 수 있었겠는가? 비록 "날"이라는 히브리어가 융통성이 있는 단어이지만, 그 단어가 수천 년, 또는 수백만 년을 언급한다고 간주하는 것은 파격적이라는 반론을 제기할 수도 있을 것이다.

(3) 간헐적인 날(Intermittent-Day) 이론

세번째 이론은 처음 두 가지 견해의 특징들 중 일부를 결합하고 몇 가지를 수정한 이론이다. 일반적으로 "진보적 창조론자들"(progressive creationists)이 주장하는 이 세번째 이론에서는 "'저녁…아침'은, 실제로 현재까지 계속되며 미래에 끝 날 각각의 창조 기간에 선행하는 24시간으로 이루어진 하루를 나타낸다"고 가정한다.[10] 사실상, 24시간으로 이루어진 각각의 하루는 하나님께서 그 날의 사역을 성취하신 하나의 새로운 창조 시대를 소개한다. 그 시대의 어느 지점에서 하나의 새로운 "날"이 시작되며 추가적인 창조 활동이 시작되지만, 그 앞의 날이나 날들에 행해진 사역을 종식시키지는 않는다. 이것은 특히 Day-Age 이론을 채택할 경우에 문제가 되는 셋째 날과 다섯째 날의 경우에 중요하다. 간헐적인 날 이론에 의하면, 다섯째 날 무척추 동물들과 몇몇 척추 동물들보다 열매 식물들이 먼저 출현하지는 않았다. 마찬가지로, 식물들의 가루받이에 기여하는 곤충들은 육지 식물들과 같은 시기에 창조되었을 것이며, 그럼으로써 셋째 날의 활동과 다섯째 날의 활동이 결합된다.[11] 이 가설은 우리가 현재 창세기 1:1-2:3의 여섯째 날과 일곱째 날 사이에 해당되는 창조 시대에 살고 있다고 주장한다. 하나님의 주된 활동은 인류의 구속이지만, 하나님은 지금도 일하고 계시다.

 간헐적인 날 이론에는 분명히 장점들이 있지만, 이 이론은 일련의 새로운 난제들을 도입한다. "날"이 "하루"와 "시대"를 동시에 의미하는 듯하지만, 실제로 본문 안에는 "하루" 뒤에 하나의 시대가 이어지는 것을 지적하는 내용이 없다. 게다가 이 이론은 날들 사이의 구분을 무시하는 경향이 있다. 왜냐하면 각 날에 대한 묘사가 끝나는 부분의 후렴은 그 날의 활동이 끝났음을 암시하기 때문이다. 특히 처음으로 하나님이 지으신 모든 것이 매우 선하다고 말하며 수사 앞에 정관사가 사용된 여섯째 날이 그러하다: "*the* sixth day"(1:31). 창세기 2장은 천지와 만물이 완성됨으로써 하나님이 일곱째 날에 쉬실 수 있게 되었다는 간단한 진술로 시작된다(2:1-3).

(4) Framework 이론

 학자들은 창세기 기사를 연구하면서 직면하는 연대기적인 난제들을 고려하여, 이 장을 연대순으로 다루지 않는 접근 방법을 개발했다. 이러한 방법에서는 첫째날-셋째날과 넷째날-여섯째 날 사이에 존재하는 대칭을 강조한다. 첫째날은 빛의 창조에 대해 기록하며, 넷째날은 특수한 "광명들"—태양, 달, 별—에 대해 언급한다. 둘째날은 하늘과 물에 대해 말하며, 다섯째 날은 하나님께서 새와 물고기를 만드신 방법에 대해 말한다. 셋째 날은 땅을 강조하며, 여섯째 날을 땅에 거주할 짐승과 인간의 창조에 대해 묘사한다. 각각의 경우, 처음 세 날은 하나의 영역이나 본질의 형성에 대해서 말하며, 두번째 세 날은 이 넓은 영역들에 상응하는 특별한 천체들이나 피조물들에 대해 말한다.

 일곱째 날은 여섯 날의 절정을 이루며, 2:1에서 발견되는 요약 진술에 의해 다른 날과 분리된다. 하나님은 모든 사역을 마치시고 일곱째 날에 안식하시고 그 날을 기념해야 할 특별한 날로

"거룩하게" 하셨다(창 2:3).

	형 성		채 움
첫째 날	빛	넷째 날	태양, 달, 별들
둘째 날	하늘과 물	다섯째 날	새, 물고기
셋째 날	육지	여섯째 날	짐승, 사람
	일곱째 날	하나님이 안식하심[12]	

만일 처음 세 날과 두번째 세 날이 서로 상응한다면, 그러한 구조는 하나님의 창조 사역의 아름다움과 대칭을 예증해줄 것이다. 또 태양이 만들어지기 전인 셋째 날에 채소와 나무가 존재한 것을 설명하는 문제도 해결될 것이다. 그러나 셋째 날에 씨 맺는 채소와 씨 가진 열매 맺는 나무에 대한 언급은 넷째 날-여섯째 날의 특징이라고 가정되는 "채움"의 날들과 보다 밀접하게 상응한다. 영(E. J. Young)은 "궁창"이 셋째 날에 언급되며 물고기는 다섯째 날에 만들어졌음을 지적한다.[13] 그러나 다섯째 날에 상응하는 둘째 날이 궁창 아래의 물과 궁창 위의 물에 대해서 이야기한다는 점에 주목해야 한다.

(5) 계시적-날 이론(The Revelatory-Day Theory)

창세기 1장을 비연대기적으로 다루는 두번째 방법은, 하나님께서 창조의 기사를 모세에게 실제로 엿새 동안 지속된 환상으로 계시하셨다는 견해이다. 하나님은 자신이 반드시 연대순이 아니라 원칙적이고 논리적인 순서로 세상을 지으신 방법에 대해 자기의 종 모세에게 말씀하셨다. 이 해석에 따르면, 여섯 날은 창조에 포함된 실제 시간과 전혀 관계가 없다.[14]

계시적-날 이론은 과학과 성경을 일치시키는 데 포함된 대부분의 난제를 회피할 것이며, 창세기 1-11장의 대부분이 하나님께서 모세에게 계시하신 것이라는 것은 거의 확실하다. 그러나 창세기 1장을 읽어보면, 이 여섯 날이 환상을 본 날이라는 암시는 어디에도 없다. 그 대신에, 각각의 날은 그 날 하나님께서 성취하신 것, 그리고 하나님께서 일을 마치시고 일곱째 날에 쉬셨다는 분명한 인상을 준다. 일곱째 날 및 하나님께서 그 날을 특별히 축복하셨다는 언급은 계시적-날 이론과 조화를 이루기가 매우 어렵다.

(6) 고대 근동 지방 문헌에서의 "칠 일"

다른 고대 문헌에서는 창조의 칠 일에 대한 언급이 없지만, 중요한 사건들을 묘사할 때에 종종 칠 일이라는 기간이 사용된다. 창세기에서처럼, 그러한 언급들을 문자 그대로 해석해야 하는지 상징적인 것으로 해석해야 하는지 알기가 어렵다. 예를 들어, 우가릿의 바알 서사시에서, 바알 신은 칠 일 동안에 궁전을 건축했다. 이것은 바알이 강력한 신으로 간주되었으므로 바알이 한 주일 동안에 궁전을 건축했다는 의미인가, 아니면 칠일은 건축 과정에 포함된 실질적인 시간과 막연하게 연결된 문학적인 관습을 나타내는가?[15] 또 다른 우가릿 서사시에서, 주인공 케레트(Keret)은 우듬(Udm)으로 일 주일 동안 여행한다. 그러나 안타깝게도 우리는 그 여행이 정확하게 얼마나 지속되었는지 알지 못한다.[16] "칠 일"이라는 언급은 흔히 등장하는 특징적인 형식을 가지고 있다. 일반적으로 칠 일은 이틀씩 짝지어 등장하며 마지막에 절정으로서 일곱째 날이 등장한다.[17] 이러한 배열은 framework 이론에서 주장하는 사흘씩 나누어진 엿새의 대칭을 지지하기 위해 사용할 수도 있지만, 2-2-2형식이 연대순으로 진행하지 못하는 경우는 없다. 특별히 흥미로운 것은 창세기에서처럼 "날"이라는 단어를 수사들이 거의 정확하게 수식한다는 관찰이다: "하루, 둘째 날." 성경 본문에서는 엿새와 칠일에만 정관사가 사용된다.

학자들은 일곱 개의 서판에 기록되어 보존되어온 바벨론의 창조 이야기 *Enuma Elish*에서 "칠"이라는 숫자가 어떤 역할을 한다는 점에 주목했다. 이 서판들은 마르둑(Marduk) 신이 티아맛 여신을 무찌르고 그녀의 죽은 몸에서 하늘과 땅을 만들 수 있었던 경위에 대해 묘사한다. 마르둑은 후일 티아맛의 남편 킹구(Kingu)를 죽이고 그의 피를 가지고 신들을 위해 노동할 인간을 만들었다. 약간의 비슷한 점이 있지만, 바벨론의 이야기는 성경 본문과 크게 다르며, 일곱 개의 서판은 창세기의 일곱 날에 그다지 상응하지 않는다. 다신론적인 배경, 신들의 전쟁, 그리고 인류 창조의 이유 등이 창세기 1장과는 매우 다르다.[18]

3) 창조와 진화

1800년대 중엽 이후, 생명의 기원을 하나님의 창조 사역에 두는 사람들과 진화 과정을 주장하는 사람들 사이에 싸움이 계속되어 왔다. 진화론적인 방법은 1859년에 찰스 다윈의 『종의 기원』—이 책은 토머스 맬터스(Thomas Malthus)와 허버트 스펜서(Herbert Spencer)가 발달시킨 자연도태의 개념을 대중화시켰다—이 출판됨으로써 각광을 받기 시작했다. 다윈의 개념들 중 일부는 그릇된 것으로 증명되었지만, 현대 진화론자들은 지금도 그의 이론에 기초하여 연구를 계속하고 있다. 대부분의 기독교인들은 다윈의 결론들은 창세기의 증언에 상반되는 것으로 여겨 거부해왔지만, 어떤 신자들은 그 과정의 출발점이 하나님에게 있다고 주장함으로써 성경과 진화의 조화를 이루려 해왔다. 중도적 견해를 주장하는 사람들은 유신론적인 진화론에 대해 말하며, 창세기는 진화적 관점과 일치시킬 수 있는 간명한 요약문이라고 이해한다.

과거 수십 년 동안 많은 연구를 통해서 과학자들은 종들 안에서 발생하는 물리적·생물학적 변화를 보다 완전히 이해할 수 있게 되었고, 이 연구는 "대 진화"(macroevolution)과 반대되는 "소 진화"(microevolution)라는 용어를 만들어냈다. 많은 기독교인들은 모든 생명이 무기물에서부터 진화하여 여러 단계를 거쳐 마침내 인간이 출현했다는 증명하기 어렵고 이론적인 견해를 부인하면서도 종들 내에서의 제한된 진화라는 개념을 기꺼이 받아들인다.

(1) 대 진화(Macroevolution)

"일반적인 진화론"에서는 생명체는 무생물에서부터 자발적인 발생 과정을 통해서 등장했으며, 모든 유기체는 오랜 기간을 거쳐 이 살아있는 물질에서부터 생산되어왔다고 가르친다. 여러 세대를 내려가는 동안에 심각한 변화로 말미암아 원종(原種)과는 매우 다른 새로운 형태의 생명이 생겼다. 다윈의 견해에 의하면, 이러한 변화들의 핵심은 환경적인 요인들의 영향이었다. 그러한 환경적인 상황에서 생존하는 데 가장 적합한 유기체들은 번식하는 데 성공하고, 그럼으로써 자체의 우수성을 증명했다. 이 모든 일은 다소 우발적으로 진행되었고, 진화론자들은 우주 안에서 본질적인 목적이나 의미를 찾아야 할 필요성을 발견하지 못한다.[19] 사물에 대한 진화론의 체계 안에서는 하나의 인격적인 하나님에 대한 신앙이 전혀 필요하지 않다.

역사적인 연구와 비교 연구에서는 대진화를 뒷받침하는 증거를 찾으려 한다. 역사적인 논증에서는 공동의 원종들로부터 동물들이 어떻게 계통을 이어왔는가를 보여주는 화석 유물들을 다룬다. 비교 논증에서는 해부학적, 생리학적, 생화학적인 유사점들은 하나의 공통의 원종이 있음을 지적한다는 가정 하에 그러한 유사점들에 연구한다.[20] 그러나 이 두 종류의 논증 모두 심각한 비판을 받아왔다. 화석 유물은 원종을 증명하기에는 너무 격차가 많기 때문에 시대를 충족시키지 못하며, 수십 년간의 연구에도 불구하고 이러한 격차들은 사라지지 않고 있다. 관계가 거의 없는 짐승들이라도 "서로 필적할 만한 환경에 적응하여 변화되면" 서로 닮을 수 있기 때문에, 비교 논증은 실패한다.[21] 최근의 연구에서, 과학자들은 오랫동안 인정되어온 동물 분류 방법의 타당성에 대해 의심을 제기하기 시작했고, 새로운 분류 체계를 제안하고 있다.

대진화는 생명의 기원에 대한 가장 과학적인 설명으로 받아들여지고 있지만, 그것은 작업 가설에 불과하며, 창조론만큼이나 증명하기 어렵다. 대진화는 자연주의적 전제들과 뒤섞여 있으며, 창세기 및 초월하시고 사랑하시는 하나님에 대한 창세기의 묘사와 조화를 이루기 어렵다.

(2) 소진화(Microevolution)

"특수한 진화론"에서는 종들 내에 변화가 있으며, 이러한 변화는 종종 새로운 종이나 변종의 형성으로 이어질 수도 있다고 가르친다. 환경적인 요인들로 인한 자연 도태 과정을 통해서 다음 세대에 심각하게 영향을 주는 돌연변이가 발생한다.

예를 들어, 과학자들은 살충제에 대해 내성을 가진 기생충의 진화를 관찰해왔다. 캘리포니아 남부의 감귤 나무에 기생하는 개각충은 이제 시안화물 살충제로는 쉽게 제거할 수 없다. 어느 영국인이 연구하면서 관찰된 비스톤 베툴랠리아라는 나방의 색깔이 변화된 데에는 산업 공해의 역할이 크다. 이 나방은 낮에는 나무 줄기에서 지내므로, 공해로 인해 나무들의 색깔이 검어지는 도시에서는 밝은 색깔을 지닌 변종들은 쉽게 새의 먹이가 되었다. 세월이 흐르면서 도시에서는 어두운 색깔의 나방들이 주로 서식한 반면, 밝은 색깔의 나방은 그리 눈에 뜨이지 않는 시골 지역에 서식했다.[22] 사람들의 피부의 색소 침착도 특정 지역 주민들이 태양에 노출되는 분량과 관련이 있다. 적도 근처에 사는 사람들은 피부가 검은 경향이 있는데, 검은 피부는 태양의 좋지 않은 광선으로부터 보호하는 역할을 한다. 반면에 태양 볕이 그리 강하지 않은 북유럽에 거주하는 사람들은 피부 색이 매우 희다.[23]

창세기의 의미를 왜곡하지 않으면서 하나의 종 안에서의 진화를 받아들일 수 있는 성경 해석학자들은 소진화를 어느 정도 인정한다. 하나님께서는 여러 종류의 생명을 창조하시면서 그것들의 진화 과정에 한계를 정하셨지만, 창조 자체는 각 종 내에서의 분화를 배제할 필요가 없다. 고생물학자인 조지 게일로드 심슨(George Gaylord Simpson)은 화석 유물이 훨씬 논란이 많은 대진화보다는 소진화를 증명해줄 수도 있음을 관찰했다. 그러나 소진화 안에서 발견되는 변화들은, 비슷하면서도 더 극적인 변화들이 여러 세대를 거치는 동안 새로운 목(目), 과(科), 문(門) 등을 만들어냈다고 믿는 사람들에게 유리한 증거를 제공한다.

4) 다윈 이후 진화 사상의 변화

20세기는 인간의 지식이 전례없이 성장한 시대였으며, 생물학 분야에 대한 연구도 예외가 아니다. 생명과 그 전달에 대한 과학자들의 지식이 크게 진보할 수 있었다. 결과적으로 찰스 다윈이 주장한 많은 이론들이 그릇된 것으로 증명되었고, 진화 사상가들은 특정 문제들에 접근하는 방법을 수정해야 했다. 그렇다고 해서 다윈주의가 사라졌다는 의미가 아니며, 대진화의 타당성에 대한 새로운 질문이 제기되고 있다.

(1) 자연 발생설(Spontaneous generation)

많은 고대 사상가들과 중세 시대 사상들의 주장에 의하면, 생명은 원래 무생물에서 유래되었다고 한다. 식물과 동물은 신적 지혜의 개입이 없는 특별한 상황 하에서 출발했다. 자연 안의 소

우주적 유기체들의 발견에 힘 입어, 자연 발생설은 생명의 기원에 대해 합리적인 설명을 제공하였지만, 결국 일련의 과학적 실험에 의해 비난을 받게 되었다.『종의 기원』이 출판된 지 2년 후인 1861년에 루이 파스퇴르(Louis Pasteur)는 한 세트의 구부러진 플라스크를 사용하여 오염된 공기와 오염되지 않은 공기의 차이점을 증명하며 자연발생의 불가능성을 보여주려 했다. 파스퇴르의 결론들은 존 틴달(John Tyndall)에 의해 확인되었고, 생명만이 생명을 산출할 수 있음이 증명되었다.[24]

다른 학자들은 수백만 년 전에 자연 발생을 초래한 상이한 환경들이 분명히 존재했다고 주장했다. 과학자들은 치밀한 실험을 통해서 단순한 분자들을 보다 큰 분자로 만들 수 있었지만, 자동적으로 재생하는 유기체는 만들지 못했다.[25] 그러나 다른 이론가들은 다른 세계로부터 운석이나 우주 먼지에 의해서 씨앗들이 지구로 운반되었다고 주장해왔다. '배종 발달설'(panspermia)이라고 불리는 이 이론은 실질적으로 과학적인 지지를 거의 받지 못하며, 자연주의자들이 직면하는 딜레마를 해결할 수 없을 듯하다.[26]

(2) 발생학(Embryology)

다윈의 진화 구조의 핵심은 "개체 발생은 계통 발생의 발달 단계를 반복한다"는 생물의 기원에 관한 법이다. 이 법에서는, 인간의 배아는 그것이 실제로 진화되어온 방법과 흡사한 단계들을 거친다고 가르쳤다. 인간 배아는 처음에는 어류와 흡사하며, 그 다음에는 양서류, 그 다음에는 파충류, 그 다음에는 포유류와 흡사하다.

이 이론은 칼 에른스트 폰 바에르(Karl Ernst von Baer, 1792-1876)이 발달시켰다. 그는 새, 도마뱀, 뱀, 포유동물 등의 초기 단계의 배아에서 매우 유사한 점들을 발견했다. 물고기가 아가미를 발달시키는 것과 동일한 부분에 각각의 배아는 인두(visceral, pharyngeal) 낭을 소유하지만, 인간 배아는 결코 아가미를 소유하지 않으며 아가미와 비슷한 기능도 소유하지 않는다.[27] 비슷한 점은 일반적인 것에 불과하며, 성숙한 물고기의 아가미와는 전혀 관계가 없다. 사실상, 인간 배아가 발달하는 단계는 그 배아가 진화된 근원이라고 가정되는 유기체들의 성숙한 형태와는 다르다. 배아들은 발달의 초기 단계에는 매우 흡사하지만, 각 단계에서 유전자 내에 있는 선천적인 형태가 드러남에 따라 차이점이 증가된다.

대부분의 현대 생물학자들은 발생 반복 이론 및 그 이론에서 주장하는 생물 기원의 법을 받아들이지 않는다. 그들은 고등 유기체들의 배아들과 그 원종이라고 추정되는 것의 배아들 사이의 유사성들을 계속 지적한다. 그들은 이처럼 보다 현대적인 방법으로 계속 진화적인 관점을 주장하지만, 과거에 발생학이 제공한다고 생각했던 "증거"는 제공하지 못한다.

(3) 형질 유전(Heredity)

다윈은 자연도태설로 무장을 했음에도 불구하고 변종들의 기원을 설명할 수 없었다. 그는 라마르크(Chevalier de Lamarck) "획득 형질 유전"이라는 이론의 영향을 어느 정도 받았다. 라마르크는 환경이 하나의 유기체의 "생명 유체"(life fluid)에 영향을 주며, 하나의 유기체가 지닌 순응력은 그 후손에게 유전될 수 있다고 생각했다. 다윈의 주장에 의하면, 환경의 영향 때문에 육체는 아구(芽球)를 만들어 그것을 혈액과 성기관에 보내게 되었다고 한다. 이 아구들은 유전 형질들을 결정하는 데 있어서 중요한 역할을 한다고 가정되었다. 다윈보다 조금 뒤에 입자 유전 이론을 발달시킨 오스트리아의 수도사 그레고르 멘델(Gregor Mendel)의 연구는 이러한 주장들을 잠재웠다. 멘델은 세심한 실험을 통해서 유기체의 생식 세포 안에 있는 유전형질들("유전자")이 그 후손의 형태를 결정한다는 것을 알게 되었다. 형질 유전은 우연한 과정이 아니며 세밀하게 정의된 한계 안에서 이루어진다.

멘델 이후, 과학자들은 유전자가 돌연변이에 의해 변화될 수 있다는 것을 발견했다. 돌연변이는 "DNA 섬유 내에 있는 주 요소들의 배열의 변화"를 포함하며, 형질 유전 유형을 변화시킨다.[28] 그러나 그러한 변화들은 대부분 사소한 것이며, 대진화에 필요한 근본적인 변화를 낳지는 않는 듯하다. 각각의 유기체는 "기본적인 신체 계획"을 가지고 있다. 이 계획은 크게 변화될 수도 있지만, 유전 암호의 본질 때문에 이루어지는 변화에는 한계가 있다. 품종 개량가들은 32년 동안 인위 도태를 통해서 흰 닭 한 마리가 한 해에 낳는 계란의 수를 125.6개에서 249.1개로 증가시켰지만, 계란의 형태를 변화시킬 수는 없었다. 중요한 변화가 이루어질 수도 있지만, 항상 제한된 범위 안에서 이루어진다.[29]

(4) 평형 상태의 중단(punctuated equilibrium)

다윈주의의 기초는 오랜 기간 동안 이루어지는 점진적인 진화라는 개념이었다. 그러나 최근에 학자들은 화석 유물들 내의 간격들이 채워지지 못했기 때문에 이 설명에 만족하지 못하고 있다. 하바드 대학 교수인 스테픈 제이 굴드(Stephen Jay Gould)는 미국 자연사 박물관의 나일즈 엘드릿지(Niles Eldredge)와 함께, 거의 변화가 없는 오랜 시대가 중단되고 급격한 변화의 시대가 시작되었다는 견해를 주창하고 있다.[30] 수백만 년이 흐른 후에야 어떤 진보가 나타났을 것이다. 만일 이 변화의 시대가 비교적 빨리 진행되었다면, 화석 유물 안에 과도기적인 형태들이 더 많이 남아 있었을 것이다.

평형상태의 중단이라는 이론은 몇 가지 식물들의 종에서 관찰되어온 돌연변이들에 의해 약간의 지지를 확보할 수 있지만, 그러한 고등한 유기체 내에서 그러한 변화들이 발생하게 되는 메카니즘은 여전히 설명되어야 할 문제이다. 레스터(Lester)와 볼린(Bohlin)은 단절된 평형상태 안에 포함된 과정들과 유형들은 제대로 이해되지 못하거나 실질적으로 알 수 없다고 주장한다. 이 이론을 주장하는 사람들도 신 다윈주의자들처럼 관찰 가능한 소진화적 과정들로부터 관찰할 수 없는 대진화를 추정해야 한다. 이 과정은 창조를 믿는 사람들의 경우처럼 큰 믿음을 필요로 한다.[31] 이 가설은 그것을 주장하는 사람의 믿음에 의존하며, 그런 면에서 창조에 대한 믿음과 다르지 않다.

5) 유신론적 진화론

많은 기독교인들은 성경의 가르침과 진화론의 정당성을 부인하지 않으면서 그 둘을 결합하려고 노력해 왔다. 그들은 세상을 창조하신 인격적인 하나님의 실재를 받아들이지만, 하나님께서 우리가 알고 있는 것과 같은 생명의 다양성을 이루기 위해서 진화라는 메카니즘을 사용하셨을 수도 있다고 믿는다. 하나님께서 진화 과정이 가동되게 하셨을 수도 있으므로, 창조가 반드시 진화에 정면으로 반대되는 것은 아니다.[32]

유신론적인 진화론을 주장하는 사람들은 창세기의 첫 부분을 상징적이거나 시적인 것으로 해석한다. 만일 창세기가 태초에 대한 일반적인 묘사만을 제공한다면, 진화와 공존할 수 있을 것이다. 하나님께서 인간을 지으신 상세한 내용이 제공되었기 때문에, 일부 학자들은 아담이 하나님의 특별한 창조물로 등장할 때에 이미 진화가 끝났다고 주장한다. 또 다른 학자들은 인간의 육체적인 부분은 고등동물 목(目)으로부터 진화했지만, 어느 시점에서 하나님은 이 피조물에게 영혼을 주시고, 그에게 자기의 형상을 새기셨다고 믿는다.

그러나 창세기 1, 2장을 주의 깊게 연구해보면, 인간의 기원에 대한 후자의 견해가 가능한 것인가에 대한 심각한 질문들이 제기된다. 특히 창세기 2:7은 "여호와 하나님이 흙으로 사람을 지으시고"라고 말한다. 다른 곳에서는 "흙"이 "동물"이나 "사람과(科)"의 동물을 의미하는 곳이 없다. 만일 "흙"을 "동물"을 나타내는 은유로 해석할 수 있다면, "사람이 생령이 된지라"가 "하나님의 형상"을 나타내는 영혼이 어느 영장류에게 주어졌으며 (1:27 참조), 그 때에 한 인간으로 변화되었다는 의미일 수도 있다고 주장할 수 있을 것이다. 그러나 이러한 견해는 1:24에서 가축 및 다른 짐승들을 언급하는 "생물"(nepeš ḥayyâ)의 용법에 위배된다(1:20-21 참조). 분명히 "생물"은 정신적, 또는 영적인 능력이 아니라 육체적인 생명을 언급하며, 사람의 코에 생명의 호흡을 불어넣는다는 것 역시 육체적인 생명을 의미한다(욥 27:3; 사 1:22 참조). 하나님께서 지으시기 전에는 아담은 결코 살아있지 않았고, 후일 죄가 들어와 아담을 희생시켰으므로 흙으로 만들어진 아담은 흙으로 돌아가게 되었다(창 2:19). 이것은 분명히 육체적인 죽음을 언급한다.

하나님께서는 최초의 인간을 지으신 후, 아담의 갈비뼈를 취하여 여인을 만드셨다. 여기에서도 성경의 표현은 진화론과 거의 조화를 이루지 못한다. 본문에서는 하와가 신속하게 만들어졌고 아담과는 구분된 피조물이었다고 말한다(창 2:22). 데이비스 영(Davis Young)은 창조와 진화의 문제를 다룬 글에서, 아담이 시간적으로 하와보다 앞선 것 자체가 인류의 기원에 대한 진화론적 접근 방법을 반대하는 논거라고 지적한다.[33]

6) 인류가 존재하기 시작한 연대

만일 아담과 하와가 하나님의 특별한 피조물들이라면, 그들은 얼마나 오래 전에 만들어졌으며, 인류학자들이 분석한 인간을 닮은 화석들과 어떤 관계를 갖는가? 아담 이전에 인류가 있었는가, 또는 몇몇 화석들을 인간의 화석으로 확인한 것은 잘못된 것이 아닌가? 성경에 의하면, 아담의 창조 이후로 어느 정도의 세월이 흘렀는가? 이 문제들은 쉽게 다룰 수 없는 문제들이다. 복음주의자들은 성경적인 의미에서 인간이 대략 5만년 전의 인류인 네안데르탈인보다 시대적으로 앞서지 않는다는 데 의견의 일치가 이루어지고 있다.[34] 그러나 일만 년 내지 삼만 년 전으로 주장하는 사람들도 있다.[35]

네안데르탈인과 같은 시기로 보는 주장은 그가 진보된 돌 연장을 사용한 것, 매장 관습, 두개골의 용량과 직립 자세 등에 의존한다. 일만 년 내지 삼천 년 전에 살았던 크로마뇽인은 매우 총명했고, 종교적인 관습에서 물신(物神)과 마술을 사용했다.[36] 소위 아우스트랄로피테쿠스(Australopithecus)와 직립원인(Homo erectus)은 한층 더 원시적인 원인(原人)이며, 그들 중 일부는 다양한 도구를 사용했지만 인간보다 하위의 영장류로 간주하는 것이 좋을 듯하다. 몇몇 성경학자들은 네안데르탈인과 크로마뇽인을 원인들의 범주로 분류하고 아담과 하와가 그들보다 후대에 등장한 것으로 보려 한다. 이렇게 간주하는 것은 창세기 4:17-22에 기록된 진보된 문명에 대한 묘사 때문이다. 농업과 동물 사육이 이루어진 것을 보면, 구석기 시대보다는 신석기 시대, 기원전 일만 년 이후의 연대를 가리키는 듯하다.[37] 반면에, 타락 이후 인간의 영적인 상태와 더불어 문화적인 상태도 함께 퇴보했으며, 일년 천이 지난 후에야 초기의 문명과 문화 수준을 회복했을 수도 있다. 영적으로 철저히 타락했기 때문에, 하나님은 인류를 홍수로 멸망시키시고(창 6:5-7), 동시에 문화적인 업적들을 종식시 키셔야 했다.

1987년에 과학자들은 미토콘드리아 DNA(mtDNA)를 사용하여 현대인의 계보를 작성하고, 우리는 모두 20만년 전에 아프리카나 아시아에 살았던 한 여성의 후손이라고 결정했다. 미토콘드리아 DNA는 모계로부터만 유전되므로, 유전학자들은 그 여성을 "미토콘드리아 이브"(mitochondrial Eve)라고 부르고, 자기들이 발견한 것들이 지적하는 놀라운 생물학적 혈연관계에 대해 논했다. 미토콘드리아 DNA는 특별한 종이 언제 어디에서 생겨났는 지에 대해 소중한 정보를 제공해줄 수 있지만, 그 자료의 해석과 관련하여 심각한 문제가 존재한다. 논의되는 한 가지 문제는 이 여성이 고대 사피엔스 종에 속하는지, 아니면 보다 후대의 호모 사피엔스에 속하는지에 관한 것이다.[38]

만일 많은 고대 화석들이 인간으로 판명된다면, 일부 학자들은 그것들이 아담 및 그의 후손들과 직접적인 관계가 없는 아담 이 전의 인류에 속한다고 주장하려 할 것이다. 그러한 "사람들"은 하나님에 의해 창조되었지만 창세기 1:1-1:2 사이에서 발생한 대격변 때에 멸망했다. 간격(gap) 이론이라고 불리는 이 이론에 의하면, 사탄의 타락은 대홍수에 이어 지구의 빙하 시대를 포함하는 위기를 촉진시켰다. 식물, 동물, 사람들의 화석들 대부분은 이 멸망 때의 것으로 간주할 수 있다.[39]

이러한 이론은 현대 과학이 제기하는 많은 문제들을 쉽게 해결할 수 있지만, 성경에서 기원을 찾기는 어렵다. 창세기 1:2은 하나님께서 엿새 동안 지구를 만들고 그 안에 채워넣는 일을 시작하기 직전의 지구의 상태를 묘사하는 듯하다. "혼돈", "공허" "흑암" 등의 단어가 꼭 악의 존재를 의미하는 것은 아니다.[40] 하나님은 낮과 밤을 만드셨고, 해와 달을 만들어 낮과 밤을 다스리게 하셨다(창 1:5-18). 1절과 2절 사이에 하나의 간격을 설정하려면, "땅이 혼돈했다"(the earth was formless) 보다는 "땅이 혼돈하게 되었다"(the earth became formless)로 번역해야 한다. 그러나 이렇게 번역하는 것은 거의 불가능하다. 왜냐하면, "되었다"(became)를 보다 분명히 표현하기 위해서 히브리어 "와우 연속형"(waw conseutive)이 사용되었을 수도 있기 때문이다. 2절은 1절과 연결되어 그 장의 서언을 이루는 부수적인 구절일 가능성이 크다.

인류의 연대에 관한 논의에 등장하는 또 하나의 요인은 창세기 5장과 11장에서 발견되는 족보이다. 이 두 장에서 제시된 연대를 계산하여 아담과 하와가 창조된 연대를 어림잡아 추정할 수 있지 않을까? 안타깝게도, 우리에게는 완전한 조상들의 족보가 주어지지는 않았을 것이므로, 이 문제는 생각하는 것보다 훨씬 복잡하다. 성경에서 셋이 "에노스를 낳았다"(창 5:6)로 말하는 것은 셋이 에노스라는 아들이나 손자를 둔 소년의 아버지가 되었다는 의미일 수도 있다. "아버지"는 "조부"나 "조상"을 의미할 수도 있으며, 종종 그것이 의미하는 바를 알기가 어렵다.

아담과 라멕의 경우, 자녀의 이름을 지은 일이 언급되기 때문에 셋과 노아가 실제로 아들이라고 주장할 수도 있다(5:3, 29). 마태복음 1장에 있는 그리스도의 족보는 대부분 실제의 인물들을 열거하지만, "요람은 웃시야를 낳고"라는 말은 요람이 웃시야의 고조부라는 사실을 간과한 것이다. 마찬가지로, "실바가 야곱에게 낳은 자손들"(창 46:18)도 증손자들이 포함된다.

족보에서 이름을 생략하는 현상은 성경 외의 자료에서도 찾아볼 수 있다. 케네스 키친(Kenneth Kitchen) 교수는 이집트의 아비도스(Abydos) 제왕 목록(여기에서는 세 집단의 왕의 목록이 생략되어 있다)과 메소포타미아의 수메르 제왕 목록(이것은 왕조들 전체를 생략한다)을 언급한다.[41] 이처럼 연속적인 족보와 변칙적인 족보의 조합을 창세기 5장과 11장에도 적용할 수 있을 것이다.

 하나의 선택적인 족보를 설명하기 위한 근거는 5장과 11장에 있는 대칭 형식 안에서 발견된다. 5장에서는 아담에서부터 노아에 이르기까지 10명의 이름을 열거하며, 11장에서는 셈에서부터 아브람에 이르는 10세대를 언급한다. 이 구조는 마태복음 1장에도 분명히 나타난다. 마태복음 1장에서는 그리스도의 족보를 셋으로 나눈다: "아브라함부터 다윗까지 열네 대요, 다윗부터 바벨론으로 이거할 때까지 열네 대요, 바벨론으로 이거한 후부터 그리스도까지 열네 대러라"(마 1:17). 위에서 살펴 보았듯이, 8절 마지막 행에서는 세 개의 이름이 생략되었다.

 만일 우리가 창세기 5장과 11장의 족보가 융통성이 있음을 허락한다면, 노아의 홍수가 발생한 연대를 더 잘 설명할 수 있을 것이다. 기원전 2800년 또는 2700년이 살았던 우룩의 길가메쉬는 노아의 홍수를 고대 역사로 간주했다.[42] 창세기 11장을 엄격하게 해석하면, 노아의 홍수는 기원전 3천년 경에 시작된 이집트의 제1왕조보다 훨씬 후대인 기원전 2300년 경에 발생했을 것이다.

 창세기 5장과 11장의 족보들이 선택적인 것일 가능성을 고려할 때, 그것들은 인류의 연대를 설명하는 데 조금이라도 도움을 주지 않는가? 어떤 해석자들은, 만일 인간이 기원전 백만 년 경에 지구 상에 등장했다면, 이것은 창세기와 모순되지 않을 것이라고 주장하기도 한다. 또 다른 사람들은 그렇게 족보를 확대하는 것은 성경의 기록을 무력하게 왜곡하게 될 것이라고 항의한다. 이 목록에는 수백 개 또는 수천 개의 이름이 생략되어 있는가?[43]

 성경에 있는 다른 족보들에 의해 판단해 보면, 실제로 족보에서 이름들이 생략되지만 그처럼 오랜 기간을 필요로 하는 규모는 아니라는 것을 알 수 있다. 창세기 5장과 11장은 수십 개의 이름이 생략된 특별한 경우로 취급되지만, 아담과 하와를 기원전 오만 년 이전으로 배치하기는 어려울 것이다. 다행히도 그러한 숫자는 성경의 자료와 과학적 자료를 가지고 씨름하고 있는 일부 인류학자들과 지질학자들의 판단과 일치한다.[44] 기원전 오만 년 이전의 연대는 족보들을 한계점까지 확대하는 듯하다.

7) 창세기 6:2의 "하나님의 아들들"의 신분

창세기 6:1-4에서는 노아의 홍수를 초래하게 된 죄와 타락의 일부로서 하나님의 아들들과 사람의 딸들의 결혼을 언급한다. 이러한 관계가 여호와께 매우 불쾌한 것이었음이 분명하지만, 논쟁은 "하나님의 아들들"의 신원 확인을 중심으로 이루어진다. 이것을 천사들이 지구를 침입한 것으로 이해해야 하는가, 아니면 신자들과 불신자들의 잡혼, 또는 창세기 4:19에서 시작된 일부다처제의 단계적 확대로 보아야 하는가? 각각의 견해는 강력한 지지자들을 가지고 있다.

(1) 천사라는 해석

아주 오래된 견해에서는 "하나님의 아들들"을 아름다운 여인들을 유혹하여 그들과 동거한 타락한 천사들로 여긴다. 이 해석은 그리스도가 탄생하기 수세기 전에 기록된 위경인 에녹서에서 발견된다.[45] 쿰란의 사해 두루마리 중에서 발견된 아람어 미드라쉬인 "창세기 위경"(The Genesis Apocryphon)도 동일한 시대의 것이다. 두번째 단에서, 노아의 아버지 라멕은 자신의 아내가 하늘의 파수꾼인 천사에 의해 임신했다고 의심한다.[46] 필로, 요세푸스, 그리고 많은 교회 교부들도 이 견해에 동의했다.

아마 "하나님의 아들들"이 천사라는 가설을 지지하는 가장 강력한 논거는 "하나님의 아들들"(benê 'elōhîm)이라는 표현이 구약성서에서 천사들만 언급한다는 것이다. 다른 곳에서는 욥기에서만 등장한다(1:6; 2:2; 38:7). 그러나 처음 두 가지 경우에 사탄이 욥을 고소하기 위해서 하나님의 아들들과 함께 온다. 따라서 타락한 천사들과 관계가 있음이 분명하다. "선지자의 아들들(무리)"이 실제로 선지자의 아들을 의미하는 것이 아니라 선지자 조합의 일원을 의미하듯이(삼상 10:5; 왕상 20:35 참조), "하나님의 아들들"은 "초자연적인 존재들"을 의미한다. 신약성서에서 "하나님의 아들들"은 구약성서에서 사용된 것과는 아주 다르게 각각의 신자들을 의미한다(요일 3:1-2 참조). 마찬가지로 창세기 6:2에서 "하나님의 아들들"과 "사람의 딸들" 사이의 대조는 두 개의 영역—천상의 영역과 세상적인 영역—을 가리킨다.

일반적으로 천사들은 영적인 존재로 묘사되지만, 천사들이 세상에 출현할 때에는 사람이라고 불린다(단 10:5, 16 참조). 아브라함은 사람처럼 생긴 천사들을 영접하여 사라와 하인들이 서둘러 준비한 훌륭한 음식을 대접했다(창 18:1-8). 다음 장에서, 소돔과 고모라에게 임할 임박한 멸망을 롯에게 경고해 주려고 소돔에 들어온 두 사람은 "천사들"(*mal' ākîm*)이라고 불린다(창 19:1). 얄궂게도, 두 천사는 성적으로 타락한 소돔 사람들의 표적이 되었다. 민수기 22:22에서 여호와의 사자가 칼을 빼어 손에 들고 발람이 가는 길을 막아 섰고, 여호수아는 여호와의 군대 장관이라고 확인된 무장한 사람에게 엎드려 절했다(수 5:13-15). 만일 이 "남성적인" 본능이 타락한 천사들에게 적용된다면, 타락한 천사들이 인간의 육신을 탐한 것을 신약성서에서 마귀들이 몸을 원한 것으로 비유할 수 있다.

하나님의 아들들이 천사들임을 지지하는 마지막 논거는 신약성서에서 발견된다. 베드로후서 2:4-6에서, 사도는 범죄한 천사들, 노아의 홍수, 소돔과 고모라의 멸망을 잇달아 언급한다. 이 세 가지 사건 중 두 가지가 창세기에서 발견되므로, 세번째 사건도 창세기에서 발견될 것이며 6:1-4이 유일하게 가능한 언급이다.

유다서에서는 천사들의 죄와 소돔과 고모라의 성적인 부도덕함을 나란히 놓으며(6-7절), 천사들이 성적인 범죄를 했을 수 있음을 암시한다. 만일 천사들이 실제로 세상에서 여인들과 결혼했다면, 이 엄청난 죄는 노아의 홍수가 임한 또 하나의 이유가 될 수 있다. 하나님으로 하여금 인류에 대해서 무서운 조처를 취하시게 만든 끔찍한 일이 발생하고 있었음이 분명하다.

"하나님의 아들들"이 천사라는 주장은 그 장점에도 불구하고 몇 가지 심각한 반론에 직면한다. 복음서에서, 그리스도는 부활 후에는 사람들이 결혼하지 않고 천국에서 천사들처럼 될 것이라고 말씀하신다(마 22:30; 막 12:25; 눅 20:34-36). 이것은 천사들은 결혼하지 않았고 앞으로도 결혼하지 않을 것을 의미한다. 그렇다면, 그들이 어떻게 창세기 6:2에 기록된 것과 같이 결혼을 할 수 있었겠는가? 이에 대해서, 아마 하나님께서 언젠가 천사들이 결혼하는 것을 허락하셨겠지만 홍수 이후에는 분명히 결혼할 수 없었다고 주장하는 사람도 있을 것이다.

두번째 반론은 창세기 1-11장에서 다른 곳에서는 천사에 대한 언급이 없다는 것과 관계가 있다. 창세기 19:1, 그리고 "여호와의 사자"(창 16:7, 9, 11; 22:11, 15)나 "하나님의 사자"(창 21:47; 31:11)가 등장하는 구절에서 흔히 "천사"나 "사자"를 나타내는 단어인 mal'āk 대신에 "하나님의 아들들"이라는 애매한 단어를 사용한 이유가 무엇인가? 또, 만일 천사들이 사람들처럼 세상에 죄와 부패를 더한 죄가 있다면, 다른 곳에서 천사들의 심판에 대해 언급하지 않은 이유는 무엇인가? 빅톨 해밀턴(Victor Hamilton)은 심판이 직접 죄인들과 연결되는 것은 아님을 지적했다. 따라서 범죄한 것은 인간임에도 불구하고 동물들과 새들이 죽었다(창 6:5-7).[47]

(2) 경건한 셋의 후손이라는 해석

오늘날 대부분의 복음주의자들이 선호하는 견해에서는 "하나님의 아들들"을 경건한 셋의 후손을 언급하는 것으로 이해한다. 이 사람들은 자신의 경건한 혈통에 등을 들리고 가인 계열의 불신앙의 여인들과 결혼하여 사악하기로 유명한 자손을 낳았다. 셋의 후손들의 영적인 몰락으로 인해, 하나님은 인류 전체에게 심판을 선포하시고 그들을 지면에서 쓸어내기 위해 홍수를 보내셨다.

이 견해는 불신자들과의 결혼을 반대하는 창세기의 강력한 논쟁을 찬성한다. 아브라함이 하인에게 이삭의 아내를 "가나안 족속의 딸들"에게서 고르지 말라고 명한 것이나(창 24:3), 에서가 헷 족속 여인들을 아내로 취하였기 때문에 리브가가 근심한 것(창 26:34-36) 등은 동일한 메시지를 전한다: 이교도와 통혼하지 말라. 야곱은 이삭을 속인 후에 목숨을 구하기 위해 도망쳐야 했지만, 그는 밧단 아람에 머물면서 아브라함의 친척인 레아와 라헬과 결혼했다. 따라서 만일 창세기 6:2의 죄가 이교도들과의 결혼이었다면, 그것은 창세기의 전반적인 가르침과 조화를 이룰 것이다.

두번째 논거에서는 인간을 언급하기 위해서 "아들들"이라는 단어를 사용한 것에 초점을 둔다. 흔히 "아들들"(자녀)이 등장하는 문맥은 이스라엘의 자녀 또는 하나님의 택함을 받은 백성에 대해서 이야기한다(신 14:1; 32:5; 사 43:6). 그러나 호세아 1:10은 패역한 이스라엘 백성들이 "사신 하나님의 자녀"라고 불리게 될 때를 고대한다. "하나님의 아들들"이라는 표현은 결코 사람들에게 적용되지 않지만, 그리스도의 족보에서 아담은 하나님의 아들이라고 불린다(눅 3:38). 창세기 5장은 아담에서부터 노아까지의 족보를 제공하며, 아담이 "하나님의 형상"대로 지음을 받았다고 말하므로, 창세기 6:2에서는 창세기 5장의 나머지 부분에서 언급되는 셋의 경건한 혈통을 언급하면서 "하나님의 아들들"이라는 표현을 사용하는 듯하다. 그렇다면, "사람의 딸들"은 문화적인 업적은 훌륭하지만 경건함으로는 유명하지 못한 가인의 후손을 언급할 것이다(창 4:17-24). 이들이 결혼하여 낳은 자손은 셋보다는 가인처럼 행동했고, 인류의 악한 성향들을 촉진했다. 창세기 6:5에서 지적하는 것은 타락한 천사들의 행위가 아니라 인간의 사악함이었다.

"하나님의 아들들"이 경건한 셋의 후손이라는 가설은 중요한 장점들을 지니고 있지만, 이 가설 역시 몇 가지 중요한 문제에 직면한다. 가장 심각한 문제는 "사람의 딸들"을 "가인의 딸들"과 동일시한 것이다. 가인의 딸들은 모두 악하고 셋의 아들들은 모두 경건하다는 것을 증명해주는 증거가 어디에 있는가? 그들의 혈통이 완전히 분리되어 있었으며, 한결같이 한쪽은 선하고 한쪽은 악했는가? 하나님께서 마련하신 홍수 때문에, 이 무렵에는 셋의 후손들 중 많은 사람들이 사악했다고 추론할 수 있다. 그렇다면, 그들이 "하나님의 아들들", 즉 "경건한 아들들"이라고 불린 이유는 무엇인가? 이 두 가지 표현의 주요한 차이는 "하나님"과 "사람들"('ādām)이며, 이것은 "하나님의 아들들"이 인류의 범주에 속하지 않았음을 지적한다.

(3) 왕조의 통치자라는 해석

앞에서 제시된 두 가지 견해가 지닌 본질적인 어려움들을 고려하여, 메리디스 클라인(Meredith Kline)은 "하나님의 아들들"이 주로 가인의 후손인 왕들, 또는 왕조의 통치자들을 언급한다고 주장했다.[48] 이 통치자들은 4:17-24에 묘사된 문명을 지속시켰고, 4:19의 라멕처럼 여러 명의 아내를 취하는 죄를 지었다. "사람의 딸들"은 이 왕들이 자기의 부와 명성의 상징으로 소유한 처첩들이었다.

이 이론을 지지하는 첫째 증거는 출애굽기 21:6과 22:8-9, 그리고 시편 82:6에서 엘로힘('elōhîm)이 "재판장"이라는 제한된 의미로 사용된 것이다. 이렇게 이해하면, "재판장들의 아들들"은 연속적으로 통치한 왕들 및 그들의 권위를 언급할 수 있다. 둘째, 다른 근동지방의 문헌에서 왕들이 특별한 신의 아들로 언급된 예를 지적할 수 있다. 이집트에서 파라오는 분명히 신적인 존재로 간주되었고, 다른 국가들에서는 왕이 신의 은총에 의해 통치자로 선택되고 그 은총을 누리기 때문에 그 신의 아들이라고 불릴 수 있었다. 구약성서에서 솔로몬은 다윗을 계승하여 왕이 될 것이므로 하나님의 아들이라고 불리며(삼하 7:14), 그 때부터 하나님과 왕 사이에 특별한 부자 관계가 존재한 듯하다(시 2:7 참조). 하나님은 다윗 가문을 이스라엘을 다스리는 왕조로 선택하시고, 그들에게 힘과 지혜를 주어 능력있는 왕들이 되게 하셨다. 그러나 이러한 개념이 성경에서 발견되는 것은 기원전 1000년이며, 창세기 6장에 소급하여 적용하기는 어렵다.

"하나님의 아들들"이 왕조의 통치자라는 이론을 지지하는 세 번째 증거는 수메르의 제왕 목록이다. 그것은 홍수 이전에 하늘로부터 왕권이 주어졌으며 여덟 명의 군왕이 아주 오랫동안 통치했다고 말해준다.[49] 이 왕들에 대한 전승—흔히 창세기 5장과 비교된다[50]—이 "하나님의 아들들"과 "용사라 고대의 유명한 사람이었더라"라고 언급하는 창세기 6:1-4에 반영되어 있을 수도 있다. 만일 대홍수 이전의 왕들이 가인의 후손이었다면, 그들은 창세기 5장에 열거된 셋의 용사들과 평행을 이룰 것이다.

클라인의 해석은 매력적인 특징을 가지고 있지만, 증거가 부족하다. 만일 그러한 의도였다면, "하나님의 아들들"이 "왕들", 또는 "통치자들"이라고 불리지 않은 이유는 무엇이며, 또 일부다처제라는 주제를 그처럼 간접적으로 언급한 이유는 무엇인가? 그 단락은 분명히 애매하지만, 처음 두 가지 이론이 보다 적절한 해답을 제공한다.

8) 대홍수의 규모

성경이 전세계적인 대홍수를 가르친다고 믿는 사람들과 국지적인 홍수를 가르친다고 믿는 사람들 사이의 토론만큼 논란이 많은 것은 없을 것이다. 1961년에 존 위트콤(John Whitecomb)과 헨리 모리스(Henry Morris)가 『창세기의 홍수』(*Genesis Flood*)를 출판한 이후로 특히 토론이 활발해졌다.[51] 위트콤과 모리스는 대홍수가 지구 전체를 덮었다는 것을 증명하기 위해서 지질학적인 증거로 성경의 논거들을 보강하려 했다. 버나드 램(Bernard Ramm)과 데이비스 영(Davis Young)과 같은 학자들은 성경과 과학 모두 세계적인 홍수보다는 제한된 홍수를 가리킨다고 주장하면서 국지적인 홍수설을 주창했다.[52] 대부분의 기독교인 지질학자들은 국지적인 홍수설을 지지하지만, 성경학자들의 의견은 거의 비슷하게 나뉘어 있다. 과학과 성경이 절충해야 하는 다른 문제에서와 마찬가지로, 자료가 엄청나게 많으며, 증거에 대한 해석은 결코 단순하지 않다.

복음주의자들은 하나님께서 자기의 목적을 이루시기 위해서 기적을 사용하셨다는 것을 쉽게 인정하지만, 기적의 수효와 범위에 대해서는 많은 토론이 이루어지고 있다. 우리는 하나님께서 "물"과 관련된 많은 기적을 행하셨다는 것, 그리고 그것들 모두가 설명하기 어렵다는 것을 지적해야 한다. 구약성서에는 모세와 여호수아의 지도 하에 홍해와 요단 강을 건넌 것, 그리고 엘리사의 도끼가 물에 떠오른 것, 그리고 그가 좋지 않은 물을 좋게 만든 것 등이 있다. 그리스도께서는 세상에서 사역하시는 동안 물을 포도주로 변화시키셨고, 갈릴리 바다 위를 걸으셨다. 성경 도처에서, 하나님은 설명을 할 수 없는 방법으로 물에 대한 주권을 증명하셨으며, 이것을 노아의 홍수에 대해 연구함으로써 많은 해답을 얻기를 기대하지 말라는 경고로 삼아야 한다.

(1) 전세계적인 홍수설

창세기 6장과 7장에서 사용된 표현으로 판단해보면, 노아의 홍수는 세계적인 자원의 재앙이었다. 인류가 세상에 부패함과 폭력을 가득 채웠으므로, 하나님은 "생명의 기식 있는 육체를 천하에서 멸절하기로" 결심하셨다(6:17). 이 심판을 성취하기 위해서, 하나님은 "큰 깊음의 샘들이 터지며 하늘의 창들이 열리라고" 명하셨다(7:11). 사십 일 동안 밤낮으로 엄청난 양의 물이 땅에 쏟아졌다. 이 묘사는 하나님께서 "궁창 아래의 물과 궁창 위의 물로 나뉘게" 하신 창조의 사역을 뒤집는 듯하다(창 1:7). 홍수가 계속됨에 따라, 모든 것이 물속에 사라졌고, 땅은 과거처럼 다시 혼돈하고 공허해졌다. 역설적이게도, 창세기 1:2에서 사용된 "깊음"(*tehôm*)이라는 단어가 "큰 깊음의 샘"이 터진다고 말하는 7:11에서 사용된다. 마치 온 세상이 물로 덮인 혼돈 상태로 돌아가는 것 같다.

물이 불어 천하의 높은 산들이 적어도 20피트 깊이까지 덮였다(7:19-20). 물은 나름대로 수평을 유지하려 하는데, 그렇다면 온 세상을 덮지 않고서 어떻게 높은 산을 덮을 수 있겠는가? 비록 알프스와 히말라야를 덮지 못했다고 해도, 그처럼 엄청난 홍수에서 살아남을 수 있는 생물은 거의 없을 것이다. 7:23에 따르면, 사람들과 짐승들과 새들을 포함하여 "지면의 모든 생물을 쓸어버리셨다." 살아남은 것은 노아와 그의 가족, 그리고 그들과 함께 방주에 피했던 피조물들뿐이었다. 만일 홍수가 국지적인 것이었다면, 짐승들과 새들을 방주에 태워야 했던 이유는 무엇인가? 홍수가 발생하지 않은 지역에서 안전하게 지냈던 피조물들이 곧 메소포타미아를 가득 채웠을 것이다. 방주는 길이가 450피트, 넓이가 75피트, 높이가 45피트였으며(6:15), 이것을 보면 그 홍수가 얼마나 대단했는지 알 수 있다. 그만한 크기의 배에는 수천 마리의 짐승과 새들을 실을 수 있었다. 만일 국지적인 홍수였다면 그렇게 많은 짐승을 실을 필요가 없었을 것이다.

 홍수가 지속된 기간 역시 홍수의 규모를 말해준다. 노아와 그의 가족들은 1년 이상 방주 안에서 지냈다. 존 데이비스(John J. Davis)의 주장에 의하면, "371일 동안 계속된 홍수는 전세계적인 홍수일 수밖에 없다."[53] 또한 홍수 후에 하나님께서는 노아와 언약을 맺으시면서 다시는 홍수로 세상을 멸하지 않겠다고 약속하셨다(창 9:11). 그 이후로 지구를 황폐하게 만든 많은 끔찍한 국지적인 홍수를 고려해 보면, 하나님께서 그 약속을 깨셨거나, 노아의 홍수가 전세계적인 것이었다고 보아야 한다.

 노아의 홍수의 주요 목적은 죄악된 인류를 멸하는 것이었으므로, 사람들이 모두 메소포타미아에 살고 있지 않았다면 메소포타미아 지방에만 내리는 홍수는 효과가 없었을 것이다. 홍수 이전 인간의 수명을 보면, 인구가 급속히 증가했음이 분명하며, 따라서 수백 만에 달하는 사람들이 모두 티그리스와 유프라테스 강 인접 지역에 지낼 수는 없었을 것이다.[54] 그렇다면 메소포타미아에서 살지 않은 사람들은 심판을 받지 않았을까? 많은 학자들은, 만일 그렇다면 베드로가 미래의 심판날에 대해 경고한 것이 영향력을 상실한다고 주장한다. 베드로는 베드로후서 3:3-7에서 그리스도의 재림이라는 개념과 심판날을 비웃는 사람들에게 이야기했다. 그는 경건치 못한 모든 사람들을 멸할 심판 때에 불사르기 위해 현재의 하늘과 땅이 간수되었다는 것을 나타내는 표식으로서 노아 시대의 세상이 "물의 넘침으로 멸망했다"고 상기시켜 주었다(벧후 3:6-7). 만일 최후의 심판과 노아의 홍수에 온 세상이 포함되지 않는다면, 베드로가 최후의 심판과 노아의 홍수를 비교한 이유는 무엇이겠는가?

⑵ 국지적 홍수설

세계적인 홍수를 지지하는 강력한 논거들이 있음에도 불구하고, 많은 학자들은 성경의 자료들이 훨씬 제한된 규모의 홍수를 지적할 수도 있음을 증명해왔다. 지리적으로, 노아와 그의 가족들에 대한 기사의 배경은 메소포타미아이다. 그리고 그들은 방주에서 1년 이상을 지낸 후에, 앗시리아 북쪽에 위치한 고대 우라투(Uratu) 지방, 즉 "아라랏 산"에 상륙했다(창 8:4). 만일 노아가 1년 동안 방주를 타고 지냈다면, 어떻게 방주가 우라투까지 수백 마일 정도 밖에 떠내려가지 않았을까? 지구의 규모를 감안할 때, 만일 홍수가 메소포타미아와 근동 지방에만 내린 것이 아니라면, 노아가 출발했던 지역에서 아주 가까운 곳에 상륙한 것은 참으로 놀라운 일이다.

다시 말해서, 성경에서 물이 불어나서 "천하에 높은 산이 다 덮였다"(창 7:19)고 말하는 것은, 노아 및 그와 동향 사람들이 잘 알고 있는 지역을 언급한다고 보아야 할 것이다. 그들의 관점에서 보면, 물은 그들이 알고 있는 세상과 그들이 본 적이 있는 산들을 덮은 것이지 수십만 마일이나 떨어진 곳에 있는 높은 산봉우리들까지 포함한 것은 아니었다.

"지구"(earth)를 의미하는 히브리어 'ereṣ는 종종 "땅"(land), 또는 "나라"(country)로 번역되며, 그 의미는 문맥에 의해 결정되어야 한다. "세상"(world)를 의미하는 단어 tēbēl이 홍수 설화에서는 사용되지 않는 것도 중요한 사실일 것이다. 창세기의 다른 곳에서, 'ereṣ는 또 다른 재앙, 즉 엄청난 기근과 관련하여 역시 모호한 의미를 지닌다. 요셉이 지혜롭게 칠 년 동안의 기근에 대비하여 곡식을 저장해둔 후, "기근이 온 세상에 심했기 때문에" 각국 백성들이 양식을 사려고 애굽으로 갔다(창 41:57). 대부분의 해석자들은, 기근이 애굽 및 지중해 주위의 여러 나라들에 영향을 주었지만, 그것을 "세계적인" 기근으로 생각할 필요가 없다고 주장한다. 그 기근은 근동 지방, 지중해 지역에만 영향을 미쳤다. 아마 베드로가 "그 때 세상"이 물의 넘침으로 멸망하셨다고 말한 것도 역시 제한적인 의미에서였을 것이다(벧후 3:6). 골로새서 1:23에서, 바울은 복음이 "천하 만민에게 전파되었음"으로 인해 즐거워한다. 이것은 창세기 7:19과 매우 흡사한 진술이지만, 과장된 표현으로 이해해야 한다.

국지적인 홍수 설에서는, 물이 수평을 이루려 한다는 문제와 씨름을 해야 하지만, 홍수가 세계적인 것이었다고 믿는 사람들 역시 물이 어디에서부터 와서 어디로 갔는지 설명해야 하는 어려운 문제에 직면한다. 물이 15,000피트 높이의 산들을 덮으려면, 현재 지구에 있는 물의 몇 배나 되는 양의 물이 필요할 것이다. 이 물은 모두 어디로 갔는가? 창세기 8:1은 하나님께서 "바람으로 땅 위에 불게 하시매 물이 갈하였다"고만 말한다. 이것은 대양들이 더 깊어져서 더 많아진 물을 담을 수 있게 되었다는 의미인가?[55] 아마 하나님께서 개입하셔서 기적적인 방법으로 물을 제거하셨을 것이다. 그러나 창세기는 1년 이내에 물이 빠져 노아와 그 식구들이 배에서 내릴 수 있게 되었다고 말한다. 1년이라는 기간은 그처럼 엄청난 양의 물이 빠지기에는 너무 짧은 기간이었다. 신선한 물과 소금물을 섞을 때 물고기가 죽지 않게 하려면 기적이 필요하다. 그런데 성경에는 방주 안에 물고기를 실었다는 언급이 전혀 없다.[56]

방주에는 많은 짐승들과 새들이 실려 있었으므로, 국지적 홍수 설은 그것들을 돌보는 일을 보다 용이하게 해준다. 노아와 그의 가족들은 이 짐승들과 새들에게 먹이를 주어야 했다(창 6:21). 만일 온 세상에 있는 수천 종류의 새와 짐승들이 방주에 실려 있었다면, 그것들에게 먹이를 주는 것은 엄청난 일이었을 것이다. 그러나 만일 홍수가 근동 지방에만 내렸다면, 어떻게 그 지방의 짐승들이 방주에 타게 되었으며 배에 탄 여덟 사람이 그것들을 보살필 수 있었는지 보다 쉽게 이해할 수 있다. 그러한 견해를 받아들여도, 그 짐승들을 방주에 태우는 기적이 필요하겠지만, 성경의 증거와 일치하게 하기 위해 필요한 기적의 범위는 줄어든다.

홍수가 끝났을 때, 노아는 방주에서 내릴 수 있을 만큼 땅이 말랐는지 알기 위해 비둘기를 날려 보냈고, 비둘기는 "감람 새 잎사귀"를 물고 돌아왔다(창 8:11). 이것은 이미 물이 빠졌으며 홍수에도 불구하고 최소한 한 그루의 감람나무가 살아 있었다는 증거였다. 이것은 지질학적으로 홍수가 진행되고 있지 않았다는 것, 그리고 지구의 표면이 비교적 평온했다는 것을 지적해주는 듯하다.[57] 또 하나의 증거는 에덴 동산과 관련된 티그리스와 유프라테스 강에 대한 언급에서 찾을 수 있다. 홍수 후에도 이 두 강의 하상(河床)은 거의 동일한 상태를 유지했다. 창세기 2:14에서는 티그리스 강이 "앗수르 동편"으로 흐른다고 말한다(창 10:11 참조).

(3) 결론

노아의 홍수와 관련된 문제들은 분명히 도전적인 것들이며, 우리는 독단적인 태도를 취하지 않도록 조심해야 한다. 하나님의 심판은 불시에 엄청난 힘을 가지고 세상에 임했고, 오늘날까지 하나님의 크신 진노에 대한 경고로 남아 있다. 만일 노아의 홍수가 전세계적인 것이었다면, 관련된 기적의 수는 국지적인 홍수의 경우보다 크겠지만, 어느 경우든지 그 기사에는 기적적인 일이 가득하다. 문제는 이 큰 재앙 속에서 하나님이 무엇을 하실 수 있었는가가 아니라, 무엇을 하셨는가이다. 만일 우리가 우주적인 홍수설에 내재되어 있는 과학적인 문제점들을 고려하여 보편적인 홍수가 아닌 것을 선택해야 한다면, 어느 지역이나 대륙에서 홍수가 일어난 것으로 보아야 할 것이다. 그렇게 할 때에, 상당히 큰 방주가 필요한 이유를 설명해줄 것이며, 인류 전체가 멸망한 것도 설명될 것이다. 만일 세계 인구가 대부분의 추정치보다 훨씬 적지 않았다면, 메소포타미아 지방에만 홍수가 발생한 것으로는 이런 일이 이루어질 수 없었을 것이다.

⑷ 바벨론의 홍수 이야기

니느웨에서 아술바니팔(Ashurbanipal)의 장서가 발견된 이후로, 학자들은 성경의 기록과 어느 정도 유사한 또 하나의 홍수 이야기를 알게 되었다. 갈가메쉬 서사시의 여섯번째 서판에는 우트나피쉬팀(Utnapishtim)과 그의 가족들을 제외하고 모든 사람들을 쓸어버린 홍수에 대해 묘사되어 있다. 기원전 2600년경에 우룩(Uruk)의 왕이었던 길가메쉬는 저승을 방문하던 중에 조상으로부터 홍수 이야기를 듣는다. 그는 영생을 얻기 위해 저승을 여행했으나 찾지 못했다. 길가메쉬는 힘들게 저승을 여행한 후, 마침내 우트나피쉬팀을 만나 홍수에 대한 이야기를 들었다. 우트나피쉬팀의 말에 의하면, 에아(Ea) 신은 엔릴(Enlil)이 지구를 멸망시키기 위해 홍수를 보낼 계획이라고 그에게 경고했다. 우트나피쉬팀은 자기 가족들과 몇몇 짐승을 구하기 위해서 사방이 120 규빗의 칠 층짜리 배를 만들기 시작했다. 그는 배에 양식과 금과 은을 실었고, 몇 명의 선원을 태웠다. 칠일 동안 태풍이 불어온 후, 물이 줄기 시작했고, 배는 산꼭대기에 닿았다. 우트나피쉬팀은 땅이 완전히 말랐는지 알아보기 위해서 비둘기와 제비와 까마귀를 날려 보냈다. 까마귀는 먹을 것을 발견하고서 다시 배로 돌아오지 않았으므로, 우트나피쉬팀은 배에서 내려도 안전할 것이라고 생각했다. 그는 배에서 내린 후에 신들에게 제사를 지냈고, 신들은 제단 주위에 파리떼처럼 모여들어 열심히 고기를 먹었다. 엔릴은 홍수에서 인간이 살아남았기 때문에 상심했지만, 우트나피쉬팀과 그의 아내에게는 상을 주어 신들로 변화시켜 주었다.

홍수에 대한 다른 이야기가 아트라하시스 서사시(Atrahasis

Epic)에서 발견되는데, 색즈(H. W. F. Saggs)는 이것이 길가메쉬 서사시의 배경이라고 생각한다.[58] 이 이야기에서는 주인공이 우트라피쉬팀이 아니라 아트라하시스이며, 사람들이 너무 시끄러워 신들이 잠을 잘 수 없었기 때문에 홍수가 발생했다. 여기서도 신들 중에서 주도적인 역할을 하는 신은 엔릴과 에아(= 엔키)이다.

어떤 면에서, 바벨론의 홍수 이야기들은 성경의 기록과 아주 흡사하다. 중요한 역할은 신으로부터 가족들과 짐승과 동물들을 구하기 위해서 커다란 배를 만들라는 가르침을 받는 주인공이다. 태풍은 인류를 쓸어버리는 무서운 홍수를 초래한다. 홍수가 가라앉은 후, 주인공은 땅이 얼마나 빨리 마르고 있는지 알기 위해서 새들을 날려 보낸다. 노아는 까마귀와 비둘기를 날려 보냈지만, 우트나피쉬팀은 비둘기와 제비와 까마귀를 날려 보냈다. 배에서 내리자 마자, 신들에게 감사의 제물을 바쳤다.

물론 창세기의 이야기와 바벨론의 이야기들 사이에는 심각한 차이점들이 있지만, 우리는 그것들 사이에 있을 법한 관계를 살펴 보아야 한다. 히브리인들은 바벨론인들에게서 홍수 이야기를 입수했으며, 그것을 자기들에게 적합하게 만들기 위해서 몇 가지 요소를 수정하지 않았을까? 아니면, 두 가지 이야기 모두 동일한 사건을 회고하지만, 창세기의 이야기는 정확하고 바벨론 이야기는 와전된 것이 아닐까?[59] 바벨론 이야기에 등장하는 배는 정사각형으로서 쉽게 전복되기 쉽지만, 노아의 방주는 항해에 적합한 규모였다. 바벨론 이야기에서는 홍수가 몇 주일 동안만 계속되었지만, 노아와 그의 가족들은 1년 이상 고생을 했다. 게다가, 창세기에 등장하는 의롭고 거룩하신 하나님과 인간적인 욕망을 가지고 서로 싸우는 바벨론의 신들의 대조는 이 두 가지 이야기 사이에 큰 차이가 있음을 보여준다. 창세기에서만 홍수가 발생한 분명한 이유가 제공되며, 또 노아와 그의 가족들만 구원받은 이유도 분명히 주어진다. 요약하자면, 바벨론의 홍수 이야기들은 실제 사건을 제멋대로 고친 혼란스러운 내용이다.

9) 가나안의 저주

홍수가 끝난 후, 하나님은 노아와 그의 후손들과 언약을 맺으시면서 다시는 홍수로 세상을 멸하지 않겠다고 약속하셨다(창 9:1-17). 노아는 홍수 후에도 350년 동안 살았지만, 함의 막내 아들인 가나안이 저주를 받게 되는 사건 외에는 그들에 대해서 그리 알려진 것이 없다. 그 사건에서, 노아는 포도주를 마시고 취하여 "그 장막 안에서 벌거벗었다"(창 9:21).

후대의 기자들은 술에 취하여 벌거벗은 모습을 모든 사람들에게 보이는 것이 얼마나 부끄럽고 수치스러운 일인지에 대해 이야기한다. 흔히 하나님의 심판은 사람으로 하여금 수치와 치욕을 당하게 한다(애 4:21; 합 2:15, 16). 그처럼 의로웠던 노아가 그러한 행동을 한 이유는 주어지지 않았다. 벌거벗은 채 누워 있는 노아의 모습을 막내 아들 함이 보았다. 22절을 보면, 함은 "그 아비의 하체를 보고 밖으로 나가서 두 형제에게 고했다." 이 말을 들은 셈과 야벳은 노아의 하체를 보지 않으려고 뒷걸음쳐 들어가서 노아에게 옷을 덮어 주었다.

노아가 술에 취한 것은 함의 책임이 아니므로, 함의 가족에게 심한 저주가 임한 이유를 알 수는 없다. 노아의 벌거벗은 모습을 본 것이 어째서 그렇게 악한 행동이었을까? 학자들은 함이 아버지의 상태를 조롱하며 형제들에게도 그 기이한 광경을 보라고 권했을 것이라고 주장해왔다. 아버지를 조롱하는 것은 인간이 창조된 이후로 알려져 있었던 부모를 공경하라는 명령에 완전히 위배되는 행동이었을 것이다(출 10:12 참조). 함은 막내아들이었기 때문에 아버지를 조롱하는 행동에 의해서 부주의함과 성숙하지 못함을 나타냈을 것이다. 오경의 다른 곳에서는, 아버지를 공경하지 않는 것이 아버지의 아내를 범하는 것과 관련되어 있다 (레 18:7; 20:11; 신 27:20). 배싯(F. W. Basset)은 함이 실제로 근친상간을 범했고, 가나안은 그러한 관계에서 태어났다고 주장했다.[60] 그러나 23절에 기록된 셈과 야벳의 행동, 그리고 그 때에 이미 가나안이 생존해 있었을 가능성을 고려하면, 이 이론은 타당성이 없는 듯하다.[61]

그러나 "벌거벗음을 본다"는 표현은 종종 성적인 관계에서 사용되므로, 성적으로 부도덕한 일이 있었을 수도 있다. 레위기 20:17은 실제로 남매가 성관계를 갖는 것을 완곡하게 표현하여 서로 하체를 본다고 표현한다. 보통 레위기 18장에서는 근친 상간을 금지하는 것과 관련하여 "하체를 범하다"라고 표현된다. 만일 함이 일종의 동성애 행동을 범했다면, 그의 행동은 혈통을 보존하기 위해서 아버지에게 술을 먹이고 함께 잔 롯의 딸들의 행동과 비교가 된다(창 19:32-36). 롯 가족의 음란한 행위는 소돔과 고모라가 동성애가 만연하여 심판을 받아 멸망한 직후에 발생했다. 가나안은 동성애에 물들어 있었고, 실제로 노아가 저주한 것은 함의 아들 가나안이었다. 그 후 수백 년 동안 가나안의 땅에서 함의 후손들을 함의 행동을 반복했었는가?

이 사건 안에는 성적인 부도덕함을 가리키는 또 하나의 요소가 있다. 성경에서 술취함은 종종 방탕이나 음란과 연결된다(롬 13:13; 갈 5:19 참조). 게다가, 만일 함이 성적으로 부도덕했다면, 그의 가족들이 저주받은 이유를 쉽게 이해할 수 있을 것이다. 단순히 벌거벗은 것을 "보는 것" 이상의 심각한 일이 포함되어 있지 않는 한, 그것은 적절치 못한 형벌인 듯하다.

10) 바벨탑

창세기에서는 하나님이 아브람을 부르신 일을 기록하기 직전에 또 하나의 심판, 언어가 혼잡해지고 민족들이 흩어진 사건에 대해 간단히 묘사한다(11:1-9). 이 아홉 구절은 훌륭한 대칭적인 구조를 지니고 있다. 1절과 2절은 8절과 9절과 대조를 이루는데, 네 구절 모두 이야기체로 기록되어 있다. 3, 4절은 6, 7절과 대등하며, 각기 사람들의 말과 하나님의 말을 강조한다. 두 부분 모두 "자, …하자"를 강조한다.[62]

얼핏 보면 탑을 세운 사람들이 범한 죄를 확인하기 어렵지만, 문제점은 아마 인간적인 교만이었을 것이다. 6:4의 "유명한 사람"들처럼, 바벨탑을 쌓던 사람들도 하나님에게 도전하며 자기들의 이름을 내려 했다(11:4). "바벨"을 의미하는 히브리어는 일반적으로 "바벨론"으로 번역되며, 성경에서 바벨론은 하나님을 무섭게 대적하는 나라를 나타낸다. 아마 가장 훌륭한 예는 "하나님의 뭇별 위에" 자기의 보좌를 높이려 한 오만한 바벨론 왕에 대한 묘사일 것이다(사 14:13).[63] 느부갓네살은 기원전 600년경에 신 바벨론 제국을 건설한 자신의 업적으로 인해 교만함이 가득 했다(단 4:30 참조). 심지어 요한계시록 17-18장에서도 바벨론은 하나님의 심판을 받게 될 것으로 묘사된다. 지으신 피조물을 다스리시는 하나님의 주권적인 능력을 인간은 인정해야 한다.

"바벨"이라는 단어의 발음은 "혼동하다"를 의미하는 히브리어 *bālal*과 비슷하다. 이 언어 유희는 그 단어를 "하나님의 문"(그것의 아카드어 의미)과 연결하는 것이 아니라 탑의 건축을 중단시킨 언어의 혼란과 연결한다. 사람들이 서로 의사소통을 할 수 없게 된 것은 그들의 힘—그들의 통일성—을 파괴했고, 그에 따른 갈등은 하나님께서 땅을 저주하신 뒤에 아담이 수고하여 땅을 경작한 것을 상기시켜 준다. 진정한 의미에서, 바벨에서 상실한 통일성은 오순절 때에 여러 나라에서 온 유대인들이 갈릴리 사람들이 자기 나라의 언어로 이야기하는 것을 들을 때에 회복되었다(행 2:6-12). 개개인이 그리스도의 주권에 복종할 때에만, 하나님이 축복하시는 참된 통일이 이루어질 수 있다. 각기 다른 나라 사람들이 그리스도 안에서 하나가 될 수 있으며, 그리스도는 하나님의 영광을 위해 교회를 세우고 계시다.

역설적이게도, 사람들이 신에게 접촉하기 위해서 만들어진 지구랏(ziggurat)이라고 알려진 메소포타미아의 신전 탑과 바벨탑은 매우 흡사했다. 지구랏은 정사각형의 기초 위에 사면이 경사를 이루는 형태로 세워졌고, 꼭대기에는 신을 예배할 수 있는 작은 신전이 있었다. 이러한 구조는 하늘과 땅 사이를 연결하는 계단으로 고안되기도 했지만(창 28:12 참조), 이 경우에는 하나님과 인간 사이의 의사소통이 단절되었다.

하나님은 탑을 만드는 사람들을 벌하기 위해서 그들을 멀리 흩으셨다(창 10장). 십중팔구, 바벨탑 일화가 노아의 세 아들의 가족들이 흩어진 것보다 선행하며, 그들이 흩어진 원인이었을 것이다. 10장에서는 온 세상에 퍼진 족속들이 사용한 각기 다른 언어가 언급된다(5, 10, 31절). 모세 시대의 사람들에게 있어서 "흩어짐"과 "형벌"을 결합하는 것은 언약에 불순종하는 것과 관련된 저주였기 때문에 정신을 바짝 차리게 하는 경고였다. 만일 이스라엘이 하나님께 불순종했다면, 하나님은 그들을 여러 민족들 가운데 흩으시고 공포와 두려움으로 가득하게 하실 것이다(신 28:64-67).

이스라엘이 하나님의 특별한 백성으로 선택된 것은 노아의 아들 셈과 연결된다. 창세기 10장과 11장에는 셈의 족보가 수록되어 있다. 두 개의 족보 모두 셈의 자손 "에벨"은 언급하는데(10:24-25; 11:14-17), 그에게서 "히브리"라는 명사가 파생된다. 11장의 보다 상세한 족보에서는, 데라와 그의 아들 아브람, 그리고 그들이 갈대아 우르를 떠나 하란으로 여행한 이야기가 주어진다. 창세기의 나머지 부분과 오경에서 중심을 차지하는 것이 아브람(후일 아브라함이라고 불린다)과 그의 가족들이다.

5. 이스라엘 민족의 시작

문학적인 관점에서 보면, 창세기 1-11장은 창세기 나머지 부분과 오경 전체의 서언 역할을 한다. 이 부분은 없어서는 안될 창세기 개론을 제공하며, 하나님께서 아브람과 함께 새로운 시작을 하신 이유를 이해할 수 있도록 도와준다. 아브람도 다른 사람들처럼 죄인이었지만, 그의 믿음과 순종은 그를 선지자요 하나님의 친구로 만들었고, 그와 그의 후손들에게 큰 축복을 가져다 주었다.

1) 아브라함 언약

아브라함 언약의 제정은 창세기 및 성경의 나머지 부분에 매우 중요하다. 왜냐하면 이 때부터 하나님께서 아브라함의 후손인 특별한 언약의 민족을 통해서 다른 민족들을 다루실 것이기 때문이다. 하나님은 아브라함에게 자기의 고향과 친척들을 버리고 가나안 땅으로 가라고 말씀하셨다. 그가 순종했기 때문에, 하나님은 아브라함을 큰 민족으로 만들고 풍성한 복을 주시겠다고 약속하셨다. 6:4의 "유명한 사람"들이나 11:4의 자기 이름을 내기 위해서 바벨탑을 쌓은 사람들과는 달리, 아브라함의 위대함은 하나님의 뜻과 일치했고 온 인류에게 유익을 주었다. "땅의 모든 족속이 너를 인하여 복을 얻을 것이니라"(창 12:3). 창조 기사에서 원래 인류에게 주어진 축복(1:28)이 아브라함의 가문을 통해서 확대될 것이다. 창세기에서 아브라함의 가문은 요셉이 애굽에서 지혜롭게 양식을 비축함으로 말미암아 여러 국가에게 복을 주지만(41:57 참조), 우선적으로 강조되는 것은 아브라함의 후손인 예수 그리스도를 통해서 주어질 영적 축복이다(행 3:25-26 참조). 바울은 아브라함에게 주어진 이 약속을 미리 주어진 복음이라고 부른다(갈 3:8). 아브라함이 하나님을 믿은 것같이(15:6 참조), 그리스도를 믿는 사람들은 "아브라함과 함께 복을 받는다" (갈 3:9).

하나님이 아브라함에게 주신 약속 안에는 그 민족이 발달할 수 있는 땅을 소유하게 된다는 의미가 함축되어 있다. 아브라함이 가나안에 도착했을 때, 하나님은 그 땅 그의 후손에게 주실 것이라고 발표하셨다(12:6). 15장에서는 그 땅의 경계를 남쪽으로는 이집트의 강으로, 북쪽으로는 유프라테스 강으로 넓게 정의한다(18절). 다윗과 솔로몬이 통치한 황금시대에, 이스라엘은 실제로 이 지역의 대부분을 지배했지만(왕상 4:21), 보통 북쪽 경계는 하맛을 넘지 못했다. 본질적으로 약속은 단과 브엘세바 사이로 제한되었고, 이것이 열두 지파에게 분배된 땅이었다(신 34:1-4 참조). 아브라함은 가나안에서는 이방인이었지만, 하나님은 장차 그 땅 전체가 영원히 그의 가문의 것이 되리라는 약속을 되풀이 하셨다(13:15, 17:8).

아브라함이 사라를 매장하기 위해서 헤브론의 막벨라에 있는 밭과 굴을 헷 족속에게서 매입했을 때에, 약속의 땅을 차지하는 일이 시작되었다(23:17-20). 땅 전체를 차지하는 일이 실현되기까지 수백 년이 걸리게 되지만, 아브라함은 이곳을 매입함으로써 실질적으로 그 땅 전체에 대한 권리를 획득하기 시작했다(15:13 참조). 대부분의 족장들이 막벨라 동굴에 매장되었는데, 이것은 가나안이 결국 전체 국가의 안식처가 될 것을 상징한다(수 1:13 참조).

일반적으로 계약은 엄숙한 예식에 의해 비준된다. 창세기 15장에는 그러한 예식에 대한 기사가 담겨 있다. 아브라함은 3년 된 암소와 수양과 암염소를 죽여 둘로 쪼개어 두 줄로 놓으라는 지시를 받았다. 그 다음, 아브라함이 깊이 잠들었을 때 "연기 나는 풀무가 보이며 타는 횃불이 고기를 사이로 지나갔다"(17절). 불은 종종 하나님을 상징하므로(출 3:2; 13:21 참조), 풀무와 횃불은 분명 여호와를 의미한다. 하나님은 쪼갠 고기 사이로 지나가심으로써, 자신을 저주하는 맹세로써 언약의 조건을 확인하셨다. 만일 하나님이 언약을 위반하신다면, 그 짐승들과 동일한 운명에 처하게 되리라는 것이다. "언약을 맺다"라는 히브리 표현은 문자적으로 "언약을 자르다"로서, 그 언약의 비준과 관련하여 동물들을 제물로 드리는 것을 언급한다(출 24:5-8 참조).[64]

그러나 실제로 쪼갠 짐승 사이를 지나간 것을 언급하는 또 다른 본문은 하나뿐이다. 예레미야 34:18-19에서, 여호와는 히브리 노예들의 자유를 보장하는 언약을 범한 유다 사람들을 정죄하셨다. 그들은 송아지를 둘로 쪼개고 "그 두 사이로 지나갔지만", 자기들의 협정을 위반했고, 그 과정에서 하나님의 진노를 초래했다. 창세기 15장에서는 아브라함이 아니라 하나님만 쪼갠 고기 사이를 지나가셨다. 이것은 하나께서 아브라함에게 하신 약속이 성취될 것을 무조건적으로 보장한 일방적인 약속이었으며, 하나님이 그것을 보장하셨으므로, "영원한 언약"이었다.

(1) 언약의 표징

최초의 약속을 하신 지 거의 25년이 지난 후에, 여호와는 아브라함에게 나타나셔서 그와 맺은 언약을 확인하셨다. 이 일을 기념하기 위해서, 아브라함과 사라에게 새 이름이 주어졌다. 지금까지는 그들의 이름은 "고귀한 아버지"(하나님을 언급함)를 의미하는 "아브람"과 "공주" 또는 "공주 같은"이라는 의미를 지닌

"사래"였다. 이삭이 태어나기 전에 아브람에게는 "많은 사람의 아버지"라는 의미의 이름인 "아브라함"이 주어졌고, 사래의 이름은 "사라"—역시 "공주"를 의미한다—가 되었다. 아브라함과 사라에게는 대리모인 하갈을 통해서 얻은 아들 밖에 없었음에도, 이제 아브라함이 "열국의 아비"(17:4)가 되고 사라는 "열국의 어미"(17:16)가 될 것이 계시된다. 99세의 남편과 90세의 부인에게 이것은 놀라운 소식이었다.

하나님은 그들의 이름을 바꿔 주시면서, 아브라함과 하나님 사이에 맺은 언약의 표징으로서 아브라함과 그의 남자 후손들은 할례를 받아야 할 것이라고 선포하셨다. 이 때부터 생식기의 표피를 베어내지 않은 남자는 "백성 중에서 끊어지게" 되었다(17:4). 이집트와 같은 다른 국가에서도 할례를 행했지만, 그들의 경우 할례는 사춘기에 도달하는 것과 관련되어 있었다. 아브라함의 자손들이 언약에 포함되기 위해서는 난 지 팔일만에 할례를 받아야 했다. 남성의 성기가 선택된 것은 성적 순결의 필요성을 강조하지만, 할례는 원칙적으로 하나님께 대한 이스라엘의 성별을 나타내는 상징이었다. 육체적으로 행하는 할례는 아브라함의 하나님께 대한 순종과 헌신의 표식이었다.

성경에서는 사람이 겸손하게 하나님의 말씀에 응답하기 위해서 마음에 할례를 받아야 할 필요성에 대해서 여러 번 이야기한다(레 26:41; 신 10:16). 마음에 할례를 받은 사람은 마음을 다하며 성품을 다하여 하나님을 사랑할 것이다(신 30:6). 하나님은 자기 백성들이 마음을 다하여 헌신할 것을 요구하시므로, 선지자들은 육체의 할례만으로는 충분하지 못하다고 말한다(렘 4:4 참조).

(2) 언약에 따른 책임

아브라함 언약은 거듭 "영원한 언약"이라고 불리지만, 유대인

개개인에게는 어떤 의미에서 조건부 언약이었다.[65] 위에서 살펴보았듯이, 모든 남자는 할례를 받음으로써 "내 언약을" 지켜야 했다(17:9). 또 18장에서는 아브라함이 하나님이 자기에게 약속하신 것을 자녀들과 하인들이 받게 하려고 그들에게 "여호와의 도를 지키라고" 충실하게 가르쳤다고 언급한다(19절). 아브라함 자신은 아비의 친척들을 떠나 약속의 땅을 향해 여행해야 했다. 26:5에서는 "아브라함이 내 말을 순종하고 내 명령과 내 계명과 내 율례와 내 법도를 지켰음이니라"고 언급한다. 이러한 조건들은 시내 산 언약에 대한 묘사와 흡사한 것처럼 보이며, 만일 모세가 율법을 받았을 때에 아브라함이 살아 있었다면 그는 열심히 하나님의 계명에 순종했으리라는 의미를 함축한다. 창세기 14:20에서, 아브라함은 소득의 십분의 일을 멜기세덱에게 주었는데(28:22 참조), 이것은 후대에 제시될 율법의 요구 조건들이 아브라함에게 계시되었을 수도 있음을 보여준다.

역설적이게도, 아브라함의 순종을 보여주는 가장 극적인 사건에는 아이를 제물로 바치는 것을 금지한 후대의 레위기 규정에 정반대가 되는 행동이 포함되어 있다(레 18:21). 하나님께서 아브라함에게 이삭을 번제물로 바치라고 요구하셨을 때, 이 족장의 믿음은 심각하게 시험을 받았고 언약 전체가 위태로운 것처럼 보였다. 그러나 아브라함을 순종함으로써 자신이 이삭보다 하나님을 더 사랑한다는 것, 그리고 소중한 아들이지만 기꺼이 포기하려 한다는 것을 증명했다. 아브라함의 헌신을 보신 하나님은 이삭의 목숨을 살려주시고 그의 자손을 번성케 하시겠다는 약속을 갱신하셨다(22:16-18).

(3) 언약의 비준

아브라함이 죽은 후, 여호와께서는 이삭과 야곱에게 나타나셔서 언약을 재확인하셨다. 보통 언약의 약속들을 재천명하는 일은 한 족장의 삶이 위기에 처했을 때에 발생했다. 위험이나 반대에도 불구하고, 하나님은 자기 백성들을 위해 예비하시고 결코 아브라함의 가문을 포기하지 않으려 하셨다.

26장에서 이삭은 기근과 적대적인 블레셋 족속이라는 두 가지 문제에 직면한다. 그에 대한 해결책은 과거에 아브라함이 행했던 것처럼 이집트로 여행하는 것이었을 수도 있다. 그러나 여호와께서 이삭에게 나타나셔서 그 땅에 머물라고 하시면서 하나님께서 그와 함께 거하시며 그의 후손이 번성하게 하시겠다고 말씀하셨다. 이러한 축복이 이삭에게 주어진 것은 아브라함이 하나님께 순종했기 때문이었다(5절). 후일 이삭이 우물을 팠으나 블레셋 사람들이 그 소유권을 주장하지 않았는데, 이 때 여호와께서 다시 나타나셔서 약속을 반복하셨다. 이번에도 "내 종 아브라함을 위하여" 이삭에게 복을 주겠다고 하셨다(24절).

속임수 때문에 형과 불화하게 된 아브라함의 손자 야곱은 아브라함의 복에서 제외될 것처럼 보였다. 그러나 아브라함 언약은 어느 족장보다도 야곱에게서 확고해졌다. 분명히 에서를 더 좋아했던 이삭은 실수로 야곱을 축복했고, 그 과정에서 창세기 12:3을 인용했다: "네게 저주하는 자는 저주를 받고 네게 축복하는 자는 복을 받기를 원하노라"(27:29).

성난 에서를 피하여 도망쳐야 했던 야곱은 꿈에서 여호와께서 하늘까지 닿는 사닥다리 위에 서 계신 것을 보았다. 야곱이 약속의 땅을 떠나 메소포타미아로 가고 있었음에도 불구하고, 하나님은 그와 함께 하시며 궁극적으로 그를 다시 가나안으로 데려오시겠다고 약속하셨다. 약 20년 후에 야곱은 고향으로 돌아왔고, 약 30년 후에 벧엘로 돌아갔으며 그곳에서 하나님은 다시 그에게 나타나셨다. 이제 야곱에게는 11명의 아들이 있었지만, 하나님은 "국민과 많은 국민이 네게서 나오리라"고 말씀하셨다(창 35:11). 이것은 이삭이 태어나기 전에 아브라함에게 주셨던 약속과 동일한 것이었다(17:6). 아브라함의 자손들은 아직 많지 못했지만, 번성의 과정이 이미 시작되었다.

곧 열두 번째 아들이 태어났지만, 불행하게도 사랑하는 아들 요셉이 짐승에게 찢겨 죽은 것으로 확인되었다. 그러나 모리아 산의 이삭처럼, 요셉이 살아서 애굽 땅 총리가 되었다는 것을 야곱이 알게 되면서 요셉은 상징적으로 무덤에서 살아났다(45:26). 사랑하는 아들로부터 함께 살자는 요청을 받고서, 야곱은 애굽으로 떠날 준비를 했다. 하나님은 이렇게 약속의 땅을 떠나는 것을 인정하셨을까? 남쪽으로 여행하면서, 야곱은 환상 중에 여호와의 말씀을 들었는데, 이번에도 야곱의 가족이 가나안으로 돌아올 것이라는 약속이 주어졌다. 그의 가족들은 애굽에서 "큰 민족"을 이루게 된다(46:3). 애굽에 도착했을 때에 야곱의 가족은 칠십 명이었지만(46:27), 애굽을 탈출할 때에는 약 이백 만 명이 합류하게 된다(12:37 참조).

야곱은 죽기 직전에 요셉에게 하나님께서 벧엘에서 주신 약속—가나안이 영원히 야곱의 소유가 될 것이라고 보장한 약속—을 상기시켜 주었다(48:3-4). 야곱은 자기 앞에 앉은 요셉의 두 아들을 자기의 아들로 입양함으로써 요셉에게 장자권을 부여했다. 그리하여 그의 아들이 된 므낫세와 에브라임은 각기 하나의 지파를 일으킬 것이며, 따라서 요셉이 유산으로 받을 몫이 두 배가 되었다. 에브라임은 "두 배의 결실"을 의미하는데, 이것은 하나님께서 유랑 중에 요셉을 축복하셨다는 것, 그리고 장차 하나님께서 자기 언약을 이루시어 아브라함의 후손이 번성하게 하시리라는 것을 가리킨다. 야곱은 마지막 축복에서 요셉을 "무성한 가지"라고 언급하면서(49:22), "에브라임"이라는 이름의 의미를 상기하며 야곱의 후손이 번성할 것을 예상한다. 아브라함과 언약을 맺으신 전능한 하나님(엘 샤다이, 17:1-2 참조)은 야곱과 요셉의 자손에게 풍성한 복을 주실 것이다(49:25). 요셉은 약속의 땅이 애굽이 아니라 가나안이라는 것을 알았기 때문에, 형들로부터 자기가 죽은 후에 유골을 가나안으로 가져가겠다는 약속을 받았다(50:25).

2) 족장들의 사실성(史實性)

원시 시대로부터 족장 시대로 이동함에 따라, 우리는 확실히 역사적인 범위 안에 있는 시대에 이른다. 고고학자들의 작업 덕분에, 메소포타미아, 이집트, 팔레스틴 등지에서 중기 청동기 시대(Middel Bronze Age)라고 불리는 기원전 2000-1600년의 기간에 대한 방대한 증거가 발굴되었다. 19세기 말에 오경의 기원에 대한 고등비평의 견해가 비등하면서, 족장들의 사실성에 대한 회의론이 증가했다. 율리우스 벨하우젠은 족장들에 대한 참된 역사적 지식의 존재 가능성을 배제했고, 양식비평가인 헤르만 궁켈(Hermann Gunkel)은 족장들에 대한 이야기들을 영웅담이나 전설에 속하는 것으로 분류했다.[66] 게르하르드 폰 라드와 마틴 노트와 같은 20세기의 독일 학자들도 족장들에 대해 우리가 가지고 있는 지식을 대체로 부정적으로 평가해왔다.

그러나 아메리카에서는 고고학의 발달과 고대 근동지방에 대한 연구로 인해 족장 시대에 대해 보다 긍정적인 접근 방식이 제시되었다. 1930년부터 1960년까지 주도적인 고고학자였던 올브라이트(W. F. Albright)는 창세기에 제시된 역사적인 묘사의 전반적인 정확성을 의심할 이유가 없다고 주장했다.[67] 그의 제자인 존 브라이트(John Bright)는 『이스라엘의 역사』(History of Israel)[68] 라는 저서에서 이 견해를 더욱 완전하게 발전시키고, 아브라함을 기원전 2000년대의 출발점에 놓았다. 메소포타미아의 마리(Mari, 기원전 18세기)와 누지(Nuzi, 기원전 15세기)에서 유래된 점토판들은 이 시대의 생활에 대한 소중한 정보를 제공했다.

1970년대에 족장들을 기원전 2천년대가 아니라 1천년대와 연결하려 하는 학자들이 올브라이트 학파의 중도적인 견해에 도전했다. 톰슨(T. L. Tompson)⁶⁹⁾과 세터즈(John van Seters)⁷⁰⁾가 이끈 이 학자들은 족장들에 대한 기사들과 보다 완전히 연결되는 기원전 1천년대의 중요한 증거들을 다른 학자들이 무시해왔다고 주장한다. 만일 그들의 주장이 옳다면, 그 기사들은 역사적인 것이 될 수 없고, 모세 저작설도 배제되며, 그라프-벨하우젠의 문서설이 다시 신임을 받게 될 것이다. 케네스 키친은 톰슨과 세터즈를 비판하면서, 그들이 기원전 1천년기의 자료를 지나치게 과장하며 2천년대만이 지닌 특징들을 무시하고 있다고 주장한다.⁷¹⁾

성경의 다른 중요한 인물들의 경우가 그렇듯이, 성경이 아닌 곳에서는 족장들에 대한 분명한 언급을 찾을 수 없다. 그들의 사실성에 관한 문제는 성경 본문 안에 묘사된 이름들과 사건들과 문화를 고려하여 연구되어야 한다. 그들의 사실성을 보여주는 증거는 상당히 많으며, 분명히 2천년대가 배경임을 입증해 준다.

(1) 정치적인 요인들

족장들은 때로 왕이나 바로와 접촉했지만, 안타깝게도 그들의 이름은 제시되어 있지 않다. 솔로몬의 아들 르호보암의 시대 이전에는, 성경에서는 이집트의 통치자들은 "바로"라는 일반적인 호칭으로만 알려져 있다. 출애굽기에서도 이러한 관습이 사용된다. 그러나 창세기 14장에서는 소돔과 고모라 인근 지역을 공격하여 전리품과 포로를 가져간 네 왕의 이름이 주어진다. 포로 중에 아브라함의 조카 롯이 포함되어 있었기 때문에, 아브라함은 그를 구하기 위해서 네 왕을 기습했다. 네 명의 왕 중에 신분이 확실하게 확인된 사람은 아무도 없지만, 그들의 이름은 기원전 2000년대 초기에 통치했던 실제 왕들의 이름과 비슷하다. "그돌라오멜"(Kedorlaomer)은 "쿠티르"와 "X"로 이루어진 엘람어 이름이며, 아리옥(Arioch)은 기원전 18세기의 것인 마리 서판에서 발견되는 "Arriyuk"이나 "Arriwuk"과 비슷하다. 디달(히브리어로는 *tid'al*)이라는 이름은 기원전 1700-1200부터 소아시아 지방을 통치한 몇 명의 히타이트 왕들의 이름인 투드칼리라(Tudkhalia)와 동일한 이름이다.[72] 기원전 1000년 대의 기록자가 본문에 이 이름들을 실명으로 기록하기는 어려웠을 것이다. 키친(Kitchen) 역시 기원전 1700년 경에 강력한 함무라비 왕이 바벨론을 통치하기 전에는 이런 식의 정치적인 제휴가 가능했겠지만, 그 후에는 불가능했을 것이라고 지적한다.[73]

창세기 14장이 오래 된 것임을 지적해 주는 또 다른 증거는 사해 근처에 살았던 족속들의 이름이 지닌 특징이다. 이 지역을 공격한 그돌라오멜의 연합군은 르바 족속(Rephaites), 수스 족속(Zuzites), 엠 족속(Emites), 그리고 호리 족속(Horites)과 교전했다. 신명기 2:10, 20을 보면, 르바 족속과 엠 족속은 후일 출애굽 시대에 모압 족속과 암몬 족속에 의해 점령된 지역에 살고 있었고, 호리 족속은 에서의 후손에게 패하기 전까지 에돔에 살았다(신 2:12). 바산의 옥(Og)의 나라의 일부도 "르바임의 땅"이라고 불렸다(신 3:13).

아브라함과 그의 가족들이 비옥한 초승달 지역을 자유로이 이동한 것은 기원전 2000년대 초기의 상황과 매우 일치한다. 아브라함이 애굽으로 간 것은 37명의 아시아 사람이 이집트에 도착한 것을 묘사하는 베니하산에 있는 무덤의 유명한 그림을 상기시킨다.[74] 시민들이나 군대가 큰 어려움 없이 장거리 여행을 할 수 있었다.

창세기의 몇몇 장에서 블레셋 족과 그들의 왕이 언급되는데, 이들은 아브라함과 이삭과 불편한 관계에 있었다. 이렇게 초기에 블레셋 족속이 언급되는 것은 약간 놀라운 일이다. 왜냐하면 기원전 1200년 경에야 비로소 많은 사람들이 팔레스틴에 도착했던 듯하기 때문이다. 창세기에서 그들의 중심지는 그랄로서, 사사기를 통해서 우리가 잘 알고 있는 다섯 도시보다 지중해에서 조금 더 멀리 떨어져 있다. 창세기에서 언급되는 블레셋 사람들은 아내와 우물의 소유권 문제로 족장들과 언쟁하지만(20:1-7; 26-8-11, 19-22), 삼손 시대의 블레셋 사람들보다는 평화로웠던 것같다. 블레셋과 크레테("갑돌"이라고 알려져 있음)의 관계에 비추어 보면, 갑돌 사람들의 초기 공격이 신명기 2:23에서만 언급된 것은 중요한 일일 수도 있다.[75] 만일 사이러스 고든(Cyrus Gordon)이 주장한 대로 미노아(크레테)의 선문자(Linear A)가 셈어라면, 블레셋 문화가 지닌 셈적인 특성을 설명하는 데 도움이 될 것이다.[76]

(2) 고유 명사들

족장들의 이름과 기원전 2000년경의 성경 외의 문헌에서 발견된 이름들 사이의 유사성은 족장들의 사실성을 지지하는 강력한 논거가 된다. 최근에 시리아의 에블라에서 출토된 서판들의 출판으로 이 연구에서 다루어지는 명사들이 크게 증가되었다. 기원전 2300년경의 것인 에블라 서판에서는 에브룸(Ebrum, 또는 Ebrium)이 언급되는데, 이 이름은 아브라함의 조상의 이름인 에벨(Eber)과 매우 흡사하다(창 11:14-16).[77] 이스마엘(Ishmael)과 밀접하게 관련된 이스마일(Ishmail), 이스라엘(Israel)과 관련된 이스라일(Ishrael)이라는 사람들이 본문에 등장한다. 이 사람들은 족장들보다 수백 년 전에 살았으므로, 성경의 인물들과 동일시할 수 없지만, 그들이 등장한 것은 이러한 이름이 실제로 존재했던 사람들의 이름이었음을 지적해준다.

"아브라함"(Abraham)이라는 이름은 기원전 1800년경의 이집트의 저주 문서(Execration Texts)에서 발견되는 "아부라한"(Abuhahan)과 비교할 수 있고, "야곱"은 "Yaquq-il"이라는 이름과 흡사하다. 그 외의 것으로 기원전 13세기의 것인 우가릿 서판에서 발견되는 Yasmakh-El(Ishmael)이 있다.[78] 야곱의 아들의 이름 스불론(Zebulun)은 고대 바벨론 제국 시대의 자빌라누(Zabilanu)와 매우 비슷하다. 톰슨은 족장들과 비슷한 이름들은 기원전 1000년대의 자료에서도 발견할 수 있다고 주장하지만, 실제로 그가 발견한 몇 개의 이름은 기원전 8세기 초나 8세기 말의 것이다.[79] 기원전 1000년대 초의 몇 세기 동안에는 실질적으로 족장들의 이름과 병행하는 것이 거의 없다.[80]

(3) 사회적 관습

우리는 사회적인 관습을 연구함으로써 "그렇지 않을 때보다 족장들의 전반적인 역사적 배경에 더 많은 초점을 둘 수 있기를"[81] 기대한다. 그러나 특별한 관습들이 오랫 동안 지속되었기 때문에, 때로 모든 관습들이 얼마나 오랫 동안 지속되었는지를 결정하기는 어렵다. 여기에서도 기원전 1000년대가 간과되어 왔다고 생각하는 사람들이 있지만, 인명에 대한 연구에서처럼 대부분의 증거에 의하면 족장들의 문화적 배경은 기원전 2000년대 전반부이다.

대부분의 학자들의 견해에 의하면, 후리안 족(Hurrians)과 히타이트 족과 관련된 몇 가지 자료들, 특히 이라크의 키르쿡(Kirkuk) 근처의 도시 누지(Nuzi)에서 발견된 후리안 족의 자료들이 오용되어 왔다. 스파이저가 창세기 12, 20, 26장과 관련하여 제시한 누이와의 결혼이라는 이론[82]은 대체로 지지를 받지 못하고 있으며,[83] 라헬이 라반의 신상을 훔친 이유에 대한 이론도 지지를 받지 못한다.[84] 이제 학자들은 신상을 소유하는 것이 유산에 대한 권리를 획득하는 것과 관련이 있다고 생각하지 않는다. 마찬가지로, 아브라함이 막벨라 동굴을 구입한 것(창 23장)과 히타이트 족의 법전과의 관계에 대해 제시된 주장 역시 매우 의심스러운 것이다. 그러나 법전의 연대 및 그것과 멀리 떨어져 있는 팔레스틴의 관계로 인해 다른 관계가 가능한지에 대한 질문이 제기된다.[85]

긍정적인 면에서, 고대 바벨론 제국의 법에 대한 세심한 연구는 족장들의 관습을 밝히는 데 있어 많은 결과를 낳았지만, 어떤 경우에 이 자료들은 후대의 누지 서판들(기원전 15세기)이 제시하는 증거들의 지지를 받았다. 그 중 한 가지 예는 종을 상속자로 입양하는 것과 관계가 있다. 창세기 15:2-3에서, 아브라함은 다메섹 출신의 엘리에셀이라는 종이 자기의 상속자가 될 것이라고 언급한다. 라르사(Larsa)에서 발견된 구 바빌론 제국의 편지에서는 아들이 없는 사람은 종을 아들로 입양할 수 있다고 언급하며,[86] 아브라함이 염두에 둔 것이 바로 이러한 조처였다. 누지 서판들 역시 이러한 관습에 대해 언급한다. 야곱은 열두 명의 아들이 있었음에도 불구하고, 요셉의 아들 에브라힘과 므낫세를 아들로 입양했다(창 48:5). 손자를 아들로 입양하는 것에 대해서는 우가릿 본문 및 함무라비 법전 제170항에 언급되어 있다.[87]

아브라함은 종 엘리에셀이 자기의 상속자가 되지 않을 것이며 자기가 아들을 갖게 될 것을 알았을 때(창 15:4), 그 상속자를 얻기 위해서 고대 근동 지방의 관습을 따랐다. 사라의 여종인 하갈이 주인을 위해 대리모가 되었다. 후일 라헬도 동일한 방법을 사용하여 자기의 종 빌하를 야곱에게 주어 단을 낳았다(창 30:2-7). 이 관습과 비슷한 것이 함무라비 법전 144, 146, 163 및 누지에서 발견된 본문에서 발견된다.[88] 그러한 경우에, 낳은 아기는 법적으로 여종의 자녀가 아니라 본처의 자녀였으며, 그 아기나 아기의 생모는 팔려 가거나 다른 곳으로 보내지지 않았다. 이것은 하나님께서 아브라함에게 하갈과 이스마엘을 영구히 떠나 보내라고 말씀하셨을 때에, 아브라함이 깊이 근심한 이유를 설명하는 데 도움이 된다(창 21:11-13).[89]

이스마엘이 아브라함의 맏아들이었다는 사실은 상속권 문제를 제기한다. 첩의 자식들은 정실 자식들과 동등한 권리를 차지하지 못했다.⁹⁰⁾ 이삭은 사라가 낳은 유일한 아들이었고 아브라함이 소유한 모든 것을 상속했다(25:5). 그러나 아브라함은 죽기 전에 "서자들에게도 재물을 주었고"(26:6), 여기에는 이스마엘도 포함되어 있었을 것이다. 맏아들에게는 장자권, 두 배의 몫을 상속받을 권한이 있었다. 일부 학자들의 주장에 의하면 에서는 야곱에게 장자권을 팔면서 누지 서판에 수록되어 있는 것과 같은 관습을 따랐다고 한다. 또 어떤 학자들은 문제의 서판에서는 특별하게 장래의 상속권에 대해서 다루지 않는다고 주장한다. 어쨌든, 형제들 간에 유산의 일부를 이양하는 것을 묘사한 몇 가지 예가 있다.⁹¹⁾ 심각한 불화가 발생할 때에 아버지가 장자권을 한 아들에게서 다른 아들에게로 옮길 수 있었다. 르우벤은 아버지의 첩인 빌하와 동침했기 때문에 장자권을 상실했다(창 35:22; 49:3-4).

야곱의 아내 라헬과 레아가 그 아버지 라반에게 제기한 불평에도 상속이라는 문제가 관련되어 있었다. 라반은 보통 신부에게 결혼 지참금으로 주어지는 몫을 그들에게 주지 않았다. 라헬과 레아가 "아버지가 우리를 팔고 우리의 돈을 다 먹었다"고 불평한 데에 포함되어 있는 히브리 관용어('ākal kesep)는 누지 서판에서 다섯 번 발견되는 아카드어(kaspa akālu)와 동일한 것이다.⁹²⁾ 그처럼 성경의 표현과 비슷한 표현이 존재하는 것은 족장들이 기원전 1000년보다는 2000년대에 활동했다는 것을 지지한다.

3) 이삭을 제물로 바칠 뻔 한 일

성경 전체에서 창세기 22장만큼 극적인 힘과 신학적 의의를 가진 곳은 극히 적다. 창세기 22장에는 하나님을 향한 아브라함의 압도적이고 감동적인 사랑과 헌신이 묘사되어 있다. 동시에 인류를 향한 하나님의 깊은 사랑도 묘사되어 있다. 왜냐하면 아브라함이 이삭을 죽이는 것을 중지시킨 하나님께서 "자기 아들을 아끼지 아니하시고 우리 모든 사람을 위하여 내어 주셨기" 때문이다(롬 8:32). 이삭을 아브라함의 "독생자"라고 묘사한 히브리 11:17에서 이삭과 예수 사이에는 분명히 유사성이 있다(창 22:2 참조). 여기에서 사용된 헬라어(*monogenēs*)는 요한복음 3:16에서 그리스도에게 적용한 것과 동일하다.

이삭은 사라가 낳은 유일한 아들이라는 점에서 아브라함의 특별한 아들이었고 언약의 사자였다. 우리는 이삭을 데리고 모리아 산으로 가는 아브라함의 고통을 관찰하면서 아들을 십자가에 죽게 하시는 아버지 하나님의 마음을 어렴풋이 보게 된다. 복음 안에는 이 관점이 창세기에서만큼 충분하게 묘사되어 있지 않다. 오경의 문맥에서, 이삭을 제물로 죽일 뻔한 사실은 레위기에 묘사된 바 동물 제사의 의미를 이해하는 데 도움이 된다. 동물은 제사를 드리는 사람을 위한 속죄로 받아들여지므로, 그러한 제물은 분명히 대리 제물이었다(레 1:4). 아브라함이 이삭을 풀어주고 그 대신에 수풀에 뿔이 걸린 수양을 제물로 바친 것은 대속의 극적인 본보기이다. 같은 방식으로, 우리는 그리스도를 "세상 죄를 지고 가신 하나님의 어린 양"이라고 생각한다(요 1:29). 이삭의 죽음으로는 대속함을 이룰 수 없었을 것이다. 왜냐하면 비록 아브라함에 대한 이삭의 순종이 놀라운 것이었지만 이삭은 죄 많은 인간이었기 때문이다. 그러나 예수는 죄가 없으셨고, 그의 죽음은 진실로 죄를 대속할 수 있는 유일한 제물이었다.

언약의 관점에서 보면, 아브라함은 하나님의 명령을 받고 당황했다. 이삭을 통해서 언약을 이루시겠다고 약속하신 하나님이 그를 죽이라고 요구하시는 이유는 무엇인가? 이것을 시험이라고 언급한 것은 당연한 일이다(22:1). 왜냐하면 하나님은 아브라함이 마음에 있는 생각을 곧 알게 되겠기 때문이다(신 8:2, 16 참조). 하나님의 명령에 대한 반응에 의해서, 아브라함은 자신이 하나님보다 이삭을 더 사랑하는지 아닌지를 증명하게 될 것이다. 이 시련은 아브라함의 믿음을 시험하는 것이기도 했으며, 아브라함은 이전에 맺은 하나님의 약속의 신실함을 굳게 믿었다. 히브리서 11:17을 보면 아브라함은 "하나님이 이삭을 능히 죽은 자 가운데서 다시 살리실" 수 있을 것이라고 믿었다. 결국, 이삭은 사라의 죽은 것 같은 자궁 안에서 잉태되었으며, 기적적으로 이삭을 태어나게 하신 주님은 필요한 경우에 죽은 자들로부터 이삭을 일으키실 수 있을 것이다. 아브라함이 하인에게 "내가 아이와 함께 저기 가서 경배하고 너희에게로 돌아오리라"(창 22:5)고 말한 배후에 이러한 믿음이 놓여 있지 않았을까?

아브라함이 이삭을 데려간 장소는 "모리아 땅"이라고 불렸다(22:2). 역대하 3:1에 의하면, 모리아 산은 솔로몬의 성전 터였으며 왕국시대에는 성산이라고 불렸다. 솔로몬과 그의 후계자들은 이 산에서 무수한 제사를 드렸고, 포로기 이후에는 동일한 위치에 성전이 재건되었다. 만일 살렘과 예루살렘이 동일한 곳이라면, 과거에 아브라함은 바로 이곳에서 멜기세덱과 대화를 했었다(14:18 참조). 모리아는 고대 예루살렘 북쪽에 위치해 있었고, 기원전 1000년 경 다윗이 그 도시를 점령한 후에 아브라함의 후손들의 예배의 중심지가 되었다.

하나님의 사자가 인정한 것처럼, 아브라함은 순종에 의해서 자신이 하나님을 경외한다는 것을 증명했다(22:12). 그는 절대적으로 하나님을 신뢰했고, 하나님의 요구의 본질에도 불구하고 공손하게 그 명령에 복종했다. 이렇게 행하면서, 아브라함은 항상 여호와를 경외하라는 가르침을 받는 후손들을 위한 본보기를 남겼다. 또 다른 중요한 산—시내 산—에서 하나님이 천둥과 번개 속에서 자신을 계시하실 때에 이스라엘 백성들은 그 위엄에 눌렸다. 하나님은 백성들이 아브라함처럼 하나님을 경외하여 범죄하지 않을 것인지 시험하셨다(출 20:18-20). 하나님은 어떤 상황에서든지 필요한 것을 예비해 주실 것이다(창 22:14).

어린 이삭이 어려운 시험을 받을 때에 무슨 생각을 했는지 우리는 알 수 없지만, 어린 아이를 제물로 바치는 문제에 대해서는 언급할 필요가 있다. 암몬 사람들과 베니게 사람들과 같은 인근의 족속들은 어린 아이들을 제물로 바쳤지만, 이스라엘의 왕들은 이러한 관습을 정죄했다(대하 33:6 참조). 무죄한 피를 흘림으로써 하나님의 은총을 얻을 수 없었다. 열왕기하 3:26-27에 기록된 기괴한 사건에서 모압 왕은 거의 확실한 패배를 피하기 위해서 맏아들을 제물로 바쳤다. 이 무서운 행동은 왕이 필사적으로 자기의 신을 달래려 했다는 것을 나타내지만, 그 방법은 이스라엘의 하나님께는 가증스럽고 혐오스러운 것이었다(레 18:21 참조).

위에서 살펴 보았듯이, 아브라함의 순종은 언약의 약속들을 다시 진술하는 계기가 되었다. 창세기 22장은 택함을 받은 아들에 대한 위협으로 시작되었지만, 하나님의 특별한 복을 받는 민족으로서의 번성과 성공을 확인하는 것으로 끝맺는다(22:15-18).

4) 열두 지파의 기원

창세기에서는 "12"라는 숫자도 "7"과 마찬가지로 중요하다.[93] 아브라함의 동생 나홀에게는 열두 명의 아들이 있었고(22:20-24), 그의 아들 이스마엘의 아들 역시 열둘이었다(25:13-16). 그러나 "12"라는 숫자는 야곱의 가족들과 관련하여 가장 잘 알려져 있다. 구약 성서 전체에서 이스라엘의 열두 지파와 그들에게 분배된 땅에 대해 언급되며, 신약성서의 열두 제자와 새 예루살렘의 열두 성문(계 21:12) 역시 동일한 이상을 반영한다.

몇몇 학자들은 열두 지파의 이름이 개인이 아니라 집단을 언급한다고 주장하지만,[94] 창세기 기사는 실제로 열두 아들을 지적한다. 그들의 대부분은 메소포타미아에서 태어났으며, 출애굽기는 그들이 이집트에서 큰 민족이 되었다고 말해준다. 그러나 그들의 최종 목적지는 가나안 땅이었다.

야곱은 이삭의 축복을 받는 문제로 인해 에서와 불화를 일으켰기 때문에 밧단아람으로 갔다. 야곱은 리브가의 도움을 받아 그 이름이 의미하는 대로 아버지를 속여 탐내던 축복을 받았다. 그 결과로서 그는 형 에서와 불화하게 되었고, 이 상태는 앞으로 두 사람의 후손들 사이에서도 지속될 것이었다. 하란에 도착한 야곱은 다행히 어머니의 친척을 발견했지만, 외삼촌인 라반에게서 배우게 될 어려운 교훈을 받아들일 준비가 되어 있지 못했다. 야곱은 라반의 딸 라헬을 깊이 사랑했지만, 칠 년 동안 일한 후에 라헬이 아닌 레아와 결혼했다. 라반은 이 지방에서는 맏딸이 먼저 결혼해야 한다고 설명해 주었다.

야곱은 결국 사랑하는 라헬과 결혼했지만, 자녀를 낳은 사람은 레아였다. 르우벤, 시므온, 레위, 유다가 잇달아 태어났다. 라헬은 아이를 간절히 원했다. 라헬도 사라처럼 자기의 여종 빌하를 야곱에게 주어 자기 대신에 아기를 낳게 했고, 레아도 실바를 야곱에게 주었다. 야곱에게는 갑자기 아내가 넷이 되었는데, 그들은 최소한 두 파로 나뉘어 지냈다. 여러 해 동안 라헬과 레아는 가정의 주도권을 놓고 경쟁했다. 야곱은 요셉과 베냐민을 편애함으로써 레아의 후손들의 질투심을 유발했고, 그럼으로써 사태를 악화시켰다. 결국 레아의 아들들은 요셉을 제거하려 했고 애굽으로 가는 장사꾼에게 요셉을 팔아넘겼다(창 37:38). 후일 요셉 지파들(특히 에브라임)과 유다는 지도권을 놓고 경쟁했고, 솔로몬의 사후에 왕국은 둘로 분열되었다.

아브라함의 서자들과는 달리(창 25:6 참조), 야곱의 서자들은 가족의 완전한 구성원으로서 유산을 받았다. 아마 그 부분적인 원인은 라반이 지참금으로 레아와 라헬에게 두 명의 후처—실바와 빌하—를 주었다는 사실에 있을 것이다(29:24, 29).[95] 그들은 야곱의 부인들의 하인이었지만, 라헬이 임신하기 어려웠기 때문에 빌하가 대리모가 되었다(30:3). 이에 지지 않으려고 레아는 실바를 야곱에게 주어 자기 대신에 아이를 낳게 했다(30:9). 그리하여 두 여종에게서 태어난 네 명의 아들—단, 납달리, 갓, 아셀—은 열두 아들의 일부로 간주되었지만, 네 명 모두 출중하지 못했다. 단 지파는 사사기에서 삼손의 업적으로 잘 알려졌다.

마침내 라헬이 임신하여 요셉을 낳았을 때, 야곱은 가나안으로 돌아가려 했다. 그러나 그는 먼저 라반이 약속한 대로 새로 태어난 가축의 새끼들 중에 줄무늬나 점이 있는 것들을 자기 몫으로 확보했다. 하나님의 개입으로 야곱의 가축은 극적으로 증가했고, 라반과 그의 아들들은 무척 당황했다. 야곱은 아내들의 동의를 얻어 앞으로 일어날 어려움을 피해 몰래 고국으로 돌아가기로 결정했다. 그러나 라반이 그들이 떠난 것을 알고 뒤쫓아와서 야곱이 그를 속인 것과 그의 신상을 훔친 것에 대해 크게 불평했다(31:26). 야곱 몰래 라반의 집안의 신상을 훔쳐온 라헬은 라반이 수색하는 동안 그 신상들을 자기가 타고 있는 낙타의 안장 속에 감추어 주었다. 라헬은 자신이 월경 중이므로 낙타에서 내려올 수 없다고 말했다(31:35).

라헬이 이 우상을 소유한 이유에 대해 많은 토론이 있었다. 라헬은 그것이 자기들을 보호하거나 인도해 줄 것을 바랐거나(겔 21:21), 또는 다산을 촉진해 줄 것을 원했을 것이다. 라헬이 이 우상들에게 애착한 것은 라반의 집안이 이교 신앙의 강력한 영향을 받았음을 증명해준다. 가나안에 도착한 후, 야곱은 모든 가족들에게 이방신들을 버리고 여호와를 예배하라고 촉구했다(35:2). 수세기 후에, 야곱의 후손은 애굽을 떠났지만 금 송아지를 숭배하는 일에 연루되었다. 그들의 우상숭배를 알게 된 모세는 그들의 배교 행위를 종식시키기 위해 엄한 조처를 취했다(출 32:4,

20).

 야곱이 라반의 집에서 20년을 보낸 이유 중의 하나는 에서를 만나야 하는 일에 대한 두려움 때문이었다. 그 무서운 만남이 임박했을 때, 야곱은 하나님의 보호를 얻기 위해 기도하면서 밤에 천사와 씨름했다. 야곱은 영적·육체적인 갈등 속에서 "하나님과 겨룬 자"라는 의미의 "이스라엘"이라는 새 이름을 받았다(창 32:28). 과거에는 속이는 자로서 목표를 이루기 위해서 온갖 계교를 사용했던 야곱이 이제 삶을 변화시키는 경험을 통해서 하나님께 복종했다. 야곱은 이스라엘이 되고 하나님의 축복을 받았다. 이 마음 아픈 경험을 한 후에 이루어지는 에서와의 만남은 가벼운 사건에 불과했지만, 다행히도 두 형제는 화해하고 평화로이 살 수 있었다.

 야곱의 아들 시므온과 레위가 세겜을 공격하는 내용이 기록된 34장의 주제는 평화가 아니다. 자신의 누이 디나가 강간을 당한 것으로 인해 노한 야곱의 아들들은 속임수를 써서 세겜 및 그 도시의 하몰과 세겜에 보복하려 했다. 만일 여호와께서 개입하시지 않았다면, 다른 가나안 사람들이 야곱의 작은 지파를 완전히 제거해 버렸을 것이다(34:30, 35:5). 야곱의 집안과 가나안 사람들 사이의 갈등은 이스라엘이 약속의 땅을 정복하기 위해 애굽을 떠나 돌아올 때에 가장 강력하게 폭발했다(수 6장 참조).

5) 요셉 이야기의 구조

창세기에 기록된 마지막 이야기(*toledoth*)는 야곱의 이야기로서 여기에는 그의 아들들의 활동에 대한 기록과 특히 요셉의 이야기가 담겨 있다. 37-50장에 나타난 이 이야기는 문학적인 관점에서 보면 가장 아름다운 이야기로서, 형제들간의 질투에 대한 묘사에서 시작하여 깊은 우애와 화해에 대한 묘사로 이동한다. 야곱의 이야기는 사랑하는 아들 요셉의 분명한 죽음에서 시작하여 부자가 다시 만나는 말할 수 없는 기쁨으로 끝이 난다. 이 이야기에는 인간의 증오를 사용하여 온 가족 및 다른 사람들의 목숨까지 구하시는 하나님의 확실한 임재가 빛나고 있다(50:20 참조). 이 구절에서만큼 하나님의 섭리가 분명히 드러나는 곳은 드물다.

요셉 이야기 역시 메소포타미아와 가나안을 떠나 애굽으로 이동하는 것을 다루며, 이집트에서는 출애굽기에 기록된 드라마가 전개된다. 아브라함이 잠시 방문한 적이 있기는 하지만(12:10-20), 이제 요셉의 예지 덕분에 이집트는 열두 지파가 큰 간섭을 받지 않은 채 자기들의 종교와 전통을 유지할 수 있는 고향이 된다. 야곱의 가족들은 요셉의 배려로 가나안과 쉽게 왕래할 수 있는 이집트의 동북쪽의 고센에 정착하여 살았다(47:27). 그러나 그들은 장차 약속의 땅으로 돌아가는 일이 얼마나 힘든 일이 될지 알지 못했다.

창세기 앞 부분에서 여호와께서는 꿈 속에서 자기를 계시해 주셨지만(28:12 참조), 요셉의 이야기에서는 본질적으로 상징적인 꿈이 둘씩 등장한다. 요셉은 자신이 형보다 우월하다는 것을 지적해주는 두 가지 꿈을 꾸었고, 이 꿈으로 인해 형들은 그를 제거하기로 결심했다(37:5-11). 후일 요셉은 애굽의 감옥에 갇혀 있으면서 바로의 술 맡은 관원과 떡 굽는 관원의 꿈을 해몽해 주었는데, 그 꿈은 비슷한 것이었지만 해몽은 매우 달랐다(40:7-19). 요셉이 해몽한 바로의 두 가지 꿈은 본질적으로 동일한 의미를 가지고 있었고(41:25-27), 요셉에게 출세하는 길을 열어 주었다.

요셉 이야기는 치밀하게 짜여진 통일된 이야기이며, 유다에 대해 묘사하는 38장은 삽입된 듯하다. 그러나 자세히 조사해보면, 38장은 전체 이야기의 전개에 없어서는 안되는 부분이며, 유다가 아니라 요셉이 장자권을 받은 이유를 이해하는 데 도움을 준다(대상 5:1). 이 장에서 유다는 불행히도 처음에는 죽은 형의 아내와 결혼하는 관습을 마지 못해서 따름으로써, 두번째는 창녀로 추정되는 여인과 동침함으로써 실패한다.[96] 유다의 며느리 다말은 유다가 막내 아들을 주기를 거부했기 때문에 창녀 행세를 하여 유다와 동침하여 임신했다. 다말은 쌍둥이를 낳았는데, 그중 베레스는 다윗(룻 4:18-22)과 그리스도(마 1:1-6)의 조상이 되었다. 처음에 유다는 다말을 불에 태워 죽이라고 명령했지만, 자신이 아이의 아버지로 확인되자 태도를 바꾸었다(38:26).

유다의 도덕적인 연약함은 39장에 기록된 바 요셉이 유혹을 거부한 능력과 대조를 이룬다. 보디발의 아내가 동침하자고 유혹했을 때, 요셉은 그를 뿌리치고 도망쳤다. 그는 형들로부터 버림을 받고 노예로 팔려왔지만, 성적인 유혹을 거부함으로써 아브라함의 언약에 충실한 아들로 남았다(39:9 참조).

49장에 기록된 야곱의 축복에서, 유다에게는 지파들을 다스리는 권리, 요셉이 받은 축복만큼 영예로운 지위가 주어진다. 38장부터 49장 사이에서 어떤 일이 일어났기에 유다의 지위가 그처럼 변화되었는가? 야곱이 막내 아들 베냐민을 애굽에 데려가는 것을 허락했을 때에 유다가 용감하게 베냐민의 안전을 보장했기 때문이라고 본다. 베냐민의 자루에서 은잔이 발견되었을 때에, 유다는 애굽의 관리에게 베냐민과 형제들을 석방하고 자기를 종으로 붙잡아 두라고 청했다(44:33-34). 이렇게 유다가 베냐민과 야곱을 향한 사랑을 나타낼 때에, 요셉은 결국 자신의 신분을 밝히고 그들을 안았다(45:1-15).

요셉이 자기의 신분을 밝힘으로써 형들을 시험하는 오랜 과정이 끝이 났다. 형들이 양식을 사러 애굽에 도착한 후, 요셉은 과거에 형들이 자신을 질투했던 것처럼 베냐민을 질투하는지, 그리고 아직도 아버지의 감정을 배려하지 않는지 등을 알아내기 위한 계획을 실천에 옮겼다. 그러기 위해서, 요셉은 처음에는 형들을 가혹하게 다루었지만, 동시에 그들의 자루 안에 돈을 넣어 주었다. 그 다음에 형들의 반응을 살피기 위해서 베냐민에게 더 많은 양식을 주었다(43:34).

마지막 시험으로 베냐민의 자루 안에 요셉의 은잔을 넣었다. 이 계획은 요셉이 자기 어머니가 라반이 찾는 신상을 감춘 방법에 대해 듣고 고안해낸 것일 수도 있다(31:34). 베냐민의 자루에서 잃어버린 잔이 발견되었으므로, 형들은 어이가 없어 말을 잇지 못했다. 그들은 요셉에게 돌아와서 평생 동안 애굽에서 종으로 살겠다—이것은 장차 그들의 후손이 당해야 할 운명이었다—고 했다. 그러나 요셉은 베냐민은 애굽에 남고 다른 사람들은 가나안으로 돌아가라는 완전한 해결책을 제시했다. 만일 형들이 이 제안대로 행한다면, 세월이 흘렀지만 형들의 마음이 변하지 않았음이 증명될 것이다. 그것은 그들이 여전히 베냐민을 사랑하지 않으며 야곱이 슬픔 때문에 죽어도 상관하지 않을 것임을 말해 준다. 그러나 형들이 이 간단한 방법을 택하지 않았기 때문에 요셉은 크게 기뻐했다. 그들이 과거의 죄를 분명히 뉘우쳤으므로, 이제 요셉의 보호 아래 하나님의 축복에 동참할 수 있게 되었다.

요셉 이야기의 배경이 애굽이라는 것을 감안하면, 특수한 용어와 관습에 대한 연구가 그 이야기의 역사적 배경을 이해하는 데 도움이 될 수 있다. 메소포타미아 자료들의 경우에서처럼, 대부분의 증거는 기원전 2000년대의 상황을 가리킨다. 예를 들어, 37:36과 39:1에서 보디발을 묘사하기 위해 사용된 *sārîs*라는 단어는 구약 성서의 다른 곳에서는 "내시"로 번역된다. 보디발은 결혼한 사람이었으며, 고대 이집트에서는 내시가 거의 발견되지 않으므로, 이것은 심각한 문제를 제기한다. 그러나 케네스 키친은 *sārîs*라는 단어의 의미가 기원전 2000년대에 "관리"나 "대신"이라는 의미에서 1000년대에는 "내시"로 변화되었음을 증명했다.[97] *sārîs*라는 단어가 사용된 구약성서의 다른 책들은 모두 기원전 1000년대의 것이며, 후자의 의미로 그 단어를 사용한다. 보디발은은 20세겔을 주고 요셉을 샀는데, 그것은 정확하게 기원전 1800년 경에 노예 한 사람의 값이었다. 기원전 15세기에는 노예의 값이 30세겔로 올랐고, 1000년대에는 50세겔로 올랐다.[98]

요셉은 재빨리 권력을 얻어 바로 다음의 지위, 애굽 사람들이 총리 대신이라고 부르는 지위에 올랐다. 창세기 41:43에 의하면, 그는 애굽 땅 전체를 책임지고 있었고, 45:8에서는 요셉을 "애굽 전국의 주, 바로의 아비"라고 부른다. 41:43에서 "엎드리다"라고 번역된 'abrēk'은 사실은 "총리대신"을 의미하는 단어일 수도 있다. "청지기"를 의미하는 아카드어 abarakku는 'abrēk'과 관계가 있을 수도 있다.[99] 일찍이 셈족이 이집트 정부에서 고위직을 차지하고 있었다고 알려져 있으며, 따라서 요셉의 성공이 전례없는 일은 아니었을 것이다.[100]

요셉이 꿈을 해몽하기 위해 바로 앞에 갔을 때, 이야기의 배경은 분명히 이집트이다. 요셉은 특이하게 수염을 깎았다(41:14). 왜냐하면 이집트 사람들은 수염을 기른 셈족이나 다른 아시아 사람들과는 달리 수염을 깨끗이 깎았기 때문이다. 보통 셈족에게 있어서 수염을 깎는 것은 애도의 상징이었고(렘 41:5 참조), 수염을 깎으라고 강요하는 것은 모욕으로 간주되었다(삼하 10:4-5 참조). 그러나 요셉은 죄수였으므로 불평할 수 없는 처지였으며, 또 그는 왕의 궁전에 들어가야 했으므로 수염을 깎고 적절한 옷을 입어야 했다. 확실하지는 않지만 후일 요셉은 최고 관리의 역할을 하면서 계속 수염을 깎았을 것이다. 그의 외모가 애굽 사람 같았기 때문에, 형들이 양식을 사러 왔을 때에 자신의 신분을 숨길 수 있었던 것이다. 애굽은 세마포로도 유명했다. 따라서 애굽 전국을 통치하게 된 요셉은 세마포 옷을 입었다(41:42). 인장반지와 금사슬은 다른 나라에서도 알려진 상징이지만, 그것을 언급한 것은 요셉의 권위를 강조한다(에 3:10 참조).

이론적으로, 애굽은 항상 바로의 소유이고 백성들은 바로의 소작인이었지만, 요셉의 경제 정책에 따른 결과로서 그 이론은 사실이 되었다.[101] 칠 년의 풍년 동안 애굽 사람들은 수확의 20퍼센트를 정부에 바쳐야 했고(41:34), 기근이 든 칠년 동안에는 자기들이 바친 곡식을 사기 위해서 가진 돈을 모조리 사용해야 했다(47:15). 그 다음에는 양식을 사기 위해 가축을 팔았고, 짐승들이 없어진 후에는 양식을 사기 위해 바로에게 토지를 팔아야 했다(47:19-10). 결국, 백성들은 땅을 소작하는 농노로 전락했으며, 기근이 지나간 후에는 영구적으로 수확한 것의 오분의 일을 바로에게 바치게 되었다.[102] 창세기는 제사장들은 땅을 팔 필요가 없었으며, 그렇기 때문에 바로에게 필적하는 강력한 지위를 보유할 수 있었다고 말한다(47:22, 26).

요셉이 애굽에서 귀중한 봉사를 했기 때문에, 요셉과 그의 아버지 야곱이 죽었을 때에 오랜 장례 절차에 따라서 그들의 시신에 향 재료를 넣었다(50:2-3, 26). 물론 애굽의 미이라를 만드는 과정은 잘 알려져 있었고, 이것이 요셉 이야기가 지닌 또 하나의 특징이다. 요셉은 "애굽에서 입관"되었지만(50:26), 그의 목표는 가나안, 한 민족으로서의 이스라엘이 하나님의 완전한 축복을 누리게 될 약속의 땅에 매장되는 것이었다(24-25절).

제4장
출애굽기

아브라함의 자손들이 훌륭하게 조직된 민족이 되는 과정을 묘사한다는 점에서 출애굽기도 창세기와 마찬가지로 기원을 다루는 매우 극적인 책이다. 출애굽기는 해방과 구원의 책이며, 이스라엘 백성이 하나님의 강하신 손 아래서 애굽으로부터 자유를 획득한 경위에 대해 서술한다. 유월절 천사는 어린 양의 피를 뿌린 이스라엘의 소중한 아들들은 살려 두지만, 애굽의 장자들은 죽임을 당한다. 시내 산에서 하나님은 자신을 이스라엘에게 계시하시며 십계명으로 요약된 언약을 그들과 맺으신다. 시내 광야에서, 하나님은 이스라엘에게 성막, 백성들이 이제 그들 가운데 거주하시는 여호와를 예배할 수 있는 성소를 주신다.

1. 표제

구약성서를 번역한 그리스 사람들은 오경의 두번째 책에 "출애굽기"(Exodus)라는 이름을 붙였다. 그 단어는 "출구" 또는 "출발"을 의미하며, 또 그 책은 이스라엘 백성이 힘든 노예 시절을 보낸 후 애굽을 떠나는 것에 대해 묘사하므로, 이것은 훌륭한 제목이었다. 그 단어는 헬라어 성경 출애굽기 19:1에 등장한다. Exodus라는 영어 단어는 헬라어를 라틴어로 바꾼 형태로서 제롬의 라틴어 역본인 벌게이트 성경에서 발견된다.

히브리어 표제는 그 책의 첫 문장에서 취한 "…의 이름은 이러하니"이다. 창세기의 제목인 "태초에"와는 달리 이 표제는 그 책의 전반적인 내용과 그리 일치하지 않지만, 출애굽기를 야곱의 아들들의 이름에 주어진 창세기 46:8과 연결해준다. 출애굽기 1:2-5에서는 순서가 약간 변화되어, 네 명의 서자들보다 레아와 라헬의 아들들은 먼저 언급한다. 애굽에 도착한 사람은 "칠십 명"이었지만, 애굽에서 해방될 때에는 아주 큰 무리가 되었다.

2. 목적과 범위

출애굽기는 이스라엘 백성이 애굽에서 당한 어려움, 그리고 그들을 속박에서 구하신 하나님의 신실하심을 묘사하기 위해 기록되었다. 여호와께서는 그들을 애굽에서 구하셨을 뿐만 아니라, 시내 산에서 그 민족과 공식적으로 언약을 맺으시고 그들에게 사는 법과 예배하는 법을 가르치셨다. 하나님은 십계명을 주심으로써 이스라엘 백성이 하나님 및 이웃과 적절한 관계를 유지하는 방법을 보여 주셨다. 성막에 대한 가르침으로 말미암아 백성들은 여호와께 가까이 가며 그들 가운데 계신 하나님의 임재를 의식할 수 있었다.

아브라함에게 주신 약속들 중에는 그의 자손이 생육하고 번성할 것이라는 보장이 들어 있었는데(창 35:11-12), 출애굽기의 첫 부분에서 그 일이 실제로 애굽에서 발생했음을 알게 된다(1:7). 그러나 언약이 제정되었을 때, 아브라함은 그의 자손이 이방에서 객이 되어 그들을 섬기고 사백 년간 학대를 당할 것이라는 말도 들었다(창 15:13). 이 냉혹한 예언이 애굽에서 이루어져서, 이스라엘 백성은 적어도 사백 년의 기간 중 후반부에는 크게 고난을 받았다. 그러나 하나님은 아브라함과 맺은 언약을 잊지 않으셨고, 모세를 통해서 자기 백성을 구해내셨다.

이스라엘 백성들에게 있어서, 구원과 구속이라는 큰 주제는 애굽으로부터의 탈출과 뗄 수 없이 연결되어 있었다. 하나님은 강하신 손으로 이스라엘을 그 끔찍한 상황에서 구하시고 자유를 주신 분이셨다. 하나님은 자기의 목적을 성취하시면서, 이스라엘 백성과 애굽 사람들에게 "야웨"라는 이름을 알리심으로써 자기의 성품을 계시하셨다. 타는 떨기나무 속에서 모세에게 나타나신 하나님은 자신이 "스스로 있는 자"(I AM)라는 것, 그리고 비탄에 잠긴 백성들과 함께 하실 것을 드러내셨다(출 3:12, 14). 이스라엘 백성은 여러 가지 재앙과 홍해를 건넌 기적을 통해서 야웨가 어떤 분이신지 보다 완전히 알게 되었고(출 6:3), 애굽 사람들은 이러한 심판의 행위를 통해서 이스라엘의 하나님이 "여호와"이신 줄을 깨닫게 되었다(출 7:5). 그분은 역사의 주, "거룩함에 영광스러우며 찬송할 만한 위엄이 있으며 기이한 일을 행하는 자"이셨다(출 15:11).[1]

하나님께서는 이스라엘 백성들의 장자들을 살려주실 때에 유월절을 제정하셨고, 그것은 달력을 바꾸는 사건이 되었다(출

12:2 참조). 그 달 14일에 각 가정에서는 문설주에 어린 양의 피를 발라야 했으며, 여호와의 사자는 피를 바른 집의 장자는 죽이지 않고 "넘어갔다"(13절 참조). 맏아들을 대신한 어린 양의 죽음은 대속적인 구속을 극적으로 예증하며(창 22:13 참조), 신약성서에서는 그리스도를 언급하여 "우리의 유월절 양"이라고 언급된다(고전 5:7; 요 1:29). 구약성서에서 유월절은 가장 중요한 종교적 절기였으며, 하나님의 자비와 구원을 상기시켜 주는 역할을 했다. 예수님과 제자들이 행하신 마지막 만찬은 유월절 식사였다.

이스라엘 백성들은 가나안으로의 비교적 짧은 여정을 마치기 전에, 시내 산 밑에서 일 년 동안 지내면서 여호와로부터 가르침을 받고 가나안 사람들과 싸울 준비를 했다. 이 전략적인 휴식은 무질서한 노예들의 무리를 단결된 민족, 조상들의 하나님께 깊이 헌신하는 민족으로 변화시키기 위한 것이었다. 하나님은 시내 산에서 백성들에게 자신을 계시하시고 그들과 언약을 맺으셨다. 이것은 시내 산 언약, 또는 모세 언약이라고 불리며 옛 언약(Old Covenant)이라고도 알려져 있고, 구약성서(Old Testament)라는 명칭도 여기서 유래된 것이다.

이스라엘은 시내 산에서 십계명 안에 요약된 경건한 삶의 기본 원리를 받았고, 이어서 십계명을 적용하는 방법에 대한 특수한 지침을 받았다((21-23장). 이스라엘이 하나님께 순종하고 그의 언약을 지키는 데 동의했을 때, 하나님은 그들이 특별한 나라, "제사장의 나라와 거룩한 백성"이 될 것이라고 약속하셨다(19:5-6). 그들이 이 고귀한 목표를 달성하는 것을 돕기 위해서, 여호와께서는 성막을 고안하시고 그곳에서 섬길 제사장들을 임명하셨다. 하나님이 그들 중에 거하실 것이었다(25:8). 성소가 완성되었을 때에 "여호와의 영광이 성막에 충만했다"(40:35). 모세의 감독 하에 성막이 건설되었고, 모세의 형 아론은 대제사장이 되었다.

단순하면서도 아름다운 이 성막은 이스라엘 백성들로 하여금 하나님을 예배하며 삶의 중심에 하나님을 모실 수 있게 해주었다.

모세가 시내 산에서 십계명과 성막의 설계도를 받고 있을 때에, 이스라엘 백성들은 산 밑에서 금송아지를 숭배하고 있었다.[2] 아론은 그들을 통제하지 못하고 오히려 백성들에게 설득당하여 우상을 만드는 것을 허락했다(출 32:1-4). 이것은 두번째 계명을 범하는 큰 죄였으므로, 모세는 아론의 행위를 정죄했다. 백성들의 죄를 대속해야 할 아론이 그들을 죄 가운데로 인도한 것이다. 24장에서 언약의 조건에 동의한 백성이 어떻게 그렇게 빨리 배교할 수 있단 말인가?

이스라엘이 거룩한 백성이 되기를 거부한 것을 고려하여, 여호와께서는 그들을 멸하시고 모세와 함께 처음부터 다시 시작하여 그를 "큰 나라"로 만드시겠다고 맹세하셨다(32:10; 창 12:2 참조). 그러나 모세는 하나님께서 아브라함과 족장들에게 하신 약속을 근거로 하나님께 호소했기 때문에(32:13), 전체적인 심판은 피하게 되었다. 모세는 백성들이 언약을 파기했음을 나타내는 상징으로 십계명이 기록된 두 개의 돌판을 깨뜨렸지만(32:19), 모세가 다시 시내 산에 올라갔을 때에 여호와께서는 두 개의 새 돌판을 주셨다(43:1, 27-28 참조). 백성 중 일부에게 임할 심판에도 불구하고, 이 일을 계기로 하나님은 모세에게 자기의 선하심과 긍휼과 자비를 계시해 주셨다(33:19; 34:6).

3. 문학적인 구조

출애굽기도 창세기처럼 설화, 시, 법적인 자료와 제의적인 자료 등 여러 가지 문학 장르가 혼합되어 있다. 이 책은 요셉의 사후에 이스라엘 백성이 애굽에서 겪은 경험을 재빨리 개관하는 데서부터 시작한다. 1-6절은 창세기 46장에서도 열거된 야곱의 열두 아들을 언급함으로써 창세기와의 연결점을 제공한다. 요셉이 강조되는데, 이것은 독자가 창세기의 마지막 14장을 잘 알고 있다고 저자가 가정하고 있음을 지적해준다. 그러나 요셉이 애굽을 통치하는 동안 야곱의 가족들이 누렸던 지위와는 달리, 이스라엘 백성들은 자신이 노예로 전락했음을 알게 되었다. 1-12장에서는 대부분 백성들의 고난, 그리고 그들이 자유를 얻는 데 있어서 모세의 역할을 묘사한다. 이 훌륭하게 연결된 이야기는 모세의 탄생, 애굽에서의 추방, 40년 후에 바로에게 도전하기 위해 돌아온 것 등에 대해 이야기한다. 바로가 이스라엘 백성을 석방하기를 거절했을 때, 하나님은 애굽을 심판하기 위해 재앙을 보내시고 하나님의 능력을 증명하셨다. 셋으로 이루어진 재앙이 세 번 임하고, 그 뒤에 극적인 열번째 재앙이 임한다. 대부분의 재앙은 특정 신들의 본질적인 약점을 증명하기 위한 것이었다.

애굽의 장자들이 죽은 후, 출애굽, 홍해를 건넘, 시내 산으로의 여정 등에 대한 설화체의 기사가 주어진다(12:31-18:27). 이야기의 중간에 유월절과 무교절을 지키는 것에 대한 규정(12:43-49), 그리고 초태생을 성별하는 것에 대한 규정(13:2, 11-16)이 삽입되어 있다. 15장에는 홍해에서 애굽의 강한 군대를 무찌른 것을 기념하는 장엄한 승리의 노래가 포함되어 있다. 이 강력한 찬송에도 창세기 49장처럼 많은 고대의 요소들이 포함되어 있다.[3] 15-17장에서는 백성들의 불평과 말다툼이 언급된다. 백성들의 불평은 출애굽기와 민수기 뒷 부분에서 후렴처럼 되풀이된다(출 15:24; 16:2, 7; 17:2).

이스라엘이 시내 광야에 도착하면서, 출애굽기에서 주요한 법적인 부분이 제시되는데, 그것은 때로 "언약서"(Book of the Covenant)라고 불린다. 19-24장에는 언약의 조항들—십계명, 그리고 십계명에 함축된 몇 가지 의미를 설명하는 구체적인 법들의 목록이 포함되어 있다. 학자들은 종종 십계명을 필연적인 진술이라고 언급하는데, 그것은 "너는…할지니라/하지 말지니라"의 형식으로 주어진다. 이러한 유형의 법은 다른 고대의 법전에서는 찾아 보기 드물며, 조약 안에 포함되어 있는 조항들과 흡사하다. 예를 들어, 히타이트 족의 왕 무르실리스(Mursilis)는 속국의 왕의 충성을 공고히 하기 위해서 "누구에게라도 시선을 돌리지 말라"고 한다.[4] 이와 비슷하게, 하나님은 이스라엘에게 "나 외에는 다른 신들을 네게 있게 말지니라"(출 20:3)고 말씀하셨다.

보다 일반적인 형태의 법은 판례법으로서 "만일…하면…하리라"는 형식을 취한다. 출애굽기 21:1-22:17에 수록된 자료는 대체로 판례법의 형태로 제시되며, 종을 다루는 방법, 폭행이나 모욕을 가한 데 대한 벌금, 또는 개인의 재산을 손상하거나 도둑질한 데 대한 벌금 등에 대해서 다룬다. 간통, 가난한 사람의 대우, 법정에서의 정직함 등에 대한 법도 포함되어 있었다. 24장에서 모세는 백성들이 하나님께 순종하기로 약속함에 따른 언약 비준 의식을 묘사한다.

출애굽기 25-40장에서는 금송아지에 대한 일화가 발견되는 32-34장을 제외하고는 성막에 대해서 다룬다. 25-31장에서, 하나님은 모세에게 성막 건설 및 그 일에 참여할 기능인들에 대한 지침을 주신다. 그 다음 35-40장에서, 브사렐과 그의 동료들이 성막과 그 비품을 제작한다. 각 항에는 안식일을 지키는 데 대한 문단이 있는데, 첫째는 성막 건설을 지시하는 자료의 끝 부분에 나타나며(31:12-17), 두번째는 성막 건설 과정을 시작할 때에 나타난다(31:13). 안식일은 모세 언약의 상징이었으므로(31:13), 여호와께서는 안식일에는 성막을 만드는 일을 포함하여 아무 일도 하지 말라고 상기시키셨다.[5]

모세가 시내 산에서 하나님의 말씀을 가지고 백성들에게 내려

출애굽기의 문학적 구조

제1부: 출애굽(역사적 설화)
이스라엘의 학대	1장
모세의 소명	2-6장
열 가지 재앙	7-11장
출애굽과 시내산으로의 여정	12-18장

        유월절(12장)
        무교절(13:3-10)

제2부: 법적인 부분
언약서	19-24장

        십계명(20장)
        (언약의 조항들)

제3부: 예배
성막 건설을 위한 지시	25-31장

    안식일을 지키라는 명령으로 끝남(31:12-17)

우상 숭배: 금송아지	32-34장
성막 건설	35-40장

    안식일을 지키라는 명령으로 시작된다(35:1-3)

  오기 전에, 금송아지 숭배가 이미 시작되었었다. 따라서 32-34장에서는 하나님의 거룩과 인간의 죄악됨의 차이를 강조하기 위해서 성막에 대한 기사를 중단한다. 패역한 민족에게는 백성들을 정화하기 위해서 죄를 보상할 제물을 드릴 수 있는 장소가 필요했다. 하나님은 성막을 세우심으로써 이스라엘이 하나님께 가까이 갈 수 있는 길을 마련하셨다.

  성경에서 출애굽은 자기 백성을 구하시는 하나님의 능력을 증명하여 보여주는 주된 본보기가 되었다. 이스라엘을 "애굽 왕 바로의 손에서" 구하기 위해서(신 7:8), 그리고 수세기 후에 바벨론의 권세에서 이스라엘을 구하기 위해서(사 52:9) 하나님의 권능의 손이 필요했다. 마태는 아기 예수가 애굽을 떠나 팔레스틴으로 돌아가는 것을 묘사하면서 출애굽을 언급하는 호세아 11:1을 인용한다: "애굽에서 내 아들을 불렀다"(마 2:15). 신약성서에서 출애굽과 구속을 빗대어 언급하는 대부분의 비유에서는 노예생활에서의 구원을 죄로부터의 구원에 비유한다(롬 3:24). 이스라엘 백성이 바로의 학대하는 권세로부터 해방되었듯이, 신자는 그리스도로 말미암아 "흑암의 권세"에서 해방되었다(골 1:13-14).

4. 해방 신학

최근에 이스라엘이 애굽과 그 종살이로부터 구원받은 것과 결합하여 해방 신학이 발달했다. 많은 신학자들은 구스타보 구티에레즈(Gustavo Gutierrez)의 독창적인 저서 『해방의 신학』(*A Theology of Liberation*)[6]을 본받아 자기들의 저술을 특히 라틴 아메리카의 가난한 사람들과 학대받는 사람들에게 헌정해왔다. 후앙 세군도(Juan Segundo)와 호세 미란다(José Miranda)와 같은 학자들은 학대받는 민족들의 자유를 쟁취하기 위한 사회 개혁의 필요성에 대한 책을 저술했다. 자본주의는 사회적·경제적 불의를 영속화시키는 악당으로 간주되곤 하며, 그 딜레마에 대한 해결책으로 마르크스주의에 호소한다. 해방신학자들은 대부분 가톨릭 신자들이지만, 주저함이 없이 헤겔과 마르크스의 저술에 호소하며, 어떤 면에서 마르크스를 기독교화하려고 노력하고 있다. 그들의 목표는 무신론적 공산주의가 아니며, 해방신학자들 사이에서는 마르크스의 계급 분석과 경제적인 견해가 분명히 나타난다. 그 운동은 만물을 새롭게 하시는 하나님을 강조하는 위르겐 몰트만(Jürgen Moltmann)의 『소망의 신학』(*Theology of*

Hope)을 통해서 유럽에 영향을 미쳐왔다.[7]

학대로부터의 구원을 추구하는 다른 집단들, 특히 민권 운동에 개입되어 있는 미국의 흑인들 역시 출애굽기를 이용해왔다. 모세가 바로에게 "내 백성을 보내라"(5:1)고 요구한 말은 차별 대우를 받아왔다고 느끼는 미국인들의 표어가 되었다. 그러한 표어는 노예 제도가 시행되던 시대에 정확하게 적용되었겠지만, 지금도 모든 종류의 학대를 비난하는 역할을 하고 있다. 해방신학이 공헌한 것들 중의 하나는 사회정의를 강조한 것인데, 그것은 출애굽 및 후대 예언자들의 중요한 주제이다(사 10:1-2 참조). 이스라엘 백성이 애굽에서 고난을 받았기 때문에, 하나님은 그들에게 가난한 사람들과 외국인들에게 특별히 친절을 베풀라고 촉구하셨다(출 23:6, 9). 애굽의 십장들의 잔인함은 오랫동안 기억되었으며(출 5:16), 그렇기 때문에 유대인들은 종들과 고용인들을 정당하게 대우해야 했다. 정부의 지도자들은 가난의 원인을 제거할 수 있는 곳에 적극적으로 개입해야 한다.

해방신학자들은 출애굽기를 사용하면서 때로 자기들의 사상이 본문이 의도하는 것이라고 해석하기도 한다. 이스라엘 백성이 바로에게 반란을 일으켰다고 주장하는 사람들은 이야기의 중요한 요소들을 간과하고 있다. 모세는 애굽을 다스리는 새로운 통치 형태를 제안한 것이 아니라, 백성들을 이끌고 광야로 가서 하나님을 예배하는 것을 허락해 달라고 요청했다. 마침내 구원은 이스라엘 백성의 결단력을 통해서 성취된 것이 아니라, 하나님의 주권적인 능력을 통해서 성취되었다.[8] 해방 후에도, 어떤 사람들은 광야 생활보다 애굽에서의 생활이 좋았다고 생각하며 애굽에서 먹던 음식을 그리워했다(16:3 참조). 자유를 얻기 위한 반란을 옹호하는 사람들에게는 그러한 불평이 경고처럼 들린다. 새로운 정권 아래서 사람들은 어떤 자유를 누릴 것인가? 자본주의 정부의 억압을 비난하는 사람들은 종종 공산주의 정권이나 사회주의 정권의 억압적인 전략을 못본 체 한다.

해방신학자들은 사회 질서의 증진을 강조하면서, 구원을 거의 정치적인 것으로 정의하며, 죄로부터의 구원의 필요성을 무시한다. 죄는 하나님께 대한 반역보다는 인간에 대한 인간의 잔혹함으로 정의된다.[9] 그러나 창세기 15:6에서, 아브라함은 여호와를 믿음으로써 의롭게 되며, 출애굽기와 관련해서도 동일한 용어가 사용된다. 이스라엘 백성은 바로의 전차들을 파괴하는 하나님의 크신 능력을 보고서 "여호와와 그 종 모세를 믿었다"(출 14:31). 그들을 애굽에서 구원하신 분은 하나님이시며, 그들을 죄에서 구원하시는 분도 하나님이셨다. 해방신학자들은 정치적인 개혁을 향한 열심 때문에 개인의 영혼의 구원의 필요성을 간과하는 경향이 있다. 그들의 주장에 의하면 현세에서는 좋은 생활 조건들이 구원을 이루기 때문에, 복음주의는 그들에게 중요하지 않다. 현세의 절실한 욕구 앞에서, 영원한 실재는 의미를 잃는다.

5. 열 가지 재앙의 의의

아브라함과 사라가 기근을 피해 애굽으로 갔을 때, 바로는 뜻하지 않게 사라를 자기의 궁에 들였다가 "큰 재앙"(serious diseases)을 받았다(창 12:17). "재앙"(*nega*')이라는 단어는 출애굽기 11:1에서 장자들에게 임할 재앙을 묘사하는 데서도 사용된다. 사라와 관련된 사건은 바로와 그의 식솔들에게 불쾌한 일이었지만, 열 가지 재앙을 받게 될 후대의 바로의 경험과는 전혀 다른 것이었다. 하나님의 힘에 도전하여 이처럼 일련의 거짓말 같은 파국을 맞은 민족이 없었다. 바로는 자신이 무력한 노예들의 반란을 다루고 있다고 생각했지만, 실제로는 전능하신 하나님과의 싸움에 휩싸여 국가 전체를 거의 멸망하게 만들었다.

1) 재앙의 목적

바로 앞에 나간 모세와 아론의 목표는 애굽으로부터 이스라엘의 해방을 확보하려는 데 있었다. 하나님은 자기 백성들의 외침을 들으셨고 그들을 종살이 하는 땅에서 구하려 하셨다. 바로가 모세의 말을 들으려 하지 않았기 때문에, 하나님은 바로로 하여금 이스라엘 백성을 석방하게 만들기 위해서 표징과 이적을 행하셨다. 애굽은 이스라엘 백성들을 학대한 것으로 인해 하나님의 형벌을 받아야 했으므로, 이 기적들은 "강한 심판 행위"라고 불린다. 결국, 요셉은 하나님이 주신 통찰력을 가지고 애굽에 큰 축복을 가져다 주었지만, 후대의 바로들은 이스라엘 백성들을 이용하고 노예로 전락시켰다.

역사적으로 이 시기에 이집트는 지상에서 가장 강력한 국가들 중 하나였고, 그 유산과 종교들을 자랑하고 있었다. 그러나 열 가지 재앙으로 말미암아, 바로와 그의 백성들은 온 천하에 이스라엘의 하나님과 같은 분이 없다는 것을 깨달았다(7:5; 9:14 참조). 이스라엘 백성들도 야웨가 곧 여호와이심을 알게 되었고(6:3, 7 참조), 여호와께서 행하신 일을 자손들에게 말하라는 가르침을 받았다(10:2). 출애굽기 9:16과 18:11에 의하면, 재앙들은 이스라엘의 주 하나님이 다른 어떤 신보다 강하시다는 것을 온 세상에 드러내주는 증거였다. 그분은 주권적인 분이시요, 자연의 힘을 다스리는 분이며, 그분 앞에서 "열방은 통의 한 방울 물같았다" (사 40:15).

많은 주석가들은 몇 가지 재앙은 특별한 이집트 신들의 무능함을 드러내기 위한 것이었다고 생각한다. 예를 들어, 나일 강의 범람 때문에 이집트에서 농사가 가능했으므로, 나일 강은 호피

(Hopi) 신으로 숭배되었다. 가축에게 임한 재앙은 황소 신인 아피스(Apis)와 므네비스(Mnevis), 그리고 수양 신인 크눔(Khnum)을 직접 질책한 것일 수도 있다. 아홉번째 재앙 때에, "캄캄한 흑암이 애굽 온 땅에 있어서"(10:22) 나라가 완전히 정지되었다. 그 때, 이집트의 주요 신으로 섬김을 받는 태양 신 라(Ra)는 어디에 있었는가? 어떤 신도 모세가 선포한 재앙을 중지시키지 못했다.

2) 바로의 마음이 강퍅해짐

이 부분에서 바로가 마음을 강퍅하게 했다거나 하나님께서 바로의 마음을 강퍅하게 만드셨다고 여러 번 언급된다. 이것은 바로가 실제로 그 문제에 있어서 아무런 선택권이 없었다는 것, 즉 하나님께서 미리 그의 운명을 결정해 두셨다는 것을 의미하는가? 처음 두 번은 하나님께서 바로의 마음을 강퍅하게 하실 것이라고 언급되며(4:21; 7:3), 그 후 일곱 번은 바로가 마음을 강퍅하게 했다고 언급한다(7:13, 14, 22; 8:15, 19, 32; 9:7). 실제로 "여호와께서 바로의 마음을 강퍅케 하셨다"는 말은 여섯번째 재앙 때에 비로소 사용된다(9:12). 따라서, 바로에게는 이스라엘을 석방하라는 간절한 호소에 응답할 기회가 충분히 있었고, 바로의 마술사들조차 세번째 재앙 때에 "하나님의 권능"을 인정했다(8:19). 그러나 바로는 고집을 꺾지 않고 항복하지 않았으며, 결국 하나님께서는 그 완악한 상태를 확인하시고 그로 하여금 계속 완고한 상태를 유지하게 하셨다. 바울은 하나님께서 "하고자 하는 자를 강퍅케 하신다"(롬 9:18)고 말하면서 바로를 예로 사용하지만, 그럼에도 불구하고 하나님은 의로우시며 하나님의 행위가 독단적인 것이 아니라고 주장한다(14절). 하나님은 주권자이시며 모든 것을 완전히 지배하시지만, 그렇다고 해서 인간의 자유 의지 및 자신의 선택에 대해 져야 할 책임이 제거되지는 않는다.[10] 벌카우어(Berkouwer)는 하나님의 주권과 독단성을 구분하기 어렵다는 데 주목했다. 하나님께 책임을 물을 수 있는 권위가 우리에게는 없으므로, 우리에게 독단적인 것처럼 보이지만 실제로는 결코 독단적인 것이 아니다.[11] 하나님은 의롭고 거룩한 목적과 계획에 따라서 행동하신다.

바로의 마음이 강퍅해진 것은, 이스라엘이 자기 땅을 통과하는 것을 허락하지 않은 헤스본의 왕 시혼의 경험과 비교가 된다(민 21:21-23). 신명기 2:30에 의하면, 여호와께서는 이스라엘에게 승리를 주시려고 "그의 성품을 완강케 하셨고 그 마음을 강퍅케 하셨다." "완강하게 하다"(*hisqšâ*)라는 동사는 바로와 관련해서도 사용되는데(출 7:3), 다만 그 뒤에 "성품"(soul)이라는 단어가 아니라 "마음"(heart)이라는 단어가 사용된다. "강퍅케 하다"(*'immēṣ*)는 바로의 기사에서는 사용되지 않지만 사용된 다른 용어들의 동의어임이 분명하다.

몇 구절에서는 이스라엘 백성을 "목이 곧은" 백성이라고 언급하며(신 9:13; 10:16), 시편 95:8에서는 그들이 광야에서 마음을 강퍅하게 한 시절을 언급한다. 결국, 이스라엘의 완고함은 바벨론 포수로 이어지겠지만(레 26:41), 그럼에도 불구하고 은혜로우시고 자비하신 하나님은 이스라엘을 사랑하시며 그를 "만민 중에서" 택하셨다(신 10:15). 바로나 이스라엘 모두 하나님과 상관없이 제멋대로 행동하지 못했고, 그들은 하나님께서 자기의 능력과 영광을 계시하시기 위한 주권적인 계획의 일부였다.[12]

3) 재앙의 유형

대부분의 재앙은 모세와 아론이 이스라엘을 자유롭게 떠나게 해달라고 요청하는 것으로 시작된다. 그 다음에는 재앙 자체, 그리고 그에 대한 바로와 관리들의 반응에 대한 묘사가 따른다. 때로 바로는 모세에게 하나님께 기도하여 재앙을 끝나게 해달라고 요청하며(8:8, 29; 9:28), 어떤 때에는 부분적으로나마 모세의 요구에 동의한다. 첫째 재앙부터 다섯째 재앙까지, 그리고 일곱째 재앙에서 바로는 마음을 강퍅하게 했다. 여섯째 재앙, 그리고 여덟째 재앙부터 열번째 재앙에서는 하나님이 바로의 마음을 강퍅하게 하셨다.

재앙들은 셋씩 세 개의 그룹으로 배열되는 듯하며, 절정을 이루는 열번째 재앙이 따른다. 첫째 재앙, 넷째 재앙, 일곱째 재앙—각각의 재앙 그룹 중 첫째 재앙—은 모세가 아침에 바로에게 주는 경고에 의해 도입된다. 각 재앙 그룹의 마지막 재앙들—셋째 재앙, 여섯째 재앙, 아홉째 재앙—은 사전 경고 없이 발생한다.[13] 네번째 재앙 때부터, 본문은 이스라엘 백성이 살고 있던 고센 지방에는 재앙이 임하지 않았다고 진술한다. 여호와께서는 여섯째 재앙과 여덟째 재앙에서도 이스라엘 백성과 애굽 사람들을 차별하셨겠지만, 다섯째 재앙, 일곱째 재앙, 그리고 열번째 재앙에 대한 언급에서는 이스라엘 백성은 재앙으로 인한 피해를 입지 않았음이 언급된다(9:4, 26; 10:23; 11:27). 열번째 재앙에서는 문설주에 유월절 양의 피를 바른 이스라엘 집의 장자들만 보호를 받았다(12:13 참조).

일곱째 재앙부터 아홉째 재앙이 지닌 파괴적인 특성은 하나님의 심판이 진행됨에 따라 증가되는 가혹함을 지적하는 것일 수도 있다. 우박 재앙은 애굽이 개국한 후로 가장 심각한 것이었고(9:24), 바로의 관리들의 말에 의하면 메뚜기 재앙으로 인해 나라가 망했다고 한다(10:7). 이 모든 재앙에 이어 바로와 그의 백성들에게 치명타가 될 최악의 재앙—장자들의 죽음—이 임했다.

4) 자연 재해로서의 재앙

그레타 홀트(Greta Hort)는 재앙들의 전후관계를 설명하기 위해서, 나일 강의 엄청난 범람이 재앙을 초래한 요인이었을 수도 있다고 주장했다.[14] 홍수로 인해 이디오피아로부터 많은 붉은 색의 퇴적물이 흘러내려와서 나일 강을 붉게 변하게 하고 일부 물고기들이 죽었을 수도 있다. 일 주일 후에 이미 세균에 감염된 개구리들이 오염된 나일 강을 피하기 위해서 내륙으로 이동했을 것이다. 육지 곳곳에 쌓인 죽은 개구리들 때문에 가축들에게 다섯째 재앙의 질병이 전염되었을 것이다. 홍수로 불어난 물 때문에, 세번째 재앙과 네번째 재앙의 이와 파리가 번식할 수 있었을 것이며, 그것들은 다시 여섯째 재앙의 독종을 일으키는 원인이 되었을 것이다. 우박은 몇 달 후 1월이나 2월에 발생하여, 삼과 보리는 상했지만, 밀과 나맥은 남았지만 나중에 메뚜기들이 먹어 치웠을 것이다.[15]

만일 이 이론이 옳으며 재앙들이 자연적인 순서에 따라 발생했다면, 재앙들이 적절한 시기에 발생하고 점점 더 강력해지려면 초자연적인 통제가 필요했을 것이다. 만일 하나님이 개입하시지 않았다면, 모세와 아론은 이러한 재앙들이 임할 것을 정확하게 예견할 수 없었을 것이다. 그리고 열번째 재앙은 자연적인 근거로는 결코 설명할 수 없다. 하나님께서 그 시점에 이르기까지는 자연적인 수단을 사용하셨겠지만, 장자들의 죽음에서는 초자연적인 행위가 요구되었을 것이다.

5) 종말론적인 전조로서의 재앙

전체적으로 볼 때, 성경에서 기적이 많이 발생한 시기는 비교적 적다. 모세의 시대 이후 오랜 세월이 흘러 기원전 9세기, 그리고 엘리야와 엘리사가 예언 사역을 할 때에 비로소 하나님은 다시 기적적인 표적을 통해서 확실히 개입하셨다. 물론 신약성서에는 마지막 때가 시작됨에 따라 그리스도의 사역과 관련된 많은 기적이 있다(히 1:2 참조). 계시록에 기록된 마지막 때의 절정인 심판에서는 흥미롭게도 종종 애굽의 재앙과 비슷한 것들이 묘사된다. 계시록 8장에서 바다의 삼분의 일이 피로 변하고(8절), 해의 삼분의 일이 어두워진다(12절). 독한 헌데가 하나님의 진노의 발로와 연결되며(계 16:2), 16:21에서 엄청난 우박이 내리는 것 역시 재앙을 상기시켜 준다. 우리는 계시록에서 의인의 구원을 악한 세상의 속박으로부터의 궁극적인 출애굽으로 생각해야 할 것이다.[16] 바로와 그의 군대가 철저히 패배한 것처럼, 사탄의 군대도 철저히 패배할 것이다.

6) 각각의 재앙

(1) 피 재앙

나일 강은 애굽 사람들의 안녕에 매우 중요했으므로, 첫째 재앙은 바로에게 강력한 메시지를 전달해 주었다. 나일 강의 피처럼 붉은 색으로 변한 것은 나일 강의 원류인 백 나일과 청 나일에 의해 운반되어온 엄청난 양의 붉은 색 흙, 그리고 물고기에게 치명적인 것으로 입증된 편모충이라고 불리는 조류 때문이었을 것이다.[17] 이러한 나일 강의 문제점들은 7월과 8월에 발생했을 것이며, 그 후 몇 달 동안 꾸준히 악화된 일련의 죽음과 파괴의 출발점이 되었다. 만일 7:19의 나무 그릇과 돌 그릇을 우상과 연결한 카수토(Cassuto)의 시도가 옳다면, 신들에게 부어진 피는 그 신들을 더럽혔을 것이며, 나아가 이집트의 신들을 모욕했을 것이다.[18]

(2) 개구리 재앙

개구리는 이집트의 여신 헥트(Heqt)의 상징이었다. 헥트 여신은 개구리 머리를 가진 여인으로 묘사되었다. 헥트는 다산의 여신이었으므로, 출애굽기 8:3에서 개구리들이 침실에 들어와 가득 찼다는 것은 그 여신이 행하는 역할이 이제 정반대의 결과를 낳고 있음을 비유하는 것일 수도 있다. 모세는 바로에게 개구리들을 제거할 시간을 정하라고 요청함으로써 시간을 다스리시는 하나님의 주권을 증명하고 있다. 왜냐하면 여호와께서는 모세의 기도에 응답하셨기 때문이다(출 8:9-13).[19]

(3) 이 재앙

아론이 지팡이로 땅을 쳐서 티끌이 이가 되었을 때에 하나님의 주권은 한층 더 크게 선포되었다. "티끌"은 무수히 많은 이를 언급하는 듯하지만, 이 표현은 하나님이 땅의 티끌(흙)로 사람을 지으신 것을 상기시켜준다(창 22:7). 바로의 술객들은 "이는 하나님의 권능(손가락)이니이다"(출 8:19)라고 말하면서 하나님의 창조적인 능력을 인정했다. 시편 8:3에 따르면, 하늘은 하나님의 손가락으로 만드신 것이며, 출애굽 31:18에서 하나님은 친히 손가락으로 십계명을 새기셨다. 하나님은 십계명 안에 분명히 자신의 뜻을 계시하셨고, 재앙들을 통해서 능력을 분명히 증명하고 계셨다. 예수께서 "하나님의 손을 힘입어" 귀신을 쫓아내셨을 때, 악의 세력은 패배했다(눅 11:20).

(4) 파리 재앙

이집트의 환란은 계속되어 이스라엘 백성이 거주하는 고센 지방을 제외한 전국이 파리 떼로 덮였다(8:22). 엄청난 해충 때문에 애굽 전역이 피해를 입었다(8:24). 여기서 사용된 것과 동일한 표현 tiššāḥēt hā'āreṣ이 창세기 6:11에서 노아의 홍수 이전의 땅의 타락상을 묘사하는 데 사용된다. 하나님께서는 땅을 심판하기 위해 노아의 홍수를 보내셨던 것처럼, 애굽의 악을 벌하기 위해서 재앙을 보내고 계셨다. 임박한 재앙에 직면한 바로는 조금 양보하여 모세와 아론에게 그 땅에서 희생제사를 드리라고 말했다. 그러나 애굽 사람들은 목축하는 사람들을 혐오했기 때문에(창 46:34 참조), 모세는 그들이 희생제사를 드리는 것을 불쾌하게 여길 것이라고 생각하여 광야에서 제물을 드리겠다고 고집했다.

⑸ 가축에게 임한 재앙

바로가 다시 마음을 강퍅하게 했으므로 하나님의 손이 다섯 번째로 애굽 땅을 쳤는데, 이 재앙은 애굽의 가축들을 죽게 했다. 아마 아직도 애굽에 남아 있는 죽은 개구리들이나 네번째 재앙에 사용된 파리로부터 탄저병이 감염되었을 것이다. 애굽에서는 많은 동물들이 특수한 신들과 연결되어 있었으므로, 이 다섯번째 재앙은 애굽의 종교에 큰 타격이 되었을 것이다. 잘 알려진 장인(匠人)의 신 아피스는 프타의 신성한 황소였고, 기쁨의 여신인 하톨(Hathor)은 암소의 귀로 묘사되었다.[20] 그러나 어느 신도 여호와께서 보내신 무서운 형벌로부터 짐승들을 구하지 못했다.

⑹ 독종(종기) 재앙

신명기 28장에서 모세가 이스라엘 백성에게 경고한 저주에는 "애굽의 종기"(27절)에 대한 언급이 포함되어 있는데, 이것은 분명 이 여섯째 재앙을 언급한 것이다. 많은 사람들은 독종이 일종의 피부 탄저병, 농포(膿疱)로 변하는 종기였다고 생각한다.[21] 아마 그것은 이전의 재앙에서 가축들에게 임한 질병과 관련이 있을 것이며, 감염된 파리에 의해 전파된 듯하다. 이 독종은 무척 고통스러웠고, 특히 다리와 무릎에 영향을 주었기 때문에(신 28:35) 애굽의 술객들은 모세 앞에 설 수 없었다. 모세가 재앙을 시작하게 하려고 풀무의 재 두 웅큼을 하늘에 날렸는데(9:10), 이 행동은 애굽사람들의 고난을 이스라엘 백성의 종살이와 연결하는 것이었다. 풀무—또는 벽돌 굽는 가마—는 이스라엘이 당한 속박의 상징이었다(1:14 참조).

(7) 우박 재앙

마지막 세 가지 재앙은 애굽이 경험한 중에 최악의 것으로 묘사된 우박을 동반한 폭풍으로 시작된다(9:18, 24). 보통 애굽, 특히 상부 이집트에는 비가 거의 내리지 않는다. 더구나 우박을 동반한 폭풍이 부는 일이 거의 없으므로, 이 폭풍의 영향은 한층 더 강력했다. 재앙이 시작되기 전에, 모세는 하나님께서 바로에게 하나님의 능력을 보이기 위해서 자신을 세우셨고(16절) 폭풍도 여호와의 강력한 메시지라고 말했다. 후일 시내 산에서 이스라엘 백성에게 십계명을 주실 때에 하나님은 천둥과 번개를 통해서 그들에게 말씀하셨다(출 19:16 참조). 그보다 앞서 등장한 이 폭풍은 바로에게 주는 중요한 계시였다. 바로는 처음으로 자신이 범죄했다고 인정했지만(27절), 우박과 뇌성이 그치자 이스라엘 백성들을 보내기로 한 약속을 깨뜨렸다. 폭풍의 결과로, 삼과 보리를 수확하지 못하게 되었고, 이전의 재앙에서 많은 가축들이 죽었기 때문에, 애굽의 경제는 큰 타격을 입었다.

(8) 메뚜기 재앙

바로의 경제적인 재앙은 계속되어 3월 또는 4월에 메뚜기 떼의 습격을 받았다. 강력한 동풍에 의해 날려온 전례없이 많은 메뚜기들이 우박 재앙에서 살아남은 초목들을 먹어치웠다(10:12 참조). 여호와께서 이스라엘 백성의 아들과 자손에게 이 가혹한 형벌에 대해 전하라고 지시하신 것은 이 재앙의 심각성을 지적해준다(10:2). 역설적이게도, 요엘서에서는 몇 세기 후에 이스라엘을 칠 메뚜기 재앙을 소개하기 위해서 동일한 표현을 사용한다.[22] 신명기 28장에서 모세는 이스라엘 백성에게 주는 마지막 말에서 그들이 하나님을 배반할 경우에 곡식을 황폐하게 만들 메뚜기떼에 대해 두 번 언급한다(38, 42).

(9) 흑암 재앙

성경의 다른 곳에서 흑암은 비탄, 불모, 하나님의 심판 등과 연결된다(사 8:22; 렘 4:23 참조). 태양신 라(Ra)를 주요한 신으로 섬기는 애굽에서는 흑암은 그 신의 냉대, 또는 특히 이스라엘의 하나님의 이름으로 여러 재앙들이 임했을 때에 드러난 그 신의 연약함을 나타내는 상징이었을 것이다. 흑암은 매년 봄에 사막으로부터 불어오는 캄신(khamsin)이라는 강한 바람과 관계가 있었다. 그 바람 때문에 생긴 모래 폭풍은 우박 재앙과 메뚜기 재앙 못지 않은 피해를 주었고 태양을 완전히 가렸다. 또 다시 재앙이 임했기 때문에 성난 바로는 모세에게 그곳을 떠나라고 명하고 다시 만나지 않겠다고 말했다.

(10) 장자들의 죽음

애굽의 신학에 의하면, 바로는 신이었는데, 이 마지막 재앙에서 왕의 취약함이 분명히 드러났다.[23] 이스라엘은 하나님의 "장자"였는데(출 4:22), 바로가 이스라엘을 석방하기를 거부했으므로 바로의 장자가 죽게 된다(4:23). 근동 지방에서 맏아들은 유산을 두 배로 받는 것을 포함하여 여러 특권을 누렸다. 그러므로 장자의 죽음은 "법적으로나 정서적으로 가문을 무력하게 할"[24] 비극이었다. 열번째 재앙은 동물의 초태생을 포함하여 애굽 사람의 맏아들만 공격했으므로, 그것은 분명히 전염병이 아니라 기적이었다. 장자들의 죽음으로 말미암아 애굽 전체가 울부짖음으로 가득했지만, 이스라엘 사람들은 평온하고 고요했다(11:6-7; 12:30).

6. 유월절

마지막으로 주어진 열번째 재앙은 장자들의 죽음을 초래했고, 이스라엘이 오랫동안 기다려온 애굽을 떠나는 것이 허락되었다. 이스라엘 가정에서는 재앙을 피하기 위해서 어린 양을 잡고 그 피를 문설주에 바르라는 지시를 받았다. 장자들이 극적으로 목숨을 구한 일을 기념하기 위해서, 유대인들은 매년 무교절을 지키고 유월절 양을 제물로 드렸다. 출애굽 직후 이스라엘 민족 전체가 홍해에서 기적적으로 구출되었다. 이러한 일련의 사건들이 매우 중요했기 때문에, 그 후로는 이 달을 한 해의 첫번째 달로 삼았고, 아빕 월이라고 알려졌고(13:4), 나중에는 니산 월이라고 알려졌다. 유월절과 출애굽은 종교력의 출발점이다.

1) 유월절 양

이스라엘 백성들과 그들의 짐승들이 자동적으로 면제된 이전의 일부 재앙과는 달리(8:22; 9:4), 장자들의 목숨을 구하는 것에 대한 특별한 지시가 주어졌다. 핵심적인 조항은 일년된 양이나 염소를 잡고 그 피를 "집 문 좌우 설주와 인방에" 바르는 것이었다(12:7). 그리고 그날 밤에 "무교병과 쓴 나물"과 함께 그 고기를 먹어야 했다(12:8). 여호와께서는 피를 보시면 그 문을 넘으시고, 멸하는 자로 그 집의 장자를 치지 못하게 하실 것이었다(23절).

이삭 대신에 제물로 바쳐진 수양의 경우처럼(창 22:13), 유월절 양도 장자들과 그 가족들에 대해 대속적인 본질을 지녔다. 그들은 만일 양을 죽이지 않으면, 가정에서 특별한 지위를 지닌 맏아들이 죽게 된다는 것을 알고 있었다. 신약성서 기자는 그리스도를 "우리의 유월절 양"(고전 5:7), "흠 없고 점 없는 어린 양"

(벧전 1:19; 출 12:5 참조)이라고 언급하며, 사도 요한은 그의 뼈가 하나도 꺾이지 않음에 주목했다(요 19:36). 출애굽기 12:46과 민수기 9:12에 따르면, 유월절 양의 뼈는 하나도 꺾여서는 안되었다. 그리스도의 희생과 유월절의 관계를 분명하게 하기 위해서, 복음서에서는 그리스도께서 제자들과 함께 유월절을 지키신 직후에 돌아가셨다고 말한다(마 26:18-30).

2) 무교절

무교절은 유월절과 밀접하게 연결되어 있으며, 유월절 다음날에 시작되어 그 달 15일부터 21일까지 계속되었다. 이스라엘 백성들은 급히 애굽을 떠나야 했기 때문에, 누룩을 넣어 빵을 구울 시간이 없었다(출 12:11, 39). 8절을 보면 무교병과 쓴 나물을 함께 먹는데, 이것은 그들이 지금까지 행해야 했던 고된 노동을 상기시켜준다(1:14 참조). 이 절기는 매년 지켜졌으며, 부모들은 자녀에게 애굽에서의 비참한 경험에 대해 이야기해주고 하나님의 구원하심에 대해 함께 감사했다. 세월이 흐르면서 유월절과 무교절이 합하여 하나의 절기가 되었다(막 14:12 참조).

3) 유월절에 대한 규정

성경은 유월절 양을 잡는 방법, 그리고 그 고기를 먹는 방법에 대해 상세하게 진술한다. 예를 들어, 고기는 구워서 그날 밤에 먹어야 했다(8-9절). 의식적으로 정결한 사람들은 이 유월절을 지키라는 요구를 받지만, 부정한 사람들은 정확히 한 달 후에 유월절을 지킬 수 있었다(민 9:11, 13). 특별히 중요한 것은 남자들은 모두 할례를 받아야 한다는 규칙이었다. 할례는 아브라함 언약의 징표였고, 아브라함의 하나님께 대한 헌신과 순종을 나타내는 것이었다. 만일 이스라엘 백성이 하나님께 대한 헌신을 갱신해야 할 때가 있다면, 아마 유월절일 것이다. 출애굽기 4:22에 따르면, 이스라엘은 하나님의 장자였다. 따라서 장자가 강조되는 유월절이야 말로 언약 관계의 의미를 생각할 수 있는 훌륭한 기회였다. 이스라엘이 하나님의 장자라고 언급된 직후에, 모세가 자기 아들에게 할례를 행하지 않는 치명적인 실수를 범했다는 말이 주어진다(출 4:24-26).[25] 역설적이게도, 할례와 유월절은 강조되지만, 광야 생활을 하는 동안, 그리고 이스라엘 역사의 여러 시기에 이 두 가지가 소홀해졌다(수 5:5; 대하 30:1-5). 출애굽기 12:43-49을 보면, 종들과 외국인들도 할례를 받으면 공동체의 일원으로서 유월절을 지킬 수 있었다. 그러나 이스라엘의 하나님을 예배하기를 원하지 않는 외국인들과 고용된 노동자들은 특별히 제외되었다.

4) 장자들의 죽음

바로는 아홉 가지 재앙이 초래한 곤경에도 불구하고 자기 나라가 생존할 수 있을 것이라고 생각했지만, 열번째 재앙은 도저히 그가 대처할 수 없는 것이었다. 맏아들을 잃는 것은 결정적인 타격이었는데, 이러한 재앙이 바로의 집을 비롯하여 애굽의 모든 집에 임했다. 이번에는 이스라엘의 하나님의 권능을 의심할 수가 없었다. 아마 그들을 위해 행한 여러 해 동안의 노동을 인정했기 때문인지, 놀랍게도 애굽 사람들은 이스라엘 백성이 떠날 때에 소중한 선물을 주었다. 아브라함은 그의 자손이 종이 되어 400년 동안 학대를 받게 된다는 말을 들었는데(창 15:13), 그 기간이 430년으로 판명되었다. 이제 그들은 아브라함 언약을 성취하기 위해서 약속의 땅으로 돌아가고 있었다.

5) 홍해를 건넘

그러나 바로가 마음이 변하여 이스라엘 백성을 다시 붙잡기 위해 그의 군대를 보낸 것을 알았을 때에, 자유를 찾은 기쁨은 사라졌다. 어떻게 이 강력한 원수를 맞아 싸우며 새로운 노예 시대를 피할 수 있을 것인가? 설상가상으로, 이스라엘 백성들은 홍해 바로 곁에 진을 치고 있었기 때문에 도망칠 곳이 없었다. 그러나 장자들을 보호해 주었던 하나님의 사자가 여전히 이스라엘과 함께 거하면서 두 군대 사이에 구름 기둥을 놓았다(출 14:19). 그 후 모세가 바다 위로 지팡이를 내밀자, 물이 기적적으로 갈라져서 백성들은 마른 땅 위로 걸어 홍해를 건널 수 있었다. 애굽 사람들은 그들의 뒤를 따라 홍해를 건너려 했지만, 물이 돌아와 군인들과 전차들을 덮었다. 이번에도 하나님이 바로를 이기셨다. 홍해를 건넌 것은 탁월한 구원의 본보기가 되었다(사 51:10). 이스라엘이 구조되었다는 소식은 가나안 사람들과 인근에 있는 족속들에게 두려움을 주었을 것이다(출 15:15).

학자들은 오랫동안 이스라엘 백성이 홍해를 건넌 정확한 장소를 알아내려 했으나 성공하지 못했다. 왜냐하면 "갈대 바다"라는 용어가 더 적절하기 때문이다. 이집트의 *tjuf*(파피루스)와 아주 일치하는 히브리어 *sûp*은 출애굽기 2:3에서는 나일 강둑에서 자라는 갈대를 언급하며, 요나서에서는 지중해에서 자라는 해초를 언급한다. 홍해 북쪽에는 멘잘레 호수와 림사 호수 등 갈대와 파피루스가 풍부한 여러 개의 호수가 있으므로, 이스라엘 백성이 건넌 "갈대 바다"는 이 호수들 중 하나였을 수도 있다.[26]

과거에 이 호수들 사이에는 국경 지방의 방어벽 역할을 하여 도피를 어렵게 만드는 운하가 있었다는 사실은 사태를 더욱 복잡하게 만든다. 그러나 "갈대 바다"는 흔히 홍해라고 불리는 것의 북쪽에 위치한 두 개의 지류인 수에즈만(민 33:10)이나 아카

바만(민 14:25; 왕상 9:26)을 언급하기도 한다. 메뚜기들을 홍해로 몰아넣은 강렬한 서풍(출 10:19)도 수에즈만이었을 것이다.

더욱 혼동을 주는 것은 출애굽 노정에서 언급되는 장소들의 위치를 확인하기 어렵다는 점이다. 숙곳(출 13:20)은 비터 호(Bitter Lakes) 서쪽, "홍해의 광야길"에 있는 텔 엘 마스쿠타(Tell el Maskhutah)와 동일시된다. 출애굽기 14:2에서 언급된 세 곳은 모두 비터 호 인근에 있는 듯하지만 정확하게 어디인지는 확인할 수 없다. 만일 바알스본이 멘잘레 호수 남쪽에 있는 곳, 후일 다바네스(Tahpanhes)라고 불린 곳과 같은 장소라면(렘 2:16 참조), 홍해를 건넌 것은 멘잘레 호수의 남쪽 끝이나 발라 호수 근처일 것이다.[27]

배리 비첼(Barry Beitzel)은 홍해를 건넌 장소를 오늘날 이스마일리아 남쪽에 있는 팀사 호수로 간주한다. 그는 이곳이 호수 길과 교차되는 광야길에 더 인접하다고 생각한다.[28] 한편, 수에즈 만이 과거에는 비터 호 북쪽에까지 뻗어있었을 수도 있다는 증거가 있으므로, 월터 카이저는 수에즈 만 북쪽의 이 지역이 홍해를 건넌 지점이었을 가능성이 크다고 지적한다.[29] 강을 건넌 정확한 장소와는 상관없이, 하나님께서 기적적으로 바다를 가르신 것은 그분의 힘을 강력하게 증명해주며 이스라엘을 향한 그분의 사랑을 분명하게 지적해 주었다.

7. 출애굽 연대

성경과 고고학의 실질적인 증거에도 불구하고, 출애굽 연대에 대해 두 개의 주요 이론이 존재한다. "이른 연대설"이라고 알려는 이론에서는 출애굽을 기원전 1446년, 아문호텝 2세 시대로 본다 "늦은 연대설"이라고 알려진 또 다른 이론에서는 출애굽 연대가 람세스 2세 시대인 기원전 1290년이라고 주장한다. 두 이론 사이에 150년이라는 큰 차이가 난다. 만일 여호수아가 애굽을 출발한 지 40년 후에 가나안을 정복했다는 것을 안다면 문제는 쉽게 해결될 것이다. 그러나 팔레스틴에서의 고고학적인 작업 및 애굽에 대한 우리의 지식에도 불구하고, 여전히 해결해야 할 문제들이 있다. 복음주의자들이 두 가지 연대설을 주장해왔으므로, 문제는 단순히 진보 진영과 보수 진영의 논쟁이 아니다.

1) 성경에서 중요한 숫자

출애굽에 대한 가장 중요한 연대기적 언급은 열왕기상 6:1에서 발견된다. 거기서는 솔로몬 왕 4년(기원전 996년)이 이스라엘이 애굽을 떠난 지 480년이 되는 해라고 말한다. 이와 같이 정확한 숫자는 출애굽 연대를 1446년으로 간주하게 하지만, 다른 해석도 가능하다. 존 브라이트(John Bright)는 480년은 40년씩 12세대로 이루어진 어림수라고 주장한다. 사사기에는 "40"이라는 숫자와 "80"이라는 숫자가 규칙적으로 등장하므로, "40"은 한 세대와 동일한 것으로서 실제로는 25년을 언급한다고 볼 수 있다.[30] 25년의 열두 배는 300년인데, 이 숫자는 늦은 연대설과 훌륭히 연결된다. 케네스 키친은 다른 각도에서 그 문제에 접근하면서, 480이라는 숫자는 몇 개의 숫자의 합으로서 지나치게 높은 절대값을 제공

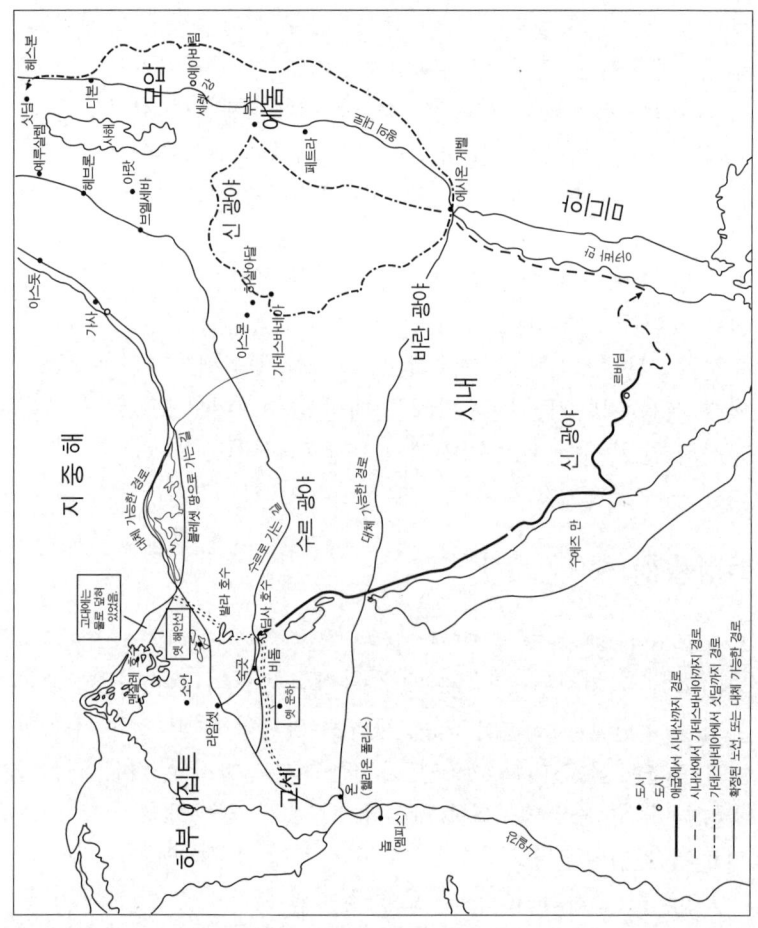

한다고 추론한다.[31]

키친은 입다가 이스라엘이 요단 동편을 삼백 년 동안 점령했었다고 진술한 사사기 11:26을 언급할 때에도 동일한 논거를 사용한다.[32] 입다는 기원전 1100년 경에 살았으므로, 300년 동안이라는 세월은 기원전 1400년, 이른 연대설에 따르면 정복 시기를 언급하게 된다. 늦은 연대설을 지지하는 사람들은 사사기 전체를 기원전 1250년부터 1050년 사이에 짜맞추어야 하는데, 이것은 여러 시대를 중복시켜야 하는 어려운 작업이다. 그처럼 짧은 시기에 사사들 모두에 대해 설명하려면 무리하게 시대들을 중복시켜야 할 것이다.[33]

2) 애굽의 증거

(1) 람세스(라암셋)라는 이름

애굽의 왕들은 몇 개의 이름을 가지고 있지만, 안타깝게도 창세기와 출애굽기에는 람세스라는 이름이 등장하지 않는다. 그 대신 각각의 왕에게 "바로"—"위대한 집"을 의미한다—라는 왕의 호칭이 사용된다. 그러나 기원전 12980-1224년에 통치한 강력한 바로인 람세스 2세와 관련된 유명한 명사가 두 번 등장한다.

출애굽기 1:11에서, 이스라엘 백성이 지은 두 개의 국고성 중 하나가 라암셋이며, 창세기 47:11에서 야곱과 그의 아들들은 "라암세스 땅"에 정착했다. 학자들은 이러한 언급을 근거로 하여 람세스 2세가 실제로 기원전 13세기 초에 이루어진 출애굽 시대의 바로였다고 결론짓는다. 람세스 2세는 실제로 비범한 건축가였지만, 출애굽기 1:11에서 언급된 도시가 처음에 그의 이름을 지니고 있었는지는 확실하지 않다. 1, 2장을 보면 모세가 라암셋이 건축된 후에 태어난 듯하지만, 출애굽할 당시 그의 나이는 팔십이었다.[34] 람세스 2세가 통치하기 수백 년 전에, 창세기 47:11에서

"라암세스"라는 이름이 사용된 것에도 동일한 문제가 존재한다. 두 경우 모두, 후대의 편집자가 보다 현대의 이름을 사용하여 과거의 이름을 바꾸었다. 아브라함이 포로가 된 롯을 찾으려고 단까지 쫓아간 내용이 기록된 창세기 14:14에서도 예기적 표시(미래 일을 현재나 과거의 것으로 씀) 방법이 등장한다. 그러나 사사 시대에 단 지파가 그 도시를 점령하여 새로운 이름을 붙이기 전, 그 도시의 이름은 "라이스"였다(삿 18:29).[35]

람세스 2세를 출애굽 시대의 왕으로 보는 것을 반대하는 또 다른 논거는 람세스 이전에 다스린 왕의 수명이다. 출애굽기 2:23에 따르면, 모세는 자기를 죽이려 하는 바로가 죽을 때까지 40년 동안 애굽에서 도망쳐 지냈다. 람세스 이전의 왕 세티 1세(Seti I)는 12년 동안 다스렸을 뿐이다. 그러나 이른 연대설에 의하면 이스라엘을 학대한 바로인 투트모세 3세(Thutmose III)는 대략 기원전 1495년부터 1450년까지 다스렸다. 아문호텝 2세가 그의 뒤를 이었고, 아문호텝의 뒤를 이어 그의 동생인 투트모세 4세가 왕이 되었다. 아문호텝의 맏아들은 출애굽의 계기가 된 열번째 재앙 때에 죽었을 것이다.

(2) 힉소스 왕조의 통치자들

이스라엘 백성이 애굽에 있었던 기간 중 어느 시기에, 힉소스(Hyksos)라고 알려진 외국인들이 애굽을 다스렸다. 셈족인 힉소스 왕조는 이스라엘 백성이 거주했던 곳과 동일한 델타 동북부 지역의 타니스(Tanis)에 수도를 두고 기원전 1700년부터 1550년까지 이집트를 다스렸다. 맨프레드 비택(Manfred Bietak)은 이스라엘 북부에 있는 비블로스(Byblos)라는 도시에서 이주해온 상인들과 장인들이 제15왕조와 제16왕조의 왕(바로)들로서 애굽을 다스린 이 외국인 벼락부자들의 중심을 이루었을 것이라고 생각한다.[36] 힉소스 왕조는 청동으로 만든 칼과 단검, 복합 화살, 말과 전차를 전쟁에 도입했다.

이스라엘 사람들도 애굽에서 한 명의 탁월한 지도자를 배출했던 셈족이었으므로, 힉소스 왕조와 그들의 관계는 아주 흥미롭다. 이스라엘 백성들은 힉소스 왕조 시대에 애굽에 들어갔는가, 아니면 그보다 후대에 힉소스 왕조에 의해 노예가 되었는가? 이 질문들에 대한 대답의 일부는 "요셉을 알지 못하는 새 왕"(출 1:8), 이스라엘 백성을 잔인하게 학대한 왕이 누구인지를 밝히는 데 있다. 이 왕은 힉소스 왕조의 한 사람이었는가, 아니면 기원전 1550년 경에 힉소스 왕조를 몰아내고 신왕조(New Kingdom)를 세운 애굽 본토인인 아모세(Ahmose)였는가? 힉소스 왕조라는 해석을 지지하는 사람들은, 창세기 15:13에서 예고된 400년 동안의 학대를 고려해 보면 1550년이라는 연대는 너무 늦다고 주장한다. 만일 이것이 기원전 1700년에 통치한 힉소스 왕조의 통치자를 언급하는 것이라면, 학대를 받은 기간은 100년이 아니라 최소한 250년이 될 것이다. 둘째, 히브리인들의 인구 증가에 대한 두려움은 이스라엘 백성보다 수적으로 크게 우세했던 애굽 사람들보다는 소수파인 힉소스 통치자들에게 더 적합할 것이다.[13] 그러나 1550년에 이스라엘 백성들은 아직도 150년 동안 더 애굽에서 지내면서 번성할 수 있었으므로, 인구 문제에 비추어 생각하면 새 왕이 아모세였을 수도 있다. 게다가 힉소스 왕조가 자기들과 동족인 셈족 사람들을 출애굽기 1-2장에 지적된 수준의 노예로 전락시키려 한 이유는 더욱 설명하기 어렵다. 힉소스 왕조를 몰아낸 애굽 원주민 왕조는 그것을 기회로 삼아 또 다른 셈족을 억압했을 수도 있다.

출애굽기 1:8에 등장하는 새 왕이 누구인지 밝히는 것은 어려운 일이지만, 야곱을 애굽으로 영접한 바로가 힉소스 왕조의 통치자가 아니었을 가능성이 크다. 요셉이 총리 대신이 된 기사에서, 그가 애굽의 원주민 왕조를 대하고 있었다는 여러 가지 증거가 주어진다. 외국인들은 애굽 사람들과 함께 음식을 먹을 수 없었고(창 43:32), 애굽 사람들은 목축하는 사람들을 가증히 여겼다(창 46:34).[38] 출애굽 연대를 늦게 보는 이론은 이스라엘 백성이 힉소스 왕조 초기에 애굽에 도착한 것으로 보려 하므로, 사백 년이 시작되는 시기가 보다 빨라지며, 1446년에 애굽을 떠났다고 보는 견해와 가장 잘 일치한다.

3) 여리고 성에서 발굴된 증거물

여리고는 여호수아가 정복한 최초의 요새였다. 고고학에서는 그 유물의 해석에 대한 논의가 활발하게 진행되어 왔다. 1930년부터 1936년까지 여리고 성을 발굴한 존 가스탱(John Garstang)은 증거들이 이른 연대설을 뒷받침한다고 생각했지만, 1952년부터 1958년까지 발굴작업을 한 캐틀린 케년(Kathleen Kenyon)은 여리고가 "14세기의 삼분기"에 함락되었다고 주장하고, 가스탱의 결론의 단점들을 지적했다.[39] 특히, 가스탱이 여호수아가 정복한 것이라고 확인한 이중 성벽이 청동기 후기의 것임을 부인한 것은 흥미로운 일이다. 이 이중 성벽은 여호수아의 시대보다 500년 전에 건설되었다.[40] 안타깝게도 그 도시의 둑은 기원전 1500년 이후에 심하게 침식되었는데, 그 부분적인 이유는 여리고가 아합의 통치 때까지 버려져 있었기 때문이다(왕상 16:34 참조).

논쟁의 핵심은 샘 위에 있는 "중간 건물"(Middle Building)에 관심을 두는데, 그 둘은 모두 기원전 1350년 무렵의 것이다. 케년은 이 건물을 여호수아가 정복한 여리고와 연결짓지만, 가스탱은 그것을 사사 시대에 모압 왕 에글론이 잠시 점령했던 지역과 연결짓는다(삿 3:13). 그 당시 여리고는 분명히 성벽이 없는 작은 도시였으므로, 이 경우에 증거물들은 가스탱의 주장을 지지하는 듯하다.

가스탱의 이른 연대설을 뒷받침하는 주요한 논거는 둑과 무덤에서 발견된 도자기들에 대한 그의 해석에 있다. 그는 투트모세 3세 시대(기원전 1500년 경)의 도자기 파편과 도기들은 많지만 아문호텝의 후계자인 악헤나톤(Akhenaton) 시대의 것은 없다는 사실을 관찰했다. 케년은 도기들은 조상들로부터 전해오는 가재(家財)인 경향이 있으므로 정확한 연대를 추정하는 데 그것들을 사용할 수 없다고 반박했다.[41] 그녀의 견해에 의하면, 도자기 유물은 기원전 1550년 경의 것까지 존재하는데, 붉은 색과 검은 색을 띤 이색(二色) 도자기가 발견되지 않는 것이 이러한 결론을 내리는 데 결정적인 역할을 한다. 그러나 주로 북부의 므깃도와 남부의 텔엘아줄(Tell el-'Ajjul)에서 발견되는 이색 도자기가 팔레스틴 중부의 산지나 요단 골짜기에 전래되었는지에 대해 의심해볼 수 있다. 만일 그렇지 않다면, 그것이 부재한다는 것은 여리고 점령 연대를 추정하는 것과 전혀 상관이 없을 것이다. 도자기 분석은 여전히 어려운 작업이지만, 가스탱의 결론들이 가장 타당한 듯하다. 만일 그의 주장이 옳다면, 이 도자기 밑에 두꺼운 재로 이루어진 층이 존재하는 것은 여호수아가 여리고를 멸망시킨 데서 기인한 것일 수도 있다.[42]

여리고에서 발굴된 도자기 유물들에 대한 케년의 해석이 출애굽의 이른 연대설을 뒷받침하지 못하지만, 그녀는 팔레스틴 내에서의 도자기 변화에 대해 흥미로운 평가를 내린다. 그녀는 팔레스틴 문화 내에서의 주요한 변화가 기원전 1400년경에 발생했는데, 출애굽이 기원전 1446년에 이루어졌다면, 그 때 여호수아와 이스라엘 백성이 가나안에 도착했을 것이라고 주장한다.[43]

4) 다른 도시에서 발굴된 증거물

고고학자들은 여호수아와 그의 군대가 점령한 다른 장소들의 위치를 조사해왔으며, 그들이 발굴해낸 것들을 통해서 주로 기원전 13세기의 파괴 형태가 드러났다. 라기스, 더빌, 벧엘 등은 화재로 멸망했는데, 그 도시들의 멸망 연대는 출애굽 연대가 기원전 1290년이라는 견해를 뒷받침해주는 듯하다. 그러나 고고학적인 자료와 성경 본문을 비교해보면 몇 가지 문제점이 제기된다. 여호수아 11:13에서는 정복을 요약하면서 하솔만 불살랐다고 진술한다(앞에서 묘사된 여리고와 아이는 제외되었다). 라기스는 남쪽 지방으로의 원정 때에 정복되었지만, 본문에서는 그 성을 불태운 것에 대해서는 아무런 말도 하지 않는다(수 10:32). 애굽의 메르넵타(Merneptah) 왕의 특징적인 문체로 "제4년"이라는 말이 적혀 있는 깨진 항아리가 라기스에서 발견되었으므로, 애굽 사람들이 라기스를 불태웠을 가능성도 있다.[44] 기원전 1220년에 만들어진 메르넵타 왕의 석비에는 그가 전쟁에서 이스라엘을 무찔렀다고 언급되어 있다.[45] 기원전 1200년 경에 해양 민족들이 침입한 것도 라기스와 더빌이 멸망한 이유를 설명해줄 수 있을 것이다. 소아시아에서부토 애굽에 이르는 지역의 여러 도시들이 이 이주해오는 민족들에게서 고난을 받았다.

라기스와 더빌과는 달리, 하솔은 13세기 파괴층(제1층)에서 화재의 증거를 나타내지 않는다. 그러나 여호수아 11:13에 따르면 갈릴리 바다에서 북쪽으로 약 9마일 떨어진 곳에 있는 이 요새는 실제로 불에 탔다고 한다. 이스라엘인 고고학자 이가엘 야딘(Yigael Yadin)은 발굴 작업을 하면서 제3층에서 화재의 표식들을 발견했다. 그는 이것을 애굽의 바로인 투트모세 3세의 소행으로 간주했다.[46] 이른 연대설에 의하면, 하솔은 여호수아의 시대로부터 불과 50여년 전에 멸망했을 것이므로, 레온 우드(Leon Wood)는 제3층의 도시는 여호수아가 불사른 도시였을 것이라고 주장해왔다.[47] 기원전 13세기의 파괴는 드보라와 바락이 사사 시대에 하솔을 통치한 야빈과 싸워 이긴 것과 연결할 수 있을 것이다(삿 4:2, 24 참조).

5) 요단 동편에서 발굴된 증거물

1930년대 말에 넬슨 글렉(Nelson Glueck)이 표층 탐사에 착수한 이후로, 학자들은 기원전 1300년 이전에 에돔이나 모압처럼 강력한 민족이 존재했다는 것에 대해 의심을 제기해왔다. 글렉은 기원전 1800부터 1300년까지 요단 동편에는 거의 사람이 거주하지 않았다고 결론지었다. 그렇다면 만일 여호수아와 모세가 기원전 1300년 이전에 그곳에 도착했다면, 그들을 대적할 원수가 없었을 것이다.[48] 그러나 최근에 모압 중부의 분지에 있는 유적들을 연구한 바에 의하면, 기원전 1500-1200년 사이에 인구의 차이가 나타나지 않는다.[49] 빔슨(J. J. Bimson)은 다른 유적지들에 대한 연구를 토대로 하여 그 기간 중에 요단 동편에는 실제로 사람들이 거주했다는 결론에 도달했다.[50] 카우츠(Kautz)와 빔슨의 작업은 암몬 족의 영역에서 청동기 후기의 유물을 발견한 랭커스터 하딩(Lancaster Harding)의 견해를 뒷받침해준다.[51]

6) 아마르나 서판

1887년에 이집트의 텔 엘-아마르나(Tell el-Amarna)에서 약 350개의 점토판이 발견되었다. 이 편지들은 팔레스틴과 시리아에 있는 도시의 지도자들이 아문호텝 3세와 악헤나톤에게 보낸 것으로서 그 땅에 침입한 하비루(Habiru)라는 무리에 대해 불평하는 내용이다. 이 두 왕은 기원전 1400-1360년 경부터 통치했고, "하비루"라는 단어는 "히브히"라는 단어와 아주 흡사하므로, 그 둘을 연결하여 아마르나 편지들을 여호수아의 지도 하에 이루어진 정복을 보여주는 외적인 증거로 해석하기 쉽다. 그러나 자세히 조사해보면, 이 견해는 입증되기 어렵다.

첫째, 고대 근동 지방의 여러 국가에서 하비루, 또는 'Apiru는 군인, 용병, 그리고 노예들을 묘사하는 데 사용된다. 기원전 2000년 무렵 이후로 아마르나 자료 외에도 하비루라는 언급이 있었다(메소포타미아, 이집트, 우가릿, 그리고 히타이트 족의 본문에서 'Apiru가 언급된다). 이 본문들 중 대부분에서 하비루는 성경에 등장하는 히브리인들과 동일하지 않으며, 일반적으로 학자들은 "하비루"가 하나의 인종적인 집단이 아니라 어떤 계층을 언급한다고 생각한다.[52]

둘째, 가나안에서의 하비루의 활동에 대한 정보는 여호수아서에 기록된 기사와 그다지 일치하지 않는다. 예를 들어, 예루살렘의 왕은 아브디헤파라고 불리지만, 여호수아 10:1에서는 아도니세덱을 예루살렘의 왕으로 언급한다. 라기스와 게셀와 같은 도시들은 여호수아에게 패배한 것이 아니라 하비루를 지지한 듯이 보인다(수 10:33).[53]

한편, 글리슨 아처(Gleason Archer)는, 하비루에 대한 몇 가지 세부 내용이 히브리 정복 이야기와 일치한다는 것을 증명했다. 예를 들어, 애굽 왕에게 보낸 편지들은 여호수아가 정복하기 어려웠던 성읍—예를 들면 예루살렘, 므깃도, 아스글론, 게셀 등—에서 보낸 것이었다. 어느 편지에서 예루살렘의 아브디헤파는 라바유가 세겜을 하비루에게 주었다고 불평했는데, 이것은 이스라엘 백성이 세겜에서 언약 갱신 의식을 거행한 이유를 설명하는 데 도움이 될 것이다(수 8:30-35). 므깃도의 왕이 보낸 편지에는 야수야라는 지도자가 언급되는데, 이 이름은 여호수아의 히브리 철자법에 가깝다.[54] 만일 이른 연대 이론이 옳다면, 비록 하비루와 히브리라는 단어는 그 이전에는 서로 관련이 없었지만, 가나안의 지도자들이 히브리인들을 하비루 민족의 일부로 간주했을 수도 있다.

 메리디스 클라인은 하비루가 사사기 3:7-11에 기록된 구산 리사다임의 공격과 동일시될 수도 있다는 주장을 해왔다. 클라인은 이 북부 메소포타미아의 왕이 14, 15세기에 강대국이었던 미타니의 후리안족(Hurrians)과 동맹을 맺었을 수도 있다고 생각한다.[55] 이 공격은 대략 기원전 1375년에 발생했으므로, 가나안에 거주하는 하비루에 대한 불평이 절정에 달했던 악혜나톤 시대에 해당된다.

 출애굽 및 가나안 정복의 연대를 추정하는 문제가 지닌 다른 측면들이 그렇듯이, 하비루 문제도 어려운 문제로 남아 있다. 성경의 증거, 역사적 증거, 고고학적인 증거를 살펴 보면, 1446년설과 1290년설 모두 설득력 있는 논거의 지지를 받을 수 있음을 알 수 있다. 그러나 여기서는 기원전 1446년 설이 유력한 듯하다.

8. 이스라엘의 수적 규모

 성경을 해석하는 사람이 직면하는 또 하나의 골치아픈 문제는 출애굽 당시 이스라엘 민족의 어머어마한 규모이다. 출애굽기 12:37에 의하면, 애굽을 나올 때에 "유아 외에 보행하는 장정이 육십만 가량"이었다. 이것을 토대로 하면 전체 인구는 최소한 200만명 이상이 된다. 모세가 그처럼 큰 무리를 어떻게 관리할 수 있었으며, 그들이 어떻게 사막에서 살아남을 수 있었을까? 그 시대의 다른 민족들이나 다른 군대와 비교해 보아도, 그 숫자는 대단히 큰 숫자인 듯하다. 비판적인 학자들은 성경의 숫자들의 정확성을 거부하며, 전체 인구수를 줄이는 여러 가지 이론을 제기해왔다. 그러나 이 이론들은 선의에서 생겨난 훌륭한 이론들이지만, 성경의 자료와 양립할 수 없는 듯하다. 특히 출애굽기와 민수기는 이스라엘의 놀라운 성장을 일관성있게 묘사하며, 그 민족이 광야에서 살아남은 것은 하나님께서 개입하신 데 따른 직접적인 결과라는 것을 보여준다.

사실, 출애굽기는 바로가 "우리보다 많고 강하다"(1:9)고 말할 만큼 이스라엘 백성들이 놀랄 정도로 증가한 것에 대한 묘사로 시작된다. 왕은 이스라엘 백성이 전쟁 때에 적과 연합하여 애굽을 전복시킬 것을 염려하여, 히브리인의 남자 아이들을 모두 죽임으로써 인구 증가를 억제하려 했다(1:10, 16). 그 끔찍한 조처는, 이스라엘 백성이 20만명, 또는 30만명을 훨씬 넘었다는 것, 그리고 이백만이라는 숫자가 결코 비합리적인 숫자가 아니라는 의미를 함축하고 있다. 야곱의 가족이 처음 애굽에 이주해왔을 때에는 약 칠십 명이었으므로, 각 가정에서 5명 내지 여섯 명의 자녀를 두었다면 400년 후에는 이백만 명에 달할 것이다.[56]

민수기에 기록된 두 번의 인구조사는 출애굽 자료와 매우 일치한다. 민수기 1:46에서 이십 세 이상의 남자가 603,550명으로 제시되며, 26:51에서는 광야 생활이 끝날 때에 전체가 601,730명이었다고 제시된다. 두 곳에서 인구조사는 지파 단위로 이루어져 합산되며, 2장에는 세 지파별 소계가 기록되어 있다.

이렇게 큰 무리를 약속의 땅으로 인도하는 데 포함되어 있는 본질적인 어려움 때문에, 학자들은 성경의 숫자들을 새롭게 해석하려고 노력해왔다. 조지 멘덴홀(George Mendennhall)은 "천"으로 번역된 단어 *'elep*가 종종 "집단"(group), 또는 "씨족"(clan)이라는 의미를 갖는다는 데 주목했다.[57] 사사기 6:15에서, 기드온은 자신의 집(clan)이 므낫세 지파 중에서 가장 약하다고 말하며, 사무엘상 23:23에서 사울은 "유다 천천 인 중에서" 다윗을 찾아 내겠다고 맹세한다. 사무엘상의 앞부분에서, *'elep*은 "단위"로 번역되는데, 거기서는 정확하게 천 명으로 번역할 필요가 없을 것이다. 만일 육십 만 명을 600개의 "단위"로 번역할 수 있다면, 또 각각의 단위가 200명의 남자들만으로 구성된다면, 전체 숫자는 남자 120,000명으로 줄어들 것이며, 이것은 여전히 큰 숫자이지만 보다 합리적인 수이다. 그러나 민수기의 인구조사에서 제시된 숫자에서는 총계를 수십만 명이라고 설명하면서, "천"을 문자 그대로 받아들여야 한다고 강력히 암시한다. 게다가, 성막을 짓기 위한 물건을 수집할 때, 인구조사 때에 계수된 603,550명에게 각각 반 세겔 씩을 받아 총 301,775세겔을 거두었다(출 38:25-26 참조). 출애굽기와 민수기 기자는 분명히 이 숫자가 문자 그대로 이해되기를 원했다.

로널드 앨런(Ronald Allen)은 최근에 저술한 민수기 주석에서 자료들을 가지고 씨름했으며, 이스라엘의 자손이 실제로 별처럼 무수하게 될 날을 내다보기 위한 수사학적인 장치로서, 숫자를 의도적으로 과장했다고 주장했다. 앨런은 숫자들이 의도적으로 열 배로 과장되었으며, 실제로는 남자가 육만 명이고 여자와 어린아이를 포함하면 25만 명 내지 30만 명이라고 조심스럽게 주장한다.[58] 실제 숫자와 과장된 숫자 사이의 차이는, 사무엘상 18:7에서 하나님이 이스라엘의 초대 두 왕에게 주신 큰 축복을 강조하기 위해 의도된 과장된 표현 "사울이 죽인 자는 천천이요 다윗은 만만이로다"와 비슷할 것이다. 앨런은 출애굽기 38:25-26의 수학적인 정확성이 자기의 이론에 엄청난 장애물이 된다는 것을 인정하면서도, 이 숫자가 민수기 1:46에 제시된 전체 인구에서 파생된 것이라고 주장한다.[59] 앨런은 브올의 바알을 섬긴 후에 죽은 사람들의 수에 대해 논하면서(민 25:9), 24,000이라는 숫자를 문자 그대로 받아들인다. 그 이유는 고린도전서 10:8에 23,000명이라는 숫자가 언급되었기 때문이다. 이것은 실제 인구인 250,000명의 거의 10퍼센트를 잃은 것이며, 그 전염병이 한층 더 무서운 것이었음이 증명된다.[60]

건강한 남자의 수가 실제로 603,000명이었다 해도, 그들 모두가 동일한 전쟁에 참전하지는 않았음에 주목해야 한다.[61] 모세가 미디안 족과 싸울 때에는 12,000명을 파견했고, 여호수아는 삼십 만 명을 데리고 아이 성을 공격했다(민 31:5; 수 8:2, 13). 후일 베냐민 지파를 공격하는 내란이 벌어졌을 때에는 사십 만명의 이스라엘 군대가 이만 육천 명의 베냐민 자손을 대적하여 싸웠다(삿 20:2, 15). 역사서에서는 군대의 규모가 매우 다양하여, 군인의 수가 수천 명에서부터 수십만 명에 이른다(대하 13:3; 왕상 20:15 참조). 이 중 몇 가지 예에서 숫자를 줄이려는 시도가 이루어졌지만, 기드온이 깨달은 것처럼 하나님은 필요하다면 불과 수백 명으로도 전쟁에서 승리하실 수 있었다.

인간적인 관점에서 보면, 광야에서 이백 만 명을 먹이고 입히는 것은 불가능한 일이었으며, 성경은 광야 생활을 하는 동안 내내 초자연적인 개입이 필요했다는 것을 분명히 밝힌다. 광야에서 물이 없이 사흘을 지낸 이스라엘 백성들은 모세에게 불평을 시작했다. 그러나 하나님은 마라에서 쓴 물을 달게 만드셨고 엘림에서는 열두 개의 샘물로 인도하셨다(출 15:25, 27). 신 광야에서, 하나님은 하늘에서 만나를 내려 주셨는데, 그 후 사십 년 동안 이 "꿀 섞은 과자 같은" 양식이 기적적으로 공급되었다(출 16:31 참조). 백성들이 고기를 간절히 원했을 때에 두 차례 바다에서 메추라기들이 날라왔다(출 16:13; 민 11:31). 그 길고 고된 세월 동안, 그들의 옷이나 신발이 낡거나 해어지지 않았다(신 29:5). 불신앙으로 인하여 한 세대는 모두 그 광야에서 죽었지만, 그 민족 전체는 "돕는 방패"이신 하나님과 함께 살아 남았다(신 33:29).

9. 시내 산 언약

애굽에서 나온 이스라엘 백성들은 석달 후에 그 반도의 동남쪽에 있는 시내 산에 도착했다. 그곳에서 하나님은 강력한 방법으로 그들을 만나셨다. 오랫동안 종살이를 해온 백성들에게는 약속의 땅을 향해 나아가기 전에 하나님의 말씀을 들을 기회가 필요했다. 하나님은 그들에게 사는 방법과 하나님을 예배하는 방법에 대한 특별한 가르침을 주셨다. 수백 년 전에 하나님은 아브라함과 언약을 맺으시면서 그를 큰 나라로 만들겠다고 약속하셨었다. 이제 그 "큰 나라"가 하나님의 귀중한 소유가 되려면 하나님과의 집단적인 관계를 맺어야 할 필요가 있었다. 뒤에 기록된 구절에서는 시내 산 언약을 하나님과 이스라엘의 결혼으로 언급하며, 그 언약을 범한 것은 궁극적으로 "이혼", 즉 포로생활이라는 결과를 낳았다(렘 3:8 참조). 이스라엘은 시내 산에서 여호와께 완전히 순종하기로 동의함으로써 "제사장 나라와 거룩한 백성"이 되었다(출 19:6). 그들만이 하나님을 경외하고 예배하도록 구별되었다. 다른 민족들은 이러한 하나님과의 특별한 관계를 누리지 못했다. 베드로전서 2-9장에서, 사도는 신약시대의 신자들이 하나님의 택함을 받은 사람들로서 이러한 특권을 누린다고 말했다.[62]

1) 신 현현(Theophany)

이스라엘 백성에게 그들이 내린 결정의 중요성을 인식시키기 위해서, 하나님은 시내 산에서 자기의 능력과 영광을 드러내셨다. 백성들이 산 밑에 서 있을 때에, 천둥과 번개, 지진, 큰 연기 속에서 하나님은 시내 산 꼭대기에 내려 오셨다. 하나님의 음성과 천둥소리를 구분할 수 없는 것 같았다. 겁에 질린 백성들은 자기들이 죽을 것이라고 생각했다. 그들은 모세에게 자기들 대신에 하나님의 음성을 들으라고 애원하면서, 자기들은 모세가 전하는 말을 듣겠다고 약속했다(출 19:19; 20:18-19). 결국, 그들은 모세에게 중재자, 선지자가 되어 달라고 부탁했으며, 그러한 부탁을 함으로써 그 선지자를 통해서 주어지는 하나님의 말씀을 주의깊게 듣기로 동의했다(신 18:15-16). 이것은 이스라엘이 십계명, 그리고 모세가 그들에게 주는 다른 법에 아주 깊은 관심을 기울여야 한다는 것을 의미한다.

아브라함의 언약이 제정될 때와(창 15:17 참조) 하나님께서 모세에게 나타나실 때(출 3:2)에는 시내 산의 불과 연기에 하나님의 임재가 동반되었다. 그러나 시내 산에서 주어진 계시는 그 민족의 기억에 영원히 새겨졌다. 후일 그들은 하나님의 능력 및 하나님께서 자기 백성을 보호하신 방법을 회상할 때마다 여호와를 "시내 산의 하나님"이라고 했다(삿 5:5; 시 68:8).

2) 십계명

앞에서 시내 산 언약에서 십계명이 지니는 중요성에 대해 이야기한 바 있다. 단순히 "열 개의 말씀"(출 34:28; 신 4:13; 10:4)이라고 알려진 이 간결한 명령들은 율법의 조건들을 요약하며, 민법이나 의식법과는 구분되는 도덕률을 대표한다. 위에서 살펴본 바와 같이, 십계명은 조약의 규정들과 매우 일치하며, 이것은 이스라엘 백성이 전심으로 십계명에 복종해야 할 또 다른 이유가 된다. 하나님이 친히 두 개의 돌판에 쓰신(출 31:18) 십계명은 그 중요성을 나타내기 위해 언약궤 안에 보존되었다. 돌판들은 아마 두 개의 사본이었을 것이며, 각각의 판에는 계명 전체가 포함되어 있었을 것이다. 그러나 그것들을 백성들에게 읽어주기도 전에, 백성들이 금송아지를 숭배하는 것을 본 모세는 그 돌판을 깨 뜨려 버렸다(32:19). 모세는 산 꼭대기로 돌아가서 새로 돌판 둘을 깎아 만들었다(34:1).

십계명을 구분하는 정확한 방법에 대해서는 상이한 의견들이 있지만, 처음 계명들은 인간이 하나님을 대하는 관계에 대해 이야기하며 나중 계명들은 인간과 인간의 관계에 대해 이야기한다는 데는 모두 의견이 일치한다. 안식일을 지키라는 명령은 약간 과도적이다. 왜냐하면 안식일은 하나님께서 창조의 일곱째 날에 안식하신 것에 기초를 두고 있으며 동시에 주인과 종, 또는 고용인과 피고용인의 관계와 긴밀하게 얽혀 있기 때문이다. 다음 명령—"네 부모를 공경하라"(20:12)—는 에베소서 6:2에서는 "약속 있는 첫 계명"이라고 불린다.

예수님은 가장 중요한 계명이 무엇이냐는 질문을 받았을 때에 신명기 6:5—"너는 마음을 다하고 성품을 다하고 힘을 다하여 네 하나님 여호와를 사랑하라"—을 인용하셨는데(마 22:37), 그것은 처음 네 계명의 요약이다. 두번째 계명, "이웃 사랑하기를 네 몸과 같이 하라"(레 19:18; 마 22:39)는 마지막 여섯 계명을 요약한다.[63] 예수님의 말씀을 근거로 하면, 십계명은 가장 중요한 것부터 내려가면서 배열되었다고 생각할 수 있다. 다른 신을 예배하지 말라고 금하는 첫째 계명이 가장 중요하고, 시기하지 말라는 계명이 가장 중요하지 않다. 그런데 안타깝게도 이스라엘은 금송아지를 숭배하여 처음 두 계명을 범했다(출 3:24).

예수님은 산상수훈에서 노염과 미움을 살인과 비교하고, 정욕을 간음과 비교하심으로써 율법의 내적인 차원을 보여 주셨다(마 5:21-22, 27-28). 죄는 "생명의 원천"인 마음에서 시작되므로 조심하여 마음을 지켜야 한다(잠 4:23). 우리가 밤낮으로 하나님의 말씀을 묵상한다면, 그리고 고상하고 의롭고 깨끗한 것에 대해 생각한다면(시 1:2; 빌 4:7-8), 우리는 빛 가운데서 행하며 어두움의 일을 피할 수 있을 것이다.

3) 언약서

이 명칭은 출애굽기 24:7에서 취한 것이며, 가장 엄격한 의미에서 십계명을 상술하고 부연한 부분인 출애굽기 10:22-23:33을 언급한다. 거기서는 계명의 대부분이 간단하게라도 언급된다.[64] 예를 들어, 하나님만 예배하는 것은 20:23과 22:20의 주제이며, 우상을 숭배하는 사람들은 반드시 죽여야 한다―이것은 주로 가나안 족속과 아모리 족속의 심판에 적용되는 조건이다(수 2:10 참조). 안식일에 대한 법(제4계명)들은 23:10-12에 기록되어 있으며, 땅의 경작을 쉬는 안식년에 대한 언급도 포함되어 있다. 히브리 종들에게도 칠년째 되는 해에 자유를 주었다(21:2). 제5계명을 범하여 부모를 공격하거나 저주하는 사람은 반드시 죽여야 했다(21:15, 17). 그러나 우발적으로 사람을 죽인 사람을 위해서, 하나님은 도피성을 마련하셨다(21:13). 22:16-19에서는 여러 종류의 음란함이 언급되고, 22:1-5에서는 도둑질에 대해 언급된다. 마지막으로 23장에는 법정에서 거짓 증언하는 데 대한 경고들이 담겨 있다(1-9절).

이 부분에는 종, 이방 나그네, 과부, 고아 등을 친절하게 다루라고 촉구하는 명령들이 있다(22:21-24). 왜냐하면 그들은 애굽에서의 경험으로 그들의 사정을 잘 알고 있기 때문이다(23:9). 가난한 사람들에게 관심을 가지는 것이 장려되는데, 이는 여호와는 자비하신 하나님이기 때문이다(22:27). 심지어 동물들도 자비하게 다루어야 했다(23:5, 12).

위에서 살펴본 것처럼, 사형으로 다스려야 하는 죄가 있고, 또 눈에는 눈으로 이에는 이로 되갚는 "보복의 법"의 적용을 받는 죄도 있었다(21:24). 레위기 24:20과 신명기 19:21에서 되풀이 되는 보복의 법은 개인적인 복수를 장려하려는 것이 아니라 범한 죄에 적합한 처벌을 하려는 의도를 지닌 것이었다. 때때로 요구된 형벌이 인간적인 방법으로 수정되기도 했다(21:26-27). 예수께서는 "눈에는 눈으로" 갚는 방법에 반발하시면서, 사랑이 개인적인 보복 욕구를 대신할 수 있음을 보여 주셨다(마 5:38-42).

4) 언약 비준

19:8에서 이스라엘 백성들은 언약의 조건을 받아들이기로 동의했지만, 실질적인 언약 비준 의식은 24장에 묘사되어 있다. 창세기 15장에 기록된 아브라함 언약과는 달리, 백성들의 책임이 강조된다. 백성들이 여호와께서 말씀하신 모든 일을 행하겠다고 두 번 동의한 후에, 모세는 아론과 그의 두 아들, 그리고 칠십 명의 장로들을 동반하고 여호와를 만났다(24:3, 8). 백성들이 동의한 데 대한 반응으로 모세는 시내 산 밑에서 제물을 드리고, 그들이 하나님의 특별한 민족으로 구별되었다는 표식으로서 백성들에게 피를 뿌렸다. 이것은 "언약의 피"라고 불렸는데, 그것은 그리스도께서 새 언약을 제정하기 위해 피를 흘리시기 직전에 하신 말씀을 상기시켜 주는 용어이다(막 14:24).

제물을 바친 후에, 모세는 언약을 보증하기 위해 다른 사람들과 함께 산 중턱까지 올라가서 식사를 했다. 이 식사를 한 환경은 독특하지만, 친교의 식사는 보통 언약의 비준과 관련이 있었다(창 26:30; 31:54). 10절과 11절에서는 그들이 하나님을 보고도 목숨을 부지하여 그 일에 대해 이야기했다고 말한다. 모세에게도 하나님의 얼굴을 보는 것이 허락되지 않았으므로(출 33:20 참조), 아마 이 때에 그들은 하나님의 발만 보았을 것이다(10절 참조). 이것은 하나님의 영광의 제한된 계시였지만, 백성들의 지도자들에게 언약을 지켜야 할 필요성을 인식시켜 주었을 것이다.

그 후에 모세는 산 위로 불려 올라가서, 그곳에서 여호와의 영광으로 덮였다. 모세는 사십 일 동안 이 영광의 구름 안에 머물러 있으면서 율법 및 성막 건설에 대해 하나님의 가르침을 받았다. 이스라엘 사람들의 눈에는 이 구름이 맹렬한 불처럼 보였는데, 그것은 언약에 대해 순종을 요구하신 하나님의 권세와 노염의 상징이었다(신 4:23-24 참조).

10. 고대의 다른 법전들과의 비교

고대 근동지방을 연구하는 사람이라면 성경의 법과 어느 정도 비슷한 다른 법전들이 있음을 잘 알 것이다. 우르 남무의 수메르 법전(B.C. 21세기), 아카드 어로 기록된 에수눈나의 빌라라마 법전(B.C. 20세기), 아카드 어로 기록된 바벨론의 함무라비 법전(B.C. 18세기) 등은 연대적으로 성경보다 앞선 것들이다. 그 밖에 소아시아에서 발견된 히타이트 법전(B.C. 16세기), 디글랏벨레셀 1세(B.C. 1115-1077) 시대의 점토판에서 발견되었지만 그보다 삼백 년 전의 법일 수도 있는 중기 앗시리아의 법전 등도 중요하다. 이 법전들 중에서 가장 길고 가장 중요한 것은 함무라비의 것으로 간주되는 것으로서, 높이 8피트의 검은색 석비에 새겨져 있었다. 1902년에 프랑스 고고학자들이 고대 엘람의 수도인 수사에서 이것을 발견하여 루브르 박물관으로 옮겨갔다.[65]

이 법전에서 발견된 수백 개의 법 중에는 출애굽기나 신명기의 내용과 매우 흡사한 것이 약간 있지만,[66] 대부분은 귀결절의 형태가 아니라 결의론적인 형태로 제시되어 있다. 특히 십계명에서 발견되는 형태는 귀결절 양식은 근동지방의 조약에서 발견되는 규정들의 특징이기도 하다. 이상하게도, 소송을 다룰 때에는 고대 법전이 자주 언급되지 않으며, 실제로 법을 시행할 때보다는 서기간들과 재판관들을 교육하는 데서 더 큰 역할을 했을 수도 있다.[67] 성경의 법과 비교해보면, 다른 법전들은 인간 생활보다는 재산을 더 소중히 여겼다.[68] 예를 들어, 만일 과거에 사람을 죽인 적이 있는 황소가 다시 사람을 받아 죽게 한 경우에, 출애굽기 21:29에 의하면 희생자의 가족들이 벌금을 받아들이지 않는 한 소의 주인을 죽여야 한다(30절). 그러나 함무라비 법전 251조에 의하면, 벌금만 지불하면 된다.[69] 절도죄의 경우, 성경에서는 네 배나 다섯 배로 갚으라고 규정하지만(출 22:1), 함무라비 법전에서는 10배 내지 30배로 갚을 것을 요구했다.[70]

종에 대한 법은 여러 법전에서 풍부하게 발견되며, 종의 처벌, 해방, 여자 종과의 결혼 등의 문제를 다룬다. 종종 여종은 첩으로 구매되어(출 21:7-8) 보다 큰 특권을 누리기도 했다. 첩과의 사이에서 태어난 서자의 상속권에 대해서도 세심하게 규정되어 있었다.[71] 일반적으로, 출애굽기는 종들의 특권에 큰 관심을 표현하며 인간적으로 대우할 것을 장려한다. 히브리인 노예들은 6년 동안 일한 후에는 해방되며(출 21:2), 그들의 소중한 봉사에 대한 보답으로 양식과 짐승을 선물로 받았다(신 15:12-15 참조).

보복의 법("눈에는 눈, 이에는 이")도 함무라비 법전 197와 200조에서 발견된다. 그러나 성경 외의 법전에는 몸을 불구로 만드는 형벌이 포함되어 있다. 예를 들면, 종이 귀족의 뺨을 때리면 그의 귀를 자르고,[72] 아들이 아버지를 때리면, 그의 손을 자른다.[73] 중기 앗시리아의 법들은 대부분의 법전보다 후대의 것임에도 불구하고, 어떤 이유에서인지 여러 가지 죄에 대해 몸을 불구로 만드는 처벌을 요구한다.

어떤 사람이 싸우다가 다른 사람에게 상처를 입힐 경우, 함무라비 법전과 히타이트 법전에서는 가해자는 의사가 요구하는 치료비를 피해자에게 지불해야 한다고 명시한다.[74] 출애굽기 21:19

에 의하면, 가해자는 피해자가 손해본 시간을 배상하고 완치되게 해야 한다. 함무라비 법전 209-214조는 임신한 여자를 때려 유산하게 만든 데 대한 여러 가지 형벌을 다룬다. 이 법들은 역시 임신한 여자를 때린 데 대한 벌을 다루는 출애굽기 21:22-25과 관련이 있을 수도 있다. 출애굽기에서 매 맞은 여인의 조산을 다루는지 아니면 유산을 다루는지 분명하지 않지만, 해석학적 근거에서 보면 전자일 가능성이 많다.[75]

법정에서의 위증을 억제하기 위해서, 함무라비 법전 1조에서는 어떤 사람을 살인자라고 위증하는 사람은 사형에 처해야 한다고 진술했다.[76] 신명기 19:16-19에서는, 위증을 하여 어떤 사람에게 혐의를 씌우는 사람은 그 죄에 알맞은 벌을 받아야 한다고 진술한다. "너희 중에서 악을 제하라"는 문장은 다른 곳에서 사형과 관련하여 사용되었으므로(신 13:5; 17:7; 21:21; 22:21, 24; 24:7), 이것은 분명히 사형을 의도한 것이다. 거짓말을 하는 것은 중죄이며, 공동생활에서 완전히 제거되어야 했다(출 23:1-3 참조).

11. 성막: 하나님의 거처

하나님께서는 율법을 주시고 언약은 비준하신 후에, 모세에게 하나님께서 백성들 가운데 거하실 특별한 거처인 성막 건설을 위한 계획을 계시하셨다. 여호와께서는 영광의 구름에 덮인 시내산에 머무는 대신에 산 아래로 내려와서 동일한 영광의 구름으로 성막을 채우려 하셨다. 백성들은 직접 하나님 앞에 갈 수 없었지만, 모세와 아론과 제사장들의 중재에 의해서 전능하신 하나님께 접근했다. 야웨라는 이름이 암시하듯이(출 3:12), 하나님은 백성들과 함께 계시기로 약속하셨으며, 이제 그들과 함께 진지에 머물려 하셨다. 그것을 본따서 지은 후대의 솔로몬의 성전처럼, 성막은 하나님 및 하나님께 나아가는 방법에 대해서 이스라엘을 가르치기에 완전한 구조물이었다. 이 성소와 고대의 다른 신전들 사이에 유사성이 있지만, 성막은 하나님이 친히 고안하신 독특한 것이었다(25:8).

성막에게 주어진 이름을 살펴 보면 성막의 중요성을 알 수 있다. 그 건물은 본질적으로 "거주지"를 의미하는 "성막"이라는 이름과 아울러, 처음에는 "성소", 다시 말해서 "거룩한 장소"라고 불려, 하나님의 초월성이 크게 강조되었다(25:8).[77] 여호와의 영광이 성막을 채웠을 때(40:34 참조), 그 건물을 다른 모든 성소들과 구분되었다. 밤에는 시내 산에 나타났던 것처럼 불처럼 보이는 구름이 성막을 덮었다(민 9:16 참조). 성막을 지칭하는 또 다른 이름은 "회막"(Tent of Meeting)으로서, 하나님께서 모세에게 말씀하신 장소요 이스라엘 백성들을 만나시고 그들의 제물을 받으신 장소였다(29:42-43). "장막"(tent)이라는 단어는 성막이 이동식 건물이었음을 지적한다. "구름이 성막에서 떠오르는 때에는 이스라엘 자손이 (새로운 장소를 찾기 위해서) 곧 진행하였다" (민 9:7). 건물 전체를 해체하여 이동한 뒤 새로운 야영지에서 재조립했다. 성막을 지칭하는 네번째 이름은 "증거막"(Tent of the Testimony)으로서(민 9:15; 출 38:21 참조), 두개의 율법 판이 담긴 증거의 언약궤가 지성소에 보존되어 있음을 지적한다.

성막은 가로 30피트, 세로 15피트 규격의 성소, 그리고 가로 세로가 각각 15피트인 지성소로 나뉜다. 지성소 안에는 건물 전체에서 가장 중요한 기구인 증거궤를 놓고 그 위에 속죄소를 두었다. 성소 안에는 진설병 상, 정금으로 만든 등대, 그리고 분향할 단이 있었다. 성소와 지성소 사이에는 지성소로 들어가지 못하게 막은 "가리우는 장"이 있었다(출 39:34). 성막 주위에는 가로 150피트 세로 75피트 규모의 뜰이 있고, 그곳에는 놋쇠로 만든 번제단과 놋 대야가 있었다.

　백성들과 지도자들은 자원하여 여호와께 드리는 선물로 성막을 지을 재료를 헌납했는데, 이렇게 하여 충분한 재료가 확보되었다(35:20, 29; 36:6-7). 놋쇠가 약 2.5톤, 은이 약 3.75톤이 모였다. 주로 성소 안에 비치하는 기구를 만드는 데 사용된 금은 약 1톤이 조금 넘었다(38:24, 25, 29). 성막을 덮는 막과 제사장의 옷은 주로 청색, 자색, 홍색 베실로 짠 아마포로 만들었다(26:1; 28:5). 성막을 보호하기 위해서 수양의 가죽으로 만든 덮개와 해달의 가죽으로 만든 옷 덮개를 성막 위에 덮었다(36:19). 성막과 틀의 기둥과 기구와 벽을 만들기 위해서 엄청난 양의 아카시아 나무 사용되었다. 시내 반도와 북쪽의 여리고에서 발견되는 아카시아 나무는 떡갈나무만큼 단단한 귀중한 건축 자재였다.[78] 성막 건축의 책임자는 매우 솜씨 좋은 장인(匠人)인 유다 지파 출신인 브살렐과 단 지파 출신인 오홀리압이었다. 브살렐에게는 하나님의 신이 충만했는데(31:3; 35:31), 이것은 성경에서 성령 충만을 처음으로 언급한 것이다. 하나님의 말씀을 선포하기 위해서 선지자들과 사도들에게 능력이 주어졌듯이, 우리 하나님에 대해서 말해주는 성막을 건설하기 위해서 브살렐에게 예술적인 능력이 주어졌다. 브살렐과 오홀리압은 목수요 금속 세공사요 디자이너요 수 놓은 사람이요 석공이었으며(35:32-35 참조), 많은 숙련된 일꾼들의 도움을 받았다(36:1). 이 재능있는 사람들은 시내 산에서 하나님이 모세에게 주신 설계도에 따라서 일년 안에 성막을 완성했다.

　출애굽기에 묘사된 성막의 첫 부분은 언약궤라고도 알려진 증거궤였다(25:22; 민 10:33). 길이가 3.75피트, 넓이와 높이가 각기 2.5피트이며 나무로 만들어진 증거궤는 지성소에 비치된 유일한 기구였다. 증거궤는 금으로 테를 두르고, 속죄소 두 끝에는 금으로 그룹 둘을 만들었다(25:11, 18). 그룹은 고대의 보좌 팔걸이에 새겨진 날개 달린 스핑크스 같은 모양이었을 수도 있다. 다른 곳에서는 그룹이 하나님 앞에 있는 천사같은 피조물들과 연결된다(겔 10:2-3).[79] 사무엘하 6:2에서는 하나님이 "그룹들 사이에 좌정하신다"고 말한다. 지성소는 세상에서 하나님의 보좌가 있는 알현실이고, 증거궤는 하나님의 발등상이다(시 132:7-8 참조). 모세가 성막에 들어가 여호와께 말씀하려 할 때에, 하나님이 "두 그룹 사이에서" 모세에게 말씀하셨다(민 7:89). 하나님은 언약궤 앞에서 특별한 방법으로 인간을 만나셨다(출 25:22 참조).

그룹이 달린 증거궤의 뚜껑은 매년 속죄일에 대제사장이 피를 뿌리는 곳이었기 때문에 "속죄소"라고 불렸다(레 16:14). 이런 방식으로 뿌린 염소의 피는 거룩하신 하나님의 진노를 달래는 것을 상징했다. 하나님은 기꺼이 백성들의 죄를 용서하고 그들을 만나려 하셨다.

앞에서 살펴 보았듯이, 모세는 "증거판"—전체 언약을 요약한 십계명—을 증거궤 안에 두라는 지시를 받았다(출 31:18). 증거판 외에 만나 항아리(출 16:33-34)와 아론의 지팡이(민 17:10)도 함께 두었다. 때때로 이스라엘 군대는 전쟁터에 나아갈 때에 하나님께서 그들 앞에서 원수를 흩으실 것이라는 상징으로 언약궤를 가지고 갔다(민 10:33-36; 14:44 참조).

만일 지성소가 하나님의 보좌가 놓인 공식 알현실을 나타낸다면, 성소는 하나님 앞에서 백성들이 대기하는 왕의 객실로 비유할 수 있으며, 이것은 진설병, 등대의 불, 분향단에서 오르는 향에 의해 상징된다.[80] 진설병은 이스라엘의 열두 지파를 나타내는 열두 덩어리의 빵으로 이루어졌다. 길이가 3피트 높이가 2.25피트인 작은 상에 놓이는 진설병은 안식일마다 교체되며, 제사장만이 먹을 수 있었다(레 24:8-9). 그것은 백성들이 수고한 결실을 여호와께 바치는 제물이었지만, 동시에 하나님께서 그 민족을 위해 양식을 공급해 주신다는 것을 인정하는 역할을 했다.

성막의 남쪽, 진설병 상 맞은편에는 무게가 75파운드이며 중앙의 축과 여섯 개의 가지로 이루어진 순금 등대가 있었다. 축과 가지 끝에는 감람유를 사용하는 심지와 등잔이 있었다. 등대는 이스라엘의 빛이신 하나님, 또는 경건한 삶에 의해서 여호와의 영광을 반영하는 이방인들의 등불인 이스라엘을 나타내는 것일 수도 있다(사 42:6).[81]

지성소 앞을 가리고 있는 막 앞에는 금으로 테두리를 두른 조그만 목제 제단이 놓여 있었다. 가로 세로가 1.5피트, 높이가 3피트인 이 작은 분향단은 매일 두 번 아론과 그의 아들들이 사용했고, 매년 속죄일에는 "속죄제의 피"를 향단 뿔에 발랐다(출 30:10). 안뜰에 있는 번제단과는 달리, 동물을 제물로 바칠 때에는 분향단을 사용하지 않았고(30:34-35 참조), 분향의 연기는 배성들이 하나님께 드린 기도를 나타냈다(시 141:2, 눅 1:10 참조).

성막의 예표론적인 의미를 지나치게 강조한 해석자들도 있지만, 이 독특한 건물의 상징적 의미는 풍부하고 의미심장하다. 특히, 성막은 자기 백성들 가운데 거하시려는 하나님의 소원을 묘사한다(출 25:8). 요한은 그리스도의 성육신을 묘사하면서 "말씀이…우리 가운데 거하시매", 문자 그대로 표현하면 "우리 가운데 임시로 거주하시매"라고 말했다(요 1:14). 같은 절에서, 요한은 그리스도의 영광—성막을 덮은 구름이 아니라 그리스도가 행하신 기적과 부활—을 본다고 말한다. 그리스도께서 운명하실 때 "성소 휘장이 위로부터 아래까지 찢어져 둘이 되었다"(막 15:38). 여기서 휘장은 죽음으로 말미암아 신자들로 하여금 하나님이 계신 지성소에 들어갈 수 있게 하신 그리스도의 몸을 나타냈다(히 10:19-22). 그리스도의 몸으로 드린 한 번의 제물로 말미암아 모든 인류의 죄값이 지불되었는데, 이것은 황소나 염소의 피로는 결코 이룰 수 없는 일이었다(히 10:2, 12).

등대의 등에서 타는 감람유는 성령의 능력 주시는 사역을 상징했을 것이다. 이것은 스가랴가 본 등대와 두 감람나무 환상에서 강력하게 암시된다. 그 꿈에서 감람나무 중 하나는 총독 스룹바벨이었으며 여호와를 섬기기 위해 기름을 발리웠다(슥 4:14). 6절에서는 스룹바벨이 하나님의 성령의 능력으로 성전 재건을 마칠 것이라고 말한다. 다윗이 이스라엘의 왕으로 기름부음을 받을 때에도 기름부음과 성령의 능력주심이 연결된다. "이 날 이후로 다윗이 여호와의 신에게 크게 감동되니라"(삼상 16:13).

여호와의 영광을 나타내는 구름이 성막을 덮었을 때(출 40:34), 이스라엘 백성은 여호와께서 새로 지은 장막을 흡족해 하시며 실제로 그들 가운데서 사시리라는 것을 알았다. 재앙을 통해서 능력을 나타내셨던 하나님, 시내 산에서 자신을 계시하셨던 하나님이 이제 약속의 땅을 향한 여정에서 그 민족과 함께 하시고 그들을 인도하실 것이다. 여호와께서는 타는 떨기나무 앞에 선 모세에게 말씀하시면서 이스라엘 백성을 애굽에서 인도해 내는 일을 맡기시면서 "내가 정녕 너와 함께 있으리라"고 말씀하셨었다(출 3:12). 그런데 이제 출애굽기의 마지막 부분에서, 모세와 모든 백성은 그들을 향한 사랑을 증명하시고 그들을 택하여 자기의 "소유"(19:5)로 삼으신 하나님을 예배했다.

제5장

레위기

레위기에는 자연 발생적인 일들에 대한 내용이 많지만, 그 책을 자세히 읽으면 예배와 거룩한 삶에 대해 배우는 데 큰 도움이 될 것이다. 레위기에서 희생제사와 제물을 강조한 것은 갈보리 언덕에서 죽으신 그리스도의 희생의 의미를 이해할 수 있게 해준다. 이런 점에서 보면, 16장의 속죄일에 대한 묘사는 특히 중요하다. 레위기에서, 우리는 죄에 대해 반드시 대처해야 하며 하나님은 거룩한 삶을 요구하신다는 것을 알게 된다. 하나님의 백성은 이교도들과 달라야 했으며, 정결과 도덕에 대한 특수한 가르침들은 오늘날도 많이 응용되고 있다.

1. 표제

"레위기"(Leviticus)는 "레위인들에 관하여"(relating to Levites)라는 의미로서, 칠십인역 성경의 번역자들에 의해 주어지고 4세기에 벌게이트 역본에서 채택된 표제이다. 이 책의 대부분은 레위지파 소속인 제사장들의 책임에 대해서 다루므로, 적절한 표제이다. 나머지 레위인들은 제사장의 사역을 도왔는데, 그들은 25:32-34에서만 언급된다. 어떤 면에서, 이 책은 제사장들 뿐만 아니라 평신도들에게도 관심을 둔다. 그렇기 때문에 이스라엘 백성이 제물을 드리는 방법이나 절기를 지키는 방법 등에 대해 가르친다(특히 23장). 예배는 제사장들과 레위인들에게만 한정된 것이 아니라, 모든 이스라엘의 삶에 없어서는 안될 부분이었다.

이 책의 히브리어 표제는 "그리고 그는 부르셨다"(*wayyiqra'*)로서, 여호와께서 회막에서 모세를 부르신 것을 언급한다(1:1). 이 표현은 바야흐로 하나님께서 모세에게 하려 하시는 말씀의 의의를 강조하지만, 그 책의 전반적인 내용에 대해서는 그리 많은 것을 드러내지 않는다.

2. 목적과 범위

레위기는 범죄한 백성이 거룩하신 하나님께 나아가는 방법과 거룩하게 사는 방법에 대해서 이야기한다. 백성들의 죄를 대속하기 위해서, 하나님께서는 일련의 희생제사를 규정하셨는데, 그것들의 절정은 대제사장이 속죄일에 바치는 제물이었다. 언약의 백성들은 성적인 부도덕함을 피하고 여호와의 모든 계명에 순종해야 했다. 이러한 계율과 계명을 무시하면 중한 벌을 받았다(10:2; 20:1-27참조). 26장에서는, 만일 이스라엘 백성이 약속의 땅에서 하나님의 언약을 범하면, 그에 따른 결과는 기근과 질병과 패배이며 궁극적으로는 그 땅에서 추방될 것이라고 경고한다.

출애굽기 마지막 부분에서 여호와의 영광이 성막에 충만했을 때(40:34), 이스라엘 백성들은 하나님의 임재를 강력하게 의식했다. 열두 지파, 장차 "제사장의 나라와 거룩한 백성"(출 19:6)이 되어야 할 민족 가운데 살기 위해 하나님이 오신 것이다. 부정함이 가득한 세상에서, 이스라엘은 거룩한 것과 속된 것, 깨끗한 것과 부정한 것을 구분하는 법을 배워야 했다. 이것은 의식적인 문제와 다른 신들로부터의 분리를 비롯하여 음식, 건강 습관, 성적인 행위 등 실질적인 영역에 영향을 미쳤다. 하나님은 이 민족에게 높은 표준을 제시하셨고, 백성들의 지도자인 제사장들은 더 높은 표준을 따라야 했다(21:7-8). 제사장들은 전반적인 성막에서의 사역을 책임져야 했으므로, 그들의 불순종에는 신속한 형벌이 따랐다. 번제물을 태우고 아론의 제사장직을 인정하는 신호였던 불이, 2절 뒤에서는 아론의 패역한 아들들을 태워 죽였다(9:24, 10:1-2). 나답과 아비후의 죽음은 가혹한 형벌이었지만, 그 죽음은 백성들에게 거룩하신 하나님이 요구하시는 것을 증명해 주었다. 특권이나 지위가 주어졌다고 해서 여호와의 명령을 범하는 것이 허용되지는 않았다.

의식과 예식에 대해 다루는 레위기의 중간에, 그리스도께서 두 번째 큰 계명으로 인용하신 구절이 있다: "이웃 사랑하기를 네 몸 같이 하라"(레 18:18; 마 22:39; 막 12:21). 이 계명은 구약 성서의 어느 구절보다 자주 인용된다. 바울은 이 하나의 계명 안에 율법 전체가 요약되어 있다고 지적한다(갈 5:14; 롬 13:9 참조). 만일 사람들이 마음을 다하여 여호와를 사랑하고(신 6:6) 이웃을 제 몸처럼 사랑한다면, 그들은 거룩한 삶에 이르는 길을 훌륭히 따라갈 것이다. "이웃"에는 "함께 있는 타국인"도 포함된다(19:33). 애굽에서의 생활을 기억하고 있는 이스라엘 백성은 타국인들을 학대하지 말아야 했다.

백성들이 죄를 깨끗히 씻고 하나님께 대한 헌신을 표현할 수 있게 하기 위해서, 여호와는 1-7장에서 그들을 위해 일련의 희생

제사와 제물을 규정하신다. 이 희생제사는 아론과 그의 아들들이 집례하여 "여호와 앞에" 바쳐야 했다. 백성들은 여호와의 법을 범했으나 여호와는 기꺼이 용서하셨다. 죄를 고백하고, 죄인을 대신하여 죽을 동물을 바친 사람들을 위한 구속함이 이루어졌다.

11-15장은 음식, 피부병, 유출병 등과 관련하여 부정함과 더러움이라는 주제를 다룬다. 더러움은 죄악됨과 동일하지는 않지만 죄와 불순을 상징했다. 피부병이나 유출병에 감염된 사람은 특별한 예식을 통해 정결하게 되어야 했다. 그러나 가장 중요한 정결례—속죄일에 대제사장도 포함된다—는 이스라엘의 죄 사함을 가져왔다. 매년 속죄일에, 제사장은 백성들의 죄 때문에 지성소 안에 있는 속죄소에 피를 뿌렸다(16:15). 하나님이 이스라엘의 죄를 제거하셨다는 상징으로서, 염소가 상징적으로 그 백성의 죄를 지고 광야로 갔다(16:21).

이제 이스라엘은 죄를 대속할 수 있는 제사와 제물에 대해 배웠으므로, 17-29장에서는 거룩한 삶의 실질적인 차원에 대해서 논한다. 이 부분은 종종 "성결 법전"(Holiness Code)이라고 언급되며, 백성들과 제사장들 모두에게 적용할 수 있는 다양한 주제들을 다룬다. 부도덕한 관습에 의해서 그 땅을 더럽혔던 이교도 이웃들의 거룩하지 못한 관습들을 피하는 데 도움을 주기 위한 법들도 수록되어 있다(18:24 참조). 17장에서는 피를 먹거나 수염소 우상에게 제사하는 것을 금한다. 18장에서는 근친상간을 포함하여 그릇된 성관계들에 대해 상세히 설명한다. 19장에서는 십계명 중 몇 가지 계명에 대해 다시 진술하며, 그것들을 보다 정확하게 적용하기 위해 부연 설명을 한다. 하나님의 법이나 명령을 범하면, 20장에 기록된 것을 기준으로 하여 형벌을 부과한다. 제사장들은 하나님에 의해 특별히 구분되었으므로, 21-22장에서는 제사장과 그 가족들이 준수해야 할 규칙들을 제시한다.

23장에는 일년 동안의 종교력이 요약되며, 각각의 절기를 지키는 정확한 시기 및 백성들에게 기대되는 것에 대해 다룬다. 25장에서도 동일한 내용이 다루어지지만, 안식년과 희년에 대한 논의가 포함된다. 안식년과 희년은 종교적으로나 경제적으로 중요한 의미를 지닌다. 하나님께서는 백성들이 하나님의 법과 계명에 충실하게 순종한다면 그들에게 평화와 형통함을 주시며 그들 가운데 계시겠다고 약속하셨다(16:1-13). 그러나 만일 이스라엘이 하나님께 대해 등을 돌리고 그의 법에 순종하지 않는다면, 그들은 온갖 불행을 당할 것이며 결국 약속의 땅에서 쫓겨날 것이다(26:14-46).

27장은 일종의 부록으로서, 여호와께 행한 특별한 서원이 다루어진다. 백성들은 감사의 표현으로 자발적으로 하나님께 예물이나 재산을 바쳤다. 아마 그것들은 레위기 앞부분에서 묘사되는 바 하나님이 요구하시는 제사와 제물로부터 구분하기 위해서 끝부분에 포함되었을 것이다.

3. 문학적 구조

레위기는 언뜻 보면 무수히 많은 규칙들과 규례들을 아무렇게나 모아놓은 목록처럼 보인다. 그러나 자세히 살펴보면 생각보다 일관성이 있음을 알 수 있다. 오경의 다른 책들보다도 레위기는 의식에 훨씬 큰 관심을 기울이지만, 그 책은 여전히 "애굽을 떠나 약속의 땅을 향하는 이스라엘의 여정을 다룬 역사의 일부"이다.[1] 레위기 안에는 설화 자료는 그리 많지 않지만, 8-10장과 24:10-16에 수록된 것은 이 책의 전체적인 구성에 중요하다.

어떤 의미에서 1-7장에서 주어지는 희생제사에 대한 법들은 8-9장에 기록된 바 아론과 그의 아들을 제사장으로 임명할 때에 바친 여러 가지 제물을 이해하는 데 도움을 주기 위한 것이다.[2] 10장에 기록된 아론의 두 아들의 죽음, 그리고 24장에 기록된 바 하나님을 모독한 사람들의 죽음은, 제사장이나 평신도들이 하나님의 법을 무시하면 반드시 벌을 받는다는 엄한 경고들이다.

레위기의 문학적 구조

제1부: 의식(ritual)
                일반적인 절차(1:1-6:7)
  희생제사에 대한 법   1-7장
                규례들(6:8-7:38)
  제사장들의 임명   8-10장
                아론의 두 아들의 죽음(10장)
                  (설화 삽입)
  깨끗함에 대한 규례들   11-15장
  속죄일   16장

제2부: 거룩한 생활
  요점: 중앙 성소에서의 예배   17장
  윤리적·도덕적 관심사   18-20장
  규례과 관례   21-27장
            매년 지키는 절기들(20장)
          하나님을 모독한 사람의 죽음(24장)
                (설화 삽입)
              안식년과 희년(25장)
                축복과 저주(26장)

레위기는 가장 중요한 제물들에 대한 두 부분으로 이루어진 토론으로 시작된다. 첫째, 각각의 제물을 바치는 일반적인 절차가 약술되며, 제물을 바치는 사람과 그 의식을 거행하는 제사장의 책임도 요약된다. 처음 세 가지 제물—번제, 소제, 화목제—은 "여호와께 향기로운 냄새"를 바치는 제물이었다(1:9; 2:2; 3:5).

그 다음에는 특수한 죄를 다루는 제물인 속죄제와 속건제에 대해 언급된다(4:1-6:7).

둘째 부분인 6:8-7:28에서, 모세는 다양한 제물을 드리는 데 대한 규례를 주고, 제물을 바치는 방법 및 동물이나 곡식을 처리하는 방법에 대해 제사장들이 알아야 할 상세한 내용을 제공한다. "규례들"(regulations)이란 토라(*tôrâ*)에 동일한 의미를 지닌 히브리어를 번역한 것으로서, 보통 "법"(law)으로 번역된다. 그러나 그 단어의 근본 의미는 "훈계" 또는 "가르침"이므로(잠 1:8 참조), "번제의 규례"(6:9)란 번제에 대한 교훈을 언급한다. 제사 및 다른 의식들에 대한 이 법들은 개인적인 도덕과 사회적인 책임을 규정하는 법만큼 중요했다.

11-15장에서도 "규례"는 "토라"의 기본적 의미로 사용된다. 주제가 음식에 대한 규칙이건(11:46), 출산한 여인이 거쳐야 할 절차이건(12:7), 또는 더러워진 옷을 심사하는 것이건 간에(13:57), "규례"라는 번역이 훌륭하게 적용된다. 특별히 중요한 것은 병이 나은 문둥 병자를 정하게 하는 규례였다.

속죄일에 대해 묘사하는 16장은 레위기에서 가장 중요한 의식이지만, 그것은 아론의 아들들의 죽음이라는 역사적인 정황 안에 놓여 있다(1절). 만일 아론이 규정된 방식으로 제물을 바친다면, 죄는 대속함을 받을 것이며, 그 과정에서 아론은 죽지 않을 것이다. 34절에 의하면, 매년 행해지는 속죄 의식은 이스라엘 민족이 영원히 지킬 규례가 되어야 했다(출 27:21; 29:9).

레위기의 제2부(17-27장)의 첫 장은 의식에 관한 규례를 다룬 부분(1-16장)을 보다 개인적인 문제들을 다루는 부분과 연결해 주는 역할을 한다.[3] 18-20장은 출애굽기 20-23장과 아주 흡사하게 결의론적인 법과 필연적인 법이 결합되어 있다. 다른 사람을 중상하거나 재판할 때에 정실에 흐르는 것을 금지한 것은 출애굽기 23:2-3과 매우 흡사하다. 레위기와 출애굽기 모두 주술을 금한다(출 22:18; 레 19:26). 출애굽기 20-23장에 있는 언약서와 레위기 18-20장의 밀접한 관계는, 레위기 앞부분에서 예식을 강조한 것은 언약의 윤리적·도덕적 관심사를 대신하려는 의도가 아니었음을 보여준다. 오히려, 출애굽기 20:2에서 십계명을 소개하면서 사용된 "나는 너를 애굽의 땅 종 되었던 집에서 인도하여 낸 너의 하나님 여호와로라"라는 말이 레위기 19:26에서 되풀이된다.[4] 조약/계약의 역사적 서언으로 확신되어온 이 표현은 레위기도 계약 문서의 특징을 지닌 것이라고 확인하는 데 도움이 된다. 이런 점에서, 23장에 기록된 매년 지켜야 할 절기들에 대한 규례와 25장에 기록된 바 안식년과 희년에 대한 규례는 언약 규정의 일부로 간주할 수 있을 것이다. 23장에서 안식일을 강조한 것과 25장에서 안식년을 강조한 것은 십계명 중 제5계명을 확대한 것이다. 웬험(Wenham)이 지적한 것처럼, 26장의 축복과 저주는 "언약 문서 특유의 형식이다."[5]

4. 희생제사 제도의 의미

서양인의 사고에서 보면, 희생제사와 제물에 대한 연구는 지루한 일이며 신약시대의 신자들과는 그리 관계가 없는 것처럼 보인다. 만일 그리스도의 희생이 레위기에 묘사된 제사들을 쓸모 없게 만들었다면, 동물을 죽이고 피를 뿌리는 것에 대한 상세한 내용을 다루려고 애써야 할 이유가 무엇인가? 아마 가장 중요한 이유는, 신약성서에서 그리스도의 죽음은 구약성서의 제사와 관련하여 묘사하므로 우리의 믿음을 이해하는 데 있어서 레위기의 체계에 대한 지식이 반드시 필요하기 때문일 것이다. 요한일서 2:2에서는 그리스도를 "우리 죄를 위한 화목제물"이라고 말하며, 히브리서 9:22에서는 "피 흘림이 없은 즉 사함이 없느니라"고 말한다. 히브리서의 주요한 부분에서는 그리스도의 사용을 설명하기 위해서 레위기의 예식과 의식을 인용하며, 특히 속죄제를 언급한다(13:11-12). 레위기에 대한 기본 지식이 없다면, 기독교인들은 히브리서를 이해할 수 없을 것이다.

구약성서에는 개인 생활은 물론이요 국가의 생활에서의 제사와 제물에 대한 언급이 많다. 선지자들은 때때로 제사가 무익하다는 인상을 주었지만(사 1:11-14), 그렇게 전파한 목적은 백성들을 무기력한 상태에서 벗어나게 하려는 것이었다. 형식적으로 의식을 행하는 것은 옳지 않지만(삼상 15:22), 사람이 회개하며 찬양하는 마음으로 하나님께 제사를 드린다면, 그것은 활기찬 예배의 계기가 된다(시 4:5 참조). 말라기는 타락한 사람은 병든 짐승을 제물로 가져와 그 마음의 죄악됨을 나타낸다고 선포했다(말 1:6-8).[6]

"제물"을 의미하는 단어(*qorbān*)는 "가까이 가져오다"를 의미하는 동사에서 파생된다.[7] 제사를 드리는 사람은 하나님께서 그 제물을 받으시고 죄를 사해 주실 것을 기대하면서 하나님께 가까이 갔다. 죄 때문에 전능하신 하나님께 다가가기 어려운 예배자의 목표는 하나님과의 화목이었다. 죄는 하나님의 진노를 일으켰고, 그렇기 때문에 거룩하신 하나님의 의로운 진노를 달래기 위해서 제물을 드렸다. 하나님께서는 몇 번 이스라엘의 반역 때문에 노하셔서 무서운 재앙을 내리셨다. 고라와 그를 따르는 사람들이 죽었을 때, 모세는 아론에게 "여호와께서 진노하셨으므로" 향로에 향을 두어 남은 백성들을 위하여 속죄하라고 말했다(민 16:46). 그렇게 했음에도 불구하고 "염병에 죽은 자가 일만 사천 칠백 명"이었다(민 16:49). 민수기 후반부에서, 백성들이 우상을 숭배하고 음란한 행위를 했기 때문에 또 다시 염병이 발생했다. 이번에는 아론의 손자 비느하스가 범죄한 두 사람을 창으로 찔러 죽임으로써 "이스라엘 자손을 속죄하였다"(25:13). 어떤 의미에서 보면, 희생 제물의 죽음은 죄로 인해 죽어야 할 사람의 생명을 구하기 위한 속전이었다.[8]

1) 일반적인 절차

드리는 제물이 무엇이든지 상관없이, 보통 다음과 같은 형식을 지켜야 했다: (1) 제물로 드리는 짐승은 흠이 없이 완전한 것이어야 했다. 왜냐하면 하나님이 가장 좋은 것은 요구하셨기 때문이다. 베드로는 그리스도를 "흠 없고 점 없는 어린 양", 죄 없는 하나님의 아들이라고 언급했다(벧전 1:19, 22; 히 9:14 참조). (2) 제물을 가져오는 사람은 짐승이 자기를 대신하여 죽는다는 것을 나타내는 상징으로서 짐승의 머리에 손을 얹었다(1:4). 희생제물이 지닌 대리적인 특성은 이삭을 제물로 바칠 뻔한 사건에서 분명히 찾아볼 수 있다(창 22:13). (3) 그 후에, 짐승을 성전 뜰에 있는 번제단 근처에서 죽였다. 제물을 죽이지 않는 희생제사는 받아들여지지 않았다. (4) 제사장은 번제단이나 성소 안에 있는 분향단에 피를 부렸다. (5) 제물의 종류에 따라서, 제사장은 번제단 위에서 제물 전체를 태우거나 일부를 태웠다. 짐승에게서 가장 좋은 부분으로 간주된 기름은 반드시 태웠다(3:16). (6) 번제 및 특수한 속죄제가 아닌 경우에는, 짐승의 고기 일부를 제사장이나 제물을 드린 사람이 먹을 수 있었다. 이것은 화목제의 경우에 특별히 중요한 의미를 지닌다.

희생 제사

명칭	제물	목적
번제	수송아지, 양, 염소, 산비둘기, 또는 집비둘기	전반적인 속죄; 여호와께 대한 헌신의 표현
속죄제	제사장이나 공동체를 위한 제물: 수송아지 한 마리 족장을 위한 제물: 수염소 한 마리 평민을 위한 속제: 암염소나 암양 한마리, 또는 비둘기 두 마리	특수한 죄의 속죄
속건제	양	보상이 가능한 특수한 죄의 속죄
화목제 1. 감사의 제물	소, 양, 또는 염소(제물을 바치는 사람과 친구들은 고기의 일부를 먹을 수 있다)	특별한 복에 대한 감사의 표현
2. 서원의 제물	위와 동일함	응답받은 기도에 대한 감사의 표현
3. 자원해서 드리는 제물	위와 동일함(흠이 있는 동물도 가능함)	하나님을 향한 사랑의 표현

2) 번제

번제는 희생제사 중에서 가장 흔한 형태로서, 매우 다양한 상황에서 드릴 수 있다. 그것은 제사장의 몫인 가죽을 제외하고는 짐승 전체를 불사르기 때문에 "온전한 번제"라고 불리기도 한다 (레 7:8; 민 33:10). 제물로 드리는 짐승은 수컷으로서, 드리는 사람의 형편에 따라 소, 양, 염소, 산비둘기나 집비둘기 등을 드릴 수 있었다(1:1-17; 눅 2:24 참조). 제사장은 매일 아침과 저녁에 어린 양 한 마리씩을 번제로 드려야 하며, 제단 위의 불이 꺼지지 않게 해야 했다(출 29:38-43; 레 6:8-13; 민 28:3-8). 안식일과 월삭과 절기 때에도 번제를 드려야 했다(민 28:9-29:11). 화목제와 마찬가지로, 보통 번제에도 소제와 전제를 병행하여 드렸다(민 15:1-5 참조).

종종 번제는 여호와께 대한 헌신와 위탁의 표현으로 행해졌고, 국가적으로 중요한 행사 때에는 화목제와 함께 거행되었다. 에발산에서 언약이 갱신되었을 때(수 8:31)와 솔로몬의 성전 헌당식 때(왕상 8:64), 백성들은 번제와 화목제를 드렸다. 국가적으로 위기에 처했을 때에, 하나님과 화목하며 속죄를 이루기 위해 번제와 화목제를 드렸다(삿 20:26; 삼하 24:25). 보통 속죄제와 속건제는 불법(iniquity)을 속죄하는 제물이었지만, 속죄일에는 아론과 백성들을 속죄하기 위해서 번제를 드린 뒤에 속죄제를 드렸다(레 16:24).

번제와 소제와 화목제는 "여호와께 향기로운 냄새"라고 언급된다(1:9; 2:2; 3:5). 홍수 후에 노아가 드린 제사와 관련하여 "하나님께서 그 향기를 흠향하셨다"는 언급은 하나님이 그 제물을 기뻐하신다는 것을 지적해준다(창 8:21). "기뻐하시는" 대신에 "완화해주는"이라고 번역할 수도 있는데, 이것은 제물은 흔히 하나님의 노염을 달래기 위한 것이라는 의미를 함축한다. 비록 그러한 제물들은 예배의 행위로 의도된 것이지만, 제물을 바치는 사람은 여전히 하나님의 영접을 받을 자격이 없는 죄인이었다. 궁극적으로 "향기로운 제물과 생축으로"(엡 5:2) 자신을 하나님께 드리신 그리스도의 죽음만이 하나님의 진노를 완전히 완화시킬 수 있었다. 예표론적으로 그리스도의 죽음은 제물로 죽을 뻔했던 이삭의 번제와 연결되었다(창 22:13).

3) 소제

소제는 보통 번제와 화목제와 결합되어 드렸지만, 2:1-16과 6:14-23에서는 구별된 제물로 다루어진다. 소제는 밀가루에 감람유와 유향을 섞어서 만들었으며, 화덕에서 굽거나 번철이나 솥에서 요리했다(7:9). 소제를 굽거나 요리하기 전에, 제사장은 고운 밀가루 한 줌에 기름과 유향을 섞어 "기념물로 단 위에" 불살랐다(2:2). 소제물의 남은 것은 제사장의 몫이었다(2:3).

보통 소제에는 누룩이나 꿀을 넣을 수 없었는데(2:11), 아마 그것들이 음식을 발효시키기 때문이었을 것이다. 반면에 13절에서는 모든 제물에 소금을 넣어야 한다고 규정하는데, 그 이유는 소금은 음식의 부패를 방지하며 언약의 영속적인 본성을 상징하기 때문이었을 것이다. 다른 곳에서 소금을 언급하면서, "영영한"이라는 단어와 소금 언약을 연결한다(민 18:19; 대하 13:5). 처음 익은 열매를 소제로 여호와께 드릴 때에는 누룩이나 꿀을 넣는 것이 분명히 허락되었을 것이다(레 2:12; 23:17). 그런 예물은 번제와 관련이 없다.

4) 화목제

모든 제물 중에서 가장 기쁘고 융통성이 있는 것이 화목제(fellowship offering, peace offering)였다. 화목제를 의미하는 히브리 단어는 평화를 의미하는 *shalom*에 기초를 두고 있다. 그러나 샬롬은 "완전함"과 "행복"을 지칭하며, 이 제물에서는 주로 제물을 바치는 사람과 그 가족들이 제사장과 여호와와 함께 누리는 교제가 강조된다. 화목제는 하나님의 선하심과 응답된 기도에 대한 찬양의 표현이었다.

화목제에는 세 종류가 있었다: (1) 특별한 축복에 대한 응답으로 드리는 감사의 제물(7:12-15). (2) 심각한 고통 속에서 서원을 한 후에 드리는 서원의 제물(욘 2:9 참조). (3) 특별한 축복에 초점을 두지 않은 채 하나님께 대한 사랑과 감사의 표현으로 자원하여 드리는 제물(7:16-18). 화목제는 암수 구별 없이 소나 양이나 염소를 드릴 수 있었고(3:1-16), 자원하여 드리는 낙헌제는 불구가 되었거나 제대로 자라지 못한 것을 드릴 수 있었다(22:21-23).

화목제의 특징은 제물을 드리는 사람이 그 가족 및 친구들과 함께 제물로 바쳐진 고기의 일부를 먹을 수 있었다는 점이다. 항상 그렇듯이 기름은 여호와의 것이었으며 제단 위에서 불살라졌고, 가슴살과 우편 뒷다리는 제사장의 몫으로 주어졌고(7:28-34), 남은 고기는 제사를 드린 날이나 그 다음 날 제물을 바친 사람과 그 가족들이 먹었다(7:15-17). 이 때 그들은 여호와 앞에서 즐거워하며 함께 고기를 먹고 여호와의 축복을 인정했다. 한나는 아들을 여호와께 바치기로 서원한 후에, 사무엘을 성소로 데려가서 응답된 기도에 대한 감사의 화목제로 드렸다(삼상 1:24-28).

위에서 살펴본 것처럼, 국가적으로 중요한 행사가 있을 때에 화목제를 드렸다. 시내 산 언약이 비준되었을 때, 일부 지도자들은 하나님을 만났고, 번제와 화목제를 드렸다(출 24:5). 몇 세기 후, 사울이 이스라엘의 초대 왕으로 즉위할 때에, 백성들은 "여호와 앞에 화목제를 드리고…크게 기뻐했다"(삼상 11:15). 솔로몬은 여호와의 전의 낙성식을 거행하면서 소 이만 이천 마리, 양과 염소 12만 마리를 화목제로 드렸다(왕상 8:63-65). 이스라엘 가정에서는 유월절 양을 함께 먹었으므로, 웬험은 유월절은 "특수한 형태의 화목제"였다고 주장한다.[9] 그리스도께서는 마지막 만찬 때에 유월절을 지키시면서 화목제와 관련된 식사를 연상시키는 방법으로 제자들과 떡과 잔을 나누셨다.

5) 속죄제

아마 가장 중요한 제사는 속죄제였을 것이다. 이 제물은 항상 다른 제사들보다 선행했으며, 속죄일에 중요할 역할을 했다. 비록 의도적으로 범하지 않았더라도 죄를 범한 사람은 암양이나 염소를 속죄제로 바쳐야 했다. 가난한 사람은 산비둘기나 집비둘기 두 마리, 또는 고운 가루 3쿼트를 바쳐야 했다(5:1-13). 양이나 염소의 기름은 제단 위에서 태우고, 나머지 부분은 제사를 거행한 제사장과 그 아들들이 성전 뜰에서 먹었다(6:24-29). 만일 공동체의 지도자가 범죄했다면, 그는 수 염소 한 마리를 속죄제로 바쳐야 했다(4:22-26).

만일 제사장이 범죄했거나 공동체 전체가 죄를 범했다면, 수송아지를 제물로 드리고 그 피를 성전 안에 가지고 가서 성소장 앞에 뿌렸다. 기름, 콩팥, 간에 덮인 꺼풀 등은 번제단 위에서 태우고, 나머지 부분은 진 바깥으로 가져가서 태웠다. 그 제물은 조금도 먹을 수 없었다(4:3-21). 히브리서 13:11-12에서는 그리스도께서 "영문 밖에서" 죽으신 것을 "진 밖에서" 속죄제를 태운 것에 비유한다.

고의가 아닌 죄와 태만의 죄를 용서받기 위해서도 부정한 기간 만큼의 속죄제가 필요했다(레 5:1-4 참조). 12:6에 의하면, 출산한 여인은 몇 주일 후에 속죄제를 드려야 했다. 심각한 피부병이나 유출병에서 나은 사람 역시 속죄제를 드려야 했다(14:19; 15:15 참조). 보통 속죄제 다음에 번제를 드렸다.

6) 속건제

속건제는 속죄제와 밀접하게 연결되어 있으며, 역시 특수한 죄를 다룬다. 두 제물 사이에는 중복되는 부분이 있었지만, 부당한 일을 당한 사람에게 보상이 가능할 때에 속건제가 요구되었다. 예를 들면, 물건을 도둑질하거나 강탈한 사람은 빼앗을 물건에 오분의 일을 더하여 반환해야 했다(6:1-5). 부당한 일을 당한 사람이 살아있지 않고, 또 가까운 친척도 살아 있지 않으면, 제사장에게 반환해야 했다(민 5:5-10). 범죄한 사람은 여호와 앞에서 자기의 죄를 인정하기 위해서 수양을 속건제물로 여호와께 드려야 했는데, 그 제물 중 기름을 제외한 모든 부분은 제사장와 그 아들들의 몫이었다.

레위기 6:1-7과 민수기 5:6-7을 연구해보면, 속건죄와 관련된 모든 죄가 우발적인 범죄는 아니었다. 범죄한 사람이 회개하고 죄를 고백한다면, 고의적인 죄도 용서받을 수 있었다.[10] 모든 죄의 사함은 궁극적으로 그리스도의 죽음을 통해서 임했다. 이사야서 53에서 그리스도를 우리 모두의 죄악을 지신 어린 양으로 묘사하면서(6-7절) 주님의 죽음을 속건제물로 언급한 것(10절)은 의미심장한 일이다. 그리스도는 자신의 죽음에 의해서 세상 죄를 완전히 보상하셨다.

상이한 제사들을 함께 드릴 때에는 속죄제나 속건제를 먼저 드리고, 그 다음에 번제와 화목제를 드렸다(레 9:22; 민 6:16-17). 이러한 순서는 신학적으로 중요했다. 왜냐하면 예배자가 하나님께 헌신하는 것(번제에 의해 상징됨)보다 죄고백이 선행해야 했기 때문이다. 세번째로 하나님과의 교제의 재확립을 반영하는 화목제를 드렸다.[11] 이러한 제물들을 통해서 속죄가 이루어지고 정결하게 되었으며, 사함을 받은 백성들은 하나님의 임재를 누릴 수 있었다.

5. 제사장과 레위인들의 역할

희생제사 제도가 원활하게 작용하는 것은, 백성들을 대신하여 하나님께 나아갈 수 있도록 성별된 제사장들의 효과적인 사역에 달려 있었다. 레위기 8-9장에서, 아론과 그의 아들들은 공식적으로 제사장으로 안수받고서 이 중요한 사역을 시작했다. 그들을 안수하기 전에는 모세가 제사장 역할을 하면 그 민족의 예배를 인도했다. 창세기에서는 족장들이 종종 제사장 역할을 수행하여 제단을 세우고 여호와께 번제와 전제를 드렸다(창 22:13; 35:14). 아브라함 언약이 세워진 후로 족장들은 그 관계를 유지하며 하나님 앞에서 자기 가족들을 깨끗하게 보존하기를 원했다(창 35:1-3 참조). 마찬가지로, 모세 언약이 제정되었을 때에, 모세는 시내 산 밑에 제단을 만들고, "이스라엘 자손의 청년들을 보내어" 번제와 화목제를 여호와께 드렸다(출 24:4-5). 금 송아지 숭배로 인해 발생한 위기 때에, 레위 지파가 모세의 편에 섰을 때, 하나님은 그들을 특별한 사역자로 구별하셨다. 아론과 그의 자손들은 영원히 제상장으로 섬기게 되었고, 레위 지파의 남은 자들은 성막에서 제사장의 일을 돕게 되었다.

어떤 의미에서 보면, 이스라엘 전체가 "제사장의 나라와 거룩한 백성"이 되어야 했지만(출 19:6), 아론의 집안은 다른 이스라엘 백성들보다 더 높은 차원의 순수함과 예식적인 정결을 유지해야 했다. 그들만이 성소에 들어가 제물의 피를 부리고 여호와께 거룩한 고기를 먹을 수 있었다. 그리고 대제사장만이 속죄일에 지성소에 들어가 언약궤에 피를 바를 수 있었다.

1) 대제사장

출애굽기와 레위기에서는 대제사장에게 초점을 둔다. 대제사장은 하나님과 이스라엘 민족 사이를 중재하는 사람이었다. 대제사장은 맡은 신성한 의무 때문에 다른 사람보다 높은 수준의 거룩함을 유지해야 했다. 그는 아버지나 어머니가 돌아가셨을 때에도 의식적으로 부정해서는 안되었고, 반드시 처녀와 결혼해야 했다(레 21:11, 13). 대제사장은 그 직무의 권위와 명예를 고려하여 특별히 아름다운 의복을 입었다. 그가 입는 앞치마처럼 생긴 에봇은 청색 자색 홍색 실과 가늘게 꼰 베실실에 금을 얇게 쳐서 만든 실을 썩어서 짰다(출 39:2-5). 어깨의 견대에는 두 개의 호마노가 박혀 있고, 각각의 호마노에는 야곱의 아들 여섯의 이름이 새겨져 있었다. 에봇에는 역시 열두 지파를 상징하는 열두 개의 보석이 달린 "판결 흉패"를 붙였다(출 28:15, 21). 흉패 안에는 신비한 우림과 둠밈을 넣었는데, 그것은 하나님의 뜻을 결정하기 위해 사용된 일종의 주사위였다(출 28:30). "빛과 완성" 또는 "저주와 완성"을 의미하는 이 돌들을 던져 문제에 대한 긍정적인 반응이나 부정적인 반응을 제공했고,[12] 그럼으로써 하나님의 뜻을 결정할 수 있었다(민 27:21).

대제사장의 의복 중에서 또 하나의 독특한 것은 순금 판이 붙은 두건이었고, 이 신성한 패에는 "여호와께 성결"이라는 말이 새겨져 있었다(출 39:30-31). 이것은 여호와께 대한 대제사장들의 특별한 헌신 및 이스라엘 민족이 달성하고자 하는 이상을 상징하는 표현이었다.[13] 특히 속죄일에 대제사장들의 성결이 중요했다.

2) 다른 제사장들

이스라엘 민족의 종교 생활에 대한 우선적인 책임은 대제사장에게 있었지만, 그는 아들들의 귀중한 도움을 받았다. 그들도 아버지와 함께 중요한 기능을 수행했기 때문에 권위와 영화를 주는 특별한 속옷과 띠와 관을 착용했다(출 28:40). 아론의 아들 엘르아살은 성소 전체 및 그곳에서 일하는 레위인들, 특히 고핫 족속을 책임지고 다스렸다(민 3:32; 4:16). 그의 형제인 이다말도 레위인들, 특히 게르손 자손과 므라리 자손을 맡아 다스렸다(출 38:21; 7:8).

제사장들은 행정적인 일 외에도, 성막에서 여러 가지 제사를 집행했다. 그들은 사람들이 여러 가지 질병에서 치유되었는지를 결정하고, 치유되었을 때에는 정결 의식을 감독했다(레 14:2-3; 신 24:8). 제사장은 여호와의 사자로서 이스라엘 백성에게 율법을 가르쳐 여호와의 명령을 범하지 않게 해야 하는 책임이 있었다(레 10:11; 말 2:7). 법정에서 율법에 대한 질문이 제기되면, 제사장들이 사법적인 기능을 발휘하여 판결했다(신 17:8-11 참조).

종종 이스라엘은 여호와의 명령에 따라 "거룩한 전쟁"을 수행했으므로, 제사장들은 언약궤 및 다른 거룩한 기구를 가지고 전쟁에 참여했다(민 31:6 참조). 또 제사장들은 전쟁에서 은으로 만든 나팔을 불어 신호를 보냈다(민 10:8; 수 6:4-5). 제사장들과 언약궤의 존재는 하나님께서 자기 백성들 가운데 계시며 그들 앞에서 원수를 몰아내실 것을 나타내는 상징이었다(민 10:35).

3) 레위 사람들

애굽에 내린 열번째 재앙에서 이스라엘 백성들의 맏아들들이 죽지 않고 살았을 때, 하나님은 맏아들들은 모두 하나님의 것이라고 선포하셨다. 그러나 하나님은 맏아들들을 구별하여 그 가족들로부터 분리하시는 대신에, 레위 지파 전체를 하나님의 특별한 종으로 선택하셨다(민 3:11-13). 이러한 역할을 행하는 레위 사람들은 "회막의 일을" 하기 위해 아론과 그 아들들에게 주어진 "선물"이었다(민 18:6). 레위인들은 제사장으로 봉사할 수는 없었지만, 제사장의 일을 도왔고, 진지를 이동할 때에 성막을 옮기는 일을 했다. 게르손과 므라리 자손은 성막과 장막과 그 덮개와 회막 문장과 뜰의 휘장과 같이 무거운 부분들을 옮기는 일을 맡았고(민 3:25-26, 36), 고핫 자손은 성소에서 사용되는 거룩한 기구와 물품들을 나르는 일을 맡았다(민 3:31). 25세부터 50세 사이의 남자들에게 이 일이 허락되었다(민 8:24-25).

레위 사람들에게는 약속된 땅에서 유업이 주어지지 않았으므로, 이스라엘 백성들은 각기 자기 소득의 십분의 일을 레위인들에게 주라는 명령을 받았다. 레위인들은 받은 십분의 일의 십분의 일을 여호와께 제물로 드려야 했다(민 18:21-28). 안타깝게도 다른 지파들이 내는 십일조가 불규칙했기 때문에, 종종 레위인들은 수입이 거의 없었다.

4) 제사장 위임

아론과 그의 아들들은 칠일 동안 거행된 감명적인 예식을 통해서 제사장에 위임되어 중요한 책임을 맡았다. 제사장들이 백성들을 대신하여 봉사할 수 있도록 그들을 정결케 하고 정화하는 데 큰 관심이 기울여졌다. 모세는 아론과 그의 아들들을 물로 씻긴 후에 아론의 머리에 기름을 발랐다. 아마 이것은 성령의 능력 부여의 상징이었을 것이다. 그 다음에 모세는 제사장들을 위해 속죄가 이루어져야 한다는 것은 인정하여 속죄제와 번제를 드렸다. 위임식의 양을 제물로 잡은 후에, 모세는 그 피를 아론의 오른쪽

귀, 오른손 엄지손가락, 오른쪽 엄지 발가락에 발랐다(레 8:22). 이렇게 세 번 피를 바른 것은 제사장들이 하나님의 명령을 경청하며, 신실하게 맡은 일을 하며, 하나님의 길로 행해야 할 필요성을 상징하는 것이었다.

한 주일 동안 진행된 의식이 끝난 후, 아론과 그의 아들은 자기들의 사역을 시작했다. 아론도 다른 백성들처럼 죄사함을 필요로 하는 죄인이었기 때문에, 아론은 먼저 자신을 위해 속죄제를 드렸다. 히브리서에서는 제사장들은 날마다 자기의 죄를 위해 제사를 드려야 했지만 그리스도는 "단번에" 자신을 제물로 드리신 완전한 대제사장이셨다고 언급한다(히 7:27). 아론은 자신을 위해 속죄제와 번제를 드린 후, 백성들을 위한 제사를 드렸다. 하나님께서 이 제물들을 받으시고 봉사하는 제사장들을 인정하신다는 것을 보여주는 증명으로, 하늘에서 불이 내려와 제단 위에 번제물을 태웠다(레 9:24). 이 기적은 출애굽기 40:34에서 새로 세운 성막 위에 여호와의 영광이 내려온 것과 흡사했으며, 백성들은 기뻐 예배하는 것으로 응답했다.

5) 나답과 아비후의 죽음

이 시점에 이르기까지 아론과 그의 아들들은 제사장이 되기 위해 준비하면서 받은 하나님의 가르침에 순종해왔었다. 그러나 어떤 이유에서인지 아론의 두 아들은 출애굽기 30:30-34에 규정된 요소들을 담지 않는 향로를 여호와 앞에 가져갔다. 하나님의 명령과는 다른 향을 바쳤기 때문에(출 30:9), 아론의 아들들은 즉시 죽음을 맞았다. "불이 여호와 앞에서 나왔다"(레 10:2)는 표현은 레위기 9:24에서 하나님께서 아론의 제사를 인정하신다는 것을 나타내준 표현과 동일한 표현이다. 하나님께서 아론의 제사를 인정하신다는 것이 기록된 구절로부터 두 절 뒤에 아론의 아들들을 소멸시킨 심판의 불이 언급된다. 제사장직이 시작되기도 전에 몰락한 것같았기 때문에 아론은 크게 낙심했다. 무엇이 잘못되었는가? 그의 아들들이 부주의했었는가, 아니면 술 취했었는가? 8절에서 여호와께서는 아론에게 "너나 네 자손들이 회막에 들어갈 때에는 포도주나 독주를 마시지 말아서 너희 사망을 면하라"고 말씀하셨다. 하나님께 나아가는 사람은 모든 면에서 정결해야 했다. 나답과 아비후는 언약이 주어질 때에 시내 산 위에 있는 특권을 누렸었고(출 24:9 참조), 아론의 아들로서 크게 존경을 받았다. 그러나 특권에는 책임 및 그에 합당한 태도가 병행하는 법이다.

나답과 아비후의 충격적인 죽음은 사도행전에 기록된 아나니아와 삽비라의 죽음에 비유할 수 있다. 신자들에게 "불의 혀"가 임하고 성령이 충만하게 임한 직후에(행 2:3-4), 외관상 분명히 경건한 부부가 헌금과 관련하여 베드로에게 거짓말을 했기 때문에 죽은 것이다. 사도행전에서는 그것이 교회의 시작이었고, 레위기에서는 제사장직의 시작이었다. 이 두 가지 중요한 시기에, 하나님은 자신이 성결을 요구하신다는 것, 그리고 죄는 심판과 죽음을 초래한다는 것을 알리셨다.[14]

6. "정함"과 "부정함"의 의미

"정한 것과 부정한 것"은 "거룩한 것과 속된 것"과 밀접하게 연결된 개념이다(레 10:10). 이 단어들은 모두 의식적이고 도덕적인 의미에서 사용된다. 예를 들어, "부정한" 땅은 죄악된 나라나 이교도 나라를 말하지만(수 22:19; 암 7:17 참조), 사람은 단순히 장례식에 참석하는 것만으로도 부정해질 수 있다(민 6:7 참조).

희생 제물의 고기는 "거룩해지며", 성소 안의 상 위에 놓은 떡 역시 "거룩하다"(레 24:9). 이러한 상이한 용도가 신약성서에서도 사용된다. 신약성서에서 우리는 "더러운" 영들, 즉 "악한" 영들과 "깨끗지 못한" 자녀들, 즉 구원받지 못한 부모의 자녀들을 만난다(고전 7:14). 마지막에 든 예는 특히 우리를 혼란스럽게 하는데, 그 이유는 바울이 부모 중 한 사람이 신자이면, 그 가정에서 태어난 자녀들은 "거룩하다"고 말하기 때문이다. 이것은 그 자녀들이 자동적으로 구원받는다는 의미가 아니라, 그들이 부모 중 한 사람의 경건한 영향을 누릴 것이라는 의미이다.[15] 바울은 구약성서에 따른 거룩함과 부정함이 전해지는 방법에 의존하여, 불신자와 신자의 결혼이라는 어려운 문제에 접근한다.

1) 기본적인 특성

언약궤와 거룩한 상을 두른 순수한 금이라는 말에서 증명되듯이, "정함"(cleanness)이라는 단어는 "순수함"(purity)이라는 기본적인 의미를 지닌다(출 25:11, 24 참조). 금속은 정련 과정을 통해서 불순물이 깨끗이 제거된다(말 3:2-3 참조). "정함"의 두번째 의미는 "건전함" 또는 "온전함"이다. 레위기 13-14장에는 피부병을 앓고 있기 때문에 "부정한" 사람들을 위한 규례가 기록되어 있다. 나아만이 요단강 물에 들어갔을 때에 그의 몸이 "깨끗해졌다"(왕하 5:14). 보통, 제사장이 피부병이 나은 사람을 진찰했다. 만일 그 사람이 건강하고 완전해진 것처럼 보이면, 제사장은 그를 "정하다"고 선포했다(레 13:23, 28). 질병의 궁극적인 결과는 죽음이므로, 시체를 만진 사람은 부정하다고 간주된다. 부정함은 전염되었는데, 죽음이 관련되었을 때에 그 정도가 가장 심했다.[16] 제사장들은 성소에서 사역하도록 구분되었기 때문에 거룩했고, 시체를 가까이 할 수 없었다(21:1-2, 11). 부정함과 거룩함은 결코

결합될 수 없는 것으로 간주되었다.[17]

여인들은 월경을 하는 동안, 또는 출산하고 나서 몇 주일 동안은 의식적으로 부정했으며(12:1-5 참조), 성 관계를 한 부부는 저녁 때까지 부정했다. 유출병을 앓는 사람은 부정했고, 그런 사람이 접촉한 사람이나 물건도 부정했다(레 15장).

성관계나 출산이 부정함과 연결되어 있지만, 그렇다고 해서 성이 죄악된 것이라는 의미는 아니다. 이것은 우리는 수태되는 순간부터 죄인이라는 것(시 51:5), 그리고 혼외 정사는 죄라는 것을 상기시켜 준다. 부정함과 거룩함은 섞일 수 없으므로, 이러한 의식적인 규정에서는 이스라엘 내에서 모든 제의적 매춘을 배제했다. 노골적인 음란과 성 도착 때문에 가나안 땅이 더러워졌으며, 이것이 하나님께서 그 거민들을 몰아내신 이유였다(레 18:24-25).

"부정함"과 "죄악됨"은 동의어가 아니지만, 은유적으로 동일시할 수 있다. 이사야는 성전에서 하나님의 환상을 보았을 때, 스스로를 "입술이 부정한 사람"이라고 묘사했다(사 6:5). 그는 하나님의 임재에 의해 완전히 압도되었기 때문에, 자기의 말이 죄악되며 자신이 씻음을 필요로 한다는 것을 예리하게 의식했다. 국가적인 차원에서 이스라엘의 부정함의 주된 근원은 우상숭배였다. 우상들과 새긴 형상들을 숭배하는 것은 가장 좋지 않은 죄였으며, 가나안 땅에서 거듭 이 악을 씻어내야 했다(대하 34:3-4; 렘 2:23 참조).[18]

2) 정한 음식과 부정한 음식

레위기 11장과 신명기 14장에서, 모세는 정하기 때문에 먹을 수 있는 음식과 부정하기 때문에 가증한 음식을 구분한다. 이렇게 구분한 이유로 인해 고심해온 학자들은 다음과 같은 설명을 제

시했다:

1. 정한 것과 부정한 것으로 구분한 것은 자의적인 것이며, 하나님께 대한 이스라엘 백성의 순종을 시험하기 위해 주어진 것이었다. 일부 랍비들이 지지하기는 하지만, 그러한 방법은 그리 권할만하지 못하다.

2. 그것은 이스라엘 백성들을 이교의 종교적 관습들로부터 분리하기 위해 고안된 것이었다. 하나님은 이스라엘을 특별한 백성으로 선택하시고, 특히 도덕적인 행위에 있어서 다른 민족들과는 구분되는 백성이 되기를 원하셨다(레 18:24). 이와 같이 특정 동물들은 사용하는 이교도 예배가 지닌 타락한 측면들이 이스라엘에서 그것들을 금지한 이유였을 수도 있다. 돼지는 지하세계의 신들을 예배하는 데 사용되었고, 가나안의 종교 의식에서도 사용되었다.[19] 그러나 수송아지와 같은 다른 짐승들은 애굽과 가나안 예배에서 흔히 사용되었다. 레위기에서는 수송아지가 정하며 제물로 사용될 수 있다고 간주된다.

3. 부정한 짐승과 새들은 질병을 옮기는 경우가 많기 때문에 위생적인 이유에서 정한 음식과 부정한 음식을 구분했다. 해리슨(R. K. Harrison)은 정한 초식성 동물들은 더운 기후에서 쉽게 부패하는 고기를 먹는 육식동물보다 병을 덜 옮길 것이라는 데 주목했다. 돼지에게 기생하는 몇 가지 기생충은 심각한 전염병, 특히 선모충병을 야기할 수 있었다.[20] 이사야 66:17에서는 돼지고기를 먹는 것을 "가증한 물건과 쥐를 먹는 것"에 비교한다. 대부분의 부정한 새들은 썩은 고기를 먹기 때문에 전염병을 초래할 수 있었고, 비늘이 없는 물고기는 더러운 물에서 살기 때문에 박테리아를 전염시킬 수 있었다.[21] 이런 까닭에 고대 근동지방의 다른 국가에서도 그러한 음식을 먹을 수 없는 것으로 간주했다. 래어드 해리스(R. Laird Harris)는 이러한 법은 대체로 공중 보건을 증진했고 이스라엘 백성들을 애굽의 질병들로부터 보호하는 데

도움을 주었을 것이라고 강력하게 주장한다(출 15:26). 유대인들은 이러한 법을 지킴으로써 대체로 기생충에 감염되지 않고 보다 건강한 상태를 누릴 수 있었을 것이다.[22] 건강과 관련된 요인들이 몇 가지 음식이 부정하다고 규정된 이유를 설명해줄 수 있지만, 부정하다고 정해진 음식들 모두에 대해 그 이유를 설명해줄 수는 없다. 만일 정한 음식과 부정한 음식을 선포한 주된 이유가 위생적인 데 있다면, 신약성서에서 예수께서 모든 음식이 정하다고 선포하신 이유는 무엇이었는가(막 7:19)? 1세기에는 건강법이 필요하지 않았을까?[23]

4. 정함은 완전함이나 정상 상태와 관련된다. 인류학자인 메리 더글라스(Mary Douglas)의 견해에 의하면, 정한 짐승과 새와 물고기는 그것들이 속해 있는 종류에 완전히 일치하는 것들이다.[24] 굽이 갈라지고 새김질을 하는 짐승은 정한 짐승이며, 이러한 정상적인 특징을 갖지 않는 짐승은 부정하다. 날개가 달려 있으면서도 네 발로 걸어다니는 곤충들은 새의 영역과 곤충의 영역이 혼동되어 있음을 보여 주므로 순수한 곤충이 아니다. 제사장들이 육체적으로 흠이 없어야 했던 것처럼(레 21:17-21 참조), 특별한 종류에 속해 있지만 정상에서 벗어난 것은 부정한 것이다. 더글라스의 견해는 음식법의 상징적 해석을 흥미롭게 변형한 것으로서, 정한 동물과 의로운 이스라엘 백성들 사이의 유사성을 강조했다. 그러나 그녀가 사용한 정상상태라는 방법은 하나님의 모든 피조물이 선하므로 정상적이라고 규정한 창세기 1장의 창조 기사와 반대되는 듯이 보인다. 해리스도 더글라스의 정상상태라는 정의에 반대하며, 대부분의 짐승이 부정하므로 정한 짐승들을 정상적인 짐승이라고 간주해야 하는 이유를 알기가 어렵다고 주장한다.[25]

어떤 면에서, 위의 네 가지 설명은 모두 타당하며, 하나의 설명만 옳은 것이라고 여길 필요가 없을 수도 있다. 아마 하나님이 자기 백성들을 위해 가장 좋은 것으로 선택하실 때에 정한 것과 부정한 것을 결정하는 데에는 몇 가지 요인들이 결합하여 작용했을 것이다. 이러한 규정들 및 오경에 제시된 다른 모든 법에 순종함으로써, 이스라엘은 거룩한 나라가 되어 거룩하신 하나님의 임재를 누릴 수 있었다.

7. 속죄일

일년 중 가장 중요한 날은 일곱째 달(9-10월) 10일, 속죄일(Yom Kippur)이었다. 이 날, 대제사장은 지성소에 들어가 언약궤 앞에 피를 뿌렸다. 지성소는 하나님의 보좌가 있는 방이었으므로, 그곳에 들어가면 죽을 수도 있었다(16:1-2 참조). 기이하게도, 지성소가 가장 강조되는 곳에서 일반적인 히브리 표현인 *qōdeš haqqodāšîm*(Holy of Holies)가 사용되지 않고, *haqqōdeš*(the Holy Place)가 사용되는데 *haqqōdeš*는 등대, 상, 분향단이 놓이는 장소를 가리킨다(출 26:33 참조). 어떤 의미에서는 성소 전체가 하나의 "거룩한 장소"가 되었으며, 건물 내의 모든 곳에 들어갈 수 있는 사람은 아론뿐이었다.

아론은 성소에 들어가기 전에 세마포로 만든 특별한 옷을 입었다(4, 32절 참조). 이 옷은 속죄일에 요구되는 정결함을 더욱 완전하게 상징하는 것일 수도 있다.

아론이 하는 일은 민족의 죄를 속죄하는 것이었지만, 아론 자신과 가족들을 위한 속죄를 하지 않고서는 그 일을 할 수 없었다. 따라서, 그는 먼저 수송아지 한 마리를 자신과 가족들을 위한 속죄제물로 바쳤고, 분향의 연기가 "향기로운 향의 연기가 증거궤 위의 속죄소를 가리게 하기 위해서 향로를 가지고 지성소 안에 들어가 수송아지의 피를 "속죄소 동편"과 "속죄소 앞에" 뿌렸다 (13-14절). 그 후에야, 아론은 백성들을 위해 염소를 속죄제물로 잡아 그 피를 속죄소 위에 뿌릴 수 있었다(15절).

16절에 따르면, 아론의 행동은 지성소 자체를 위한 속죄가 되었다. 아론은 회막(성소 안의 분향단일 수도 있다; 출 30:10)과 뜰에 있는 번제단의 속죄를 위해 그곳에 피를 발랐다. 성소 전체가 이스라엘 자손의 부정에서" 성결케 되어야 했다(19절). 수송아지의 피와 염소의 피는 제사장과 백성들의 죄로 인해 더러워진 번제단을 씻는 데 사용되어야 했다(18절).[26]

속죄일이 지닌 또 하나의 특징은 이스라엘의 죄를 제거하기 위해 또 한 마리의 염소를 광야로 보내는 것이었다. 아론이 살아 있는 염소—속죄 염소라고 불린다—의 머리에 안수하여 이스라엘 자손의 모든 불의와 그 범한 모든 죄를 고백한 후에, 이 염소를 한적한 장소로 보냈다.[27] 속죄 염소는, 속죄제를 통해서 죄가 진에서 효과적으로 제거되었음을 상징했다(시 103:12). 속죄가 이루어졌고, 하나님께서는 자기 백성들의 사악함과 패역함을 용서하신 것이다(21절).

속죄염소 의식을 마친 후, 아론은 제사장의 옷을 입고, 자기 자신과 백성들을 위해서 번제를 드렸다. 아론은 죄에서 씻음을 받은 이스라엘 백성의 새로운 헌신을 그런 방법으로 표현했다. 속죄일을 백성들 전체에게 의미있는 날로 만들기 위해서, 이스라엘 백성들은 온종일 자신을 부인하거나 낮춰야 했다(29절; 23:26-32 참조). 종류를 불문하고 일하는 것은 허락되지 않았으며(31절), 자기 부인에는 금식과 기도도 포함되어 있었다. 각 사람은 하나님 앞에 엎드려 자기 죄를 고백해야 했다.

속죄제의 정상적인 절차에 따라, 제물 중 제단 위에서 사르지 않는 부분은 진 밖으로 가져 가서 태웠는데(27절), 히브리서 기자는 이 관습을 "영문 밖에서" 죽으신 그리스도의 죽음에 비유했다(히 13:11-12). 로마서 8:3은 그리스도의 죽음을 속죄제물로 이야기하며, 히브리서에서는 우리 주께서 먼저 자기의 죄를 위해 제사를 드릴 필요가 없었다고 말한다(히 7:27).

신약성서에서 속죄일과 그리스도의 죽음을 비유한 부분들은 대부분 지성소에 접근하는 규정을 강조한다. 그리스도께서 운명하셨을 때에 성전 안에 있는 휘장이 찢어졌고(마 27:51), 우리의 대제사장이신 그리스도는 "자기의 피로 영원한 속죄를 이루사 단번에 성소에 들어가셨다"(히 9:12). 매년 지성소에 들어가야 했던 아론의 제사장들과는 달리, 그리스도는 천국에 들어가셔서 하나님 앞에 살아 계시다(히 9:7, 24). 그리스도의 피로 구속함을 받은 우리는 성소에 들어가 하나님께 나아갈 담력을 얻었다(히 10:19, 22). 이 특권은 경솔하게 다루어서는 안 되며, 우리가 사랑 많으신 아버지의 자녀로서 거룩하고 흠없는 생활을 할 수 있게 하는 자극이 되어야 한다.

8. 거룩한 생활

제사와 제물을 통해서, 이스라엘 백성에게 하나님께 나아가 속죄할 수 있는 수단이 주어졌다. 거룩하신 하나님은 회개하는 심령과 올바르게 드리는 제사를 요구하셨다. 거룩하신 하나님은 자기 백성이 거룩한 생활을 할 것을 요구하셨는데, 레위기 17-25장에 그 상세한 내용이 수록되어 있다. 하나님이 거룩하시므로 이스라엘이 거룩해야 한다는 말이 세 번 주어진다(19:2; 20:7, 26).

거룩한 생활을 하는 것을 방해하는 주된 장애물 중 하나는 이스라엘 주위 민족들의 도덕적 수준과 영적 수준이 저급한 것이었다. 여호와께서는 거듭 애굽 사람이나 가나안 사람들처럼 행동하지 말라고 경고하셨다. 여호와는 그들의 사악한 관습을 가증히 여기셨다(18:3; 20:23). 만일 이스라엘 사람이 그들의 관습과 관례를 따른다면, 그들도 그 땅에서 쫓겨날 것이다(18:24). 이방 민족들 가운데서는 음란함이 만연했으므로, 레위기 18장에서는 이스라엘에게 근친상간, 동성애, 수간, 매춘 등에 대해 경고한다. 가나안 사람들은 동성애로 유명했고(창 19:5 참조), 다양한 종류의 매춘이 행해졌는데, 그 중에서 가장 좋지 않은 형태는 성전 매춘이었다. 남자와 여자 모두 소득을 신에게 바치면 신전에서 매춘을 할 수 있었다. 여호와는 그러한 관습을 혐오하셨다(신 23:17-18). 성적인 음란과 우상숭배의 관계는 이스라엘이 바알브올의 일에 개입한 데서 생생하게 예증된다. 이스라엘 남자들은 신들의 제사에 참여하라는 청을 받고 모압 여자들과 간음했으므로, 하나님의 진노가 수천 명에게 임했다(민 25:1, 9).

하나님은 아이를 제물로 바치는 것을 포함하여 암몬 사람의 신 몰렉을 섬기는 것도 역시 가증히 여기셨다. 레위기 18:21에서는 이스라엘 북쪽에 있는 페니키아에서도 행해진 이 관습을 정죄했으며, 몰렉에서 아이를 제물로 바치는 사람에게 사형을 판결했다(20:1-5). 아이를 제물로 바치는 관습은 점치는 것과 주술, 그리고 영매나 신들린 사람들의 조언을 받는 것과 밀접하게 연결되어 있었다(레 20:6; 신 18:10-12). 그러한 관습들은 신과 접촉하는 데 부당한 수단이라고 강력하게 비난을 받았다. 신명기 18:15을 보면, 하나님께서는 자기의 뜻을 이스라엘에게 알리기 위해서 모세와 같은 선지자들을 일으키셨다. 모압 왕은 이스라엘을 저주하기 위해서 발람을 고용하면서 그가 목적을 달성하기 위해서 주술과 점치는 것을 사용할 것이라고 기대했지만(민 22:40; 24:1), 여호와의 신이 임하였으므로 그는 이스라엘을 축복했다(민 24:2-9).

불법적인 성 관계 목록에는 족장 시대에 허락되었던 것들이 포함되어 있다. 레위기 18:9에서는 이복 누이와의 결혼을 금지하는데, 만일 이 법을 따랐다면 아브라함은 사라와 결혼할 수 없었을 것이다(창 20:12 참조). 또 자매와의 결혼을 금지하는 법을 따랐다면(레 18:18), 야곱은 자매간인 레아와 라헬과 결혼하기 어려웠을 것이다(창 30:1 참조).[28] 요셉 이야기의 구조를 공부하면서, 우리는 창세기 38장에서 유다가 며느리인 다말과 성관계를 가졌다고 언급한 바 있었다. 히타이트 족은 그러한 결합을 허락했지만, 레위기 18:15은 이스라엘 백성들 사이에서 그 관습을 금지한다.

앞에서 율법의 요약인 "네 이웃을 네 몸같이 사랑하라"는 진술의 중요성에 대해 살펴 보았었다(19:18). 이웃에게 친절하고 가난한 사람들과 타국인에게 관심을 기울이는 것이 하나님의 백성의 표식이었다. 이스라엘 백성들은 곡식을 수확할 때에 가난한 사람들이 주워갈 수 있도록 이삭을 밭에 남겨 두어야 했고(19:9-10), 그들이 애굽에서 당한 가혹한 경험을 기억하면서 타국인을 자기 백성처럼 사랑해야 했다(34절).

어떤 의미에서, 불우한 사람들에 대한 배려의 배후에는 안식년에 대한 법이 놓여 있다. 칠 년마다 한 번씩 땅을 휴경하여 가난한 사람들이 거기서 자라는 것을 취하게 했다(출 23:11; 레 25:1-7). 일 곱 안식년—49년—마다 "전국 거민에게 자유를" 공포하는 희년을 삼아야 했다(25:10). 희년에는 종들을 모두 풀어주고 땅은 원래의 주인에게 돌려 주어야 했다. 곤경을 당한 사람이 돈을 벌기 위해서 다른 사람의 땅을 빌렸다면, 희년에는 그 땅을 주인의 가족에게 돌려 주어야 했다. 이것은 사람들이 영원히 가난하게 사는 것을 방지하기 위한 방법이었으며, 동시에 땅은 실질적으로 이스라엘의 것이 아니라 하나님의 것임을 인정하는 것이다. 하나님은 아브라함에게 주신 약속에 따라서 이스라엘에게 땅을 주실 것이며, 백성들은 땅을 사재기 하거나 서로 속이지 말아야 했다(25:17, 23; 사 5:8 참조).

어떤 사람이 땅을 팔았다면, 땅을 판 사람의 친척은 그 사람을 위해 그 땅을 무를 권리를 가졌다. 만일 원 주인이 다시 경제적으로 윤택해진다면, 그는 희년이 되기 전에 그 땅을 무를 수 있었다. 하나님께서는 이스라엘은 애굽에서 구해 내실 때, 그들을 "속량하시고" 그들에게 자유를 주셔서 약속의 땅으로 돌아가게 하셨다.

백성들의 영적인 삶을 장려하기 위해서, 안식일 위에 일년 동안 지켜야 할 몇 가지 절기가 있었다. 레위기 23장은 첫째 달부터 일곱번째 달 사이, 또는 대략 3월부터 10월 사이에 위치하는 이 절기들을 요약하여 열거한다. 이 모든 절기들은 "성회"(2-4, 7, 8, 21, 24, 27, 35, 37절), 여호와를 위해 구별된 안식일이라고 언급된다. 이스라엘 백성들은 이 특별한 절기들을 지킴으로써 하나님의 신실하심과 선하심을 기억했다.

처음 절기와 마지막 절기—유월절과 초막절—는 출애굽 및 시내 광야에서 이스라엘 국가가 건설된 것을 기념하는 절기였다. 매년 이 두 절기와 칠칠절이면 이스라엘의 모든 남자들이 성소 앞에서 여호와께 보여야 했다(출 23:14-17; 신 16:18). 순례의 절기라고 불리는 이 세 가지 절기는 백성들에게 여호와께 대한 충성을 새롭게 하며 한 민족으로서의 통일성을 의식할 수 있는 기회를 제공했다. 약속의 땅에 정착한 후에는, 지파들이 각기 다른 길로 나아가 서로에게서 멀어지고 여호와에게서도 멀어지기 쉬웠다.

종교력은 농경력 및 상이한 수확기와 밀접하게 연결되어 있었다. 유월절과 무교절은 보리 수확기인 봄철이었고, 칠칠절은 밀 수확기인 6월이었다. 일곱째 달(9-10월)에는 세 가지 절기—나팔절, 속죄일, 초막절—이 포함되어 있었으며, 포도와 무화과와 올리브가 익는 시기였다. 10월이나 11월에 가을비가 시작되고, 새로운 농경력이 시작되었다. 세 차례의 수확기에 절기를 지킴으로써, 이스라엘 백성들은 양식을 공급해 주시는 하나님께 감사를 드렸고, 우상숭배와 음란이 수반되는 이교도 절기의 영향을 막을 수 있었다.

칠칠절("또는 맥추절"; 출 23:16)은 유월절에서부터 오십일째 되는 날에 지켜졌으며, 그런 까닭에 신약성서에서는 오순절이라고 불리게 되었다(행 2:1 참조). 칠칠절은 중요한 밀 수확을 기념했으며, 순례 절기 중에서 유일하게 하룻 동안만 지키는 절기였다. 새로 수확한 처음 익은 열매와 함께 희생 제사를 여호와께 드렸다. 칠칠절은 "성회"로 모이는 날이었지만 (레 23:21), 동시에 "여호와 앞에서 즐거워하고" 풍부한 양식을 가족들이나 가난한 사람들과 함께 나누어 가지는 절기이기도 했다(신 16:10-12).

일년 중 마지막 절기인 초막절 역시 가장 즐거운 절기였다. 이 절기는 출애굽기 23:16에서 수장절이라고 불리는데, 여름 수확기의 끝을 나타내며 오늘날의 감사절과 비슷한 역할을 했다. 그 달 15일부터 21일까지 일주일 동안, 백성들은 광야를 여행하는 동안에 살았던 장막과 초막을 기억하기 위해서 종려나무 가지와 무성한 가지로 만든 초막에서 지냈다. 온 가족이 과거의 곤경을 회상하며 그들이 온전히 기뻐할 수 있는(신 16:15) 가나안 땅의 풍성함에 대해 감사해야 했다. 민수기 29:12-34에 의하면, 매일 많은 번제물과 하나의 속죄 제물을 바쳤다.

그 달 22일에 성회가 끝나면서 초막절 뿐만 아니라 유월절에서부터 시작된 전체 절기가 끝났다. 백성들은 하나님께서 물질적으로나 영적으로 주신 축복을 결코 잊지 말아야 했다(신 8:10-14 참조).[29]

9. 순종하라는 요구

번영하고 즐거울 가나안에서의 생활을 기대하는 이스라엘 민족은 마땅히 하나님의 명령에 순종해야 했다. 레위기 26:1-13에서, 여호와께서는 그러한 순종이 가져다 줄 행복한 결과들을 요약하시지만, 14-39절에서는 하나님을 배반하는 데 따르는 결과에 대해 경고하신다. 그러한 축복과 저주의 목록은 종종 법적인 본문의 끝 부분에서 발견되었으며, 레위기 26장에서처럼 보통 축복보다 저주의 수효가 더 많았다.[30] 고대 근동 지방의 조약에도 축복과 저주가 포함되어 있었지만, 순서는 반대였다. 성경의 순서는, 비록 신명기에서 시내 산 언약과 그 갱신은 조약 형식과 밀접하게 연결되어 있지만 본문의 법적인 특성이 여전히 중요하다는 점을 지적해준다. 출애굽기 23:20-33에 수록된 언약서의 끝부분에도 백성들로 하여금 율법을 주신 데 대해 적극적으로 반응하게 하기 위한 축복과 저주의 목록이 있다.

레위기 26장은 우상숭배에 대한 경고 및 "안식일을 지키며 나의 성소를 공경하라"는 호소로 시작한다(1-2절). 이스라엘은 하나님의 백성이요 하나님께서 그들 가운데 행하셨으므로(12절), 하나님께서는 순종하면 비와 풍성한 수확, 원수에 대한 승리와 안전한 평화를 주시겠다고 약속하셨다. 사나운 짐승들이 그 땅에 출몰하지 않을 것이며, 모든 사람이 두려움 없이 누울 수 있게 될 것이다(6절). 하나님은 아브라함 언약에 따라 그들을 수적으로 크게 증가하게 해 주실 것이다(9절; 창 22:17 참조).

반면에, 만일 백성들이 불순종하면 여호와께서 질병과 기근을 보내사 수확이 감소하게 하고 양떼와 가축이 줄어들게 하시며 인구가 감소하게 하실 것이다(16, 19-22절). 이스라엘의 군대는 전쟁에서 패배할 것이며, 도시들은 포위될 것이며, 전염병과 기근이 임하며, 심지어 사람의 고기를 먹는 일도 벌어질 것이다 (25-29절). 결국 도시들은 함락되고, 땅은 폐허가 되고, 살아 남은 사람들은 열방 가운데 흩어질 것이다. 본문에서는 세 번 하나님께서 이스라엘의 죄로 인해 "칠 배나 더" 질책하실 것이라고 말한다(18-21, 28절). 다른 곳에서의 용도와 일치하여, "7"이라는 숫자는 심판의 완성을 강조하는데, 이 의미는 이 장에 수록된 방대한 재앙의 목록에 의해 입증된다.[31]

"7"은 34, 35절의 안식년에 대한 논의에서도 두드러지게 사용되는 숫자이다. "너희가 대적의 땅에 거할 동안에 땅이 안식을 누릴 것이라"(34절). 이것은 25장에서 안식년에 대해 주어진 가르침을 준수하지 않을 것이라는 예언이다. 역대하 36:21에 의하면, 칠십 년 동안의 바벨론 포수로 인해 실제로 땅이 "안식년"을 누렸다. 이것은 기원전 1400년부터 586년 사이에 안식년의 절반 이상이 지켜지지 않았음을 의미한다.

25절에서는 이스라엘의 죄가 "언약을 범한 것"이라고 묘사된다. 그리고 레위기에서 여러 가지 제사에 대해서 상세히 다루고 있음에도 불구하고, 제물로는 이스라엘의 죄를 충분히 사할 수 없을 것이다(31절). 백성들은 그들이 범한 죄와 반역을 회개해야 한다. 그들이 회개하면, 하나님은 조상들과 맺은 언약을 기억하고 포로들을 이스라엘에게 돌려 주시겠다고 약속하셨다(42, 24절). 신명기 28-30장에서, 모세가 백성들에게 항상 경계하여 죄 때문에 미래를 망치지 말라고 촉구하는 부분에서 이스라엘의 운명에 대한 이 음울한 예언이 상술된다. 그것은 많은 예언자들이 다룬 주제였으나, 안타깝게도 백성들은 그들의 경고에 주의를 기울이지 않았다.

제6장

민수기

이스라엘 백성들은 시내 산 밑에서 일 년 동안 머물면서 약속의 땅에서의 생활에 대한 가르침을 받은 후에, 궁극적인 목적지를 향해 북쪽으로 나아갔다. 어느 민족보다 훌륭한 법전과 예배 체계를 소유했기 때문에, 이스라엘은 확실히 승리하여 가나안에 들어갈 것처럼 보였다. 그러나 믿음의 부족 때문에 38년 동안 광야를 방황하면서 한 세대가 모두 광야에서 죽었다. 이스라엘 백성들은 하나님의 택함을 받은 백성답게 행동하지 못하고 여러 번 불평하여 하나님의 심판을 받았다. 그러나 시내 광야에서 사십 년을 보낸 후, 하나님께서는 자기의 약속을 충실히 지키신다는 것을 증명하여 이스라엘을 약속의 땅 경계에까지 인도하셨다.

1. 표제

오경의 네번째 책은 1장과 26장에 수록된 인구조사 때문에 "민수기"(Numbers)라고 불린다. 칠십인역 성경의 *Arithmoi*의 번역인 "Numbers"는 그 책에서 주어진 목록과 숫자들을 고려하면 정확한 표제이다. 이 책에는 열두 지파와 레위인들을 위한 인구조사 내용 외에 7장에는 성막을 봉헌할 때에 지파들이 가져온 제물들의 상세한 목록이 수록되어 있다. 또 매주 드린 제물과 매달 드린 제물의 총계와 매년 지키는 절기 때에 바친 제물의 총계도 주어진다(28-29장). 이 책에서 가장 비관적인 내용이 담긴 두 장에서 죄 때문에 발생한 전염병 때문에 각기 14,700명과 24,000명의 이스라엘 백성이 죽었다는 말이 전해진다(16:49; 25:9). 이 책의 끝부분에는 미디안 사람들에게서 탈취한 물건 목록이 제시되며(31:32-47), 35장에서는 레위인들이 분할 받은 도시들의 수와 규모에 대해 묘사한다.

첫 절에서 취한 히브리어 표제는 "광야에서"(*bammidbār*)이며, 이스라엘 백성이 시내 광야를 38년 동안 방황한 것을 고려해 보면, 이것도 역시 이 책에 알맞은 묘사이다. 이스라엘 민족이 시내 산을 떠날 때에 20세 이상이었던 사람들은 모두 광야에서 죽었다.

2. 목적과 범위

시내 산에서 거의 일 년 동안 지낸 이스라엘은 약속의 땅으로 여행할 준비를 갖추었다. 민수기는 이 행군을 위해 지파들을 어떻게 조직했는지에 대해 말해준다. 정탐꾼들의 부정적인 보고 및 백성들의 불신앙 때문에, 하나님께서는 그 민족을 40년 동안 광야에서 방황하게 하셨다. 그 민족에게 거듭 임한 심판은 하나님께서 언약의 조건을 엄격히 지킬 것을 요구하셨음을 증명해 주었다. 그러나 40년의 세월이 흐른 후, 여호와는 요단 동편에서 이스라엘 백성에게 승리를 주심으로써 언약에 충실하심을 증명하셨다. 그러나 새 세대가 가나안에 들어가기 전에, 약속의 땅에서의 정치적인 문제와 종교적인 문제에 관한 가르침이 추가로 주어졌다.

출애굽기와 레위기에서는 이스라엘이 따라야 할 도덕법과 예식법과 민법이 주어졌다. 언약서, 성막, 그리고 그들을 위해 봉사할 제사장직을 갖춘 이스라엘 민족은 이제 약속의 땅에서 살 준비를 갖추었다. 그러나 여행을 시작하기 전에, 각 지파의 인원을 계수하고 조직을 갖추었으며, 행진하는 순서와 성막 주위에 야영하는 위치가 배정되었다. 레위인들은 열두 지파 가운데 하나로 계수되지 않았고, 성막과 성막의 모든 기구를 운반하는 책임을 맡았다(민 1:50).

"싸움에 나갈" 것을 고려하여 "이십 세 이상"의 남자들을 모두 계수했다(1:20). 한편 "회막의 일을 하기 위해 삼십 세 이상으로 오십 세까지"의 레위인들을 계수했다(4:3). 두 구절에서 동일한 히브리어 ṣābā가 사용되며, 여호와를 섬기는 레위인의 일이 다른 지파들이 군대에 복무하는 것만큼 중요한 일이었음을 지적해준다. 3장과 4장에서 레위인들의 역할이 상세히 설명되며, 8장에서 레위인들은 감동적인 예식에 봉사하도록 구분되었다. 다른 지파 사람들은 레위인들과 합류하여 일을 도울 수 없었지만, 나실인의 서원을 하고 여호와께 자신을 헌신할 수 있었다(6장). 이 서원은 보통 일정 기간 동안만 행해졌지만, 삼손과 사무엘 같은 사람은 평생 나실인으로 살았다.

이스라엘 백성들은 "구름이 증거막에서 떠올랐을 때" 북쪽을 향해 여행을 시작했으며(10:11), 약 일 주일 정도만 여행하면 약속의 땅에 도착할 수 있을 것이었다. 그러나 도중에 백성들이 자기들이 처한 곤경에 대하여(11:1), 만나를 먹는 것에 대하여

(11:4-6), 그리고 모세의 아내에 대하여(12:1) 불평했다. 이상하게도 미리암과 아론도 모세에게 불평하는 사람들과 합류했다. 이러한 불평들은 앞으로 보다 큰 문제가 발생할 전조였다. 왜냐하면 가데스바네아에서 약속의 땅을 조사하기 위해 정탐꾼들을 파견했을 때, 대부분의 사람들은 가나안을 정복할 수 없다고 확신했기 때문이다(13:28-29). 갈렙과 여호수아의 항의에도 불구하고, 이스라엘 백성들은 약속의 땅을 정복할 수 있다고 믿지 않았고, 실질적으로 하나님께 반역했다. 이러한 반응에 노하신 하나님은 이스라엘 민족 전체를 죽이고 모세와 더불어 완전히 새로 시작하시겠다고 위협하셨다(14:12). 그러나 모세가 간절히 호소했기 때문에 여호와께서는 태도를 완화하셨다. 그러나 여호와께서는 그들에게 벌을 내려 사십 년 동안 광야에서 방황하다가 어른들은 모두 죽게 될 것이라고 선포하셨다(14:32-34).

결국 이스라엘은 가데스로 돌아왔다(20:1). 그러나 오랜 여행에 대해서는 그다지 알려진 바가 없다. 민수기 33장에 기록된 지명들을 통해서, 여행에 대해 어느 정도 알게 되지만, 위치를 파악할 수 없는 지명이 많다. 여호수아 5:7에 의하면, 광야에서 태어난 남자 아이들은 할례를 받지 않았는데, 그것은 유월절이 지켜지지 않았고 언약에 따른 책임이 등한시되었음을 보여준다. 모세는 고라라는 레위인과 르우벤 지파 출신인 다단과 아비람이 주도한 반역에 직면했다. 고라는 모세의 종교적인 탁월함을 시기했고, 르우벤(야곱의 맏아들) 지파 사람들은 정치적 세력을 얻고자 했다. 그리하여 임박한 심판에 대한 경고가 주어진 후, 땅이 갈라져서 이들 반역의 지도자들을 삼켰고, 또 250명이 여호와께서 나온 불에 타 죽었다(16:31-35). 하나님께서 모세와 아론을 선택하신 일을 확인하기 위해서, 아론의 이름이 새겨진 지팡이에 "움이 돋고 순이 나고 꽃이 피어서 살구 열매가 열렸다"(17:8). 그 지팡이는 두 개의 증거판과 만나 항아리와 함께 언약궤 안에 보관되었다(10절; 출 16:34; 25:16; 히 9:4 참조).

광야를 방황하는 기간이 끝나갈 무렵, 미리암과 아론이 죽었고 (민 20:1, 28), 모세는 자신이 약속의 땅에 들어가지 못할 것이라는 소식을 들었다. 모세는 백성들의 불평 때문에 격노하여 바위를 쳐서 물이 솟게 하면서 여호와께 영광을 돌리는 데 실패했다. 그는 화를 낸 것과 하나님에 대한 신뢰가 부족한 것 때문에 가나안 정복에 참여할 기회를 상실했다(20:1-3). 그러나 모세는 요단 동편을 정복하는 데 있어서 주도적인 역할을 하며, 이스라엘 백성들이 아랏을 정복했을 때에 가나안에서의 승리를 어렴풋이 맛보았다(21:1-3). 에돔과 모압이 이스라엘이 자기 영토를 통과하는 것을 허락하려 하지 않았으므로, 이스라엘 백성들은 사해 주위로 우회해야 했다. 백성들은 그 동안에 또 다시 불평을 함으로써 독사에게 물리는 벌을 받았다. 모세가 백성들을 위해 중보 기도를 했고, 하나님은 장대 끝에 놋뱀을 매달라고 말씀하셨다. 뱀에게 물린 사람이 그것을 보면 살 수 있었다(20:4-9). 장대 끝에 매달린 뱀은, 십자가에 달리신 분을 믿음으로 바라보는 사람의 마음 속에서 이루어지는 구원의 상징이 되었다(요 3:14-15).

에돔과 모압 땅을 우회한 뒤에 이스라엘은 아모리 왕 시혼과 바산 왕 옥을 물리쳤으며, 이 승리로 말미암아 요단 동편을 효과적으로 장악할 수 있게 되었다(21:21-35). 그 후에 그들은 여리고 맞은 편 모압 평지에 진을 쳤다. 이스라엘의 규모와 세력에 놀란 모압 왕 발락은 선견자 발람을 고용하여 이스라엘을 저주하게 했다. 그러나 발람은 왕의 요구에 따르려 했으나, 그가 전하는 일련의 예언은 저주가 아니라 축복으로 입증되었다(23:7-24:24). 발람은 모압 왕에게 이스라엘 백성을 우상숭배와 간음에 개입시키라고 충고함으로써 이스라엘에게 저주를 초래하려 했고, 그에 따른 심판으로 이만 사천 명이 죽었다(25:1-9; 31:16 참조).

이처럼 무서운 벌을 받았지만, 이스라엘 민족은 약속의 땅에 들어가게 될 것이다. 25-36장에서는 가나안에서의 상황에 대해서 미리 언급된다. 27장과 36장에서는 여인들의 유산 상속권에 대한 규칙, 30장에서는 맹세에 대한 규칙, 31장에는 전쟁에서의 행위에 대한 규칙이 다루어진다. 34장에서는 가나안 땅의 경계에 대해 요약한 뒤에 레위인들이 분할받을 도시들에 대해 논의한다. 이 도시들 중 여섯은 도피성이라고 칭해야 했으며, 우발적으로 살인한 사람들이 안전하게 피할 수 있는 곳이었다. 르우벤 지파, 갓 지파, 그리고 므낫세 지파의 반이 요단 동편의 땅을 요구하여 받았기 때문에, 요단 강 양편에 도피성을 셋씩 두어야 했다(32장). 모세는 세 지파의 요구를 받아들이기 전에, 그들로부터 이스라엘 민족이 가나안을 정복하는 것을 돕기 위해서 요단 강 서편으로 군대를 보내 주겠다는 약속을 받았다(32-20-32).

3. 문학적 구조

오경의 다른 책들처럼, 민수기에도 다양한 문학적 장르가 포함되어 있으며, 단순히 목록들과 의식적 절차만 다루어지는 것이 아니다. 그러나 1장과 26장에 수록된 인구조사 목록은 일종의 삽입문 역할을 하며, 광야 생활을 시작할 때와 마칠 때의 전체 인구수를 제공한다. 시므온 지파는 남자 삼만 칠천 명을 잃었음에도 불구하고, 전체 인구는 놀랄 만큼 비슷하다. 아마 이것은 25장에서 바알브올을 숭배한 데 따른 결과로서 그 지파에 전염병이 임한 것을 반영하는 듯하다. 모압 평지에 임한 재앙은 13장에 기록된 바 가데스바네아에서의 반역과 아울러 두번째 삽입문이다. 1장의 인구조사처럼, 사십 년이라는 기간의 초기에 정탐꾼들의 보고와 관련된 불신앙으로 인한 비극적인 사건이 발생했다. 광야에서 죽

민수기의 문학적 구조

최종 준비 (1-10장)	불평과 반역 (10-21장)	발람의 예언 (22-24장)	부록(27-36장) 여성의 권리(27, 36장)
시내 산에서	광야에서의 방랑	모압 평지에서	
인구조사 1 (1장)	옛 세대의 반역 (13장) ←38년→ 세 세대의 반역 (25장)		인구조사 2 (26장)

은 어른들의 세대나 요단 강 근처에 진을 친 그들의 자녀들의 세대 모두 약속의 땅에 들어갈 자격이 없었다. 그러나 하나님은 은혜로 새로운 세대가 가나안에 들어가 아브람의 언약이 성취되는 것을 보게 하셨다.

불행히도 불순종은 13-14장과 25장에서만 다루어진 것이 아니다. 16장에서도 또 하나의 큰 반역이 묘사된다. 해밀턴(Hamilton)은 처음 두 개의 일화 다음에, 장차 하나님께서 정결케 해주실 섭리에 대해 묘사하는 장이 계속된다는 점에 주목했다(15, 19장).[1] 붉은 암송아지의 재와 정결케 하는 물을 사용하는 예식은 민수기에서만 등장하는 특별한 것이다. 브레바드 차일즈는 『구약 개론』(*Introduction to the Old Testament as Scripture*)에서 정화는 민수기에 통일성을 부여해주는 주제라고 주장한다. 민수기의 대부분은 거룩한 것과 속된 것의 구분을 다룬다.[2]

민수기에서는 지리학이 중요한 역할을 한다. 1-10장에서, 이스라엘 백성은 여전히 가나안으로의 여정을 준비하면서 시내 산 기슭에서 지낸다. 10:11-21:35에서, 이 민족은 계속 이동하며, 38년을 시대 광야에서 허비한 후 다시 북쪽으로 방향을 돌려 약속의 땅을 향한다. 22:1에서, 그들은 요단 강을 끼고 있는 모압 평지에 도착한다. 민수기의 나머지 부분의 배경은 모압 평지이다. 대부분의 설화 자료는 중간 부분에 포함되어 있으며, 종종 백성들의 불평과 반역과 연결되어 있다. 33장에서는 이스라엘 백성이 애굽을 출발할 때부터 모압 평지에 도착할 때까지 사용한 야영지를 상세하게 열거하는데, 몇 가지 중요한 사건에 대해 언급하면서 재빨리 장소들을 언급한다.

민수기에 수록된 다양한 목록은 주로 열두 지파에 따라서 배열되며, 동일한 공식이 사용된다. 1장에 수록된 인구조사에서는 지파의 명칭과 최종 통계를 제외한 나머지 항목은 모두 동일하다. 26장의 인구조사에는 각 지파 내에 속한 상이한 가족들의 명칭이 포함되어 있지만, 여기서도 각 항목은 동일한 방법으로 배열된다. 성막 봉헌식 때에 열두 지파의 족장들이 바친 예물을 기록한 7장에는 반복되는 표현이 한층 더 많다. 날마다 다른 족장이 제물을 가져오는데, 각각의 제물에 대해서 다섯 절로 묘사한다. 위에서 살펴보았듯이, 레위 지파는 나머지 지파들과 구분하여 다루어지며, 세 가족과 그들의 각기 다른 기능에 특별한 관심을 기울인다. 민수기 끝 부분에서는 레위인들이 받은 성읍의 규격, 그리고 여섯 개의 도피성의 역할에 대해 상세히 묘사된다(35장).

목록과 통계가 가득한 책에는 시가 어울리지 않을 것 같지만, 민수기에는 몇 개의 훌륭한 시가 등장한다. 6장은 아론과 그의 아들들이 이스라엘 백성에게 여호와의 은혜와 평강을 수여하면서 선포해야 할 제사장의 축복으로 끝난다(6:24-26). 백성들은 야영지를 떠날 때에는 여호와께서 그들과 함께 거하신다는 것을 상징하기 위해 언약궤를 앞세웠다. 그럴 때에 모세는 "일어나사 주의 대적들을 흩으시고 주를 미워하는 자로 주의 앞에서 도망하게 하소서"(10:35)고 말했다. 모세는 여호와의 은총과 축복이 이스라엘 군대의 힘보다 더 중요하다는 것을 알고 있었다.

전쟁은 21장에 기록된 세 가지 시의 배경이 되는데, 그중 하나는 "여호와의 전쟁기에서 인용된 것이다(14절). 셋 중에서 가장 긴 시(27-30절)는 분명히 시혼이 모압인들을 정복한 승리를 기념하는 아모리 족의 노래였는데, 이스라엘 백성들은 하나님의 선하심을 찬양할 때에 자기들이 시혼과 옥을 물리치고 승리한 것에 대해 노래하곤 했다(시 135:11; 136:19-20).

민수기에서 가장 유명한 시는 이스라엘 백성이 약속의 땅 가장자리에 자리잡은 것을 본 후에 행한 발람의 일곱 가지 예언이다. 이 장엄한 시들은 이스라엘의 장래의 영광과 오실 메시아에 대해 이야기하며, 하나님께서 그들을 축복하셨음을 확실히 한다. 처음 네 가지 예언은 네 개의 절이나 일곱 개의 절로 이루어져 있으며, 모압 왕 말락을 포함하는 설화 자료에 의해 도입된다(23-24장). 24장의 마지막 여섯 절에는 한두 개의 절로 이루어진 세 가지 예언이 간단히 소개된다(24:10-25).[3]

어떤 의미에서, 민수기의 마지막 일곱 장은 약속의 땅에서의 생활에 영향을 미친 문제들을 다루는 부록이라고 할 수 있다. 유산 문제에 대한 논의가 중요한 부분을 이루며, 슬로브핫의 딸들의 주장은 첫 부분(27장)과 끝 부분(36장)에서 다루어진다. 가나안 땅에서 직접적인 유산을 소유하지 못한 레위인들처럼(26:62; 35:2), 여인들도 친절하고 공평하게 대해야 했다.

4. 12지파의 조직

시내 산에 도착한 이스라엘 백성들은 방금 종살이에서 해방된 무질서한 피난민 집단에 불과했다. 그러나 일년 후에 시내 산을 출발할 때에, 그들에게는 하나의 법전과 예배 지침서와 확고한 지도자들이 있었다.

1) 12 지파

야곱의 막내 아들 베냐민이 태어난 이후로 이스라엘 백성은 열두 단위로 알려졌다. 레위 지파가 다른 지파들로부터 분리되어 성막에서 특별한 일을 하게 되면서, 요셉 가문을 두 지파—에브라임과 므낫세—로 나눔으로써 그들의 자리를 대신했다. 이처럼 두 배의 유산을 받게 됨으로써, 요셉에게는 그의 고귀한 업적에 걸맞는 영예, 장자권이 부여되었다(대상 5:1-2 참조). 두 차례의 인구조사에서, 에브라임과 므낫세는 요셉의 아들들로 확인되지만(민 1:32, 26:28), 그들의 서열은 뒤집어진다. 두 장 모두 성막 주위에 배치된 위치에 따라 세 지파씩 묶어 분류한다. 레아의 아들들이 먼저 언급되고, 다음에 라헬의 아들들이 언급되며, 그 다음에는 서자들이 언급된다.

인구 조사 및 성막에 마친 예물과 관련하여 열두 지파의 지도자들의 이름이 네 차례 주어진다(1:5-15; 7:12-83). 이 사람들은 모세와 아론을 도와 인구조사 내용을 집계하고 지파들을 전반적으로 관리했다(1:4). 각 네 지파가 각각의 집단에서 주도적인 역할을 했으므로(유다, 르우벤, 에브라임, 단), 이 지파들의 지도자들은 그 외에 다른 책임도 맡았을 것이다. 열두 지파에 속하지는 못했지만, 레위 지파도 세 집단으로 나뉘었으며, 각 집단의 지도자들의 이름이 제시되어 있다(3:24, 30, 35). 아론의 아들 엘르아살이 "레위인들의 족장들의 어른"이었다(3:32).

2) 각 지파의 배치

이스라엘 민족의 삶과 예배의 중심이 여호와이심을 나타내는 상징인 성막은 진지의 중앙에 위치했다. 하나님은 백성들 가운데 즐겨 거하셨으며, 백성들은 항상 하나님의 임재를 의식해야 했다. 성막 동편, 가장 영화로운 장소에 모세와 아론 및 그 가족들의 거처가 있었다(3:38). 레위인들은 성막과 다른 지파들 사이의 완충 역할을 하기 위해서 나머지 삼면에 진을 쳐야 했다. 나머지 백성들은 성막에서 거리를 유지하지 않으면 죽음을 맞았다.

위에서 살펴 보았듯이, 열두 지파는 네 집단으로 묶어 성막 주위에 배치되었다(도표를 보라). 동쪽에는 유다의 진지가 위치했는데, 유다와 함께 레아의 아들인 잇사갈과 스불론의 군대도 포함되었다(2:3-8). 남쪽에는 르우벤과 시므온과 갓의 군대가 배치되었다. 레아의 여종 실바의 아들인 갓이 레위가 차지했어야 할 자리를 차지했다(창 30:11 참조). 여종들의 다른 세 아들은 북쪽에 배치되어, 단의 군대의 지도를 받았다(민 2:25-31). 한편, 라헬 지파들(에브라임, 므낫세, 베냐민)은 성막 서쪽에 진을 쳤다.[4] 이렇게 배치함으로써 지파들의 동질성이 극대화되었는데, 이것은 어려운 여행이 시작됨에 따르는 불화를 줄이기 위해 고안된 것이었다.

```
                          북
                      (6) 단 군대
                   단의 군대(빌하: 라헬)
                   아셀의 군대(실바: 레아)
                   납달리의 군대(빌하)


        서              (2) 므라리              동

  (5) 에브라임 군대    ┌─┐ ┌───┐ ┌─┐      (1) 유다 군대
   에브라임의 군대    │게│ │성 │ │모세│       유다의 군대
   므낫세의 군대     │르│ │막 │ │와 │       잇사갈의 군대
   베냐민의 군대     │손│ │   │ │아론│       스불론의 군대
      (라헬)        └─┘ └───┘ └─┘         (레아)
                      (4) 고라


                    (3) 르우벤 군대
                  르우벤의 군대(레아)
                  시므온의 군대(레아)
                   갓의 군대(실바)
                          남
```

지파들의 조직과 행진 순서

숫자는 민수기 10:14-22에 따른 행진 순서를 언급한다.

3) 행진 순서

제사장들이 부는 나팔 소리에 따라서, 지파들은 정해진 순서대로 여정을 시작했다. 유다 진영의 군대들이 앞장 섰는데, 이것은 이 지파가 발휘해야 하는 역할에 걸맞는 위치였다. 야곱은 유다에게

서 통치자가 나올 것이라고 예고했었는데(창 49:10 참조), 다윗의 통치는 아직 수세기 뒤의 일이지만, 유다 지파는 종종 이스라엘을 지도하는 역할을 했다(삿 1:2). 갈렙은 여호수아와 함께 그 세대에 하나님의 말씀을 믿은 소수의 신앙인이었다(13:6, 30).

유다 뒤에는 게르손 자손과 므라리 자손이 성막의 무거운 부분을 메고 행진했다(10:17). 이스라엘은 성막을 수천 명으로 둘러쌈으로써 원수들이 공격하여 금, 은, 귀중한 휘장 등을 탈취하지 못하게 했다. 고핫인들은 성물을 메고 행진했고, 그 뒤를 르우벤의 진영이 따라갔다. 10:21에 의하면, 고핫인들은 약간 뒤에서 행진했기 때문에, 그들이 다음 번 야영지에 도착하기 전에 성막이 세워졌다. 성물 중에서 가장 거룩한 것—언약궤—은 하나님께서 자기 백성들 가운데 거하신다는 상징으로서 전체 대열의 제일 앞에서 운반되었을 것이다(10:33-36 참조). 행진 대열의 제일 뒤에는 에브라임과 단의 군대가 배치되어 후방으로부터의 공격에 대비했다.

흥미롭게도 제단을 봉헌할 때에 각 지파에서 예물을 바칠 때에도 동일한 순서로 바쳤다. 유다의 지도자가 먼저 예물을 바쳤고, 납달리 지파의 두령이 마지막으로 바쳤다(7:12, 78). 군사적인 관점에서 보면, 지파들을 넷으로 나눈 것과 비슷한 방식이 히타이트 족을 대적한 람세스 2세의 원정에서도 사용되었다. 네 개의 분리된 이집트 군대가 북쪽으로 오론테 강변의 가데스로 행군했는데, 첫번째 군대가 심각한 타격을 입었을 때에 뒤따르는 군대가 동료 군사들을 구하는 일을 도왔다.[5]

5. 가데스바네아에서의 반역

이스라엘에게 중요한 장소인 가데스는 가데스바네아라는 남방의 도시로서, 브엘세바에서 남쪽으로 약 40마일 떨어진 곳에 위치했다. 시내 산에서부터 보름 동안의 여정인 가데스는, 약속의 땅으로 가는 도중에 잠시 쉴 장소로 의도되었다.

1) 정탐꾼들의 보고

모세는 백성들의 요구를 받아들여 열두 사람을 선발하여 가나안을 정탐하고 돌아와 보고하게 했다(신 1:22 참조). 선발된 사람들은 지파의 지도자들이 아니라 정탐꾼의 사명을 감당할 수 있는 젊은이들이었다. 그들 중에는 가장 영향력이 있는 지파들의 대표자들도 있었다: 에브라임 지파 출신인 눈의 아들 호세아—모세는 그를 여호수아라고 불렀다(13:16), 그리고 유다 지파 출신인 여분네의 아들 갈렙. 한동안 모세의 측근으로 일해온 여호수아가 이 원정을 주도했을 것이다(출 24:13 참조). 정탐꾼들은 북쪽으로 약 250마일을 여행하여 약속의 땅의 북쪽 경계인 르보 하맛에 도착하여 40일 동안 그 땅을 정탐했다(민 13:21, 25). 돌아온 그들은 하나님께서 주신 땅의 비옥함 뿐만 아니라 그곳에 살고 있는 크고 힘센 용사들과 요새화된 도시에 대해서 보고했다. 대다수의 정탐꾼들은 가나안 땅을 정복하고 그 주민들을 몰아낼 수 없을 것이라고 보고했다. 그러나 여호수아와 갈렙은 그들과는 달리 하나님의 도움을 받아 그 땅을 정복할 수 있다고 주장했다(14:8-9).

인간적인 관점에서 보면, 높은 성벽으로 둘러싸인 성읍들은 정복하기 어려웠다. 정탐꾼들이 보기에, 가나안의 성벽은 하늘에 닿은 것 같았다(신 1:28 참조). 흔히 요새화된 도시들은 몇달, 또는 몇년 동안 포위하여 그 주민들이 굶주리게 만들어야 했다.[6] 공격용 무기도 도움이 될 수 있었을 것이다. 그러나 이스라엘 백성에게는 이러한 방법으로 그 땅을 점령할 수 있는 무기도 없고 시간도 없었다. 가나안 땅에 거하는 장대한 용사들에 대한 묘사도 정확한 것이었다. 수세기 후에 블레셋 장군 골리앗이 사울과 그의 군대를 위협했고, 이 거인 앞에서 모든 사람이 두려워했다. 헤브론의 아낙 족속도 키가 크고 힘이 셌으며 군사적인 용맹함으로 유명했다(신 2:10 참조).

그러나 여호수아와 갈렙은 홍해에서 바로와 그의 군대의 멸망을 목격했고, 하나님의 능력을 믿었다. 바로의 군대를 멸망시키신 하나님은 이스라엘에게 힘을 주어 여리고를 함락시키실 수 있을 것이다. 여호수아 6장을 보면, 하나님께서는 그들의 믿음을 존중하셔서 여리고 성을 포위하지 않고서도 함락시킬 수 있게 해주셨다. 갈렙은 85세 때에 헤브론에서 아낙 족속을 몰아내고 그 성을 장악했다. 후일 기원전 1020년 경에, 어린 소년 다윗은 하나님께서 골리앗을 물리칠 힘을 주실 것이라고 믿고서 돌과 물매를 사용하여 그를 쓰러뜨렸다.

2) 백성들의 반란

안타깝게도 이스라엘 사람들 대부분은 여호수아나 갈렙, 또는 다윗과 같은 믿음을 가지고 있지 못했고, 대부분의 정탐꾼들의 보고는 설득력이 있는 것처럼 보였다. 그들은 약속의 땅을 정복하려 하면서 직면하게 될 문제들에 대해 생각하고 낙심하여 모세와 아론에게 반항했다. 그들은 고향에 돌아가려는 희망을 버리고, 애굽으로 돌아가자고 이야기했다(14:1-4).

여호수아와 갈렙은 이러한 사태를 목격하고서도 여전히 가나안을 정복할 수 있다는 주장을 되풀이했다. 여호와께서 그들과 함께 계시므로 가나안 사람들은 이스라엘의 하나님 앞에 설 수 없었다. 그러나 그들의 간절한 호소에도 불구하고, 이스라엘 백성들은 그들의 말을 믿지 않았고, 실질적으로 하나님께 반역했다 (14:9). 하나님께서 애굽에서 그들을 구해 주시고 시내 산에서 자신을 계시해 주셨음에도 불구하고, 백성들은 하나님께서 가나안 땅을 그들에게 주시고 아브라함의 언약을 성취하실 수 있다는 하나님의 능력을 믿지 않았다. 그들도 바로처럼 마음을 강퍅하게 하고 하나님의 계명을 무시했고(시 95:7-8 참조), 결국 그들은 불신앙 때문에 안식의 땅에 들어갈 기회를 상실했다(히 3:16-18 참조).

3) 하나님이 명하신 형벌

이스라엘의 불신앙으로 말미암아, 여호와께서는 자신이 그 민족을 멸하고 모세와 더불어 모든 일을 새로 시작하실 것이라고 말씀하셨다. 이것은 하나님이 자기 백성을 완전히 없애겠다고 위협하신 두번째 사건이며, 이번에도 모세는 하나님께 뜻을 돌이키라고 간청했다. 금송아지 숭배 사건이 발생했을 때와 마찬가지로(출 32:11-13), 모세는 애굽 사람들이 이스라엘의 소멸에 대한 소문을 들으면 하나님의 명성에 흠이 갈 것이라고 주장했다. 여호와는 성내기를 더디하시며 사랑이 풍성하셨으므로, 이번에도 자기 백성을 용서하셨지만 범죄한 사람들을 벌하지 않고 내버려 두지는 않으셨다(민 14:18; 출 34:6-7 참조).

사랑과 은혜의 하나님께서는 모세의 요구를 받아들여 반역한 백성들을 용서하셨다. 그러나 애굽을 떠난 후 여러 번 백성들이 물과 양식의 부족에 대해 불평하고 하나님을 무시했으므로, 여호와께서는 그 세대가 광야에서 모두 죽을 것이라고 판결하셨다(민 14:22-23). 여호와께 대해 흔들림이 없이 헌신한 여호수아와 갈렙을 제외한 20세 이상의 남자들은 한 사람도 가나안에 들어가지 못할 것이다. 정탐꾼들이 가나안에서 보낸 하루를 일년으로 셈하여 40년 동안 이스라엘 백성은 광야에서 방황하여 결국 그 세대는 모두 죽게 될 것이다(14:34). 부정적인 보고를 한 열 명의 정탐꾼은 국가 전체에 영향을 미칠 큰 책임을 제대로 수행하지 못한 데 대한 심판으로 곧 여호와 앞에서 재앙을 당하여 죽었다(37절).

사십 년 동안, 남은 백성들은 정탐꾼들과 함께 반역한 데 따른 결과로 고생했고, 그들의 자녀들 역시 부모의 신실치 못함으로 인해 고생했다(33, 34절). 십계명 중 두번째 계명은 "죄를 갚되 아비로부터 아들에게로 삼사 대까지 이르게 한다"고 언급한다(출 20:5). 모세는 중보 기도를 하면서 이 구절을 인용했다(민 14:18). 가나안에서 사로잡힐 것이라고 생각했던 백성들의 자녀들이 약속의 땅을 정복하게 될 것이다(3절). 하나님께서는 부모들이 보지 못할 땅으로 자손들을 인도하여 들이실 것이다(31절).

형벌의 가혹함으로 인해 크게 불안을 느낀 백성들은 자기들이 범죄했음을 인정하고 결국 가나안을 공격하기로 결정했다. 그러나 이미 때는 늦어 여호와와 모세 모두 백성들과 동행하지 않았다. 하나님의 축복을 받지 못한 이스라엘은 산악 지대 남쪽에 살고 있는 아멜렉 족과 가나안 족에게 크게 패했다. 그 땅은 아브라함의 자손인 그들의 것으로 정해져 있었지만, 그들은 사십 년이 넘도록 그 땅을 차지할 수 없었다.

6. 사십 년 동안의 광야 생활

민수기 15:1에서 20:1사이에서는 이스라엘이 가데스바네아로 돌아가기 전까지의 광야 생활에 대해 간단히 묘사한다. 이 부분에서는 대략 38년 동안이 다루어지는데, 그 기간은 불평과 낙심의 시기였을 것이다. 어른들이 기대할 것은 죽음 뿐이었고, 젊은 시대는 목적 없이 야영지에서 야영지로 이동하면서 세월을 보내고 있었다. 예측할 수 있듯이, 모세와 아론에 대한 반대가 있었다. 이 시기가 끝날 무렵, 모세는 여호와께 범죄하여 약속의 땅에 들어가지 못하게 되었다. 그러나 가나안 입성은 15:2에 언급되어 있으며, 여전히 그 민족의 목표였다.

1) 고라, 다단, 아브람의 반란

레위 지파와 르우벤 지파 출신 사람들은 모세와 아론을 전복시키기 위해 매우 조직적인 반란을 일으켰다. 그들의 주모자는 레위 지파, 성막의 성물을 운반하는 고핫 자손에게 속한 고라였다(민 7:9). 그러나 아론의 아들이 아니었으므로 성소에서 드리는 제사를 집전할 수 없었던 고라는 모세와 아론의 강력한 지위를 시기했다. 그들이 다른 이스라엘 사람들보다 자신을 높인 이유는 무엇이었을까? 고라는 야곱의 맏아들인 르우벤 지파 출신인 다단과 아비람의 지지를 받았다. 일반적으로 맏아들은 가문의 지도자였으므로, 그들은 자신들의 지파가 무시당하고 있다고 생각했다. 16:12-14에서, 다단과 아비람은 모세가 이스라엘 백성을 약속의 땅으로 인도하는 데 실패했다고 비난한다. 모세가 이스라엘 백성을 "젖과 꿀이 흐르는 땅"인 애굽에서 이끌고 나와 사막에서 죽게 만들었다고 비난했다. 과거에도 백성들은 불평을 하면서 애굽에서 먹었던 여러 가지 음식을 언급했었다(민 11:5). 그러나 그들도 다단과 아비람처럼 무서운 종살이와 노예감독들에 대한 것은 완전히 망각하고 있었다.

분쟁을 해결하기 위해서, 모세는 고라와 그를 따르는 250명에게 향로에 향과 불을 담아 가지고 여호와께 바치게 했다. 그들이 회막에 이르렀을 때에 여호와께서 나타나셔서 모세와 아론에게 회중 전체를 멸하겠다고 말씀하셨다. 모세는 과거에 했던 것처럼(14:12 참조), 그들을 살려달라고 여호와께 간청했다. 이스라엘 백성들이 고라와 다단과 아비람의 장막에서 떠난 후에, 땅이 갈라져서 고라와 다단과 아비람과 그 가족들을 삼켜버렸다. 그러나 고라의 아들들이 모두 죽지는 않았는데, 이것은 그들이 반역에 합류하지 않았음을 나타내준다(26:11; 시 49). 레위기 10:2에서 아론의 두 아들이 죽은 것처럼, 분향하던 250명은 여호와에게서 나온 불에 타 죽었다(민 16:35).

같은 동포의 죽음으로 성난 이스라엘 백성들은 모세와 아론이 여호와의 백성을 죽였다고 원망했다(민 16:41). 이번에도 여호와는 노하여서 그들을 모두 없애겠다고 위협하셨다. 모세는 아론에게 염병이 백성들을 모두 삼키기 전에 백성들을 위해 즉시 분향하고 속죄하라고 명했다. 그럼에도 불구하고, 하나님이 심판이 임했을 때에 전염병으로 14,700명이 죽었다(16:49).

다시는 백성들이 아론의 제사장들의 특권에 도전하지 못하게 하기 위해서, 모세는 열두 지파의 대표자들에게 지팡이를 가지고 성막으로 들어오게 했다. 다음 날 아론의 지팡이에만 싹이 나고 꽃이 피고 열매를 맺었다. 모세는 하나님께서 아론과 그의 가족을 제사장으로 선택하셨다는 상징으로 그 지팡이를 언약궤 안에 넣어 두었다(민 17:10; 히 9:4).

2) 모세와 아론의 불순종

이스라엘 백성이 광야에서 방황하는 생활을 마치고 가데스바네아로 돌아왔고, 그곳에서 미리암이 죽어 매장되었다(20:1). 이 때 이미 옛 세대는 거의 모두 죽었고, 그들의 자손들은 약속의 땅에 들어갈 준비를 하고 있었다. 그러나 생존한 이스라엘 백성들은 그 부모를 닮아 물과 양식의 부족에 대해 불평했고 광야에서 죽는 편이 나았을 것이라고 했다(민 20:2-5). 그들은 무화과, 포도, 석류 등 그들의 조상이 반역하지 않았으면 가나안에서 맛보았을 음식을 갈망했지만(민 13:23 참조), 모세와 아론을 대적했기 때문에 가나안에 도착하리라는 기대 자체가 위태롭게 되었다.

14장과 16장에서처럼, 여호와의 영광이 나타났고, 여호와께서는 모세에게 반석에게 명하면 물이 나올 것이라고 말씀하셨다(민 20:8). 모세와 아론이 총회를 소집한 후, 모세는 하나님의 말씀에 순종하지 않고 지팡이로 반석을 두 번 쳤다. 아마 반역하는 민족을 사십 년 동안 인도하면서 좌절했던 모세는 새로이 제기된 불평으로 크게 분노했을 것이다. 하나님이 거듭 개입하셨음에도 불구하고 새 세대 역시 조상들이 범했던 잘못을 되풀이하고 있었다. 모세의 경솔한 행동의 결과로, 하나님은 모세가 약속의 땅에 들어가지 못할 것이라고 하셨다. 모세와 아론은 므리바 물가에서 "나를 믿지 아니하고 나의 거룩함을 나타내지 아니한고로" 가나안 땅에 들어가지 못하게 되었다(12절). 다른 곳에서는 모세의 행동을 범죄하여 하나님의 거룩함을 나타내지 않은 것이라고 묘사된다(신 32:51). 모세는 성난 말과 조급한 행동 때문에 하나님의 임재를 존중하지 못했다.[7] 후에 모세는 가나안에 들어가게 해 달라고 기도했지만, 그의 요구는 거절당했다(신 3:23-26).

이스라엘 백성이 가데스를 떠나 호르 산에 도착했을 때, 하나님은 모세에게 아론과 그 아들 엘르아살을 데리고 산에 오르라고 말씀하셨다. 모세는 엘르아살이 새로운 대제사장임을 확인하기 위해서 그에게 아론의 옷을 입힌 후, 아론에게 작별을 고했다. 아론과 모세가 므리바에서 여호와의 명령에 순종하지 않았기 때문에, 아론은 그곳에서 숨을 거두었다(20:24).

3) 가나안으로 가는 도중에 거둔 군사적 승리

이스라엘 민족이 가나안을 향해 가는 동안에 거둔 몇 가지 중요한 승리는 새로운 시대의 도래를 보여 주는 것이었다. 첫번째 승리는 약 40년 전에 아말렉 족속과 가나안 족속에게 크게 패한 전쟁의 역전이었다(14:45). 이번에는 가나안 남쪽으로부터 아랏 왕이 이스라엘을 공격했는데 여호와께서는 기도에 응답하여 이스라엘에게 승리를 주셨다. 가나안 전체에 적용할 수 있는 정책에 따라 몇 도시가 완전히 파괴되었다(민 21:1-3; 신 7:2). 모든 사람과 사물은 하나님의 심판 아래 있었으므로, 포로나 가축이나 귀중품을 강탈할 수 없었다.

여리고 맞은 편에 있는 요단 강 동편에 도착하려면, 이스라엘은 에돔과 모압을 우회하여 여행해야 했다. 모압 왕과 에돔 왕 모두 이스라엘이 자기 영토를 통과하는 것을 허락하지 않았지만, 여호와께서는 모세가 에서와 롯의 자손인 이들을 공격하는 것을 허락하지 않으셨다(민 20:18; 신 2:5, 9). 이스라엘 백성이 모압과 아르논 강 북쪽에 있는 아모리 족의 땅에 접근했을 때, 아모리 의 왕 시혼이 그들과 대항하려 했다. 헤스본과 같은 여러 성읍이 이스라엘에게 함락되었다. 이스라엘은 아르논 강과 얍복 강 사이에 있는 땅을 정복했다. 모세는 계속하여 북쪽으로 여행하면서 바산의 왕 옥을 물리치고, 길르앗 및 갈릴리 바다 주위 지역을 점령했다(민 21:33-35). 이러한 승리에 의해 요단강 동편의 적들을 제거함으로써 가나안 정복이 크게 촉진되었고, 백성들은 용기를 얻었다. 거인인 르바임 족속인 옥을 물리침으로써(신 3:11), 이스라엘은 한 세대 전에 정탐꾼들을 위협했던 요단 서편의 장대한 용사들을 정복할 수 있다는 것을 알게 되었다(민 13:28, 33 참조). 여호수아는 여리고에 두 명의 정탐꾼을 보냈고, 그들은 라합을 통해서 시혼과 옥의 패배가 가나안 사람들의 사기를 크게 저하시켰다는 것을 알아냈다(수 2:10-11).

4) 성경에 사용된 광야라는 주제

이스라엘 백성이 광야에서 경험한 것들은 성경의 다른 곳에서 반역과 불순종의 결과에 대한 경고로 언급된다. 히브리서에서 인용된 구절에서, 시편기자는 이스라엘 백성에게 조상들처럼 마음을 강퍅하게 하여 하나님의 안식에 들어갈 기회를 잃지 말라고 촉구했다(시 95:7-11). 이스라엘이 고대한 안식은, 애굽에서의 종살이와 광야생활을 마친 후에 이스라엘의 "안식처"가 될 것이라고 약속된 가나안 땅에서 발견되어야 했다(출 33:14; 신 12:9). 이스라엘 백성은 여호수아의 지도 아래 "안식"에 들어가 약속된 당에서 평화와 번영을 누렸다(신 25:19; 수 21:44).

히브리서 기자는 이스라엘의 경험과 신자의 생활을 비유하는데, 이는 신자들도 역시 어려움과 시험에 대처하며 신실하라는 부르심에 순종해야 하기 때문이다. 이스라엘이 애굽에서 구속함을 받아 자유를 얻은 것처럼, 신자는 그리스도의 피로 구속함을 받아 죄의 속박에서 해방되었다. 하나님의 은혜로우신 사랑을 받은 신자는, 시내 산 밑에서 "여호와의 명하신 대로 우리가 다 행하리이다"(출 19:8)라고 약속했던 이스라엘 백성의 말을 되풀이해야 한다. 그러나 이스라엘이 그 약속을 존중하지 못한 것은 사람이 자신의 서원을 망각하기가 쉽다는 것을 증명해 주었다. 히브리서에서는 이스라엘의 실수를 통해서 교훈을 받으며 신뢰하고 믿는 태도를 유지해야 한다고 촉구한다. 만일 우리가 하나님의 약속을 믿지 않고 마음을 강퍅하게 한다면, 우리는 하나님의 안식을 잃고 그의 축복을 몰수당할 것이다.

신자의 "쉼"은 "안식"이라고 불리며, 하나님께서 일을 쉬신 창조의 일곱째 날과 비교된다(히 4:9). 히브리서에서 이 "안식"의 정확한 의미가 무엇인지 분명하지 않지만,[8] 우리는 이스라엘 백성이 종종 안식일을 범했다는 것, 그것은 광야에서의 도전적인 태도와 비슷한 반역이라는 것을 알고 있다. 우리도 이스라엘 백성들처럼 너무 쉽게 하나님의 인도하심을 무시하고 불평하며, 그럼으로써 은혜 안에서 성장하지 못하고 하나님의 징계를 받게 된다.[9] 이스라엘의 행위는 한 세대 전체의 죽음을 초래했고, 약속의 땅 정복을 한층 어렵게 만들었다고 볼 수 있다. 불신앙과 반역은 우리 영혼의 원수를 도와주며, 그리스도의 뜻을 손상시킬 것이다. 하나님은 자녀들이 광야에서 비틀거리며 방황하는 것을 원하지 않으시며, 민족들에게 빛이 되고 모든 사람에게 축복을 가져다 주기를 원하신다(창 12:3 참조).

7. 발람의 불가해한 역할

요단 동편을 거의 모두 정복한 후, 이스라엘 백성은 여리고 맞은편에 있는 모압 평지에 진을 쳤다. 그들이 모압의 남쪽 영토에 접근했기 때문에, 자기 나라가 다음 공격의 대상이 될 것을 두려워한 모압 왕 발락은 이스라엘을 견제하기 위한 조치를 취했다(22:2-3). 발락은 미디안 장로들의 도움을 받아 유프라테스 강 근처에 있는 브올의 아들 발람에게 사자를 보내어, 이스라엘을 저주해 달라고 부탁했다. 발람은 예언하고 점치는 사람으로 유명했기 때문에, 이스라엘에게 해를 끼칠 방법을 강구할 수 있을 것으로 기대했고, 신속한 대답을 얻기 위해 후한 예물을 지불했다(22:7, 17). 모압은 아모리 족에게서 치욕을 당한 적이 있었기 때문에, 강력한 이스라엘 백성에게 정복되는 일을 피하려 했다.

1) 예언자 발람

복술(divination)과 사술(sorcery)이 언급된 것(22:7; 24:1), 그리고 발람이 모압과 미디안과 밀접하게 연결된 것을 고려해보면, 그가 행한 사역의 이교적 본질이 확연히 드러난다. 그러나 그가 행한 예언의 내용 및 여호와와의 상호작용은 그를 야웨의 선지자처럼 생각하게 한다. 모압과 미디안의 장로들이 도움을 청하러 왔을 때, 발람은 "내가 너희와 함께 가기를 여호와께서 허락지 아니하시느니라"고 말했다(22:13). 다섯 절 뒤에서, 발람은 마치 자신이 진정으로 야웨를 예배하는 사람인 것처럼 "여호와 내 하나님"을 언급한다(18절). 그는 예언을 하면서 두 번이나 자신이 "하나님의 말씀을 듣는 자"라고 말하며(24:4, 11), 24:2에서는 그가 하나님의 말씀을 전할 때에 "하나님의 신이 그 위에 임했다." 발람은 창세기에서 아브라함이 알고 있던 명칭인 "전능자"와 "지극히 높으신 자"라는 명칭으로 하나님을 언급하며(24:4, 16),[10] 24:9에서 이스라엘을 축복하거나 저주하는 사람들에게 임할 상이한 운명을 이야기한 부분은 아브라함 언약에서 인용한 것처럼 보인다(창 12:3). 발람의 예언 내용은 매우 놀라우며, 24:17에는 메시아 예언이라고 볼 수도 있는 것이 포함되어 있다.

그럼에도 불구하고, 대부분의 해석자들은 발람은 거짓 선지라에 속해 있음에도 불구하고 하나님이 사용하신 이교도 점쟁이라고 간주한다.[11] 발람은 동물을 사용하여 점을 치는 메소포타미아의 바루(baru) 제사장과 비교된다. 발람은 제물로 죽인 소와 양의 조각을 받았을 때(22:40), 장래를 예고하기 위해서 특별히 이 짐승들의 간을 살펴 보았을 것이다. 23:1-2에서 수양과 수송아지를 잡은 이유도 점을 치기 위해서였을 것이다. 24:1에서는 여호와께서 매 번 발람의 입에 말씀을 주셨기 때문에 발람은 "사술을 쓰지 않았다"고 말한다. 발람은 자신이 하나님께서 주시는 예언을 전할 수밖에 없다는 것을 깨달았다. 그가 모압으로 가는 도중에 여호와의 사자가 칼을 빼어 들고 그를 대면했을 때에 이것이 분명해졌다. 그 때에, 이 유명한 선견자는 여호와의 사자가 자기가 가는 길을 막고 있음을 보지 못했지만, 그가 타고 가던 나귀는 위험을 충분히 알고 있었고, 심지어 주인을 가르쳤다(22:21-35).[12]

이스라엘과 여호와에 대한 발람의 지식을 설명하는 흥미로운 방법은, 그가 원래는 에돔이나 암몬족 출신이었을 수도 있다고 보는 것이다. 창세기 36:32에는 브올의 아들 벨라라는 에돔 왕이 언급되는데, 그것은 "브올의 아들 발람"과 매우 흡사하다.[13] 만일 발람이 에돔과 관계가 있다면, 그가 이스라엘에 대해 적대심을 가지고 있을 것이라는 기대, 그리고 발락이 그에 대해 알고 있었던 이유를 이해할 수 있다. 그가 암몬 출신이라는 가설은 민수기 22:5에 기초를 둔다. 몇몇 히브리 사본과 고대 역본에서는 "본향"보다 "암몬 족의 땅"이라고 언급한다.[14] 암몬도 에돔처럼 모압의 이웃이었다.

최근에 요르단의 데이르 알라에서 발견된 아람어로 된 예언 문서에서, 고고학자들은 "브올의 아들 발람" 것으로 간주된 몇 가지 내용을 발견해냈다. 그 본문에서는 발람을 선견자라고 말하며, 그가 사람들에게 저주를 선포하는 사람의 역할을 지닌 것으로 간주된다. 이 자료는 일종의 성소나 신전에서 발견되었으므로, 발람이 지녔던 명성을 확인해준다.[15]

만일 발람이 한 때 참된 여호와의 선지자였다면, 그에게 성령이 임한 것은 사울이 왕위에서 쫓겨난 후에 그에게 신이 내린 것과 비교할 수 있다. 사울이 라마에서 다윗을 추적하고 있을 때에 하나님의 신이 그에게 임했고 그는 예언하기 시작했다(삼상 19:23). 사울은 예언하려는 의도가 없었지만, 달리 어쩔 수가 없었다. 마찬가지로, 발람은 자신도 원치 않고 발락도 원치 않은 축복의 말을 했다.

2) 발람의 예언

발락은 발람을 고용하여 이스라엘을 저주하게 하려고 온갖 노력을 기울였는데, 발람이 예언하기 시작했을 때에 발락은 자기의 귀를 믿을 수 없었다. 발람은 이스라엘을 저주하기는 커녕 반복하여 그들을 축복했다. 그는 이스라엘을 여러 가지 유리한 관점에서 바라보면서, 그들이 수가 많고 강력하며 불행과 불운에서 자유하다는 것을 깨달았다. 오경에서 처음으로, 하나님은 이스라엘의 왕이라고 불린다. 하나님은 이스라엘을 애굽에서 구해 주신 분이셨다. 과거에 이스라엘은 강한 바로들의 포로였지만, 이제 암사자 같이 일어나 먹이를 먹을 준비가 되어 있었다(23:24). 세 번째 예언에서는 출애굽이라는 주제, 그리고 이스라엘이 사자같이 강할 것이라는 주제가 반복된다(24:8-9). 이번에 발람은 "아각보다 높은" 이스라엘의 왕에 대해 말한다(7절). 이스라엘의 초대 왕인 사울은 전쟁에서 아각이라는 아말렉의 왕을 무찔렀다. 그보다 앞서 모세의 시대에도 아각이라는 왕이 아말렉을 다스렸을 수도 있다(출 17:8-13; 삼상 15:8).[16] 24:20에서도 아말렉의 멸망이 언급되는데, 아마 이것은 다윗에 의한 패배를 언급하는 듯하다(삼상 30:17-18; 삼하 8:12).

네번째 예언에서, 발람은 많은 사람들이 메시아 예언이라고 믿을 수도 있는 발언을 한다: "한 별이 야곱에게서 나오며 한 홀이 이스라엘에게서 일어나서"(24:17). 이사야 14:12에서 "별"은 왕을 나타내며, "홀"은 복을 선포하는 구절인 창세기 49:10에서 발견된다. 19절에서 "주권자"로 확인되는 이 예언은 아마 다윗과 더불어 시작되며 메시아를 기대하는 듯하다.[17] 이스라엘의 왕은 "모압을 이편에서 저편까지 쳐서 파할" 뿐만 아니라, 에돔도 정복할 것이다(18절). 발람의 예언을 들을 때에 발락의 큰 두려움이 실현되었으며, 발락은 모압과 그 이웃들의 장래의 운명을 알게 되었다. 그는 발람이 이스라엘을 저주하기를 바랬지만, 발람은 오히려 이스라엘을 크게 축복했다(신 23:5; 느 13:2 참조). 아브라함에게 주어진 약속들이, 가나안을 정복하고 궁극적으로 주위의 모든 나라를 정복하려는 이 위대한 민족에게서 성취될 것이다.

3) 발람의 치명적인 충고

발람의 예언에서 이스라엘의 영광스러운 미래에 대한 묘사가 주어진 후, 25장에서는 이스라엘에게 재앙이 임한다. 이 택함을 받은 백성들은 점점 강해지고 하나님의 축복을 누린 것이 아니라, 죄에 굴복하여 수천 명이 치명적인 염병으로 죽는다. 민수기 31:16을 보면, 발람은 이스라엘을 저주할 방법을 찾아내어, 모압 여인들에게 이스라엘 사람들을 유혹하여 함께 바알 신을 예배하고 음행하게 하라고 충고했다. 이스라엘 사람들은 신들에게 드리는 제사에 참석하고 그 앞에 절함으로써 우상숭배의 죄를 범했다. 그리고 바알 숭배에는 종종 다산을 비는 의식이 포함되었으므로, 백성들은 곧 성적으로 음란한 행위에 연루되었다. 이스라엘이 반역한 다른 사건에서처럼, 하나님은 백성들을 벌하기 위해 염병을 보내셨고, 이만 사천 명이 죽었다.

   새 대제사장의 아들이요 아론의 손자인 비느하스는 재앙을 멈추기 위해서 과감한 조처를 취했다. 비느하스는 이스라엘 사람이

모세와 모든 회중의 목전에서 미디안 여인을 데리고 자기 장막
으로 들어가는 것을 보고서 창으로 그 두 사람을 찔러 죽였다. 이
일은 그 죄인들에 대한 하나님의 분노를 반영했으며, 이스라엘
자손을 위한 속죄가 되었다(25:13).[18] 비느하스의 용감한 행동에
따른 결과로서, 비느하스와 그 후손들에게는 "영원한 제사장 직
분의 언약"이 주어졌다(12절). 처형당한 이스라엘 사람은 시므온
지파의 족장이었다. 아마 염병으로 죽은 사람들 중 다수도 시므
온 지파 사람들이었을 것이다. 26장의 인구조사에서 제시된 시므
온 지파의 인구수는 1장에서 제시된 수보다 적다(26:14와 1:23
참조).

4) 발람의 죽음과 유산

발람의 충고가 효력을 발휘했기 때문에, 발람은 발락이 약속했던
큰 상을 받았을 것이다. 그러나 그는 하나님의 보복의 대상이었
던 미디안 사람들 가운데 거주했기 때문에, 그 혜택을 그리 오래
누리지 못했다. 미디안 종족의 두령의 딸 고스비가 이스라엘인을
유혹하는 데 핵심 역할을 했기 때문에, 하나님께서는 모세에게
미디안인을 공격하라고 명령하셨다. 민수기 31:8을 보면, 이스라
엘은 미디안의 다섯 왕과 브올의 아들 발람을 죽였다. 이스라엘
의 주도권과 군사적 승리를 예언했던 발람 자신이 전쟁에서 희
생된 것이다. 발람은 교활할 충고를 함으로써 이스라엘에게 저주
를 초래했으며, 그 자신도 저주를 받았다(24:9 참조).

    신약성서에서 발람은 "불의의 삯"을 사랑한 거짓 선지자들과
거짓 교사들과 비교된다(벧후 2:15). 그들은 "하나님의 은혜를
도리어 색욕거리로 바꾸고" "삯을 위하여 발람의 어그러진 길로
몰려간" 경건치 않은 사람들이었다(유 4, 11). 계시록에서는 버가
모 교회의 일부인 체 하지만 우상숭배와 음행에 빠진 무리인 니

골라당과 발람의 교훈이 연결된다(레 2:6, 14-15). 이 구절들은 모두 발람을 불순한 동기를 가진 위험하고 기만적인 지도자로 묘사한다.

8. 약속의 땅에 들어가기 위한 준비

하나님은 모압 평지에서 이스라엘 민족에게 재앙을 내리셨지만, 은혜로 이스라엘을 가나안으로 데려가려 하셨다. 그들이 정복을 위해 요단 강을 건너기 전에, 여호와께서는 모세에게 그들이 직면하게 될 여러 가지 문제에 대한 가르침을 주셨다. 특히 중요한 것은 지파들의 몫 배정과 유산에 관한 문제였다.

1) 여인들의 상속권

민수기 26장에 기록된 인구조사에서는 특별히 헤벨의 아들 슬로브핫의 다섯 명의 딸들이 언급된다(33절). 슬로브핫에게는 아들이 없었기 때문에, 그 딸들은 모세에게 아들들에게 돌아갈 재산을 자기들이 상속할 수 있느냐고 물었다. 모세는 이 문제를 여호와 앞에 가져갔고, 다섯 명의 딸들에게 유리하게 결정하여 유산 상속에 대한 법을 제정했다. 만일 아들이나 딸이 없는 사람이 죽으면 그 재산은 형제들에게 줄 것이요, 형제도 없으면 아비의 형제들에게 주어야 했다(27:8-10). 후일 므낫세 지파의 길르앗 자손의 족장들이 슬로브핫의 딸들이 다른 지파의 남자와 결혼하는 데 대한 문제를 제기했다. 만일 그런 일이 발생한다면, 그 땅은 그 딸들과 결혼한 지파에게 더해질 것이었다(민 36:3). 이러한 일을 막기 위해서, 모세는 여자들은 "조상 지파와 가족" 내에서만 결혼해야 한다고 결정했으며(36:6), 슬로브핫의 딸들은 그 결정에 따라 "그 아비 형제의 아들들"과 결혼했다(11절). 가문의 유산의 중요성을 보여주는 본보기는 나봇이 이스르엘에 있는 포도원을 아합 왕에게 팔지 않은 데서 찾아볼 수 있다(왕상 21:2-3). 이세벨이 남편을 만족시키기 위해서 그 땅을 몰수했을 때, 아합 왕조의 운명이 결정되었다(왕상 21:19).

2) 여호수아의 취임

광야에서 지낸 40년 동안, 여호수아는 모세의 주요 조력자였다. 따라서 그가 약속의 땅으로 이스라엘을 인도해 들어갈 지도자로 선택된 것은 당연한 일이다. 모세는 처음부터 여호수아가 자신의 후계자가 될 것을 알고 있었다. 왜냐하면 출애굽 직후에 아말렉과 싸울 때에 하나님께서는 아말렉 족속이 멸망하게 될 것을 여호수아에게 알리라고 말씀하셨기 때문이었다(출 17:14). 모세가 시내 산에서 하나님을 만날 때에 여호수아를 데리고 간 것은 그를 교육하기 위한 것이었다(출 24:13). 40일 후에 두 사람이 산에서 내려왔다. 모세가 금송아지 숭배로 인해 야기된 위기에 대처하는 것을 여호수아는 지켜 보았다. 정탐꾼들이 가나안을 정복할 수 없다고 보고한 후에 한층 더 큰 위기가 임했지만, 여호수아와 갈렙은 하나님께서 이스라엘에게 승리를 주실 것을 믿었다(민 14:6-9 참조). 여러 해 동안, 여호수아는 여호와에 대한 믿음이 가득한 신뢰할 수 있는 유능한 조력자였으며, 노련한 군사 지도자였다. 모세의 뒤를 이어 지도자가 되는 것은 어려운 일이었지만, 여호수아는 대제사장 엘르아살의 도움과 백성들의 지지를 받아 그 직무를 감당할 수 있었다.

모세는 여호와의 명령에 따라 여호수아에게 안수하고 자기의 권위의 일부를 주었다(민 27:18-20). 모든 회중이 지켜 보는 가운데, 모세는 여호수아를 엘르아살 앞에 세우고 그를 새로운 지도자로 임명했다(27:22-23). 신명기 3:25을 보면, 모세는 요단강을 건너가 가나안을 볼 기회를 달라고 기도했지만, 하나님은 그의 요구를 거절하시고, 이스라엘 백성을 약속의 땅으로 인도할 사람으로 여호수아를 지적하셨다(신 3:28).

3) 미디안과의 전쟁

브올의 바알 숭배와 관련하여 미디안 여인들이 이스라엘을 유혹한 후, 하나님은 모세에게 미디안 사람들을 원수로 다루라고 말씀하셨다(민 25:17). 모세는 자신이 수행할 마지막 조처 중 하나로서 미디안과의 거룩한 전쟁에 이스라엘 백성을 동원했다. 이 전쟁은 하나님께서 명하신 것이었기 때문에, 제사장인 비느하스도 전쟁에서 중요한 역할을 했다. 비느하스는 브올의 사건에서 두 명의 주요 범죄자를 용감하게 처형했던 인물이었기 때문에(민 25:8), 그가 전쟁에 참여하는 것은 적절한 일이었다. 비느하스는 하나님의 임재의 주요 상징인 언약궤를 포함하여 "성소의 기구"를 가지고 갔다(31:6).[19] 전 국민이 미디안에게 "여호와의 원수를 갚는다"는 것을 보여 주기 위해서 각 지파에서 일천 명이 전쟁에 소집되었다(31:3).

계속된 전쟁에서, 이스라엘 백성은 미디안 사람들을 무찌르고 미디안의 다섯 왕을 포함하여 군인들을 모조리 죽였다. 그들은 여인들과 아이들을 사로잡고, 가축과 양떼와 재물을 탈취했다(31:7-9). 가나안 외부의 원수들을 상대로 한 전쟁에서는 이러한 행위가 인정되었으며, 사로잡힌 여자를 아내로 취할 수도 있었다(신 20:14; 21:10-14). 그러나 과거에 미디안 여인들이 이스라엘 백성을 유혹하여 배교와 음행에 빠지게 했었기 때문에, 모세는 그들을 죽이라고 명했다. 남자들도 모두 처형되었고, 처녀들만 살려 두었다. 전리품이 무척 많았으며, 모세는 그것들을 군인들과 나머지 공동체에게 공평하게 분배했다. 군인들의 몫 중에서, 사람이나 짐승의 오백분의 일은 여호와의 몫으로 돌려 제사장들에게 주었다(31:28-29). 공동체의 절반으로부터는 그 몫의 오십분의 일을 레위인에게 주었다. 이렇게 전리품을 세심하게 분배한 것은 가나안에서도 따르게 될 공평한 분배의 모범이 되었다. 하나님의 특별한 대표자들인 제사장들과 레위인들을 포함하여 백성들 모두가 전리품을 나누어 받았다. 가나안에서 싸울 때에는 종종 사람들과 짐승들을 남김없이 죽인 적도 있지만(수 6:21), 대체로 많은 전리품을 습득하여 모든 백성이 나누어 가졌다(수 22:8 참조).

4) 요단 동편에 있는 지파들의 유업

하나님께서 아브라함의 자손에게 가나안 땅을 주시겠다고 말씀하신 이후로(창 12:7), 이스라엘 백성들은 이 귀중한 땅을 영구히 소유하게 되기를 기대했다. 따라서 르우벤 지파와 갓 지파가 요단 동편의 땅을 갖게 해달라고 부탁한 것은, 모세에게는 충격이었을 것이다(민 32:4-6). 시혼과 옥에게서 빼앗은 그 지역에는 이 지파들이 소유한 많은 가축을 먹일 훌륭한 목초지가 있었다. 그러나, 르우벤 지파와 갓 지파 사람들이 국가적인 목표 성취를 중단하려 한 이유는 무엇이었을까?

모세는 그들의 요청에 노하여, 두 지파가 가데스바네아에서 반역하여 40년 동안 광야를 방황하게 만든 부모들의 죄를 되풀이하고 있다고 비난했다(32:8-13). 모세는 이 두 지파의 소원을 다른 지파들이 알게 되면 그들이 낙심하여 광야로 돌아가려 할 것을 염려했다. 그러나 르우벤과 갓의 족장들은 자기들이 민족을 분열시키려 하지 않을 것이라고 안심시키고, 가나안 땅 정복을 돕기 위해 요단강 건너편으로 군대를 파견하겠다고 약속했다. 약속의 땅을 정복한 후에야 요단 동편의 가족들에게 돌아와 정착하겠다고 약속했다(32:16-19). 모세는 이들의 대답에 만족하여, 이 두 지파—그리고 므낫세 지파의 절반—에게 과거에 아모리족이 소유했던 요단 동편의 땅을 유업으로 주었다. 이 결정으로 나머지 아홉 지파와 므낫세 지파의 절반은 가나안에서 보다 많은 땅을 분배받게 되었지만, 열두 지파가 하나의 통일된 국가로서의 기능을 발휘하기는 어렵게 되었다. 사사 시대에, 요단 동편의 지파와 서편 지파들 사이에 내란이 발생하여 사람들이 죽기도 했다(삿 12:4-6). 두 지파와 반 지파는 암몬 사람, 모압 사람, 후대에는 다메섹의 아람 사람들로부터 쉽게 공격을 받았다.

엄격히 말하자면, 요단 동편은 "거룩한 땅"의 일부가 아니었다. 언젠가 여호수아는 그곳을 더러워진 땅이라고 언급했다. 여호와의 땅은 "여호와의 성막이 있는 곳", 전능자의 세상의 거처였다(수 22:19). 모세는 요단 강을 건너 가나안 땅, 약속의 땅에 들어가기를 갈망했었다. 한편, 하나님께서는 모세에게 요단 강 양편에 각기 세 개의 도피성을 두라고 말씀하셨다(민 35:14). 이 여섯 성읍은 우발적으로 사람을 죽인 사람들이 도피하여 피의 보복자로부터 보호받을 수 있는 곳이었다(35:15). 이 여섯 성읍은 레위 지파에게 주어진 48개의 성읍 가운데 들어 있었다. 레위인들은 하나의 지파로서 영토를 소유하지 못했으므로, 각 지파들 가운데 있는 성읍이나 목초지를 배정받았다. 거기에는 요단 동편 지파의 성읍들도 포함되어 있었다(수 21:27, 36-39). 레위인들이 요단 강 양편에 거주한 것은 요단 동편도 정당하게 이스라엘에게 속한다는 주장의 정당성을 지지하는 듯하다.[20]

그럼에도 불구하고 동편의 지파들은 형제들로부터 일종의 소외감을 느꼈고, 이러한 태도는 가나안 정복 이후에 발생한 사건에 의해 증명되었다. 르우벤의 군대와 갓의 군대는 요단 동편으로 돌아오는 도중 가나안 땅 요단 강가에 단을 쌓았다(수 22:10). 그것은 그들이 여호와를 예배한다는 것, 그리고 가나안 정복에 참여했다는 것을 증거하기 위한 제단이었다. 혹시 서쪽 지파들이 동쪽 지파들에게는 "여호와 안의 몫"이 없다고 말할 경우에, 그 민족의 통일성 및 그들을 결속해주는 믿음의 기념비 역할을 하게 하려는 것이었다(수 22:25-27).

민수기에서 모든 지파들은 매우 어려운 교훈을 얻었다. 그들은 훌륭한 조직을 갖추고서 가나안으로 진군했지만, 목표없이 40년 동안 광야를 방랑하며 하나님께 반역했었다. 그러나 이제 새로운 세대는 시혼과 옥을 무찌른 승리로 인해 기운을 얻고 하나님의 축복의 보증을 받으면서 약속의 땅 앞에서 기다리고 있었다. 새로운 지도자인 여호수아가 모세를 대신하여 그들을 인도할 준비를 갖추고 있었기 때문에, 그들에게는 희망과 용기가 가득했다. 모세는 죽기 전에 백성들에게 마지막 권면을 하면서, 젖과 꿀이 흐르는 땅에 들어가면 마음을 다하여 여호와를 섬기라고 권면했다.

제1장

신명기

모세는 이스라엘의 가장 위대한 지도자였다. 신명기에는 그가 이스라엘 민족에게 한 마지막 말이 기록되어 있다. 모세는 일련의 연설을 하면서, 새로운 세대에게 시내 산 언약의 규정에 순종하며 마음을 다하여 여호와를 따르라고 요구했다. 그들이 진실로 여호와를 사랑한다면, 그들은 지루하게 여기지 않고 깊이 헌신하는 마음으로 반응하여 순종할 것이다. 모세는 여호수아와 백성들에게 강하고 담대하며 약속의 땅을 차지하라고 촉구했다. 이스라엘은 "영원하신 하나님"의 "영원하신 팔"의 보호를 받으므로(신 33:27), 새로 정착할 땅에서 여호아를 섬길 때에 하나님의 복을 충분히 경험할 수 있을 것이다.

1. 표제

오경 중 마지막 책의 이름은 신명기 17:18에 수록된 바 "이 두번째 율법 수여"를 의미하는 헬라어 *deuteronomion touto*에서 취한 것이다. 이 히브리어의 정확한 의미는 "이 율법서의 사본"이지만, "두번째 율법"이 널리 사용됨으로써 이 책은 신명기와 관련이 있는 출애굽 당시의 시내 언약과 연결된다. 신명기 5장에서는 십계명이 반복되며, 출애굽기, 특히 언약서(출 21-23장)에서 발견되는 법과 흡사한 많은 법이 포함되어 있다.[1] 모세는 율법의 교훈을 지키며 시내 산 언약의 조건들을 준수해야 할 책임을 상기시켜 주려 했다.

히브리어 표제 "이는…말씀이니라"는 이 책 첫 구절에서 취한 것이다. 그러나 이 표제는 다소 모호하기 때문에, 종종 이 책은 *mišneh hattôrâ*, "율법서의 사본"(17:18 참조), 또는 단순히 *mišneh*라고 언급된다. "이 율법책"이라는 표현은 28:61, 29:21, 30:10, 31:26에서 사용되며, 종종 "이 율법"도 사용된다.[2]

신약성서에서는 요한복음, 골로새서, 데살로니가전서, 디모데후서, 베드로전·후서를 제외한 모든 책에서 신명기가 약 80번 인용된다.[3] 물론 가장 유명한 것은 6:4-5의 쉐마, 그리고 예수님께서 시험을 받으시면서 인용한 구절들이다(6:13, 16, 8:3).

2. 목적과 범위

모세는 이스라엘 백성에게 행한 마지막으로 설교에서 40년 동안의 광야 생활을 회상하면서 그들로 하여금 시내 산 언약을 갱신하게 만들었다. 신명기는 이스라엘로 하여금 하나님의 신실하심을 기억하게 하며 마음을 다하여 여호와를 사랑하게 하려는 목적을 지닌다. 이스라엘 민족이 마침내 가나안에 들어갈 준비를 갖추었으므로, 모세는 장래의 왕들을 위한 가르침을 포함하여 과거에 언급했던 많은 문제들을 다루었다(17:14-20). 신명기 전체에서 하나님은 이스라엘의 왕, 온 백성의 충성을 요구한 영주이셨기 때문에, 이것은 중요했다(33:5 참조).[4] 백성들이 여호와와 그의 계명에 순종하면 풍성한 복을 받을 것이며(28:1-14), 여호와께 반역하면 잇따라 재앙을 경험하고 그 땅에서 쫓겨날 것이다(28:15-68).

요한복음이 공관복음과 다르듯이, 모세의 다섯번째 책은 나머지 네 책과 다르다. 신명기와 요한복음에는 새로운 자료가 상당히 포함되어 있으며, 모세와 예수님이 세상에서 마지막으로 선포한 중요한 설교를 제공해준다. 이 두 책은 하나님을 사랑하고 충실하게 섬겨야 할 필요성을 강조한다.

광야에서 사십 년을 보낸 후, 모세는 새로운 세대에게 전심으로 하나님을 따르라고 요구했다. 광야에서 방황하는 동안에 그들의 부모들은 모두 죽었으므로, 모세는 시내 산에서 맺은 언약을 갱신하고 실제로 약속의 땅을 소유하게 될 사람들을 격려하고 경고하려 했다. 그들 앞에는 커다란 기회가 놓여 있었지만, 동시에 그 민족을 하나님에게서 멀리 몰아낼 수도 있는 위험들도 도사리고 있었다. 부모들이 시내 산에서 약속한 것과 같은 헌신이 그들에게 필요했다. 얼마 전에 모압 평지에서 발생한 일들을 고려해 보면(민 25:1-9), 새 세대 역시 쉽게 하나님을 배반할 것처럼 보였다.

모세는 이 마지막 메시지를 전하면서, 그들이 광야에서 겪은 여러 가지 일을 회상했다. 1-4장에서, 모세는 정탐꾼들의 사명과 가데스바네아에서의 반란에서부터 시작하여 사십 년 동안 발생할 중요한 사건들을 묘사했다. 모세는 방황한 세월을 재빨리 뛰어 넘어, 북쪽으로 나아가면서 에돔과 모압과 암몬의 땅을 우회하라고 명령하셨다. 이 민족들은 모두 이스라엘의 친척들이었으며, 하나님께서는 이스라엘에게 가나안 땅을 주신 것처럼 그들에게도 땅을 주셨다(신 2:5, 9, 19). 그러나 이스라엘 백성이 아모리족을 공격하는 것은 허락하셨다. 2:24-3:11에서 모세는 시혼과 옥에게 승리한 이야기를 민수기 21장에서 발견되는 것보다 상세하게 제공한다. 요단 동편을 정복한 후, 모세는 르우벤 지파와 갓 지파, 그리고 므낫세의 지파 단에게 그 땅을 배정해 주었다(3:12-20). 이러한 승리로 인해 이스라엘 백성들은 크게 힘을 얻었으며, 모세는 그들에게 계속해서 승리하여 가나안으로 들어가라고 요구했다. 만일 백성들이 그들을 애굽에서 구속해 내신 하나님의 선하심을 기억한다면, 그리고 시내 산에게 그들에게 계시된 율법과 명령에 순종한다면, 그들은 진실로 여호와께서 주시는 "땅에서 한없이 오래 살 것이다"(4:10). 그러나 만일 그들이 여호와께 반역하여 우상을 섬긴다면, 그들은 전멸하며 가나안에서 쫓겨날 것이다(4:26-27).

새 세대와 시내 산 언약을 갱신하기 위해서, 모세는 5장에서 십계명 전체를 반복한다. 왜냐하면 십계명에는 언약의 핵심 조항들이 담겨 있기 때문이다. 과거에 시내 산에서 이 계명들을 들은 사람들은 쉽게 그것들을 무시하여 금 송아지를 숭배하고 하나님의 진노를 초래했다(신 9:7-9). 그러나 하나님은 이스라엘을 특별한 백성으로 선택하셨으며 "그를 사랑하고 그 계명을 지키는 자에게는 천대까지 언약을 이행하실 것이다"(7:7, 9). 이스라엘을 향한 하나님의 은혜로우신 섭리에 비추어 볼 때, 이스라엘 민족이 마음을 다하여 하나님을 사랑하기를 주저한 이유는 무엇이었을까? 만일 그들이 진실로 하나님을 사랑했다면, 그들은 하나님을 경외하면 하나님만 섬기고 계명을 충실히 지켰을 것이다(6:5,

13; 10:12; 11:1). 많은 규칙과 규례를 지닌 시내 산 언약은 사랑에 기초를 두고 있었으며, 이스라엘은 하나님을 향한 사랑 때문에 순종했어야 했다.[5] 과거 사십 년 동안 하나님은 기적적인 방법으로 그들에게 양식과 마실 것을 주셨고, 불뱀과 전갈로부터 보호해 주셨다(8:15). 온갖 어려움에도 불구하고, 그들의 옷은 낡지 않았고 그들의 발은 붓지 않았다. 이것들 역시 그들이 감사하는 마음으로 여호와께 순종해야 할 이유였다(8:4).

이스라엘 백성들이 가나안에 도착하면, 그들은 그들의 믿음을 시험할 새로운 도전에 직면하게 될 것이다. 그들이 적대적인 환경에서 살아남도록 도와주기 위해서, 모세는 특별한 명령과 법을 이야기했는데, 그 중 일부는 출애굽기와 레위기와 민수기에서 제시된 법을 수정한 것이었다. 예를 들어, 제물은 여호와께서 선택하실 중앙 성소에서 드려야 했지만, 백성들은 자기들이 살고 있는 성읍에서 짐승을 잡아 그 고기를 먹을 수 있었다(12:14-15). 이스라엘 백성들은 삼 년에 한 번씩 레위인과 가난한 사람들을 위해서 그 해 소산의 십분의 일을 자기들의 성읍에 비축해야 했다(14:28-29; 26:12). 이것은 민수기 18:21-28에 기록된 십일조에 대한 교훈을 수정한 것이다.

가나안은 여러 형태의 우상 숭배가 가득한 곳이었으므로, 모세는 점치는 사람, 마술하는 사람, 영매, 초혼자들에 대해 경고했다. 그는 이스라엘에게 하나님께서 세우실 선지자들의 말을 경청하라고 촉구했다. 여호와의 이름으로 말하는 사람들은 하나님께서 그 백성에게 주시는 메시지를 선포할 것이다(18:15-19). 주제넘게 거짓 예언을 하는 선지자들은 죽여야 한다(18:20). 선지자라고 주장하면서 우상숭배를 장려하는 사람은 여호와께 반역하는 사람이므로 마땅히 죽어야 한다(13:1-5 참조).

야곱은 열두 지파를 축복할 때에, "홀이 유다를 떠나지 않을 것이라"고 예언했는데, 이것은 궁극적으로 유다에게서 왕이 나올 것을 가리킨다(창 49:10). 모세도 왕이 임명될 것을 예상하고 그의 통치를 위한 지침을 제시했다. 장래의 왕은 모세의 법에 깊은 주의를 기울여야 하며, "말을 많이 두지 말 것이요" "은금을 자기를 위하여 많이 쌓지 말 것이며" 아내를 많이 두지 말아야 한다(신 17:16-17). 그렇지 않으면, 그의 마음이 미혹될 것이며, 자기의 재물과 친척들을 의지하게 될 것이다(17절). 이러한 경고에도 불구하고, 솔로몬 왕은 이 세 가지를 지나치게 소유하는 죄를 범하여 궁극적으로 그의 나라에 손해를 끼쳤다(왕상 11:1-6 참조).

장자권은 사랑하는 부인에게서 난 아들보다는 "실질적인 장자"에게 속한다는 모세의 명령은 일부다처제의 관습을 배경으로 하고 있다.[6] 이혼의 악영향을 줄이기 위해서, 모세는 다른 남자와 재혼했던 여자가 첫 남편과 재결합하는 것을 금지했다(24:1-4). 만일 아내가 아들을 낳기 전에 남편이 죽으면, 남편의 형제가 과부가 된 형수와 결혼해야 했으며, 그렇게 하여 태어난 맏아들로 하여금 죽은 형제의 후사를 잇게 했다(신 25:5-10). 수혼이라고 알려진 이 관습의 가장 좋은 예는 룻과 보아스의 결혼이다(룻 4:5).[7]

12-26장에서 율법과 법령들을 열거한 후, 모세는 백성들의 앞에 놓인 축복과 저주를 간단히 언급함으로써 그들을 자극하려 했다. 약속의 땅에 도착한 후에 지파들은 세겜이라는 중요한 도시로 가서, 그리심 산과 에발 산에서 언약을 갱신하라는 가르침을 받았다. 이스라엘 백성들은 맹세함으로써 언약의 조건들에 복종하며 여호와를 섬기기로 약속했다(29:12 참조). 만일 그 백성이 여호와께 충성하면 풍성한 복을 받고 원수들을 정복하여 승리하며 인구가 증가할 것이다. 또 양떼와 가축이 증가하며 풍성한 수확을 거둘 것이다(28:1-14).

그러나 만일 순종하지 않으면 반대의 일이 일어날 것이다. 28:16-10는 정확하게 28:3-6과 대조를 이룬다. 하나님께 대한 반역은 전쟁에서의 패배, 기근, 질병 등을 초래할 것이며 메뚜기 떼가 곡식을 먹어 치울 것이다(42절). 결국 이국 군대가 이스라엘의 도시들을 포위하고 성벽을 허물고 백성들을 포로로 잡아갈 것이며, 이스라엘 백성들은 "땅 이 끝에서 저 끝까지 흩을 것이다"(64절). 15절부터 68까지 길게 이어지는 저주 부분은 백성들의 불순종을 억제하지 못했다. 레위기 26장처럼, 신명기 28장도 궁극적으로 이스라엘이 받을 무서운 벌을 예언한다.

   31-34장에서, 모세는 시적인 형식으로 말한다. 32장에 있는 모세의 노래는 하나님의 신실하심과 백성들의 죄악됨을 상기시키며, 그들 앞에 준비된 심판을 묘사한다. 백성들은 그 노래를 부를 때마다 "그 공덕이 완전하고 그 모든 길이 공평하며 무망하신" 하나님의 위대하심을 증거했다.[8] 창세기 49장에서 야곱이 죽기 전에 아들들을 축복한 것처럼, 모세도 죽기 전에 지파들을 축복했다. 이번에도 요셉은 장황하게 찬양을 받으며(33:13-17), 유다의 축복은 매우 간단하다(7절). 또 시므온은 완전히 생략되어 있다. 시므온의 형제 레위는 금 송아지 사건이 벌어졌을 때에 용감하게 행동했기 때문에 긍정적으로 다루어진다(33:8-11; 출 32:26-29 참조).

   모세는 느보 산에 올라가서 죽어 여호와에 의해 매장된 후, 여호수아가 그의 뒤를 이어 이스라엘의 지도자가 되었다. 여호수아는 모세에 의해 임명되었으며 "지혜의 신이 충만하여" 새로운 역할을 맡을 준비를 갖추고 있었다(34:9). 여호와께서 대면하여 아시던 자" 모세와 비교할 수 있는 사람이 없었지만(34:10), 여호와께서는 여호수아를 강하게 해 주시고, 그가 이스라엘을 약속의 땅으로 인도하여 들어갈 것이라고 보장해 주셨다(31:23).[9]

3. 문학적 구조

신명기는 고대 근동 지방의 조약들과 유사한 점이 있기 때문에, 신명기의 문학적 구조에 대해 저술한 글이 나머지 네 책에 대한 글보다 많다. 신명기의 틀은 기원전 2천년대 말기의 히타이트 조약의 주요 특징들을 따르고 있다:[10]

신명기와 히타이트 조약의 비교

신명기	정상적인 히타이트 조약의 순서
역사적 서언(1-4장)	역사적 서언
규정들(5-26장)	규정들
축복(27-30장)	증인들
저주	저주
증인들(31-34장)	축복

신명기에서는 "증인들" 부분이 저주와 축복 다음에 나타나며, 저주와 축복의 순서가 바뀌어 있다. 축복을 저주 앞에 놓으며, 축복보다 훨씬 더 많은 저주를 수록함으로써, 신명기는 이천년 대 초기의 법전 형태를 따른다. 케네스 키친은 함무라비 법전에서는 40개의 저주 앞에 단 두 가지 축복만 수록된 점에 주목했다.[11] 신명기는 율법과 언약과 밀접하게 관련되어 있으므로, 어떤 점에서 법적인 형식을 따르는 것이 당연하다.

신명기의 문학적 구조

표제/전문(前文)	1:1-5
역사적 서언	1:6-4:43
법적인 규정들	4:44-26:19
축복, 저주	27-30
증인들	31-34

1) 전문

히타이트의 종주국과 속국 사이의 조약은 히타이트 왕이 협정을 주도하는 사람임을 밝히는 전문으로 시작되었다. 신명기 1:1에서는 모세가 종주의 자격이 아니라, 언약의 하나님이신 여호와를 대표하는 사람으로서 이스라엘에게 이야기한다.

2) 역사적 서언

히타이트 조약에서는 전문 다음에 두 국가 사이의 정치적 상호관계를 회고하는 역사적 서언이 위치한다. 일반적으로 종주는 자신이나 자기의 전임자들이 속국을 도와준 방식을 언급하며, 그것이 히타이트 왕에 대한 속국의 충성을 장려하는 계기가 되기를 희망한다.[12] 신명기 1-4장에서, 모세는 이스라엘이 애굽을 출발할 때, 그리고 광야에서 위험한 생활을 하는 동안에 하나님께서 이스라엘을 위해 행하신 일들을 회상한다(2:24-3:11; 4:33-34 참조).

역사적 서언은 이천 년대 조약의 가장 두드러진 특징이었을 것이며, 신명기가 모세 시대에 기록된 것으로 간주하는 데 도움이 된다.[13] 그러나 와인펠드(Weinfeld)는, 기원전 7세기 아시리아의 에살핫돈의 조약들은 장황한 저주 항목이 수록되었다는 점에서 신명기와 매우 흡사하다고 주장한다. 와인펠드는 아시리아의 조약에는 역사적 서인이 없다는 것을 인정하지만, 일천 년대의 조약들 중에서 역사적 서언이 있어야 할 부분이 손상된 것들이 많다고 지적한다.[14]

3) 법적인 규정들

신명기에서 가장 긴 항목—조약 형식의 법적 규정들에 해당되는 부분—은 두 부분으로 나뉜다. 5-11장은 다소 일반적인 것들이며, 12-26장에서는 다양한 주제들에 관한 특수한 법과 규정들을 다룬다. 신명기는 기본적으로 시내 산에서 체결된 언약의 갱신이므로, 5장에서 출애굽기 20장에 기록된 십계명을 약간 변형하여 다루는 것은 그리 놀랄 일이 아니다. 제4계명에서는 하나님께서 이스라엘을 애굽에서 구하셨기 때문에 안식일을 지킬 것을 요구한다. 반면에, 출애굽기 20:11에서는 하나님께서 세상을 창조하시고 일곱째 날에 안식하셨기 때문에 안식일을 지켜야 한다고 말한다. 두 가지 모두 훌륭한 이유였지만, 출애굽기는 가나안에서 이스라엘 백성들이 종들과 가난한 사람들과 궁핍한 사람들을 사랑으로 대해야 한다는 것을 상기시켜 준다(15:15; 16:12; 24:18, 22 참조).

일반적으로 왕이 바뀌었을 때에, 히타이트 왕이 속국과의 조약을 갱신할 때에는 법적인 규정들을 갱신하는데, 이것은 12-26장에서 특수한 법들이 변화된 것을 설명해줄 수 있을 것이다. 가나안 땅에서의 새로운 삶을 앞둔 이스라엘의 새 세대는 특별한 문제들에 직면해 있었다. 예배의 장소와 방식에 변화가 있어야 했다. 이 부분의 첫 장과 마지막 장에서 십일조와 제물을 바치는 것에 대해 다루고 있다(12:4-14; 26:1-15). 이 부분의 구조를 밝히는 것은 어렵지만, 스테픈 카우프먼(Stephen A. Kaufman)은 이 자료가 5장에 기록된 십계명의 순서를 따르고 있다고 주장했다.

카우프만은, 이 부분은 서양인의 사고로는 쉽게 식별할 수 없는 논리와 조직 형식에 의해 십계명과 병행한다고 주장한다.[15] 어떤 장들은 다른 곳보다 훌륭하게 배열되어 있는데, 12장은 처음 두 계명과 일치하며, 15-16장은 안식일 문제를 다룬다. 그러나 "네 부모를 공경하라"가 사사들과 왕들과 선지자들(이들은 모두

"권위"의 범주에 속한다)에 대한 규정에 상응한다는 주장은 지나친 주장이다. 19:15-21의 거짓 증인들에 대한 항목은 제9계명보다는 제6계명과 관련하여 등장한다.[16]

게다가 십계명이 상술되고 부연되는 다른 곳—출애굽기 21-23장이나 레위기 19장—에서는 계명의 순서가 엄격하게 지켜지지 않는다. 예를 들어, 레위기 19장은 3절에서 부모를 공경하고 안식일을 지키라는 말로 시작된다. 그 다음에 4절에서는 우상숭배를 금지하며, 30절에서 다시 안식일 문제를 언급한다.[17] 십계명의 순서가 신축성있게 다루어지므로, 신명기 12-16장에서 지나치게 엄격한 순서를 기대하지 않는 것이 좋을 듯하다. 그럼에도 불구하고, 카우프먼이 이 항목의 구조를 밝히려고 노력한 것은 칭찬할 만하다. 그의 논문에는 많은 유익한 통찰이 담겨 있다.[18]

일반적으로 조약은 순종하겠다는 속국의 공식적인 맹세와 신들의 증언으로 끝맺는다.[19] 이스라엘 백성들이 "오늘날 여호와를 하나님으로 인정한다"고 진술하는 신명기 26:17에서 그러한 맹세의 증거를 발견할 수 있다. 옛 세대는 시내 산에서 "여호와의 명하신 대로 우리가 다 행하리이다"라고 선언했었다(출 19:8).

4) 축복과 저주

27-30장에는 언약의 중요성을 백성들에게 인식시키기 위한 일련의 중요한 축복과 저주가 담겨 있다. 27장에서 모세는 세겜에서 행해야 할 언약 갱신 의식—11:26-32에서 간단히 언급되었던 의식—에 대한 가르침을 준다. 언약 갱신 의식에 대한 이 두 차례의 언급 사이에 중요한 규정들(12-26장)이 위치한다.[20] 28장에는 축복보다 저주가 훨씬 많지만, 어쨌든 축복이 수록되어 있다는 사실 역시 신명기기 기원전 2천년대의 저술임을 지적해준다. 기원전 일천년대의 조약 문서에는 저주들은 많지만 축복은 전혀 없

다.[21] 모세가 열두 지파에게 마지막으로 전한 말을 기록한 33장에서도 축복이 발견된다.

5) 증인들

대부분의 옛 조약에는 협정이 체결되었음을 증거하는 신들의 목록이 포함되어 있었다. 신들이 속국으로 하여금 조약의 조건에 복종하는 자세를 취하게 만들어 줄 것을 기대하면서, 두 나라의 신들을 조약에 포함시켰다. 이스라엘은 유일하신 하나님을 예배했기 때문에, 다른 종류의 "증인들"이 요구되었다. 언약 소송의 형식으로 제시된 모세의 노래는 이스라엘 자손에 대한 여호와의 증거라고 불린다(31:9). "율법책"(31:26)도 증인이었다. 매 칠 년 초막절에는 언약의 내용이 수록된 율법을 백성들에게 낭독해야 했다(31:10-11). 히타이트 조약에서는 종종 속국이 지켜야 할 규정들을 상기시키는 문서를 공적으로 낭독하는 것에 대해 언급한다.[22] 조약 문서가 분실되지 않게 하기 위해서, 조약을 맺은 당사자들은 각기 자기 나라의 신전에 하나의 사본을 보관했다. 모세는 "이 율법"을 써서 제사장들에게 주어 성막에 안전하게 보관하게 했다(31:9).

일부 히타이트 조약의 증인 목록에는 "하늘과 땅" 또는 "하늘의 신들과 땅의 신들"이 포함되어 있었다.[23] 모세는 모든 피조물을 언약의 증인으로서 여호와께 합류하게 하려고, 세 번 "하늘과 땅"을 이스라엘에 대한 증인으로 부른다(30:19; 31:28; 32:1). 수세기 후에, 선지자들도 하늘과 땅을 불러 백성들이 하나님께 반역하여 벌을 받아야 한다는 것을 증명하라고 호소했다(사 1:2; 렘 2:12).

6) 권면으로서의 신명기

신명기는 언약 갱신을 다룬 기사일 뿐만 아니라, 모세가 이스라엘 백성에게 행한 연설의 기록이기도 하다.[24] 신명기 전체에서, 모세는 종종 설교 형식으로 일련의 메시지를 백성에게 전파한다. 모세는 특수한 법을 다루는 곳에서도, 백성들에게 여호와께 완전히 순종하라고 권면하고 장려한다(15:1-6 참조). 율법에 대한 이러한 설교는 종종 "parenesis"[25]라고 언급된다. 이따금 모세는 연대적으로 볼 때에 거리가 먼 사건들을 한 곳에 모으며(1:34-37), 어떤 곳에서는 본질상 설명적인 통찰들을 포함시키기도 한다(5:5 참조). 그는 이스라엘 백성에게 거듭 여호와를 따르면 큰 복을 받을 것이라고 말한다. 이스라엘이 광야에서 범한 실수에도 불구하고, 하나님께서는 그들이 할 수 있는 일, 어렵지 않은 일을 그들에게 요구하셨다(30:11-14; 롬 10:6-7 참조).

4. "쉐마"의 중요성

지난 수십 년간 1938년에 폰 라드(Gerhard von Rad)가 확인한 6:20-24과 26:5-9의 "신조"에 큰 관심을 기울여왔다. 그러나 신명기 6:4-9의 "쉐마" 역시 참된 신앙고백 진술이다. 4절의 "들으라"를 의미하는 히브리어에서 명칭을 취한 "쉐마"는 구약성서의 근본적인 교의로 여겨져 왔으며, 그리스도께서는 모든 계명 중에서 가장 중요한 것이라고 확인하셨다(막 12:29-30).

> 이스라엘아 들으라 우리 하나님 여호와는 오직 하나인 여호와시니 너는 마음을 다하고 성품을 다하고 힘을 다하여 네 하나님 여호와를 사랑하라.(신 6:4-5)

복음서에서 이 문장이 인용되는 모든 곳에서, 그리스도는 레위기 19:18에서 취한 두번째 큰 계명 "이웃 사랑하기를 네 몸과 같이 하라"도 함께 언급하신다. 세 복음서 중 두 복음서에서는 "마음과 성품과 힘"에 "뜻"을 추가하며(막 12:30; 눅 10:27), 마태복음 22:37에서는 "힘" 대신에 "뜻"을 사용한다. 이것의 근본 의미는 이스라엘이 지성과 감성과 의지를 포함하여 존재 전체로 하나님을 사랑해야 한다는 것이다. 그 밖에 여덟 곳에서 마음과 성품을 다하여 여호와를 사랑하거나 섬기거나 순종하라고 말한다. 왜냐하면 그러한 종류의 헌신은 그들로 하여금 가나안 땅에서 그들을 기다리고 있는 위험과 함정을 피할 수 있게 해줄 것이기 때문이다(4:29; 10:12; 11:13; 13:3; 26:16; 30:2, 6, 10).

구약성서에서 "마음을 다하며 성품을 다하며 힘을 다하여 여호와를" 향했다고 언급된 사람은 단 한 사람, 즉 요시야 왕이다(왕하 23:25 참조). 기원전 621년에 요시야는 유다 왕국의 철저한 개혁을 주도하여 이스라엘을 하나님으로부터 멀어지게 만든 산당, 우상들, 신접한 자들, 심령술사들을 제거했다(왕하 23:19, 24). 그 이전에 다스린 여호사밧과 히스기야 왕처럼, 요시야도 진지하게 모세의 율법을 순종했으며, 그 신실함으로 인해 크게 존경받았다. 모세와 같은 시대 사람인 여호수아와 갈렙도 "여호수아를 온전히 순종하였고," 유일하게 광야에서 살아남아 약속의 땅에 들어간 어른들이었다(민 32:11-12).

여호와께 완전히 헌신한 사람들은 "여호와는 오직 하나인 여호와"(신 6:4)이심을 태도와 행동으로 증명했다. 이스라엘은 많은 신들의 존재를 인정하는 세계에 거하면서도, 여호와 외에 다른 신을 섬기지 말아야 했다(출 20:3; 신 5:7). 십계명 중 제1계명은 이스라엘의 하나님의 유일하심에 대한 분명한 진술이었다. 다른 나라들이 매우 헌신적으로 다른 신들을 섬겼지만, 이스라엘 백성들은 여호와 외에 다른 신이 없다는 풍부한 증거를 가지고 있었다(4:35; 32:39). 야웨는 하늘과 땅의 창조자이시며, 이스라엘을 속박에서 풀어주신 분이셨다(32:6 참조). 홍해에서 바로와 그의 군대는 야웨가 하나님이심을 경험했고(출 14:18), 모압 왕 발락은 이스라엘의 하나님의 목적을 저지할 수 없었다(민 23:21-23). 그럼에도 불구하고, 모세는 가나안 사람들이 장차 백성들을 유혹할 많은 신들을 섬기고 있다고 경고했다. 이스라엘 백성이 가나안 주민들과의 통혼을 피하지 않는다면, 그들은 곧 가나안 사람들의 신을 섬겨 하나님의 진노를 경험하게 될 것이다(6:14; 7:4 참조).

6:4-5 및 그와 비슷한 다른 권면들의 중요성을 강조하기 위해서, 모세는 백성들에게 모든 수단을 동원하여 자녀들에게 이 계명들을 가르치라고 촉구했다. 부모들은 집에서나 길에서 항상 하나님의 계명에 대해 자녀들에게 이야기해야 한다. 유대인들은 8-9절을 문자 그대로 시행하여 그 구절을 양피지에 기록하여 성구함이라고 불리는 가죽 상자 안에 넣어 두었다. 유대 남자들은 매일 아침 기도하기 전에 성구함을 왼쪽 팔과 이마에 매달았다.[26] 또 성경 구절을 담은 작은 상자를 문설주에 붙이는 것이 일반적인 관습이 되었다(6:9). 보통 이러한 상자에 기록하여 넣어두는 성구는 출애굽기 13:1-6, 신명기 6:4-9과 11:13-11이었다.[27] 세월이 흐르면서 이 관습은 율법주의적인 관행으로 전락했다. 신약 시대에 바리새인들과 율법 교사들은 사람들에게 감동을 주기 위해서 성구함을 착용했다(마 23:5).

예수께서는 유대 광야에서 사십 일 동안 사탄의 시험을 받으실 때에 이 세 구절 중 두 구절—신명기 6장과 8:3—을 사용하여 마귀를 물리치셨다. 사탄이 높은 곳에서 뛰어내리리라고 강요할 때에, 예수님은 신명기 6:16—너희의 하나님 여호와를 시험하지 말라"—을 인용하셨다(마 4:7). 사탄이 자기에게 절하면 이 세상 모든 나라를 주겠다고 제의했을 때, 주님은 "주 너의 하나님께 경배하고 다만 그를 섬기라"고 말씀하셨다(마 4:10; 신 6:13 참조). 이러한 시험들을 물리치심으로써, 예수님은 과거에 이스라엘 민족이 광야에서 시험을 당할 때에 실족했던 부분에서 승리하셨다. 예수께서 신명기 6장을 간접적으로 사용하신 것은 4-9절의 쉐마의 중요성을 강조했으며, 마음을 다하여 여호와를 사랑하며 그의 계명을 잘 아는 사람들은 사탄의 계획을 미연에 방지할 수 있다는 것을 함축적으로 의미했다.

일반적인 규정들의 기록이 끝나는 부분에서, 쉐마가 약간 확대되어 반복된다. 11장 18-20절은 6장 6-9절과 아주 비슷하며, 부모들이 여호와의 계명을 알고 자녀들에게 가르쳐야 할 필요성을 강조한다. 모세는 하나님의 말씀을 마음과 정신에 새기라는 명령과 그것들을 상징적으로 이마와 팔에 매라는 명령을 연결함으로써(18절), 후자를 문자 그대로 이해하지 말고 비유적인 것으로 이해해야 한다는 것을 지적하는 듯하다. 이스라엘 백성들은 여호와의 계명을 문설주에 기록해야 하는 것이 아니라. 그들의 정신에 하나님의 율법과 계명이 스며 있어 그들의 언행이 그것들의 지배를 받아야 했다. 그렇게 될 때, 이스라엘은 앞으로 여러 해 동안 가나안 땅을 차지하며 하나님의 축복을 누릴 것이다(11:21).

5. 언약을 이행하지 않는 데 대한 저주: 선지자들을 위한 패러다임

언약을 이행하지 않는 데 대한 저주 목록을 지닌 신명기 28, 29장도 쉐마만큼 알려져 있다. 신명기 28장도 레위기 26장처럼 대략 열두 가지의 축복으로 시작되지만, 그 뒤에 언급되는 저주는 레위기의 저주보다 더 많다. 19장과 30장에서 언급된 경고들과 함께, 이 저주들은 오경 전체의 절정을 이루며, 이스라엘 백성에게 하나님께 순종하여 앞으로 당할 무서운 심판을 피하라고 촉구한다.

28, 29장이 중요하다는 것은 예언서에서 이 장들이 강조된 데서 증명된다. 대선지서와 소선지서에서는 신명기 28-29장에 담겨 있는 특수한 표현과 개념들을 빗대어 인용한다. 선지자들이 선포한 심판은 모세가 묘사한 저주들과 직접 연결되며, 이스라엘의 환난은 그들의 불순종 때문에 야기된 것이 분명하다고 지적한다. 이스라엘이 모세 언약을 범했기 때문에 하나님께서 진노하시고 저주들이 그대로 이루어진다.

1) 기근과 농사의 실패

이스라엘의 순종이 때에 따라 적절한 비와 풍성한 수확을 가져오듯이(28:8, 12), 불순종에는 기근과 흉작이 따를 것이다. 28:23에서는 "네 머리 위의 하늘이 놋이 되고 네 아래의 땅은 철이 될 것이라"고 말한다.[23] 비가 오지 않으면, "지면이 갈라지니" 농사가 실패할 것이 확실하므로 "밭 가는 자가 부끄러워서 그 머리를 가린다"(렘 14:4). 호세아는 이삭이 열매를 맺히지 못하는 것은 안타까워했고(8:7), 학개는 한재(旱災)가 "새 곡물에, 새 포도주에, 기름에" 영향을 미친 것으로 인해 탄식했다(학 1:11; 단 28:38-40 참조). 이사야는 흉작을 생생하게 묘사하면서 10에이커의 포도원에서 포도주가 6갤론이 수확되며 6말의 씨를 파종하여 거두는 곡식이 1말에 불과하다고 표현했다(사 5:10). 백성들이 간신히 곡식을 재배하면, 메뚜기 떼가 그것을 먹어치울 것이다(신 28:38, 42). 요엘은 여호와의 날을 그 땅을 휩쓴 무서운 메뚜기 재앙에 비유했다(욜 1:4).

2) 질병과 눈 멂

이스라엘 백성들은 애굽에서 지내는 동안 많은 "악질"에 대해 알고 있었으며(신 7:15), 하나님께서 애굽 사람들에게 내리신 전염병들은 비교할 수 없이 강력한 것들이었다. 이스라엘 백성들이 장차 하나님께 반역한다면, "애굽의 종기와 치질과 괴혈병과 개창"에 걸린 것이라고 모세는 경고한다(신 28:27). 기근과 한재에 의해 악화되는 질병인 "폐병과 열병과 상한과 학질"도 창궐할 것이다(28:22). 이사야 1장—이 장은 언약 소송의 형식을 따른다—에서, 선지자는 이스라엘의 "상한 것과 터진 것과 새로 맞은 흔적"에 대해 말했다(사 1:6). 예레미야도 백성들의 불쌍한 처지로 인해 슬퍼하며 그들을 치료할 의사와 "길르앗의 유향"를 찾았다(렘 8:22). 아모스와 예레미야는 하나님께서 이스라엘을 벌하기 위해 보내신 기근과 전염병에 대해 말했다(렘 24:10; 암 4:10).

여러 가지 질병에는 "미침과 눈 멂"이 포함되어 있다(신 28:28). 이사야는 8세기에 이스라엘이 영적으로 장님이요 귀머거리라는 것을 잘 알고 있었다. 그들이 보지 못하고 이해하지 못한 것은 이사야 29:9, 42:19, 43:8, 59:10에서 언급된다. 바벨론 포로기에, 선지자 에스겔은 눈과 귀가 있으나 보지 못하고 듣지 못하는 패역한 백성들을 위해 사역하려 했다(겔 12:2).

3) 적의 공격과 포로됨

이스라엘 백성들은 약속의 땅을 정복하고 그곳의 주민들을 몰아내는 일을 앞두고 있었지만, 모세는 그들이 불순종하여 궁극적으로 그 땅에서 쫓겨날 것이라고 경고했다. 외국 군대들이 가나안을 공격하여 이스라엘을 정복할 것이다(신 28:25). 먼 곳에서 한 민족이 독수리처럼 날아와 그 땅을 공격하여 도시들을 포위하여 말할 수 없는 고난을 줄 것이다(신 28:49, 51-52). 양식이 떨어진 부모들은 살기 위해서 자녀를 잡아먹게 될 것이다(28:53-57). 궁극적으로 성읍들은 정복되고, 살아남은 자들은 외국으로 추방될 것이다. 이스라엘 백성들은 약속의 땅에서 쫓겨나 여러 민족들 가운데 흩어져 종처럼 항상 두려워하거나 섬기며 살게 될 것이다(28:37, 63-68).

사사 시대에 이방 침입자들이 이스라엘을 압제할 때에는 종종 모세의 엄숙한 말을 상기했을 것이다(삿 6:1-6). 그러나 메시지를 전파하면서 신명기의 저주들을 거듭 사용한 사람들은 후대의 선지자들이었다. 기원전 8세기에 아모스는 이스라엘 백성들이 포로가 될 것을 예언했고(5:27; 6:7), 수십 년 후에 이사야는 그 땅을 황폐하게 만들 강력한 군대가 침입할 것을 예견했다(5:26-30; 7:20-25). 실제로 기원전 721년에 앗시리아인들이 북왕국을 정복하여 멸망시켰지만, 남왕국 유다는 이 재앙에서 교훈을 얻지 못했다. 약 100년 후에 선지자 예레미야는 알지 못하는 방언을 사용하는 나라, 바벨론 군대의 침입을 묘사하면서 신명기 28장을 인용했다(신 28:49; 렘 5:15). 예레미야서의 주요 주제는 유다의 멸절과 추방이다(1:10; 31:28 참조). 예레미야는 예언의 끝 부분에서 예루살렘의 멸망에 대해 상세하게 이야기한다(렘 39, 52장). 예레미야 애가에서, 그는 택함을 받은 다윗의 성읍이 포위되어 있는 동안에 사람들이 자기 자녀들을 잡아먹은 것에 대해 언급한다(4:10).

4) 치욕

시내 산 밑에서 이스라엘은 여러 나라들 중에서 소중한 하나님의 소유로 택함을 받았지만(출 19:5), 이러한 재앙들이 임하면 이스라엘의 위상은 극적으로 변화될 것이다. 하나님께서 벌을 주실 때, 이스라엘은 흩어져 지내는 모든 나라에서 "놀램과 속담(俗談)과 비방거리"가 될 것이다(신 28:37). 이스라엘은 애굽의 종살이에서 자유를 얻었으므로, 이제 그 새 나라는 자유의 땅이 되어야 했다(레 25:10 참조). 그러나 예레미야는 이스라엘의 배교가 심각해짐에 따라서 이스라엘의 자유는 "칼과 염병과 기근"에 의해 쓰러질 것이라고 선포했다(렘 34:7). 이스라엘은 하나님과의 언약을 파기함으로써, 그 백성이 가는 모든 곳에서 여호와의 이름을 치욕스럽게 할 것이다. 예레미야는 이스라엘이 당할 수치와 조롱을 거듭 언급했다(15:4; 24:9; 25:9; 26:6; 29:18; 42:18; 44:121). 또 이사야와 에스겔도 불순종하는 민족의 장래에 놓여 있는 책망과 조롱에 대해 이야기했다(사 42:28; 겔 5:14-15).

6. 저주의 반전:축복의 약속

창세기 앞 부분에 축복과 저주가 섞여서 등장한 이후로, 오경에는 축복과 저주가 혼합되어 있다. 에덴 동산에서 하나님은 하와를 유혹한 뱀을 저주하시고 아담이 수고하여 경작할 땅을 저주하셨다(3:14, 17). 아벨을 죽인 가인은 저주를 받아 땅에서 피하며 유리하는 자가 될 것이라고 정죄되었다(4:11-12). 여러 세대가 지난 후, 인류의 죄가 크게 증가하였으므로, 하나님은 홍수를 보내어 세상을 멸하셔야 했다. 물이 빠진 후에, 하나님은 다시는 "사람으로 인하여 땅을 저주하지 않겠다"고 약속하시고, 노아와 그 아들들이 땅에서 생육하고 번성할 것이라고 축복하셨다(8:21; 9:1). 그러나 창세기 9장이 끝나기 전에, 노아의 아들 함이 아버지에게 수치를 주었고, 함의 아들 가나안이 "그 형제의 종들의 종이 될" 것이라는 저주를 받았다(9:25).

하나님께서 메소포타미아에서 불러내어 특별한 방법으로 축복을 약속하셨던 사람인 아브라함의 자손들은 가나안 사람들을 정복해야 했다. 창세기 12:1-3에 기록된 바 아브라함 언약에 대한 서두의 묘사에서부터 신명기 33장에 수록된 바 여호와의 종 모세의 말에 이르기까지, 이스라엘 민족은 충성한 하나님의 복을 받았다. 심지어 이스라엘—하나님의 은총을 받을 자격이 없는 속이는 자 야곱—도 놀라운 방법으로 하나님의 복을 경험했으며, 생을 마칠 때에는 미래를 내다보고서 열두 명의 아들에게 각기 복을 선포했다(창 49장). 야곱의 자손들을 애굽의 학대에도 불구하고 크게 증가했다. 출애굽 후에 선견자 발람은 하나님이 저주하시지 않은 자를 자신이 저주할 수 없다는 것을 인정하고, 나아가 일련의 놀라운 예언을 하면서 이스라엘을 축복했다(민 23:8; 24:5-9).

이스라엘이 시내 산에서 하나님과 맺은 언약 조항들을 범할 때에만 이스라엘은 실패하게 될 것이다. 레위기 26장과 신명기 28장에서는 불순종에 대한 저주가 선포되는데, 그것들은 그 민족에게 임할 재앙을 알리는 비극적인 예언이 되었다. 그러나 저주가 효력을 발휘하여, 이스라엘이 연속적으로 재앙을 당한 후에도, 하나님께서는 은혜로 자기 백성을 회복시켜 주실 것을 약속하셨다. 백성들이 자기 죄를 고백하고 마음을 다하여 여호와께 돌아오면, 하나님은 그들을 외국 땅에서 구하여 가나안 땅으로 돌아가게 해주실 것이다(레 26:40-45; 신 30:1-10).

이 회복의 소망도 가나안 저주의 성취를 기록한 선지자들의 책에서 두드러진 주제가 되었다.[30] 신명기 28:38처럼, 요엘은 요엘서 1:4에서는 무서운 메뚜기 재앙을 예고했지만, "산들이 단 포도주를 떨어뜨릴 것이며 작은 산들이 젖을 흘릴" 날을 기대했다(욜 3:18). 예레미야는 "곡식과 새 포도주와 기름"으로 인해 기뻐하게 될 날을 예상했고(렘 31:12), 이사야는 하나님께서 이스라엘의 광야를 "에덴 같고 그 사막으로 여호와의 동산 같게 하실" 것이라고 선포했다(사 51:3). 아모스도 "밭 가는 자가 곡식 베는 자의 뒤를 이르며 포도를 밟는 자가 씨 뿌리는 자의 뒤를 이을" 날에 대해 말했다(암 9:13).

신명기 28:28에 의하면, 불순종하는 민족은 눈이 멀게 될 것이다. 그러나 이사야는 그 민족의 변화를 묘사하는 구절에서 장차 눈먼 사람들이 눈을 뜨게 될 것이라고 예고했다(사 29:18). 이사야 35:4-5에서는 소경과 귀머거리들의 치유를 메시아 시대와 연결했다(마 11:5 참조). 그리스도께서는 지상에서 사역하실 때에 육체적인 치유와 영적인 치유를 행하셨으며, 죄로 인해 인류에게 임한 궁극적인 저주를 자신의 죽음을 통해서 역전시키셨다. 그리스도는 십자가에 달리심으로써 자신을 하나님의 저주 아래 두셨다. "나무 아래 달린 자는" 하나님께 저주를 받았음이다(신 21:23).

선지자들은 포로기가 끝나고 여러 나라로 흩어졌던 이스라엘 백성들이 원래 거주하던 땅으로 다시 모일 날에 대해서 말했다(렘 32:37). 그 때에 거리에는 아이들이 가득할 것이며, 증가하는 인구를 수용하기 위해서 도시의 경계를 넓혀야 할 것이다(사 54:1-2). 이스라엘은 침략군에게 시달리지 않고(신 28:49), 오히려 다른 나라들의 도움을 받을 것이다. 외국인들이 이스라엘과 이스라엘의 하나님에게 관심을 가지고, 여호와의 길에 대해 배우려고 시온 산으로 밀려올 것이다(사 2:2-4; 55:5 참조). 이스라엘은 여러 나라들에게 빛이 될 것이며, 이스라엘의 육체적·영적 회복으로 말미암아 온 세상이 축복을 받을 것이다.

가장 위대한 선지자인 모세는 열두 지파에게 선포한 마지막 축복에서 저주의 반전을 선포한다. 야곱은 레위 지파에 대해 말하면서 레위가 세겜을 멸망시킨 무모한 행동을 정죄했었다(창 49:5-7). 그러나 시내 산 밑에서 금송아지 숭배로 인해 위기가 초래되었을 때에, 레위 지파는 모세의 편을 들었다(출 32:28-29). 레위 지파의 용기와 순종 때문에 하나님께서는 그들은 따로 구별하셨고, 모세는 레위의 자손이 제물을 바치고 이스라엘에게 율법을 가르치는 책임을 맡게 될 것을 인정했다(신 33:10). 그들은 마음을 다하여 여호와를 사랑함으로써 율법의 가장 기본적인 원리를 성취했다(신 6:5).

신명기 33장 마지막 절에서, 위대한 입법자인 모세는 민족 전체를 축복한다:

> 이스라엘이여 너는 행복자로다 여호와의 구원을 너같이 얻은 백성이 누구뇨.(신 33:29)

모세는 그 백성의 가장 좋지 못한 상태를 목격했지만, 동시에 그들의 하나님을 대면하여 보기도 했다. 그리고 여호와의 위대하심 때문에, 모세는 궁극적으로 택함을 받은 백성에게 축복이 임할 것이며, 그들을 통해서 온 세상에 축복이 주어질 것을 알았다.

주

제1장

1) Samuel J. Schultz, *The Gospel of Moses* (Chicago: Moody, 1979), p. 1.
2) R. K. Harrison, *Introduction to the Old Testament* (Grand Rapids: Eerdmans, 1969), p. 495.
3) Ibid., *Patrologia Latina*, ed. Migne, II, col. 282 인용.
4) E. J. Young, *Introduction to the Old Testament*, rev. ed. (Grand Rapids: Eerdmans, 1958), p. 39; W. LaSor, F. Bush, D. Hubbard, *Old Testament Survey* (Grand Rapids: Eerdmans, 1982), p. 62.
5) John Sailhamer, "Genesis," in *EBC* (Grand Rapids: Zondervan, 1990), 1:7.
6) Gesenius, Kautzsch, and Cowley, *Hebrew Grammar* (Oxford: Clarendon, 1910), p. 107.
7) Julius Wellhausen, *Die Composition des Hexateuchs* (1876-77).
8) Martin Noth, *Überlieferungsgeschichtliche Studien* (1943 reprint; Tübingen: Max Niemeyer Verlag, 1957), p. 9.
9) C. Hassell Bullock, *An Introduction to the Old Testament Poetic Books* (Chicago: Moody, 1979), p. 26.
10) 이것은 Kult Aland, Mathew Black, Carlo Martini가 공저한 *The Greek New Testament* 제3판 (New York: United Bible Societies, 1975), pp. 897-900의 색인을 사용한 것이다.
11) 일부 주석가들의 공상적인 해석 때문에, 예표론은 여러 해 동안 무시되어왔다. 그러나 최근에 부분적으로 Gerhard von Rad의 *Old Testament Theology* (New York: Harper & Row, 1965), 2:365-87의 영향으로 제자리를 찾고 있다.

12) Alexander Heidel, *The Babylonian Genesis* (Chicago: U. of Chicago, 1951), p. 118.
13) Herbert M. Wolf, *Interpreting Isaiah* (Grand Rapids: Zondervan, 1985), p. 214를 보라.
14) W. F. Albright, *From the Stone Age to Christianity*, 2d ed. (Baltimore: Johns Hopkins U., 1957), p. 213.
15) R. J. Williams, *Hebrew Syntax: An Outline* (Toronto: U. of Toronto, 1976), p. 6.
16) Jack Scott, *TWOT*, ed. Laird Harris et al. (Chicago: Moody, 1980), 1:44.
17) LaSor et al., *Survey*, p. 136. Cf. Victor P. Hamilton, *Handbook on the Pentateuch* (Grand Rapids: Baker, 1982), pp. 150-51; Gleason Archer, Jr., *A Survey of Old Testament Introduction* (Chicago:Moody, 1974), p. 128; J. B. Payne, in *TWOT*, 1:210-12.
18) *Ugaritic Textbook* 19, no. 1855, 3:6-9; G. Lloyd Carr, *TWOT*, 2:668-70을 보라.
19) W. F. Albright, "The Names Shaddai and Abram," *JBL* 54(1935), pp. 173-93; Victor P. Hamilton, *TWOT*, 2:907.
20) E. A. Speiser, ed. d., *Genesis*, AB (Garden City, N.Y.: Doubleday, 1964), p. 243.
21) Albright, *From the Stone Age*, p. 248. D. R. Hillers는 "Pahad YISHAQ," *JBL* 91, pp. 90-92에서 올브라이트의 견해에 반대한다.
22) 우가릿어 '*br* ("황소: bull")도 관련된 것 같다. *TWOT*, 1:8-9; *TDOT*, 1:42-43를 보라.
23) H. D. McDonald, "Man, Doctrine of" in *EDT*, ed. Walter A. Elwell(Grand Rapids: Baker, 1984), pp. 678-79.
24) Carl F. H. Henry, "Image of God," in *EDT*, pp. 545-46.
25) Karl Barth, *Church Dogmatics* (New York: Scribner's Sons, 1958), 3 (part 1): 195; cf. Sailhamer, "Genesis," in *EBC*, 2:38.
26) G. C. Berkouwer, *Man: The Image of God* (Grand Rapids: Eedmans, 1962). p. 104.
27) G. P. Ruger, "On Some Versions of Gen. 3:15, Ancient and Modern," *BiTrans* 27, no. 1(January 1976), p. 106.
28) Ronald Youngblood, *How It All Began* (Ventura, Calif.: Regal, 1980), p. 66.
29) Cf. Speiser, *Genesis*, pp. 365-66; Ronald Youngblood, *Faith of Our Fathers* (Glendale, Calif.: Regal, 1976), p. 140.
30) The Damascus Document와 G. Vermes, *The Dead Sea Scrolls* (Philadelphia: Fontress, 1981), pp. 49, 96.을 보라. 쿰란 공동체가 하나 또는 두 개의 메시아가 올 것이라고 예기했는지에 대해서 학자들의 의견은 일치

하지 않는다. "아론과 이스라엘의 메시아"가 여러 번 언급된다.
31) Walter C. Kaiser, Jr., *Toward an Old Testament Theology* (Grand Rapids: Zondervan, 1978), p. 67.
32) Laird Harris, *TWOT*, pp. 452-53.
33) George Mendenhall이 이 관계들을 최초로 연구하였다. Meredith Kline, *The Treaty of the Great King* (Grand Rapids: Eerdmans, 1963); Kenneth Kitchen, *Ancient Orient and Old Testament* (Chicago: InterVarsity, 1966), pp. 91-98을 보라.
34) Gerhard von Rad, *Genesis*, trans. John H. Marks(Philadelphia: Westminster, 1961), p. 130.
35) Cf. The Treaty between Mursilis and Duppi-Teshub in James B. Pritchard, *Ancient Near Eastern Texts* (Princeton: Princeton U., 1950), pp. 203-4.
36) Archer, *Survey*, p. 45.
37) Frank Cross, *The Ancient Library of Qumran and Modern Biblical Studies* (Garden City, N. Y.: Doubleday, 1961), p. 172).
38) Patrick Skehan, "Qumran and the Present State of Old Testament Text Studies: The Massoretic Text," *JBL* 78 (1959), p. 22.
39) Bruce Waltke, "The Samaritan Pentateuch and the Text of the Old Testament," in J. Barton Payne, ed., *New Perspectives on the Old Testament*, p. 229.
40) Ibid., pp. 212-25.
41) Ibid., p.225. 신 25:11과 28:30도 적절한 사례이다.
42) F. F. Bruce, *The Books and the Parchments* (Old Tappan, N. J.: Revell, 1950), p. 126.
43) J. Hayes, *An Introduction to Old Testament Studies* (Nashville: Abingdon, 1979), pp. 124-25.
44) Hermann Gunkel, *The Legends of Genesis* (New York: Schocken, 1984), p. 14.
45) Heidel, *The Babylonian Genesis*, p. 93 n. 41.
46) Youngblood, *How It All Began*, p. 151.
47) John H. Walton, *Ancient Israelite in Its Cultural Context* (Grand Rapids: Zondervan, 1989), pp. 46, 59.
48) Leland Ryken, *The Literature of the Bible* (Grand Rapids: Zondervan, 1974), p. 81.
49) Ibid., pp. 83-85.
50) Derek Kidner, *Genesis*, TOTC (Chicago: InterVarsity, 1967), p. 71.
51) Frank Moore Cross, Jr., *Studies in Ancient Yahwistic Poetry* (Baltimore: Johns Hopkins U., 1950)을 보라.

52) G. Ernest Wright, "The Lawsuit of God: A Form-critical Study of Deuteronomy 32," in *Israel's Prophetic Heritage, Essays in Honor of James Muilenburg*, ed. Bernhaed W. Anderson and Walter Harrelson (New York: Harper & Row, 1962), pp. 26-27.
53) D. R. Hillers, *Covenant: The History of a Biblical Idea* (Baltimore: Johns Hopkins U.,(1969), pp. 88ff.
54) Kline, *Treaty of the Great King*, p. 19.
55) LaSor et al., *Survey*, p. 147.
56) 몇 가지 미드라쉬 본문에 따르면, 유대인들은 모세를 왕으로 생각했다. Cf. Wayne A. Meeks, *The Prophet-King: Moses Traditions and the Johannine Christology* (Leiden: E. J. Brill, 1967), pp. 176-257. 이 견해의 기초는 부분적으로 신명기 35:5의 왕을 모세와 동일시하는 데 있었다.
57) Dewey M. Beegle, *Moses, the Servant of Yahweh* (Grand Rapids: Eerdmans, 1972), p. 56.

제2장

1) Cf. John H. Tullock, *The Old Testament Story*, 2d ed. (Englewood Cliffs, N.J.: Prentice-Hall, 1987), pp. 10-11.
2) W. LaSor, F. Bush, and D. Hubbard, *Old Testament Survey* (Grand Rapids: Eerdmans, 1982), p. 61.
3) Cf. G. Herbert Livingston, *The Pentateuch in Its Cultural Environment* (Grand Rapids: Baker, 1974), pp. 218-21.
4) Gleason Archer, Jr., *A Survey of Old Testament Introduction* (Chicago: Moody, 1974), pp. 122-23.
5) Ronald B. Allen, "Numbers," in *EBC* (Grand Rapids: Zondervan, 1990), 2:668.
6) Kenneth Kitchen, *Ancient Orient and Old Testament* (Chicago: InterVarsity, 1966), p. 135.
7) LaSor et al, *Survey*, p. 62.
8) P. J. Wiseman, *New Discoveries in Babylonia About Genesis* (London: Marshall, Morgan & Scott, 1936). p. 46.
9) R. K. Harrison, *Introduction to the Old Testament* (Grand Rapids: Eerdmans, 1969), p. 544.
10) Ibid., p. 549.
11) Cyrus Gordon, "Higher Criticism and Forbidden Fruit," *Christianity Today* 4

(1959), p. 133; Archer, Survey, p. 171을 보라.
12) Derek Kidner, *Genesis*, TOTC (Chicago: InterVarsity, 1967), pp. 23-24을 보라.
13) Ibid., p. 80.
14) E. A. Speiser, ed., *Genesis*, AB (Garden City, N. Y.: Doubleday, 1964), p. 108.
15) Harrison, *Introduction*, pp. 616-17.
16) Baba Bathra 14b: Harrison, *Introduction*, p. 661: Archer, *Survey*, p. 263을 보라.
17) Martin H. Woudstra, *The Book of Joshua*, NICOT (Grand Rapids: Eerdmans, 1981), p. 357을 보라.
18) LaSor et al, *Survey*, p. 60.
19) Ronald Youngblood, *Faith of Our Fathers* (Glendale, Calif.: Regal, 1976), pp. 105-6.
20) LaSor et al, *Survey*, p. 60.
21) Kidner, *Genesis*, p. 16.
22) Harrison, *Introduction*, pp. 4-5.
23) Ibid., p. 7.
24) Thomas Hobbes, *Leviathan* (1651), III, chap. 33, cited by Harrison, *Introduction*, p. 10.
25) Archer, *Survey*, p. 83: Harrison, *Introduction*, p. 10.
26) Eugene Carpenter, "Pentateuch," *ISBE* 3 (1986), p. 743.
27) 프랑스 어 제목: The French title: *Conjectures sur les memoirs dont il parait que Moyse s'est servi pour composer le livre de la Genese.*
28) Archer, *Survey*, p. 84.
29) Harrison, *Introduction*, p. 16.
30) Archer, *Survey*, p. 86.
31) Carpenter, "Pentateuch," pp. 744-45.
32) Harrison, *Introduction*, p. 23.
33) Kenneth Kitchen, *Ancient Orient*, p. 121.
34) Cyrus Gordon, "Higher Criticism and Forbidden Fruit," p. 132.
35) Norman Habel, *Literary Criticism of the Old Testament* (Philadelphia: Fortress, 1971), pp. 29-42.
36) Kitchen, *Ancient Orient*, p. 119.
37) Kidner, *Genesis*, pp. 184-86을 보라.
38) Kitchen, *Ancient Orient*, p. 125: Harrison, *Introduction*, p. 526.
39) *ZAW* 69 (1957), pp. 84-103: *ZAW* 70 (1958), pp. 48-59. Cf. Kitchen, *Ancient Orient*, pp. 128-29, 157-58.

40) Gordon, "Higher Criticism and Forbidden Fruit," p. 131.
41) Yehezkel Kaufmann, *The Religion of Israel* (Chicago: U. of Chicago, 1960), pp. 157-66, 169-70, 175-200.
42) W. Kaiser, Jr., "The Literary Form of Genesis 1-11," in J. Barton Payne *New Perspectives on the Old Testament* (Waco, Tex.: Word, 1970), p. 48; John Bright, "Modern Study of the Old Testament Literature," in *The Bible and the Ancient Near East*, ed. G. E. Wright (Garden City, N. Y.: Doubleday, 1961), pp. 13-31을 보라.
43) Edward Robertson, *The Old Testament Problem* (Manchester, England: University Press, 1950), p. 42.
44) Harrison, *Introduction*, p. 42.
45) Archer, *Survey*, p. 83.
46) Jeffrey H. Tigay, *Empirical Models for Biblical Criticism* (Philadelphia: U. of Pennsylvania, 1985), pp. 26-27.
47) Henry T. C. Sun in "Torah and Gilgamesh: An Ancient Near Eastern Non-Analogue for the Documentary Hypothesis," a paper read at the Society of Biblical Literature meeting in Chicago, November 1988.
48) Gene M. Tucker, *Form Criticism of the Old Testament* (Philadelphia: Fortress, 1971), p.1.
49) Ibid., p. 18.
50) Harrison, *Introduction*, pp. 67-68.
51) Tucker, *Form Criticism*, p. 18.
52) 신명기에 관한 연구서들 및 허버트 울프의 사무엘 상·하에 관한 논문, "The Apology of Hattusilis Compared with Other Political Self-Justifications of the Ancienr Near East" (Ph. D. diss., Brandeis U., 1967; Ann Arbor, Mich.: University Microfilms 67-16, 588)을 보라. Cf. P. Kyle McCarter "The Apology of David," *JBL* 99 (1980): 489-504.
53) Tucker, *Form Criticism*, p. 19.
54) Gerhard von Rad, *Studies in Deuteronomy* (London: SCM Press, 1953), pp. 60-69; cf. Walter Rast, *Tradition History and the Old Testament* (Philadelphia: Fortess, 1972), pp. 26-27.
55) Martin Noth, *Überlieferungsgeschichte des Pentateuch* (Stuttgart: W. Kohlhammer, 1948).
56) Ibid., pp. 5-6.
57) Kitchen, *Ancient Orient*, pp. 135-36.
58) James Muilenburg, "Form Criticism and Beyond," *JBL* 88 (1969), 1-18.
59) J. P. Fokkelman, *Narrative Art in Genesis: Specimens of Stylistic and Structural Analysis*, trans. Puck Visser-Hagedoorn (Assen and Amsterdam:

Van Gorcum, 1975), pp. 13, 20-23.
60) *NIV Study Bible*, ed. Kenneth Barker (Grand Rapids: Zondervan, 1985), pp. 3, 22.
61) Robert Alter, *The Art of Biblical Narrative* (New York: Basic Books, 1981), p. 10.
62) Brevard Childs, *Biblical Theology in Crisis* (Philadelphia: Westminster, 1970), pp. 164-83.
63) Brevard Childs, *Introduction to the Old Testament as Scripture* (Philadelphia: Fortress, 1979), p. 78.
64) Ibid., pp. 150-51.
65) Ferdinand de Saussure, *Course in General Linguistics* (1915; reprint, New York: McGraw-Hill, 1966).
66) Ibid., p. 81.
67) Carl Armerding, *The Old Testament and Criticism* (Grand Rapids: Eerdmans, 1983), pp. 69-71.
68) Edmund Leach, *Genesis as Myth and Other Essays* (London: Jonathan Cape, 1969), pp. 7-23.
69) Ibid., p. 422.
70) R. Barthes et al., *Structural Analysis and Biblical Exegesis: Interpretational Essays*, ed. Dikran Y. Hadidian, trans. Alfred M. Johnson, Jr., Pittsburgh Theological Monograph Series (Pittsburgh: Pickwick, 1974), pp. 53-55.
71) Armerding, *The Old Testament and Criticism*, p. 72.

제3장

1) Walter Kaier, "The Literary Form of Genesis 1-11," in *New Perspectives on the Old Testament*, J. Barton Payne, ed. (Waco, Tex.: Word, 1970), p. 59.
2) Ibid., pp. 59-60.
3) Gleason Archer, Jr., *A Survey of Old Testament Introduction* (Chicago: Moody, 1974), p. 187.
4) Kenneth Kitchen, *Ancient Orient and Old Testament* (Chicago: InterVarsity, 1966), p. 41.
5) Alexander Heidel, *The Babylonian Genesis* (Chicago: U. of Chicago, 1951), p. 93.
6) Derek Kidner, *Genesis*, TOTC (Chicago: InterVarsity, 1967), p. 54.
7) R. J. Snow, *Genesis One and the Origin of the Universe*, ed. R. C. Newman

and H. J. Eckelmann, Jr. (Downers Grove, Ill. : InterVarsity, 1977), p. 125.
8) RSV는 이 구절을 "and all the host of man"으로 마치며, NASB와 다른 역본들은 "and all their hosts"로 번역한다.
9) Wayne Frair and Percival Davis, *A Case for Creation*, rev. ed. (Chicago: Moody, 1983), p. 128.
10) Pattle Pun, *Evolution: Nature & Scripture in Conflict?* (Grand Rapids: Zondervan, 1982), pp. 264-5.
11) Ibid., p. 264.
12) Kidner, *Genesis*, p. 46.
13) E. J. Young, *Studies in Genesis One* (Grand Rapids: Baker, 1964), p. 71
14) Cf. P. J. Wiseman, *Creation Revealed in Six Days* (London: Marshall Morgan and Scott, 1948), pp. 33ff; Bernard Ramm, *The Christian View of Science and Scripture* (Grand Rapids: Eerdmans, 1954), pp. 218-27.
15) Ronald Youngblood, "Moses and the King of Siam," *JETS* (Fall 1973), pp. 215-22.
16) Cyrus H. Gordon, *Ugaritic Textbook* (Rome: Pontifical Biblical Institute, 1915), 1:251, lines 105-8.
17) E. A. Speiser in *ANET* (Pritchard), 2d ed. (1955), p. 94.
18) Heidel, *The Babylonian Genesis*, pp. 96-97, 120-21.
19) Frair and Davis, A *Case for Creation*, p. 33.
20) Ibid., p. 25.
21) Ibid., p. 26.
22) Pun, *Evolution*, pp. 181-2.
23) Ibid., pp. 188-89.
24) Ibid., pp. 192-94.
25) Frair and Davis, *A Case for Creation*, p. 42.
26) Pun, *Evolution*, p. 195.
27) Frair and Davis, *A Case for Creation*, p. 42.
28) Ibid., p. 34.
29) Lane P. Lester and Raymond G. Bohlin, *The Natural Limits to Biological Change* (Grand Rapids: Zondervan, 1984), pp. 78, 152-53.
30) N. Eldredge and S. J. Gould, "Punctuated Equilibrium: An Alternative to Phyletic Gradualism," in *Models in Paleobiology*, ed. T. J. M. Schop (San Francisco: Freeman, Cooper, 1972), pp. 82-115.
31) Lester and Bohlin, *Natural Limits*, p. 146.
32) Richard H. Bube, "Creation(B): Understanding Creation and Evolution," *JASA* 32 (1980), pp. 175-6.
33) Davis Young, "An Ancient Earth Is Not a Problem: Evolutionary Man Is,"

Christianity Today, October 8, 1982, p. 44.
34) Frair and Davis, *A Case for Creation*, p. 125; J. O. Buswell III, "Genesis, the Neolithic Age, and the Antiquity of Man," *Faith and Thought* 96 (1967), p. 18; Davis Young, "An Ancient Earth is not a Problem," p. 45.
35) Geason Archer, *Encyclopedia of Bible Difficulties* (Grand Rapids: Zondervan, 1982), p. 64; Ronald Youngblood, *How It All Began* (Glendale, Calif.: Gospel Light, 1982), pp. 53-54.
36) Frair and Davis, *A Case for Creation*, pp. 124-5.
37) Ramm, *Christian View of Science*, p. 327.
38) Roger Levin, "The Unmasking of Mitochondrial Eve," *Science* 238 (October 2, 1987), pp. 24-26을 보라.
39) 이 이론에 대한 상세한 논의를 보려면, Arthur C. Custance, *Without Form and Void* (Brockville, Canada: Arthur C. Custance, 1970)을 보라.
40) E. J. Young, *Studies in Genesis One*, p. 35; Davis, *Paradise to Prison: Studies in Genesis* (Grand Rapids: Baker, 1975), p. 45.
41) Kitchen, *Ancient Orient*, p. 38.
42) Ibid, p. 36.
43) Archer, *Survey*, pp. 186-87.
44) Frair and Davis, *A Case for Creation*, p. 125; Buswell, "Genesis, the Neolithic Age, and the Antiquity of Man," p. 18; Young, "An Ancient Earth is Not a Problem," p. 45.
45) R. H. Charles et al., ed., *The Apocrypha and Pseudepigrapha of the Old Testament* (Oxford: Oxford U., n. d.), 2:191
46) Geza Vermes, *The Dead Sea Scrolls in English* (Baltimore: Penguin, 1968), pp. 215-16.
47) Victor P Hamilton, *Handbook on the Pentateuch* (Grand Rapids: Baker, 1982), p. 64. 48.
48) Meredith Kline, "Divine Kingship and Genesis 6:1-4," *WTJ* 24 (1962), pp. 187-204.
49) H. W. F. Saggs, *The Greatness That Was Babylon* (New York: Hawthorn, 1962) p. 35.
50) Cf. John Walton, "The Antediluvian Section of the Sumerian King Lists and Genesis," *BA* 44 (1981), pp. 207-8.
51) Baker출판사 발행.
52) Ramm, *Christian View of Science*, pp. 238-47; Davis A. Young, *Creation and the Flood* (Gran Rapids: Baker, 1977).
53) Davis, *Paradise to Prison*, p. 125
54) Whitcomb and Morris, *The Genesis Flood*, p. 27

55) Whitcomb and Morris, *The Genesis Flood*, pp. 77, 121-22.
56) Youngblood, *How It All Began*, pp. 127-28.
57) Whitcomb and Morris, *The Genesis Flood*, pp. 104-6. 이 책에서는 감람나무 잎은 물이 줄어들면서 땅의 표면 가까이에 묻혀 있던 부러진 가지에서 자라난 것이라고 주장한다.
58) Saggs, *The Greatness That Was Babylon*, p. 406.
59) Kidner, *Genesis*, p. 97; Alexander Heidel, *The Gilgamesh Epic and Old Testament Parallels* (Chicago: U. of Chicago, 1949), pp. 260-69.
60) F. W. Basset, "Noah's Nakedness and the Curse of Canaan. A Case of Incest?" *VT* 21 (1971): 232-37.
61) Victor Hamilton, *Handbook on the Pentateuch*, p. 78을 보라.
62) I. M. Kikawada, "The Shape of Genesis 11:1-9," in *Rhetorical Criticism: Essays in Honor of James Muilenburg*, ed. J. J. Jackson and M. Kessler (Pittsburgh: Pickwick, 1974), pp. 18-32를 보라.
63) Cf. Herbert M. Wolf, *Interpreting Isaiah* (Grand Rapids: Zondervan, 1985), p. 113.
64) 기원전 2천 년대 초기의 마리(Mari) 본문에서는 "노새를 죽이다"라는 표현이 "언약을 맺다"라는 의미로 사용되었다.
65) Ronald Youngblood, "The Abrahamic Covenant: Conditional or Unconditional?" in M. Inch and R. Youngblood, eds., *The Living and Active Word of God* (Winona Lake, Ind.: Eisenbrauns, 1983), pp. 31-46.
66) Herman Gunkel, *The Legends of Genesis* (New York: Schocken, 1984), pp. 19ff.
67) W. F. Albright, *The Biblical Period from Abraham to Ezra* (New York: Torch, 1963), p. 5
68) Second ed., Philadelphia: Westminster, 1972, pp. 76-102.
69) T. L. Thompson, *The Historicity of the Patriarchal Narratives*, BZAW 133 (1974).
70) John van Seters, *Abraham in History and Tradition* (New Haven: Yale U., 1975).
71) Kenneth Kitchen, *The Bible in Its World* (Exeter: Paternoster, 1977), pp. 58-59.
72) Kitchen, *Ancient Orient*, pp. 43-44를 보라.
73) Ibid., pp. 45-46.
74) Ronald de Vaux, *The Early History of Israel* (Philadelphia: Westminster, 1978), p. 226.
75) Kitchen, *Ancient Orient*, pp. 80-81.
76) C. H. Gordon, *Antiquity* 31 (1957), pp. 124-30.

77) G. Pettinato, *The Archives of Ebla* (Garden City, N.Y.: Doubleday, 1981), pp. 69-71.
78) Kitchen, *Ancient Orient*, p. 48; *The Bible In Its World*, p. 68.
79) Thompson, *Patriarchal Narratives*, pp. 30-35.
80) Cf. La Sor et al., *Survey*, pp. 102-3.
81) M. J. Sealman, "Comparative Customs and the Patriarchal Age," in *Essays on the Patriarchal Narratives*, ed. A. R. Millard and D. J. Wiseman (Winona Lake, Ind.: Eisenbrauns, 1983), p. 134.
82) Speiser, *Genesis*, AB, pp. 91-94를 보라.
83) C. J. Mullo Weir, "The Alleged Hurrian Wife-Sister Motif in Genesis," *Transactions of the Glasgow University Oriental Society* 22 (1967-68), pp. 14-25; van Seters, *Abraham in History*, pp. 71-76.
84) M. Greenberg, "Another Look at Rachel's Theft of the Teraphim," *JBL* 81 (1962), pp. 239-48.
85) H. A. Hoffner, Jr., "Some Contributions of Hittiology to Old Testament Study," *Tyndale Bulletin* 20 (1969), pp. 33-35.
86) Selman, "Comparative Customs," p. 136.
87) I. Mendelsohn, "A Ugaritic Parallel to the Adoption of Ephraim and Manasseh," *IEJ* 9 (1959), pp. 180-183.
88) Selman, "Comparative Customs," pp. 127, 137. Nuzi본문은 HSS 5 67이다.
89) Kitchen, *The Bible In Its World*, p. 71
90) Cf. 함무라비 법전 제170조; Selman, "Comparative Customs," p. 137.
91) Selman, "Comparative Customs," p. 116; Thompson, *Patriarchal Narratives*, pp. 280-85.
92) Selman, "Comparative Customs," p. 123, 138; Speiser, *Genesis*, AB, pp. 244-45.
93) 그러나 데이비스는 7이라는 숫자는 성경에서 상징적으로 사용된 유일한 숫자임을 말한다. *Biblical Nemerology* (Grand Rapids: Baker, 1968), p. 116을 참조하라.
94) van Seters, *Abraham in History*, p. 39.
95) Cf. Selman, "Comparatie Customs," p. 137.
96) 히타이트 법전 제193조에 의하면, 형제들이 없을 경우에는 시아버지가 수혼의 의무를 수행할 수 있다. Cf. *ANET*, p. 196; O. R. Gurney, *The Hittites* (Baltimore: Penguin, 1961), p. 101.
97) Kitchen, *Ancient Orient*, pp. 115-66를 보라.
98) Ibid., pp. 52-53.
99) W.G. Lambert, *Babylonian Wisdom Literature* (Oxford: Clarendon, 1960), p. 259.

100) Kitchen, *The Bible in Its World*, p. 74. Roland de Vaux는 후대 저자가 요셉을 총리대신인 것처럼 보이게 함으로써 그를 미화하려 하였다고 주장한다. 지금까지 알려진 총리대신들의 목록에는 요셉이라는 이름이 포함되어 있지 않다(*Early History*, pp. 297-98).
101) J. D. Douglas, ed., *New Bible Dictionary* (Grand Rapids: Eerdmans, 1962), p. 659.
102) Cf. de Vaux, *Early History*, pp. 305-6.

제4장

1) Cf. Walter Kaiser, "Exodus,' in *EBC* (Grand Rapids: Zondervan, 1990), 2:292-93.
2) 1990년 6월, 하버드 대학 고고학 교수인 로렌스 스태거(Lawrence Stager)는 고대 블레셋의 도시인 아스글론의 유적지에서 작은 송아지를 발굴했다. 잘 보존된 작은 형상의 길이와 높이는 4.5 인치 정도였다. 그것의 몸체는 청동으로 만들어졌고, 다리와 머리는 은이었다. 그 발굴물의 연대는 기원전 1,500년경으로 추정되며, 모세 시대 이전에 애굽에서 뿐만 아니라 가나안에서 송아지 숭배가 흔히 이루어졌음을 보여준다.
3) Cf. W. F. Albright, *Yahweh and the Gods of Canaan* (Garden City, N.Y.: Doubleday, 1968), pp. 12-13.
4) 무르실리스 2세와 아무루의 두피-테숩 사이의 조약, *ANET*, p. 204.
5) Cf. Ronald Youngblood, *Exodus, Everyman's Bible Commentary* (Chicago: Moody, 1983), pp. 112-113.
6) Gustavo Gutierrez, *A Theology of Liberation* (Mary Knoll, N.Y.: Orbis, 1973).
7) Cf. Emilio Núnēz, *Liberation Theology*, trans. Paul Sywulka (Chicago: Moody, 1985), p. 197.
8) Ibid., p. 190.
9) Walter Elwell, ed. *EDT* (Grand Rapids: Baker, 1984), p. 636.
10) Youngblood, *Exodus*, pp. 45-46; Victor P. Hamilton, *Handbook on the Pentateuch* (Grand Rapids: Baker, 1982), pp. 167-74.
11) G. C. Berkouwer, *Divine Election* (Grand Rapids: Eerdmans, 1960), pp. 55.
12) Ibid., p. 247.
13) U. Cassuto, *A Commentary on the book of Exodus* (Jerusalem: Magnes, The Hebrew U., 1967), pp. 92-93.
14) G. Hort, "The Plagues of Egypt," *ZAW* 69 (1957); pp. 84-103; *ZAW* 70

(1958), pp. 48-59.
15) Cf. Kenneth Kitchen, An*cient Orient and Old Testament* (Chicago: InterVarsity, 1966), pp. 157-58.
16) *NIV Study Bible*, ed. Kenneth Barker (Grand Rapids: Zondervan, 1985), p. 1935.
17) Cf. Kaiser, "Exodus," in *EBC* pp. 350. 요엘 2:31의 "핏빛"에서 쓰이는 "피"의 용도를 참고하라.
18) Cassuto, *Exodus*, p. 99.
19) Youngblood, *Exodus*, p. 54.
20) Cf. C. J. Douglas, ed., *New Bible Dictionary* (Grand Rapids: Eerdmans, 1962), p. 351.
21) Cf. Hort, "The Plagues of Egypt," pp. 101-3.
22) 요엘 1:2-3에는 출애굽기 10장 2절과 6절과 흡사한 내용이 포함되어 있다. 요엘은 분명히 여덟번째 재앙을 빗대어 인용하고 있다.
23) 그 왕은 육화된 독수리 신 호루스(Horus)로 간주되었다. *NBD*, p. 57 참조.
24) Youngblood, *Exodus*, p. 57.
25) Cf. Cassuto, *Exodus*, p. 138.
26) Cf. *NBD*, pp. 1077-78.
27) Kitchen, "The Exodus," *ZPEB*, 2:430.
28) Barry J. Beitzel, *The Moody Atlas of Bible Lands* (Chicago: Moody, 1985), p. 90.
29) Kaiser, "Exodus," in *EBC*, 2:292.
30) John Bright, *A History of Israel*, 3rd ed. (Philadelphia: Westminster, 1981), p. 121.
31) Kitchen, *Ancient Orient*, pp. 73-74.
32) Ibid., pp. 74-75.
33) 주어진 총 년수는 410년인데, 이른 연대로 보기에는 너무 길다. 약간의 중복이 발생했겠지만, 늦은 연대는 지나치게 많은 중복 통치를 요한다.
34) Cf. Leon Wood, "Date of the Exodus," in *New Perspectives on the Old Testament*, ed. J. Barton Pagne (Waco, Tex.: Word, 1970), p. 68.
35) Youngblood, *Exodus*, p. 14.
36) Manfred Bietak, "Problems of Middle Bronze Age Chronology: New Evidence from Egypt," *AJA* 88 (1984), p. 475.
37) Cf. Leon Wood, *A Survey of Israel's History* (Grand Rapids: Zondervan, 1970), pp. 35-37
38) Gleason Archer, Jr., *A Survey of Old Testament Introduction*, rev. ed. (Chicago: Moody, 1974), p. 222
39) Kathleen Kenyon, *Digging Up Jericho* (New York: Frederick A. Praeger,

1957), p. 262.
40) Ibid., pp. 45-46.
41) Ibid., p. 260.
42) Cf. Wood, "Date of the Exodus," pp. 70-73.
43) Cf. Bruce Waltke, "Palestinian Artifactual Evidence," *BSac* 129(1972), p. 36.
44) Archer, *Survey*, p. 220.
45) Kitchen, *Ancient Orient*, pp. 59-60.
46) Yigael Yadin, "Future Light on Biblical Hazor," *BA* 20 (1957), p. 44.
47) Wood, "Date of the Exodus," p. 74.
48) N. Glueck, *The Other Side of The Jordan* (New Haven: Yale U., 1940), p. 125-34.
49) J. R. Kautz, "Tracking the Ancient Moabites," *BA* 44 (1981), pp. 25-37.
50) J. J. Bimson, "Redating the Exodus and Conquest," *Journal for the Study of the Old Testament*, Supplement Series 5 (1978), pp. 70-74.
51) Lancaster Harding, *The Antiquities of Jordan* (New York: Thomas Y. Crowell, 1959), p. 17.
52) 그럼에도 불구하고, Roland de Vaux는 "족장들이 관련되어 있는 서부 셈족, '아모리족' 혹은 '원시 아람족'의 무리 혹은 무리들을 묘사하는" 인종적 해석이 낫다고 주장한다(*The Early History of Israel* [Philadelphia: Westminster, 1978], p. 216). De Vaux는 105-12, 213-16 쪽에서 하비루 문제에 대해 철저하게 논한다.
53) *NBD*, p. 68.
54) Archer, *Survey*, p. 276. 그는 271-277쪽에서 히브리와 하비루를 동일시하는 것을 강력하게 지지한다.
55) M. Kline, "The Ha-Bi-Ru-Kin or Foe of Israel?—III" *WTJ* 20 (November 957), pp. 54-61.
56) Cf. Archer, *Survey*, p. 229.
57) George Mendenhall, "The Census Lists of Numbers 1 and 26," *JBL* 77 (March 1958), p. 52.
58) Ronald B. Allen, "Numbers," in *EBC*, 2:680-691.
59) Ibid., p. 690.
60) Ibid., p. 921.
61) John J. Davis, *Biblical Numerology* (Grand Rapids: Baker, 1968), p. 66.
62) "하나님께 속한 백성"(*laos eis peripoiesin*)은 출애굽기 19:5에서 히브리어 *segullâ*("보배로운 소유")를 번역하기 위해 70인역에서 사용된 헬라어 용어이다.
63) Cf. Hamilton, *Handbook*, p. 201.

64) Cf. Youngblood, *Exodus*, p. 101.
65) *NBD*, pp. 501-2.
66) Cf. Brevard Childs, *The Book of Exodus* (Philadelphia: Westminster, 1974) pp. 462-63.
67) William W. Hallo and William K. Simpson, *The Ancient Near East: A History* (New York: Harcourt Brace Jovanovich, 1972), p. 176.
68) M. Greenberg, "Some Postulates of Biblical Criminal Law," in *Yehezkel Kaufmann Jubilee Volume* (1960), p. 18.
69) Cf. Hamilton, *Handbook*, p. 218.
70) *ANET*, p. 166(law 8).
71) Cf. Ibid., p. 173(laws 170-71).
72) Cf. Ibid., p. 175(law 205).
73) Ibid.,(law 195).
74) Ibid., p. 175(law 206) and p. 189(law 10).
75) 22절의 히브리어 표현은 "그리고 그녀의 자녀들이 나온다"인데, 이것은 유산을 의미하는 것으로서 다른 곳에서는 사용되지 않는 표현이다.
76) *ANET*, p. 166.
77) Youngblood, *Exodus*, pp. 114-15.
78) Ibid., 114.
79) *NIV Study Bible*, p. 123.
80) Ibid., p. 127.
81) Ibid., p. 125; cf. Youngblood, *Exodus*, p. 120.

제5장

1) Gordon J. Wenham, *The Book of Leviticus*, NICOT (Grand Rapids: Eerdmanes, 1979), p. 50.
2) Ibid., pp. 49-50.
3) Ibid., p. 241.
4) Samuel Schultz, *Leviticus, Everyman's Bible Commentary (*Chicago: Moody, 1983),p.94 참조.
5) Wenham, *Leviticus*, p.29.
6) Herbert Wolf, *Haggai and Malachi*, Everyman's Bible Commentary (Chicago: Moody, 1976), pp.69-70를 보라.
7) 마가복음 7:11에서 바리새인들이 잘못된 방법으로 선물을 줄 때 막 7:11은 "고르반"이라는 용어를 사용하고 있다.

8) Wenham, *Leviticus*, pp. 27-28 참조.
9) Ibid., p. 82.
10) Jacob Milgrom, *Cult and Conscience: The ASHAM and the Priestly Doctrine of Repentance* (Leiden: E. J. Brill, 1976), pp. 109-10 참조.
11) *NIV Study Bible*, ed. Kenneth Barker (Grand Rapids: Zondervan, 1985), p 150.
12) Wenham, *Leviticus*, pp. 139-40; Ronald Youngblood, *Exodus*, Everyman's Bible Commentary (Chicago: Moody, 1983), pp. 126-27 참조.
13) W. H. Gispen, *Exodus,* Bible Student's Commentary (Grand Rapids: Zondervan, 1982), p. 272 참조.
14) Schultz, *Leviticus*, pp. 47-48 참조.
15) W. Harold Mare, "1 Corinthians," in *EBC*, ed. Frank Gaebelein (Grand Rapids: Zondervan, 1976), 10: 230.
16) Wolf, *Haggai and Malachi*, pp. 43-44 참조.
17) Wenham, *Leviticus*, pp.19-20을 보라.
18) E. Yamauchi, *TWOT*, ed. R. Laird Harris et al. (Chicago: Moody, 1980), 1:349 참조.
19) 사. 65:4; Wenham, *Leviticus*, p. 167 참조.
20) R. K. Harrison, *Introduction to the Old Testamet* (Grand Rapids: Eerdmans, 1969), p. 605.
21) Ibid., p. 606.
22) R. Laird Harris, "Leviticus," in *EBC*, 2:529-30.
23) Wenham, *Leviticus*, p. 168.
24) Mary Douglas, *Purity and Danger*, rev. ed. (London: Routledge and Kegan Paul, 1978), p. 53.
25) Harris, "Leviticus," in *EBC*, 2:526.
26) Wenham, *Leviticus*, p. 232 참조.
27) "속죄 염소"는 히브리어 '*azā zēl*을 번역한 것인데, 아마 직역하면 "제거의 염소"라는 의미를 가지는 것 같다. 신구약 중간기에 "azazel"은 귀신의 명칭이었다(에녹서 8:1 참조). 몇몇 해석가들은 그 염소가 광야의 귀신에게 돌려보내졌다고 생각한다. 하지만 J. H. Hertz (*Leviticus* [London: Oxford U., 1932], p. 156)는 레위기 17:7이 염소 우상들에게 제물을 바치는 것을 정죄한다고 주장하며, 속죄 염소 의식이 조금이라도 귀신과 관련이 있음을 거부한다.
28) John Murray (*Principles of Conduct* [Grand Rapids: Eerdmans, 1957], pp. 253-56)는 18절을 일부일처제를 지지하는 진술로 해석한다. 왜냐하면 "누이"라는 단어는 "또 다른" 여자를 의미할 수 있기 때문이다. 그러나 이 장에서 언급된 많은 특수한 관계들을 고려할 때, Murray의 견해는 옳지 않은 듯

하다.
29) Wenham, *Leviticus*, pp. 305-6 참조.
30) Hammurapi Law Code, *ANET*, pp. 178-80 참조.
31) 시 79:12; John J. Davis, *Biblical Numerology* (Grand Rapids: Baker, 1968), p. 119 참조.

제6장

1) Victor P. Hamilton, *Handbook on the Pentateuch* (Grand Rapids: Baker, 1982), p. 347.
2) Fortress출판사에서 출판함(1979). p. 199를 보라.
3) *NIV Study Bible*, ed. Kenneth Barker (Grand Rapids: Zondervan, 1985), p. 224.
4) 열두 지파가 성막 주위에 진을 친 위치는 에스겔이 열주 지파의 이름을 따라 지은 거룩한 도시의 열두 대문의 위치와 어느 정도 흡사하다. 그룹을 지은 것은 민수기와 일치하지 않지만 각 방향에 세 개의 문이 있다(겔(48:30-35). 요한계시록 21:12-13에 있는 새 예루살렘의 문과 비교해 보라.
5) Yohanan Aharoni and Michael Avi-Yonah, *The Macmillon Bible Atlas*, rev. ed. (New York: Macmillan, 1977), p. 38.
6) 사마리아 성은 3년 동안 포위를 견뎌내다가 결국 굴복했고(왕하 17:5 참조), 예루살렘은 B.C. 586년 바벨론이 성벽을 무너뜨리기 전까지 18개월 동안을 견뎌냈다(왕하 25:1-4 참조).
7) *NIV Study Bible*, p. 219.
8) 가능한 몇 가지 해석을 알려면, Rebert H. Gundry, *A Survey of the New Testament*, rev. ed. (Grand Rapids: Zondervan, 1981). p. 318을 보라.
9) R. K. Harrison, *Numbers*, WEC (Chicago: Moody, 1990), pp. 27-28.
10) Elyon과 관련해서는 창세기 14:19-20을, El Shadda와 관련해서는 창세기 1& :1을 참조하라.
11) Ronald B. Allen, "The Theology of the Balaam Oracles," in *Tradition & Testament: Essays in Honor of Charles Lee Feinberg*, ed. John S. Feinberg and Parl D. Feinberg (Chicago: Moody, 1981), pp. 79-119; " The Theology of the Balaam Oracles: A Pagan Diviner and the Word of God" (diss, Dallas Theological Seminary, 1973)를 보라. 또 Walter C. Kaiser, Jr., in *TWOT* (Chicago: Moody, 1980), 1:112; G. Ernest Wright, Biblical Archeology (Philadelphia: Westminster, 1963), p. 73을 참조하라.
12) Allen, "The Theology of the Balaam Oracles," p. 97.

13) 히브리어 "Bela"는 "Balaam"보다 자음이 적다: *Bela'* vs. *Bil'am*. Albright ("The Oracles of Balaam," *JBL* 63 [1944], p. 232)는 *Bil'am*을 아모리어 명사 *Yabil'ammu*, "the (divine) uncle brings"와 연결짓는다.
14) 히브리어 상의 차이는 *benê 'ammô*과 *benê"ammôn*의 차이이다.
15) J. Hoftijzer and G. van der Kooij, *Aramaic Texts from deir 'Alla* (Leiden: Brill, 1976), pp. 173-92, 268-82; J. Hoftijzer, "Prophet Balaam in a Sixth Century Aramaic Inscription," *BA* 39(1976), pp. 11-17; Harrison, *Numbers*, p. 293 참조.
16) *NIV Study Bible*, p. 226; Gordon J. Wenham, *Numbers*, TOTC (Downers Grove III.: InterVarsity, 1981), p. 178 참조.
17) Wenham, *Numbers*, pp. 178-79.
18) Ibid., p. 188.
19) Martin Noth, *Numbers*, OTL (Philadelphia: Westminster, 1968), p. 229 참조.
20) 입다는 하나님께서 요단 동편의 아모리 족의 땅을 이스라엘에게 주셨다고 강력하게 주장한다(삿 11:21-23).

제7장

1) J. A. Thompson, *Deuteronomy*, TOTC (Downers Grove, Ill.: InterVarsity, 1975), p. 27 참조.
2) Louis Goldberg, *Deuteronomy, Bible Study Commentary* (Grand Rapids: Zondervan, 1986), p. 11.
3) Thompson, *Deuteronomy*, p. 11.
4) P. C. Craigie, *Commentary on the Book of Deuteronomy*, NICOT (Grand Rapids: Eerdmans, 1976), p. 65.
5) Samuel J. Schultz, *The Gospel of Moses* (New York: Harper & Row, 1974), p. 6.
6) Barry J. Beitzel, "The Right of the Firstborn in the Old Testament (Deut. 21:15-17)," in *A Tribute to Gleason Archer*, ed. W. C. Kaiser, Jr., and R. F. Youngblood (Chicago: Moody, 1986), pp. 179-90 참조.
7) 보아스는 시숙(媤叔)은 아니지만 가까운 친척이었고, "친척-속량자"로서 나오미의 남편의 소유였던 땅을 샀다(룻 4:3; 참조. 레 25:25).
8) 이 장이 예언서에 미친 영향에 주목하라(제1장, 특히 "하나님의 이름들"을 보라).
9) 제1장의 "모세의 중요성"과 제6장의 "약속의 땅에 들어갈 준비"를 보라.
10) Kenneth Kitchen, *The Bible in Its World* (Exeter: Paternoster, 1977), p. 80 참

조.

11) Kenneth Kitchen, *Ancient Orient and Old Testament* (Chicago: InterVarsity, 1966), pp. 97-98 n. 41; ANET pp. 178-80 참조.
12) Meredith Kline, *Treaty of the Great King* (Grand Rapids: Eerdmans, 1963), p. 52.
13) Kitchen, *Ancient Orient*, p. 95 참조; 이 책의 2장을 보라.
14) M. Weinfeld, *Deuteronomy and the Deuteronomic School* (Oxford: Clarendon, 1972), p. 67; J. A. Thompson, *The Ancient Near Eastern Treaties and the Old Testament* (London: Tyndale, 1964), pp. 14-15 참조.
15) Stephen A. Kaufman, "The Structure of the Deuteronomic Law," *Maarav* 1-2 (1978-79), pp. 105-58.
16) Ibid., pp. 113-14.
17) Gordon J. Wenham, *The Book of Leviticus* (Grand Rapids: Eerdmans, 1979), p. 264 참조.
18) Kaufman의 노력은 잠언 10-22장에 수록된 외관상 관련이 없는 잠언들 사이의 관계를 확인하기 위해 노력하는 학자들의 작업에 비교할 수 있다.
19) Kitchen, *Ancient Orient*, p. 94; *ANET*, p. 203 참조.
20) Craigie, *Deuteronomy*, p. 327.
21) Kitchen, *Ancient Orient*, p. 96.
22) *ANET*, p 205; M. Kline, *The Structure of Biblical Authority* (Grand Rapids: Eerdmans, 1972), pp. 121-23; Kitchen, *Ancient Orient*, p. 97 참조.
23) *ANET*, pp. 205-6 참조.
24) Craigie, *Deuteronomy*, p. 89 참조.
25) Thompson, *Deuteronomy*, pp. 13, 24-25 참조.
26) Goldberg, *Deuteronomy*, p. 66.
27) Ibid.
28) 에살핫돈의 봉신 조약에는 비를 내리지 않는 구리 하늘과 땅이 쇠로 된다는 언급이 있다(526-30행). *ANET*, 3d ed. with Supplement(1969), p. 539 참조.
29) Herbert M. Wolf, *Interpreting Isaiah* (Grand Rapids: Zondervan, 1985), p. 73; 이 책 제1장의 "오경이 예언서에 미친 영향"을 보라.
30) 예언서에 나타난 저주의 반전에 대한 보다 완전한 논의를 알려면, Herbert Wolf, "The Transcendent Nature of Covenant Curse Reversals," in *Israel's Apostasy and Restoration*, ed. Avraham Gileadi (Grand Rapids: Baker, 1988) pp. 319-25를 보라.

참고문헌

오경

오경 전반에 관한 문헌

Aharoni, Y. *The Land of the Bible*, Philadelphia: Westminster, 1967.

Albright, William F. *From the Stone Age to Christianity*. Baltimore: Johns Hopkins U., 1946.

Allis, Oswald T. *God Spoke to Moses*. Philadelphia: Presb. & Ref., 1951.

____. *The Five Books of Moses*. Philadelphia: Presb. Ref., 1953.

Anderson, J. Kerby, and Harold G. Coffin. *Fossils in Focus*. Grand Rapids: Zondervan, 1977.

Archer, Gleason L., Jr. *A Survey of Old Testament Introduction*. rev. ed. Chicago: Moody, 1974.

Bailey, Lloyd R. *The Pentateauch: Interpreting Biblical Texts*. Nashville: Abingdon, 1981.

Barton, George A. *Archaeology and the Bible*. 7th ed. Philadelphia: American Sunday School Union, 1944.

Beegel, Dewey M. *Moses, the Servant of Yahweh*. Grand Rapids: Eerdmans, 1972.

Bermant, Chaim, and Michael Weitzman. *Ebla: A Revolution in Archaeology*. New York: New York Times, 1979.

Blenkinsopp, J. *Pentateuch*. Edited by L. Bright. London: Sheed and Ward, 1971.

Bright, John. *A History of Israel*. Philadelphia: Westmisnter, 1972.

Brueggemann W., and H. W. Wolff. *The Vitality of Old Testament Tradition*.

Atlanta: John Knox, 1975.

Brueggemann W. "Kingship and Chaos (A Study in Tenth Century Theology)." *CBQ* 33 (1971): 317-32.

Cassuto, U. "The Beginning of Historiography Among the Israelites." *Biblical and Oriental Studeis* 1 (1973):7-18, 71-78.

Cazelles, H. "Theological Bulletins on the Pentateuch." *BibTB* 2 (1972): 3-24.

Childs, Brevard. *Introduction to the Old Testament as Scripture*. Philadelphia: Fortress, 1979.

Clifford, Richard J. "Cosmogonies in the Ugaritic Texts and in the Bible." *Or* 53 (1984): 183-201.

Clines, David J. A. "The Theme of the Pentateuch." JSOTSup 10. Sheffield: 1978.

Custance, Arthur C. *Science and Faith*. Doorway Papers 8. Grand Rapids: Zondervan, 1978.

Davidson, Francis, Stibbs, and Kevan, eds. *The New Bible Commentary*. Grand Rapids: Eerdmans, 1962.

DeYoung, Donald B., and John Whitcomb. "The Origin of the Universe." *GTJ* 1 (1980): 149-61.

Erdman, C. R. *The Pentateuch*. Old Tappan, N. J.: Revell, 1968.

Fensham, F. Charles. "Transgression and Penalty in the Book of the Covenant" *JNSL* 5 (1977): 23-41.

Finegan, Jack. *Light from the Ancient Past*. 2d ed. Princeton: Princeton U., 1959.

Foster, W. R. "The Meaning of Biblical History." *GTJ* 4 (1963): 3-8.

Freedman, Davidn Noel. "Who Asks(or Tells) God to Repent?" *BRev* 1 (1985): 56-59.

Gettys, J. M. *Survey of the Pentateuch*. Altanta: John Knox, 1962.

Good, Robert M. "The Just War in Ancient Israel." *JBL* 104 (1985): 385-400.

Gordon, Cyrus R. "Biblical Customs and the Nuzi Tablets." *BA* 3(1) (Feb. 1940).

Hamilton, Vicor P. *Handbook on the Pentateuch*. Grand Rapids: Baker, 1982.

Harris, R. Laird: Gleason Archer; and Bruce Waltke. *Theological Wordbooks of the Old Testament*. Chicago: Moody, 1981.

____. "An Alternative to Evolution." *Presbyterian* 5 (1979): 99-109.

Harrison, R. K. *An Introduction to the Old Testament*. Grand Rapids: Eerdmans, 1969.

Hasel, Gerhad F. *The Remnant: The History and Theology of the Remnant Idea from Genesis to Isaiah*. 3d ed. Berrien Springs, Mich.: Andrews U., 1980.

Hayden, R. E. "Hammurapi." *ISBEnc* 2 (1982): 604-8.

Kaiser. Walter C., Jr. *Toward Old Testament Ethics*. Grand Rapids: Zondervan, 1983.

Kaufmann, Yehezkel. *The Religion of Israel*. Traaslated by Moshe Greenberg. Chicago: U. of Chicago, 1960.

Keil, C. F., and Delitzch. *Biblical Commentary on the Old Testament: The Pentateuch*. Grand Rapids: Eerdmans, 1949.

Kitchen, Kenneth. *Ancient Orient and Old Testament*. Chicago: InterVarsity, 1966.

____. *The Bible in Its World*. Downers Grove, Ill.: InterVarsity, 1977.

Klein, Ralph W. "The Message of the Pentateuch." *Die Botschaf* (1981): 57-66.

Kline, Meredith G. *The Treaty of the Great King*. Grand Rapids: Eerdmans, 1963.

Kurichianil, J. "Prayer in the Life and Ministry of Moses." *ITS* 23 (1986): 229-46.

Livingston, G. Herbert. *The Pentateuch in Its Cultural Environment*. Grand Rapids: Baker, 1974.

Long, B. O. "Prophetic Call Traditions and Reports of Visions." *ZAW* 84 (1972): 494-500.

Lucas, E. C. "Covenant, Treaty, and Prophecy." *Them* 8 (1982): 19-23.

Marks, John H. *The Pentateuch*. Nashville: Abingdon, 1983.

Martens, E. A. *God's Design: A Focus on Old Testament Theology*. Grand Rapids: Baker, 1981.

MaCarthy, Dennis J. "An Installation Genre?" *JBL* 90 (1971): 31-41.

____. *Treaty and Covenant: A Study in Form in the Ancient Oriental Documents and in the Old Testament*. Rome: Pontificial Biblical Institute, 1978.

McConville, J. G. "The Pentaeuch Today." *Them* 8 (1982): 5-11.

McCurley, Foster R. *Ancient Myths and Biblical Faith: Scriptural Transformations*. Philadeplhia: Fortress, 1983.

McNamara, M. *The New Testament and the Palestinian Targum to the Pentateuch*. Rome: Pontifical Biblical Institute, 1966.

Milgrom, Jacob. "Of Hems and Tassels." *BARev* 9 (1983): 61-65.

Miller, Parick D., Jr. "Enthroned on the Praises of Israel: The Praise of God in Old Testament Theology." *Int* 39 (1985): 5-19.

Murray, John. *Principles of Conduct*. Grand Rapids: Eerdmans, 1957.

____. *Redemption—Accomplished and Applied*. Grand Rapids: Eerdmans, 1957.

Nelson, J. Robert. *Science and Our Troubled Conscience*. Philadelphia Fortress, 1980.

Newell, William R. *Stuides in the Pentateuch*. Grand Rapids: Kregel, 1983.

Oswalt, Joh H. "A Mith Is a Myth: Toward a Working Definition." *Specturm* (1982): 135-45.

Parunak, H. Van Dyke. "Transitional Techniques in the Bible." *JBL* 102 (1983):

525-48.
Paterson, David L. "A Thrice Told Tale: Genre, Theme and Motif." *BR* 18 (1973): 30-43.
Pfeiffer, Charles F. *Old Testament History.* Grand Rapids: Baker, 1973.
___. *The Book of Genesis-Leviticus.* Grand Rapids: Baker, 1957-58.
Philip, Anthony. "Another Look at Adultery." *JSOT* 20 (1981): 3-25.
Plaut, Gunther W. *The Torah: A Modern Commentary.* New York: Union of American Congregations, 1974.
Pratt, Richard L. "Pictures, Windows and Mirrors in Old Testament Exegisis." *WTJ* 45 (1983): 156-67.
Pritchard, James B. *Ancient Near Eastern Texts Relating to the Old Testament.* Princeton: Princeton U., 1950.
Purvis, J. D. *The Samaritan Pentateuch and the Origin of the Samaritan Sect.* Washington, D.C.: Howard U., 1968.
Ramm, Bernard. *The Christian View of Science and Scripture.* Grand Rapids: Eerdmans, 1954.
Rand, H. "Figure-Vases in Ancient Egypt and Hebrew Midwives." *IEJ* 20 (1970): 209-21.
Rashi. *Commentaries on the Pentateuch.* New York: Norton, 1970.
Robinson, G. "The Prohibition of Strange Fire in Ancient Israel, A New Look at the Case of Gathering Wood or Kindling Fire on the Sabbath." *VT* 28 (1978): 301-17.
Rosenberry, J. "Meaning, Morals, and Mysteries: Literary Approaches to Torah." *Response* 26 (1975): 67-94.
Schultz, Samuel J. *The Gospel of Moses.* Chicago: Moody, 1979.
Snaith, Norman H. *The Distinctive Ideas of the Old Tesament.* Philadlphia: Westminster, 1946.
Soggin, J. Alberto. *Introduction to the Old Testament.* Translated by John Bowden. Philadelphia: Westminster, 1976.
Stannard, Russel. *Science and the Renewal of Belief.* London: SCM, 1982.
Stek, J. H. "Salvation, Justice and Liberation in the Old Testament." *CalvTJ* 13 (1978): 133-65.
Suelzer, A. *The Pentateuch.* New York: Herder and Herder, 1964.
Thomas, D. Winton. *Documents from Old Testament Times.* London: Nelson, 1958.
Thurman, L. Duane. *How to Think About Evolution and Other Bible-Science Controversies.* Downers Grove, Ill., InterVarsity, 1978.
Torrance, Thoman F. *Christian Theology amd Scientific Culture.* New York: Oxford U., 1981.

____. *Reality and Evangelical Theology*. Philadelphia: Westminster, 1982.
Ukleja, P. Michael. "Homosexuality and the Old Testament." *BSac* 140 (1983): 259-66.
Unger, Merrill F. *Archeology and the Old Testament*. Grand Rapids: Zondervan, 1954.
Van Der Woude, A. S., ed. *The World of the Old Testament*. Bible Handbook, vol 2. Translated by Sierd Woudstra. Grand Rapids: Eerdmans, 1989.
Vaux, Roland de. *Ancient Israel, Its Life and Institutions*. New York: McGraw, 1961.
____. *The Early History of Israel*. Translated by David Smith. Philadelphia: Westminster, 1973.
Walton, John H. *Chronological Charts of the Old Testament*. Grand Rapids: Zondervan. 1978.
Weinburg, N. *The Essential Torah*. New York: Block, 1974.
Whybray, R. N. *The Making of the Pentateuch: A Metrological Study*. JSOTSup, no. 53. Sheffield: JSOT, 1987.
Wiseman, D. J. "Is It Peace?—Covenant and Diplomacy." *VT* 32 (1982): 311-26.
Wiseman, Donald J., and Edwin Yamauchi. *Archeology and the Bible: An Introductory Study*. Grand Rpids: Zondervan, 1979.
Wood, Leon J. *A Survey of Israel's History*. Grand Rpids: Zondervan, 1970.
Wormhoudt, A. *The Five Books as Literature*. Gladesville, Australia: Shakespeare Head, 1961.
Wright, G. Ernest. *Biblical Archeology*. Philadelphia: Westminster, 1957.
Young, Edward, J. *An Introduction to the Old Testament*. Grand Rapids: Eerdmans, 1949.
Zeitlin, S. *Studies in the Early History of Judaism*. 2 vols. New York: Ktav, 1974.

오경 비평

Andersen, F. I. *The Hebrew Verbless Clauses in the Pentateuch*. Nashville: Abingdon, 1970.
Armerding, Carl E. *The Old Testament and Criticism*. Grand Rapids: Eerdmans, 1983.
Brandon, S. G. F. *Religion in Ancient History*. New York: Scribner's, 1969.
Brueggmann, E. "The Kerygma of the Priestly Writers." *ZAW* 84 (1972): 397-414.
Carpenter, Eugene E. " Pentateuch." *ISBE* 3. Grand Rapids: Eerdmans, 1986: 740-53.
Cassuto, U. *The Documentary Hypothesis and the Composition of the*

Pentateuch. Edited and translated by I. Abragams. Jerusalem: Magnes, 1972.
Ellis, P. E. *The Yahwist: The Bible's First Theologian*. Notre Dame: Fides, 1968.
Fox, M. V. " The Sign of the Covenant: Circumcision in the Light of Priestly Etiologies." *RB* 81 (1974): 557-96.
Gerbrandt, Gerald E. *Kingship According to the Deuteronomic History* (SBL). Decatur, Ga.: Scholar's, 1986.
Green, William H. *The Higher Criticism of the Pentateuch*. Grand Rapids: Baker, 1978.
Groningen, G. Van. "An Apologetic Approach to Mosaic Authorship." *VoxR* 11 (1978): 9-21.
Gunkel, Hermann. *The Legends of Genesis: The Biblical Saga and History*. New York: Schocken, 1984.
Johnston, W. "The Mythologizing of History in the Old Testament." *ScotJT* 24 (1971): 201-17.
Kaiser, Walter C., Jr. *Classical Evangelical Essays in Old Testament Interpretation*. Grand Rapids: Baker, 1973.
Kaufmann, S. "The Structure of Deuteronomic Law." *Maarav* 1 (1979): 105-58.
Kikawada, Issac M., Arthur Quinn. *Before Abraham Was: A Provocative Challenge to the Documentary Hypothesis*. Nashville: Abingdon, 1985.
Labuschagne, C. J. "Additional Remarks on the Pattern of the Divine Speech Formulas in the Pentateuch." *VT* 34 (1984): 91-95.
La Verdicre, E. A. "The Elohist 'E'." *BiTod* 55 (1971): 427-33.
Lee, J. A. *A Lexical Study of the Septuagint Version of the Pentateuch*. Decatur, Ga.: Schorlar's, 1983.
Leverson, Joe D. "Who Inserted the Books of the Torah?" *HTR* 68 (1975): 203-33.
McCarthy, D. J. *Berit and Covenaat in Deuteronomistic History*. Leiden: Brill, 1972.
McEvenue, S. "Word and Fulfillment: A Stylistic Feature of the Pristly Writer." *Semitics* 1 (1970): 104-10.
McEvenue, S. W. *The Narrative Style of the Priestly Writer*. Rome: Pontifical Biblical Institute, 1971.
Milgrom, J. "The Priestly Doctrine of Repentance." *RB* 82 (1975): 186-205.
Montgomery, R. M. *An Introduction to Source Analysis of the Pentateuch*. New York: Abingdon, 1971.
Nelson, Richard D. *The Double Redaction of the Deuteronomistic History*. JSOTSup, no. 18. England: JSOT., 1982.
Noth, M. *A History of Pentateuchal Tradition*. Translated by B. W. Anderson. Englewood Cliffs, N.J.: Pentice Hall, 1972.

Orlinsly, H. M., ed. *Notes on the New Translation of the Torah.* Philadelphia: Jewish Pubn., 1969.

Patrick, Dale. " The Covenant Code Source." *VT* 27 (1977): 145-57.

Peckham, Brian. *The Composition of the Deuteronomic History.* Harvard Semitic Museum Monographs. Decatur, Ga.: Scholar's, 1985.

Petersen, D. L. "Covenant Ritual: A Traditio-Historical Perspective." *BibRes* 22 (1977): 7-18.

Polzin, Robert M. "Martin Noth's A History of Pentateuchal Traditons." *BASOR* 221 (1976): 113-20.

____. *Moses and the Deuteronomist: A Literary Study of the Deuternonomic History.* New York: Harper, 1981.

Rendtorff, R. "Traditio-Historical Method and the Documentary Hypothesis." *PrWcjesSt* 5 (1969): 5-11.

Segel, Moses Hirsch. *The Pentateuch, Its Composition and Contents and Other Biblical Studies.* Jerusalem: Magnes, 1968.

Silver, A. H. *Moses and the Original Torah.* New York: Macmillan, 1961.

Soggin, J. A. *Ancient Israelite Poetry and Ancient 'Codes' of Law and the Sources 'J' and 'E' of the Pentateuch.* VTSup. Leiden: Brill, 1975.

Tompson, R. J. *Moses and the Law in a Century of Criticism Since Graf.* VTSup. 3 vols. Leiden: Brill, 1970.

Tigay, J. H. "An Empirical Basis for the Documentary Hypothesis." *JBL* 94 (1975): 329-42.

Tucker, Gene M. *Form Criticism of the Old Testament.* Philadelphia: Fortress, 1971.

Van Seters, John. "Recent Studies on the Pentateuch: A Crisis in Method." JAOS 99 (1979): 663-72.

____. *Abraham in History and Tradition.* New Haven: Yale U., 1975.

Vink, J. G. "The Date and Origin of the Priestly Code. *OTS* 15.

von Rad, Gerhard. *The Problem of the Hexateuch and Other Essays.* New York: McGraw, 1966.

Wenham, Gordon. "The Perplexing Pentateuch." *VE* 17 (1987): 7-21.

Wijngaards, J. N. M. *The Dramatization of Salvific History in the Deuteronomic School.* Leiden: Brill, 1969.

Zevin, E. *The Birth of the Torah.* New York: Appleton, 1962.

창세기

창세기에 관한 단행본

Aalders, G. Charles, *The Book of Genesis*. 2 vols. Bible Student's Commentary. Grand Rapids: Zondervan, 1981.
Anderson, Berhard W. *Creation in the Old Testament*. Philadelphia: Fortress, 1984.
Anworth, T. *Evolution and the Christian*. London: Evangelical, 1970.
Asimov, I. *Words in Genesis*. Boston: Houghton, 1962.
Banner, Jacob. *The First Book of the Bible*. Translated by E. I. and W. Jacob. New York; Ktav, 1974.
Barnhouse, D. G. *Genesis: A Devotional Exposition*. Grand Rapids: Zondervan, 1973.
Blenkinsopp, J. *From Adam to Abraham*. London: Longman and Todd, 1965.
Blumenthal, Warren B. *The Creator and Man*. Lanham, Md.: U. of America, 1980.
Boice, James M. *Genesis: An Expositional Commentary,* Volume 2. Grand Rapids: Zondervan, 1985.
Bonhoeffer, D. *Creation and Fall*. Translated by J. C. Fletcher. New York: Macmillan, 1965.
Bosley, H. A. *Sermons on Genesis*. Nashville: Abingdon, 1964.
Brean, H. N., ed. *The Date and Purpose of Genesis Three*. Philadelphia: Temple, 1974.
Brueggemann, Walter, *Genesis*. Interpretation: Bible Commentary for Teaching and Preaching. Atlanta: John Knox, 1982.
Cameron, Nigel, M.D. *Evolution and the Authority of Bible*. Exeter: Paternoster, 1983.
Candlish, R. S. *Studies in Genenis*. Grand Rapids: Kregel, 1979.
Cassuto. Umberto. *A Commentary on the Book of Gesesis*. 2 vols. Jeresalim: Magnes, 1961.
Clements, R. E. *Abraham and David*. Naperville, Ill.: Allenson, 1967.
Coats, George W. *Genesis, With and Introduction to Narrative Literature,* Grand Rapids: Eerdmans, 1983.
Cochrane, Charles G. *The Gospel According to Genesis: A Guide to Understanding Genesis 1-11*. Grand Rapids: Eerdmans, 1984.
Custance, Arthur C. *Genesis and Early Man*. Grand Rapids: Zonderven,. 1975.
_____. *Noah's Three Sons: Human History in Three Dimensions*. Doorway Papers 1. Grand Rapids: Zondervan, 1975.

Davidson, Robert. *Genesis 1-11*. Cambridge NEB Commentary. New York: Cambridge, 1973.
Davies, J. D. *Beginning Now. A Christian Exploration of the First Three Chapters of Genesis*. Philadelphia: Fortress, 1971.
Davis, John J. *Paradise to Prison: Stuides in Genesis;* Grand Rapids: Baker, 1975.
Delitzsch, Franz. *A New Commentary on Genesis*. 1887. Reprint. Minneapolis: Klock & Klock, 1978.
Dillow, Joseph C. *The Waters Above: Earth's Pre-Flood Vapor Canopy*. Chicago: Moody, 1981.
Doukhan, J. B. *The Genesis Creation Story: Its Literary Structure*. Berrain Springs, Mich.: Andrews U., 1982.
Dye, D. L. *Faith and the Physical World*. Grand Rapids: Eerdmans, 1966.
Elliott, R. H. *The Message of Genesis*. Nashville: Broadman, 1961.
Esses, J. *Jesus in Genesis*. Plainfield, N.J.: Logos International, 1974.
Evans, J. M. *Paradise Lost and the Genesis Tradition*. New York: Oxford, 1968.
Filby, F. A. *Creation*. Old Tappan, N.J.: Revell, 1964.
____. *The Flood Reconsidered*. London: Pickering, 1970.
Fokkelman, J. P. *Narrative Art in Genesis: Specimens of Stylistic and Structural Analysis*. Translated by Puck Visser-Hagedoom. Amsterdam: Van Gorcum, 1975.
Frair, Wayne, and Percival Davis. *A Case for Creation*. Chicago: Moody, 1983.
Freitheim, T. E. *Creation, Fall and Flood*. Minneapolis: Augsburg, 1969.
Gage, Warren Austin.*The Gospel of Genesis. Studies in Protology and Eschatology*. Winona Lake, Ind.: Carpenter, 1984.
Gibson, John C. L. *Genesis, Chapters 1-11*. The Daily Study Bible, vols. 1, Philadelphia: Westminster, 1981.
____. *Genesis, Chapters 12-50*. The Daily Study Bible, vols. 2, Philadelphia: Westminster, 1982.
Gispen, W. H. *Genesis 1*. Commentary on the Old Testament. Kampon: Kok, 1974.
____. *Genesis 11*. . Commentary on the Old Testament. Kampon: Kok, 1979.
Graves, Robert, and Raphael Petai, *Hebrew Myths, The Book of Genesis*. Garden City, N.Y.: Doubleday, 1964.
Green, W. H. *The Unity of the Book of Genesis*. Grand Rapids: Baker, 1979 (1895).
Gutzke, M. G. *Plain Talk on Genesis*. Grand Rapids: Zondervan, 1975.
Hanson, R. S. *The Serpent Was Wiser: A New Look at Genesis 1-11*. Minneapolis: Augsburg, 1972.

Hargreaves, J. *A Guide to the Book of Genesis*. London: SPCK, 1969.
Harris, R. Laird. *Man, God's Eternal Creation*. Chicago: Moody, 1971.
Heidel, Alexander, *The Babylonian Genesis*. Chicago: U. of Chicago, 1942.
_____. *The Gilgamesh Epic and Old Testament Parallels*. 2d ed. Chicago: U. of Chicago, 1949.
_____. *Noah and Utna Pishtim: Monotheism and Moses*. Edited by J. J. Christian. Lexington, Mass.: Heath, 1969.
Jackson, Thomas A. "Creation Stories of the Ancient Near East." *Biblll* (1986): 20-25.
Heinze, T. F. *The Creation vs. Evoluition*. Grand Rapids: Eerdmans, 1980.
Herbert, A. S. *Genesis 12-50*. London: Student, 1962.
Holt, J. M. *The Patriarchs of Israel*. Nashville: Vanderbilt, 1964.
Houston, James. *I Believe in the Creator*. Grand Rapids: Eerdmans, 1980.
Hunt, I. *The World of the Patriarchs*. Old Tappan, N.J.: Prentice Hall, 1967.
Kidner, Derek. *Genesis*. London: InterVarsity, 1967.
Klotz, J. W. *Genesis and Evolution*. St. Louis: Concordia, 1970.
Knight, G. A, F, *Theology in (Metaphorical, Homiletical) Pictures: A Commentary on Genesis, Chapters One to Eleven*. Edinburgh: Handsel, 1981.
Kravitz, W. *Genesis: A New Interpretation of the First Three Chapters*. New York: Philosophical Library, 1967.
Lead, E. *Genesis as Myth and Other Essays*. London: Jonathan Cage, 1970.
Leibowitz, N. *Studies in the Book of Genesis*. Translated by A. Newman. Jerusalem: World Zionist Organization, 1972.
Lewis, J. P. *A Study of Interpretation of Noah and the Flood in Jewish and Chriatian Literature*. Leiden: Brill, 1968.
Liebler, C. C. *In the Beginning*. New York: Vantage, 1972.
Lowenthal, E. I. *The Joseph Narrative in Genesis*. New York: Ktav, 1973.
Maatman, R. W. *The Bible, Natural Science and Evolution*. Grand Rapids: Reformed Fellowship, 1970.
McCarthy, D. J. *Treaty and Covenant*. Rome: Pontifical Biblical Institute, 1978.
McComiskey, Thomas Edward. *The Covenants of Promise: A Theology of the Old Testament Covenants*. Grand Rapids: Baker, 1985.
Mendenhall, G. E. *The Tenth Generation*. Baltimore: Johns Hopkins U., 1973.
Meyer, F. B. *Abraham*. London: Marshall, Morgan and Scott, 1978.
Millard, A. R., and D. J. Wiseman, eds. *Essays on the Pariarchal Narratives*. Winona Lake, Ind.: Eisenbrauns, 1983.
Miller, Patrick D. *Genesis 1-11: Studies in Structure and Theme*. JSOTSup 8. Sheffield.
Moltmann Jürgen. *The Future of Creation. Essays on the Theology of Creation*.

London: SCM, 1979.
Morgenstern, J. *The Book of Genesis*. 2d ed. New York: Schocken, 1965.
Morris, Henry M. *Biblican Cosmology and Modern Science*. Nutley, N.J.: Craig, 1970.
____. *The Genesis Record*. Gradn Rapids: Baker, 1976.
Morris Henry M., and Gary E. Parker. *What Is Creation Science?* San Diego: Creation Life, 1982.
Moses ben Nahman, Gerondi. *A Commenrary of Genesis Chapters 1-6*. Leiden: Brill, 1960.
Murray, R. L. *From the Beginning*. Nashville: Broadman, 1964.
Newman, Robert C., and Herman J. Eckelman. *Genesis One and the Origin of the Earth*. Grand Rapids: Baker, 1981.
Overman, R. H. *Evolution and the Christian Doctrine of Creation: A Whiteheadean Interpretation*. Philadelphia: Westminster, 1967.
Patten, D. W. *The Biblical Flood ant the Ice Epoch: A Study in Scientific History*. Grand Rapids: Baker, 1966.
____. *The Noachian Flood and Mountain Uplifts: A Symposium on Creation*. Grand Rapids: Baker, 1969.
____., ed. *A Symposium on Creation 11*. Grand Rapids: Baker, 1970.
____. *A Symposium on Creation V*. Creation Research Society. Grand Rapids: Baker, 1975.
Pearce, E. K. *Who Was Adam?* Exeter, England: Paternoster, 1967.
Phillips, John. *Exploring Genesis*. Chicago: Moody, 1980.
Pun, Pattel P. T. *Evolution: Nature and Scripture in Conflict?* Grand Rapids: Zondervan, 1982.
Rad, Gerhard von. *Genesis: A Commentary*. Translated by J. H. Marks. Philadelphia: Westminster, 1973.
Radday, Yehuda. T. *An Analytical Linguistic Key-Word-in-Context Concordance to the Book of Genesis: Computer Bible 19*. Wooster, Ohio: Biblical Research Associates, 1979.
Radday, Yehuda. T., and Haim Shore. *Genesis: An Authorship Study in Computer-assisted Statistical Linguistics*. Rome: Pontifical Biblical Institute, 1985.
Ramm, Bernard. *The Christian View of Science and Scripture*. Grand Rapids: Eerdmans, 1954.
Redford, D. B. *A Study of the Biblical Story of Joseph*. VTSup. London: Brill, 1970.
Renchens, H. *Israel's Concept of the Beginning*. New York: Herder & Herder, 1964.

Rendsburg, Gary A. *The Redaction of Genesis*. Winona Lake, Ind.: Eisenbrauns, 1986.
Reno, C. A. *Evolution on Trial*. Chicago: Moody, 1970.
Ross, Allen P. *Creation and Blessing: A Guide to the Study and Expositon of Genesis;* Grand Rapids: Baker, 1988.
Rust, E. C. *Science and Faith, Towards as Theological Understanding of Nature*. New York: Oxford, 1967.
Sailhamer, John H. "Genesis." In *EBC,* vol. 1. Edited by Frank E. Gaebelein. Grand Rapies: Zondervan, 1990.
Sarna, Nahum M. *Understanding Genesis: The Heritage of Biblical Israel*. New York: Schocken, 1970.
Schaeffer, Francis A. *Genesis in Space and Time*. Downers Grove, Ill.: Inter-Varsity, 1972.
Skinner, John. *A Critical and Exegetical Commentary on Genesis*. Edited by Samuel R. Driver et al. UK: T and T Clark, 1930.
Snaith, N. H. *Notes on the Hebrew Text of Genesis*. London: Epworth, 1965.
Speiser, E. A. *Genesis*. AB, vol. 1. Edited by William F. Albright and D. N. Freedman. New York: Doubleday, 1964.
Spier, J. H. *The Creation*. New York: Doubleday, 1970.
Stevens, Sherrill G. *Layman's Bible Book Commentary: Genesis*. Nashville: Broadman, 1978.
Stigers, Harold G. *A Commentary on Genesis*. Grand Rapids: Zondervan, 1976.
Thielicke, H. *How the World Began*. Philadelphia: Fortress, 1961.
Thompson, C. *A Geologist Looks at Genesis*. New York: Vantage, 1976.
Travis, M. M. *The Divine Drama*. Cranbury, N.J.: Barnes, 1967.
Vawter, B. *A Path Through Genesis*. London: Sheed and Ward, 1973.
____. *On Genesis: A New Reading*. Garden City, N.Y.: Doubleday, 1977.
Vos, Howard F. *Beginnings in the Old Testament*. Chicago: Moody, 1975.
____. *Genesis,* Chicago: Moody, 1982.
Waskow, A. I. *God Wrestling*. New York: Schocken, 1978.
Wenham, Gordon J. *Genesis 1-15*. WBC. Waco, Tex.: Word, 1987.
Westermann, Claus. *Beginning and End in the Bible*. Translated by K. Crim. Philadelphia: Fortress, 1972.
____. *Genesis*. Grand Raouds: Eerdmans, 1987.
____. *The Promise to the Fathers: Studies on the Patriarchal Narratives*. Translated by Green. Philadelphia: Fortress, 1980.
Whitcomb, John C., and Henry M. Morris. *The Genesis Flood*. Grand Rapids: Baker, 1961.
White, D. M. *Holy Ground*. Grand Rapids: Baker, 1962.

Wilder-Smith, A. E. *Man's Origin, Man's Destiny*. Wheaton, Ill.: Harold Shaw, 1968.
Willis, John T. *Genesis*. Living Word Commentary on the Old Testament. Austin, Tex.: Sweet, 1979.
Wiseman, P. J. *Ancient Records and the Structure of Genesis: A Case of Literary Unity*. Nashville: Nelson, 1985.
____. *Clues to Creation in Genesis*. London: Marshall, Morgan and Scott, 1977.
Young Davis A. *Christianity and the Age of the Earth*. Grand Rapids: Zondervan, 1982.
____. *Creation and the Flood: An Alternative to Flood Geology and Theistic Evolution*. Grand Rapids: Baker, 1977.
Young, E. J. *Studies in Genesis One*. Philadelphia: Presb. & Ref., 1965.
Youngblood, Ronald. *Faith and Our Fathers*. Glendale, Calif.: Regal, 1976.
____. ed. *The Genesis Debate*. Grand Rapids: Baker, 1986.
____. *How It All Bagan*. Vantura, Calif.: Regal, 1980.
Zimmerman, P., ed. *Rock Strata and the Bible Record*. St. Louis: Concordia, 1970.

창세기 1-11장에 관한 정기간행물

Alexander P. S. 'The Targumin and Early Exegesis of 'Sons of God' in Genesis 6." *JJS* 23 (1972): 60-71.
Allaway, R. H. "Fall or Fall-Short?" *ExpTim* 97 (1986): 108-10.
Anderson, Bernhard W. "From Analysis to Synthesis: The Interpretation of Genesis 1-11." *JBL* 97 (1978): 23-29.
____. "Unity and Diversity in God's Creation, A Study of the Babel Sotry." *CurTM* 5 (1970): 69-81.
Bailey, J. A. "Initiation and the Primal Woman in Gilgamesh and Genesis 2-3." *JBL* 89 (1970): 137-50.
Barre, Lloyd M. "The Poetic Stucture of Genesis 9:5." *ZAW* 96 (1984):101-4.
Basset, F. W. "Noah's Nakedness and the Curse of Canaan, A Case of Incest?" *VT* 21 (1971): 232-37.
Birney, L. "An Exegetical Study of Genesis 6:1-4." *JETS* 13 (1970): 43-52.
Bishop, Ronald E. "The Protevangelium." *BibIll* 14 (1987): 28-29.
Blum, E. R. "Shall you not surely die?" *Them* 4 (1978): 58-61.
Bromiley, G. W. "Evoution." *ISBEnc* 2 (1982): 212-15.
Brueggemann, W. "Of the Same Flesh and Bone." *CBQ* 32 (1970): 532-42.
Bryan, David T. "A Reevaluation fo Genesis 4 and 5 in Light of Recent Studies in Genealogical Fluidity." *ZAW* 99 (1987): 180-88.
Bube, Richard H. "Creation (A): How Should Genesis Be Interpreted?" *JASA* 32

(1980): 34-39.

_____. "Creation (B): Understanding Creation and Evolution." *JASA* 32 (1980): 174-78.

Burtness, J. M. "What Does It Mean to 'Have Domonion over the Earth'?" *Dialog* 10 (1971): 221-26.

Carvin, Walter P. "Creation and Scientific Explanation." *ScotJT* 36 (1983): 289-307.

Clark, W. M. "The Flood and the Structure of the Pre-Patriarchal History." *ZAQ* 83 (1971): 174-211.

_____. "The Righteousness of Noah." *VT* 21 (1971): 261-80.

Clines, D. J. A. "Noah, Flood, 1: Theology of the Flood." *Faith and Thought* 100 (1972): 128-42.

_____. "The Significance of the 'Sons of God' in the Context of the Primeval History." *JSOT* 13 (1979): 33-46.

_____. "The Tree of Knowledge and the Law of Yahweh." *VT* 24 (1974): 8-14.

Cohn, Robert L. "Narrative Structure and Canonical Perspective in Genesis." *JSOT* 25 (1983): 3-16.

Dahlberg, Bruce T. "On Recognizing the Unity of Genesis." *Theology Digest* 24 (1976): 360-67.

Davies, Philip R., and David M. Davies. "Pentateuchal Patterns: An Examination of C. J. Labuschagne's Theology." *VT* 32 (1982): 268-96.

Davis, Steve. "Stories of the Fall in the Ancient Near East." *BibIll* 13 (1986): 36-40.

Dumbrell, W. J. "Genesis 1-3. Ecology, and the Dominion of Man." *CR* 21 (1985): 16-26.

Fisher, L. R. "An Ugaritic Ritual and Genesis 1:1-5." *Ugaritica* 6 (1969): 197-205.

Frymer-Kensky, Tikva. "The Atrahasis Epic and Its Significance of Our Understanding of Genesis 1-9." *BA* 40 (1977): 147-55.

Fujitushe. "Theology of Hope in Genesis 1-11." *BiTod* 80 (1975): 519-27.

Goodman, M. L. "Non-Literal Interpretations of the Genesis Creation." *GTJ* 14 (1973): 15-38.

Gordon, Cyrus H. "Ebla and Genesis 1-11." *Spectrum* (1982): 125-34.

Granot, M. "For Dusts Thou Art." *BethM* 17 (1972): 310-19.

Hannah, John D. "Bibliotheca Sacra and Darwinism." *GTJ* (1983): 37-58.

Harrison, R. K. "Genesis." *IBSWnc* 2 (1982): 431-33.

Hartman, T. C. "Some Thoughts on the Sumerian King List and Genesis 5 and IIb." *JBL* 91 (1972): 25-32.

Hasel, Gerhard F. "Genesis 5 and 11: Chronogenealogies in Biblical History of

Beginnings." *Origins* 7 (1980): 46-48.

____.. "Recent Translations of Genesis 1:1, a Critical Look." *BiTrans* 22 (1971): 154-68.

____. "The Genealogies of Genesis 5 and Their Alleged Babylonian Background." *AUSS* 16 (1978): 361-74.

____. "The Meaning of 'Lights' in Genesis 1:1f." *Andrews University Semitic Srudies* 13 (1975): 58-66.

____. "The Significance of the Cosmology in Genesis in Relation to Ancient Near East Parallels." *Andrews University Semitic Studies* 10 (1972): 1-20.

Heckelman, Josheph. "'Excess': The Hidden Root of Evil." *DD* 12 (1984): 237-45.

Hendel, Ronald S. "When the Sons of God Consorted with the Daughters of Men." *BRev* 3 (1987): 8-13, 37.

Hesse, Eric W., and Isaac M. Kikawada. "Jonah and Genesis 1-11." *AJBI* 10 (1984): 3-19.

Howe, Frederic R. "The Age of the Earth: An Appraisal of Some Current Evangelical Positions, Part 1." *BSac* 142 (1985): 23-37.

____. "The Age of the Earth: An Appraisal of Some Current Evangelical Positions, Part 2." *BSac* 142 (1985): 114-29.

Hummel, Horace D. "The Image of God." *ConcordJ* 10 (1984): 83-93.

Joines, Karen Rudolph. "The Serpent in Gen. 3." *ZAW* 87 (1975): 1:11.

Kikawada, Isaac M. "Genesis on Three Levels (Creation and Babel Form an Inclusio to Adam-Cain-Noah)." *AJBI* 7 (1981): 3-15.

Kline, Meredith G. "Primal Parousia." *WTJ* 40 (1977): 245-80.

Landes, George M. "Creation and Liberation." *USQR* 33 (1979): 79-89.

Lewis, A. H. "The Localization of the Garden of Eden." *BETS* 11 (1968): 169-75.

Luke, K. "'The Nephilim Were on the Earth'" *BibBh* 9 (1983): 279-301.

McCarthy, Dennis J. "'Creation' Motifs in Ancient Hebrew Poetry." *CBQ* 29 (1967): 393-406.

Millard, A. R. "The Etymology of Eden." *VT* 34 (1984): 103-6.

Miller, J. M. "The Descendants of Cain: Notes on Genesis 4." *ZAW* 86 (1974): 164-74.

Milne, D. J. W. "Genesis 3 in the Letter to the Romans." *RTR* 39 (1980): 10-18.

Moberly, R. W. L. "Did the Serpent Get It Right?" *JTS* 39 (1988): 1-27.

Nardoff, Bruce D. "A Man to Work the Soil: A New Interpretation of Genesis 2-3." *JSOT* 5 (1978): 2-14.

Navone, J. "The Myth and the Dream of Paradise." *SR* 5 (1975): 152-61.

Newman, Aryeh. "Genesis 2:2, An Exercise in Interpretive Competence and

Performance." *BiTrans* 27 (1976): 101-4.
Newman, Tobert C. "The Ancient Exegesis of Genesis 6:2, 4." *GTJ* 5 (1984): 13-36.
Nicol, George B. "The Threat and the Promise." *ExpTom* 94 (1982): 136-39.
Nielsen, Edward. "Cration and the Fall of Man." *HUCA* 43 (1972): 1-22.
Orlinsky, Harry M. "The Plain Meaning of Genesis 1:1-3." *BA* 46 (1983): 207-9.
Patte, D., and J. Parker. "A Structural Exegesis of Genesis 2 and 3." *Semeia* 18 (1980): 55-75.
Porter, B., and U. Rapport. "Poetic Structure in Genesis 9:7." *VT* 21 (1971): 363-68.
Rice, G. "Cosmological Iedas and Religious Truth in Genesis 1." *JRT* 23 (1966): 15-30.
_____. "The Curse That Never Was." *JRT* 29 (1972): 5-27.
Rieman, P. A. "Am I My Brother's Keeper?" *Int* 24 (1970): 482-91.
Robinson, Robert B. "Literary Functions of the Genealogies of Genesis." *CBQ* 48 (1986): 595-608.
Ross, Allen P. "The Curse of Canaan." *BSac* 137 (1980): 223-40.
_____. "The Table of Nations in Genesis 10—Its Structure." *BSac* 137 (1980): 340-53.
Ruger, Hans Peter. "On Some Versions of Gen. 3:15, Ancient and Modern." *BiTrans* 27 (1976): 105-10.
Sailhamer, John. "Exegetical Notes: Genesis 1:1-2:4a." *TJ* 5 (1984): 73-82.
Sasson, Jack M. "Word-Play in Genesis 6:8-9." *CBQ* 37 (1975): 165-66.
Sawyer, J. F. A. "The Meaning of 'The Image of Gid' in Genesis 1-11." *JTS* 25 (1974): 418-26.
Scullion, J. J. "New Thinking on Creation and Sin in Genesis 1-11." *AusBR* 22 (1974): 1-10.
Selman, Martin J. "Comparative Methods and the Patriarchal Narratives." *Them* 3 (1977): 9-16.
Soggin, J. A. "God and Creator in the First Chapter of Genesis." *BibOrPont* 29 (1975): 88-111, 120-29.
Thompson, P. E.S. "The Yahwist Creation Stroy." *VT* 21 (1971): 197-208.
Trible, P. "Eve and Adam: Genesis 2-3 Reread." *ANQ* 14 (1971): 251-58.
Trudinger, L. Paul. "Not Yet Made or Newly Made, A Note on Genesis 2:5." *EvQ* 47 (1975): 67-69.
Tucker, G. M. "The Creation and the Fall: A Reconsideration." *LexTQ* 13 (1978): 113-24.
Van Gemeren, Willem A. "The Sons in Genesis 6:14." *WTJ* 43 (1980): 320-48.
Walsh, Jerome T. "Genesis 2:4b-3:24, A Synchronic Approach." *JBL* 96 (1977):

161-77.

Walton, John. "The Antediluvian Section of the Sumerian King List and Genesis 5." *BR* 44 (1981): 207.

Weeks, Noel. "The Hermeneutical Problems of Genesis 1-11." *Them* 4 (1978): 12-19.

Weinberg, Werner. "Language Consciousness in the O.T." *ZAW* 92 (1980: 185-204.

Weinfedl, M. "Genesis 7:11; 8:1-2 Against the Background onf the Ancient Near Eastern Tradition." *WO* 9 (1978): 224-48.

Wenham, Gordon J. "The Coherence of the Flood Narrative." *VT* 28 (1978): 336-48.

Wickham, L. R. "The Sons of God and the Daughters of Men: Genesis 6:2 in Early Christian Exegesis." *ITS* 19 (1974): 134-47.

Wilfong, Marsha M. "Genesis 2:18-24." *Int* 42 (1988): 58-63.

Williams, A. J. "The Relationship of Genesis 3:20 to the Serpent." *ZAW* 89 (1977): 357-74.

____. "Genesis 3:15, a Portevangelium?" *CBQ* 36 (1974): 361-65.

____. "The Breath of His Nostrils: Gen. 2:7b." *CBQ* 36 (1974): 237-40.

Woudsta, Marten H. "Recent Translations of Genesis 3:15." *CalvTJ* 6 (1971): 194-203.

____. "The Story of the Garden of Eden in Recent Study." *VozR* 34 (1980): 222-31.

Wyatt, Nicolas. "Interpreting the Creation and Fall Story in Genesis 2-3." *ZAW* 93 (1981): 10-21.

Zemek, George J., Jr. "Aiming the Mind: A Key to Godly Living." *GTJ* 5 (1984): 205-27.

창세기 12-50장에 관한 정기간행물

Alexander, T. Desmond. "Genesis 22 and the Covenant of Circumcision." *JSOT* 5 (1983): 17-22.

Barr, James. "*Erizo* and *Ereido* in the LXX: A Note Principally on Genesis 39:6." *JSS* 19 (1974): 198-215.

Battenfield, J. R. "A Consideration of the Identity of the Pharaoh of Genesis 47." *JETS* 15 (1972): 77-85.

Breitbart, Sidney. "The Akedah—A Test of God." *DD* 15 (1986/87): 19-28.

Brodie, L. T. "Jacob's Travail (Jer. 30:1-13) and Jacob's Struggle (Genesis 32:22-32)." *JSOT* 19 (1981): 31-60.

Brueggemann, Walter. "'Impossibility' and Epistemology in the Faith Tradition of Abraham and Sarah." *ZAW* 94 (1984): 615-34.

Burrows, M. "Levirate Marriage in Israel." *JBL* 59 (1940): 23-33.
____. "The Ancient Oriental Background of Hebrew Levirate Marriage." *BASOR* 77 (1940): 2-15.
____. "Abraham's Sacrifice of Faith: A Form-Critical Study of Genesis 22." *Int* 27 (1973): 389-400.
____. "The Joseph Story and Ancient Wisdom: a Reappraisal." *CBQ* 35 (1973): 285-97.
____. "Widows Rights: A Crux in the Structure of Genesis 38." *CBQ* 34 (1972): 461-66.
____. "From Canaan to Egypt. Structural and Thelogical Context for the Joseph Story." *CBQ* Monograph Series 4. Washington: Catholic Biblical Association of America, 1976.
Diamond, J. A. "The Deception of Jacob: A New Perspective on an Ancient Solution to the Problem." *VT* 34 (1984): 211-13.
Dilling, D. R. "The Atonement and Human Sacrifice." *GTJ* 5 (1975): 23-43.
Emerton, J. A. "Some Problems in Genesis 38." *VT* 25 (1975): 338-61.
____. "The Riddle of Genesis 14." *VT* 21 (1971): 403-39.
Eslinger, Lyle M. "Hosea 12, 5a and Genesis 32, 29: a Study in Inner Biblical Exegesis." *JSOT* 18 (1980): 91-99.
Exum, Cheryl J. "The Mothers of Israel: The Patriarchal Narratives from a Feminist Perspective." *BRev* 2 (1986): 60-67.
Feldman, Emanuel. "Joseph and the Biblical Echo." *DD* 13 (1985): 161-66.
Fishbane, M. "Compositon of Jacob Cycle." *JJS* 26 (1975): 15-38.
Frankma, R., "Some Remarks on the Semitic Background of Chapters 29-31 of the Book of Genesis ." *OTS* 26 (1972): 53-64.
Friedman, Richard Elliot. "Deception for Deception." *BRev* 2 (1986): 22-31, 68.
Gaston, L. "Abraham and the Righteousness of God." *HBT* 2 (1980): 39-69.
Gevirtz, Stanley. "Abraham's 318." *IEJ* 19(1969): 110-13.
____. "The Reprimand of Reuben (Gen. 49:3-4)." *JNES* 39 (1971): 87-98.
____. "Of Patriarchs and Puns: Joseph at the Fountain, Jacob at the Ford." *HUCA* 46 (1975): 27-44.
Goldin, Judah. "The Youngest Son, or Where Does Genesis 38 Belong?" *JBL* 96 (1977): 27-44.
Hallo, William W. "As the Seal upon Thy Heart." *BRev* 1 (1985): 20-27.
Hasel, G. F. "The Meaning of the Animal Rite un Genesis 15." *JSOT* 19 (1981): 61-78.
Heckelman, Joseph A. "Was Father Issac a Co-Conspirator?" *DD* 13 (1985): 225-343.
Helyer, Larry R. "The Seperation of Abram and Lot: Its Significance in the

Partiarchal Narratives." *JSOT* 26 (1983): 77-88.

Houtman, C. "Jacob at Mahanaim." *VT* 28 (1976): 37-44.

____. "What Did Jacob See in His Vision at Bethel?" *VT* 27 (1976): 337-51.

Jacobson, Howard. "A Legal Note on Potiphar's Wife." *HTR* 69 (1976): 117.

Jagendorf, Zvi. "In the morning, behold, it was Leah': Genesis and the Reversal of Sexual Knowledge." *Proof* 4 (1984): 187-92.

Moran, W. L. "Genesis 49:10 and Its Use in Ezekiel 21:32." *Bib* 39 (1958): 405-25.

Morrison, Martha A. "The Jacob and Laban Narrative in Light of Near Eastern Sources." *BA* 46 (1983): 155-64.

Muilenburg, J. "A Study in Hebrew Rhetoric: Repetition of Style." *VT* 1 (1953): 97-111.

Neff, R. W. "The Annunciation in the Birth Narrative of Ishmael." *BibRes* 17 (1972): 51-60.

____. "The Birth and Election of Isaac in the Preistly Tradition." *BibRes* 15 (1970): 5-18.

Niditch, Susan. "The Wronged Woman Righted: an Analysis of Genesis 38." *HTR* 72 (1979): 143-49.

Oden, Robert A. "Jacob as Father, Husband, and Nephew; Kinship Studies in the Patriarchal Narratives." *JBL* 102 (1983): 189-205.

Peck, J. "Note on Genesis 37:2 and Joseph's Character." *ExpTim* 82 (1970): 342.

Peck, Williams J. "Murder, Timing, and the Ram in the Sacrife of Isaac." *ATR* 58 (1976): 23-43.

Rapaport, Y. "The Time Has Come to Return the Biblical Flood Story to Its Former Glory." *Beht Mikra* 29 (1983/84): 208-14.

Rendsburg, Gary A. "Notes on Genesis XXXV." *VT* 34 (1984): 361-66.

____. "Double Polysemy in Genesis 49:6 and Job 3:6." *CBQ* 44 (1982): 48-51.

Robertson, O. Palmer. πGenesis 15,6: New Covenant Expositions of an Old Covenant Text." *WTJ* 42 (1980): 259-89.

Robertson, G. "The Idea of Rest in the Old Testament and the Search for the Basic Character of Sabbath." *ZAW* 92 (1980): 32-42.

Rogers, C. L. "The Covenant with Abraham and Its Historical Setting." *BSac* 127 (1970): 241-46.

Ross, Allen P. "Jacob at the Jabbok, Israel at Peniel." *BSac* 142 (1985): 338-54.

____. "Jacob's Vision: The Founding of Bethel." *BSac* 142 (1985): 224-37.

Rotemberry, P. "Blessing in the Old Testament: A Study of Genesis 12:3." *ResQ* 2 (1958): 32-36.

Roth, W. M. W. "The Wooing of Rebekah: A Traditional Critical Study of Genesis 24." *CBQ* 34 (1972): 177-87.

Shanks, Hershel. "Illuminations: Abraham Cut Off from His Past and Future by the Awkward Divine Command: 'Go You!'" *BRev* 3 (1987): 8-9.

Sutherland, Dion. "The Organization of the Abraham Promise Narratives." *ZAW* 95 (1983): 337-43.

Thompson, Thomas L. "The Background to the Patriarchs: A Reply to W. Dever and Malcolm Clark." *JSOT* 9 (1978): 2-43.

＿＿＿. "A New Attempt to Date the Patriarchal Narratives." *JAOS* 98 (1978): 76-84.

Wehmiere, G. "The Theme 'Blessing for the Nations' in the Promise to the Patriarchs and in Prophetical Literature." *BangTFor* 6 (1974): 1-13.

Wenham, G. J. "The Symbolism of the Animal Rite in Genesis 15." *JSOT* 22 (1982): 134-37.

West, Stuart A. "Judah and Tamar—A Scriptural Enigma." *DD* 12 (1984): 246-52.

＿＿＿. "The Nuzi Tablets: Reflections on the Patriarchal Narratives." *DD* 8 (1980s): 12-20.

Westbrook, R. "Purchase of the Cove of Machpelah." *Israel Law Review* 6 (1971): 29-38.

Wright, G. R. H. "Joseph's Grave and the Tree by the Omphalos at Shechem." *VT* 22 (1972): 476-86.

＿＿＿. "The Positioning of Genesis 38." *ZAW* 94 (1982): 523-29.

Yamauchi, E. M. "Cultic Prostitution. *AOAT* 22 (1973).

Yarchin, William. "Imperative and Promise in Genesis 12:1-3." *SBT* 10 (1980): 164-78.

Young, D. W. "A Ghost Word in the Testament of Jacob (Genesis 49:5)?" *JBL* 100 (1981): 335-42.

Ziderman, I. Irving. "Rebecca's Encounter with Abraham's Servant." *DD* 14 (1985/86): 124-25.

Zimmerli, W. "Abraham." *JNSL* 6 (1978): 49-60.

Zimmerman, C. L. "The Chronology and Birth of Jacob's Children by Leah and Her Handmaid." *GTJ* 13 (1972): 3-12.

출애굽기

출애굽기에 관한 단행본

Andreasen, Nils-Erik A. *Rest and Redemption*. Berrein Springs, Mich.: Andrews U., 1978.

Auerbach, E. *Moses*. Detroit: Wayne State Y., 1975.
Barclay, W. *The Ten Commandments for Today*. New York: Harper, 1974.
____. *The Old Law and the New Law*. Philadelphia: Westminster, 1972.
Beyerlin, W. *Origins and History of the Oldest Sinaitic Traditions*. Oxford: Blackwell, 1965.
Bimson, John. *Redating the Exodus and Conquest*. JSOTsup 5. Sheffield: JSOT, 1978.
Boecker, H. J. *Law and the Admisnistration of Justice in the Old Testament and Ancient East,* Minneapolis: Augsburg, 1980.
Bork, P. F. *The World of Moses*. Nashville: Southern Publishing Assoc., 1978.
Cassuto, U. A. *A Commentary on the Book of Exodus*. Jerusalem: Magnes, 1961.
Childs, B. S. *The Book of Exodus: A Critical Theological Commentary*. Philadelphia: Westminster, 1974.
Clements, R. E. *God's Chosen People*. London: Student, 1968.
____. *Exodus*. Cambridge: cambridge U., 1962.
Coats, G. W. *Rebellion in the Wilderness*. New York: Abingdon, 1968.
Cole, R. A. *Exodus: An Introduction and Commentary*. Downers Grove, Ill.: InterVarsity, 1973.
Cornwall, E. J. *Let Us Draw Near*. Plainfield, N.J.: Logos International, 1977.
Criswell, W. A. *The Gospel According to Moses*. Grand Rapids: Zondervan, 1960.
Dalglish, E. T. *The Great Deliverance: A Concise Exposition of the Book of Exodus*. Nashville: Broadman, 1977.
Daube, D. *The Exodus Pattern in the Bible*. London: Faber and Faber, 1963.
Davies, G. H. *Exodus*. London: Student, 1967.
Davies, G. I. *The Way of the Wilderness: A Geographical Study of Wilderness Itineraries*. New Yrok: Cambridge U., 1979.
Davis, John. *Moses and the Gods of Egypt: Studies in the Book of Exodus*. Grand Rapids: Baker, 1971.
Driver, S. R. *The Book of Exodus*. Cambridge: Cambridge U., 1911.
Dumbrell, William S. "The Respects of Unconditionaity in the Sinaitic Covenant." In *Israel's Apostasy and Restoration,* pp. 141-55. Edited by Avraham Gileadi. Grand Rapids: Baker, 1988.
Durham, John. I. *Exodus*. WBC. Waco, Tex.: Word, 1987.
Ellison, H. L. *Exodus*. Daily Study Bible. Philadelphia: Westminster, 1982.
Finegan, J. *Let My People Go*. New York: Harper, 1963.
Gispen, W. H. *Exodus*. Translated by Ed van der Maas.Grand Rapids: Baker, 1982.
Goldin, J. *The Song at the Sea*. London: Vale, 1971.

Goldman, S. *The Ten Commandments*. Chicago: U. of Chicago, 1956.
Greelay, A. M. *The Sinai Myth: A New Interpretation of the Ten Commandments*. Garden City, N.J.: Doubleday, 1972.
Harrelson, W. *The Ten Commandments and Human Rights*. Philadelphia: Fortress, 1980.
Huey, F. B., Jr. *Exodus: A Study Guide Commentary*. Grand Rapids: Zondervan, 1977.
Hyatt, J. P. *Commentary on Exodus*. The New Century Bible Commentary. Edited by Ronald E. Clements. Grand Rapids: Eerdmans, 1980.
Jordan, James B. *The Law of the Covenant: An Exposition of Exodus 21-23*. Tyler, Tex.: Institute for Christian Economics, 1984.
Kaiser, Walter C., Jr. "Exodus." In *EBC*, vol. 2. Grand Rapids: Zondervan, 1990.
Kester, M. D, *The Pessitta of Exodus*. Winona Lake, Ind.: Van Gorcum, 1971.
Kiene, P. F. *The Tabernacle of God in the Wilderness of Sinai*. Grand Rapids: Zondervan, 1977.
Kitchen, Kenneth A. *Pharaoh Triumphant: The Life and Times of Rameses II, King of Egypt*. Warminster, England: Aris & Phillips (1982).
Knight, George A. F. *I Am; This is My Name*. Grand Rapids: Eerdmans, 1983.
____. *Theology as Narration. A Commentary on the Book of Exodus*. Grand Rapids: Eerdmans, 1976.
Lockman, J. M. *Signposts to Freedom*. Minneapolis: Augsburg, 1982.
Marty, M. E. *The Hidden Discipline*. St. LouisL Concordia, 1962.
Meyer, Lestser, *The Mountain of God: Story and Theology in Exodus 32-34*. JSOT Monograph Ser., no. 22. England: JSOT, 1983.
Motyer, J. A. *The Revelation of the Divine Name*. London: Tyndale, 1959.
Myer, F. B. *Devotional Commentary on Exodus*. New York: Kregel, 1978.
Napier, B. D. *The Book of Exodus*. Atlanta: John Knox, 1963.
Nicholson, E. W. *Exodus and Sinai in History and Tradition*. Atlanta: Balckwell, 1973.
Noth, Martin. *Exodus a Commentary*. Translated by J. S. Bowder. Philadelphia: Westminster, 1962.
Paul S. M. *Studies in the Book of the Covenant in the Light of Cuneiform and Biblical Law*. Leiden: Brill, 1970.
Pink, Atrhur W. *Gleanings in Exodus*. Chicago: Moody, 1964.
Plastaras, J. *The God of Exodus*. Milwaukee: Bruce, 1966.
Ramm, B. *His Way Out*. Glendale, Calif.: Gospel Light, 1974.
Rhymer, J. *The Beginnings of a People*. Dayton, Ohio: Pflaum/Standard, 1967.
Sanderson, Judith E. *An Exodus Scroll from Qumran: 4QpaleoExodus and the Samaritan Tradition*. Harvard Semitic Studies. Decatur, Ga.: Scholar's, 1986.

Sarna, N. M. *Exploring Exodus*. New York: Schocken, 1986.
Slusser, D. M. *At the Foot of the Mountain*. Philadelphia: Westminster, 1961.
Thompson, R. J. *Moses and the Law in a Century of Criticism Since Graf*. Leiden: Brill, 1970.
Wallace, R. S. *The Ten Commandments*. Grand Rapids, Eerdmans, 1965.
Waltke, Bruce K. "The Phenomenon of Conditionality Within Unconditional Covenants." In *Israel's Apostasy and Restoration*. Edited by Avraham Gileadi. Grand Rapids: Baker, 1988.
Warburton, W. *The Divine Legation of Moses Demonstrated*. New York: Garland, 1978.
Wilson, Ian. *Exodus: The True Story*. New York: Harper, 1986.
Wood, L. T. "Date of the Exodus ." In *New Perespectives on the Old Testament*, pp. 66-87. Edited by J. B. Payne. Waco, Tex.: Word, 1970.
Workman, E. J. *The Book of Law*. Hicksville, N.Y.: Exposition, 1966.
Woudstra, M. H. "The Taberancle in Biblical-Theological Perspective." In *New Perstpctives on the Old Testament,* pp. 88-103. Waco, Tex.: Word, 1970.
Wright, Christopher J. H. *An Eye for and Eye: The Place of Old Testament Ehtics Today*. Downers Grove, Ill.: InterVarsity, 1983.
Youngblood, Ronald F. *Exodus*. Everyman's Bible Commentary. Chicago: Moody, 1983.

출애굽기에 관한 정기간행물

Albright, William F. "From the Patriarchs to Moses Part II: Moses Out of Egypt." *BA* 36 (1973): 48-76.
Aling, Charles F. The Blibical City of Ramses." *JETS* 25 (1982): 129-38.
Archer, G. L. "Old Testament History and Recent Archaeology: From Moses to David." *BSac* 127 (1970): 99-115.
Arden, H. "In Search of Moses." *National Geographic* 149/1 (1976): 2-37.
Auffret, Pierre. "The Literary Structure of Exodus 6:2-8." *JSOT* 27 (1983): 46-54.
Bailey, Lloyd R. "The Golden Calf." *HUCA* 42 (1971): 97-115.
____. "Exodus 22:21-27." *Int* 32 (1978): 286-90.
Batto, Bernhard F. "Red Sea or Reed Sea?" *BAR* 10 (1984): 56-63.
Beale, G. K. "An Exegetical and Theological Consideration of the Hardening of Pharaoh's Heart in Exodus 4-14 and Romans 9." *TJ* 5/2 (1984).
Beitzel. B. J. "Exodus 3:14 and the Divine Name: A Case of Biblical Paronomasia." *TJ* 1/1 (1980).
Beuken, W. A. "Exodus 16.5, 23. A Rule Regarding the Keeping of the Sabbath?" *JSOT* 32 (1985): 3-14.

Brichto, Herbert Chanon. "The Case of the SOTA and a Reconsideration of Biblical Law." *HUCA* 46 (1975): 55-70.
Bright, J. "The Apidictic Prohibition: Some Observations." *JBL* 92 (1973): 185-204.
Brownlee,W. H. "The Ineffabel Name of God." *BASOR* 226 (1977): 39-46.
Brueggemann, W. "The Crisis and Promise of Presence in Israel." *HBT* 1 (1979): 48-86.
Butterworth, M. "The Revelation of the Divine Name?" *IndJT* 24 (1975): 45-52.
Campbell, E. F., Jr. "Moses and the Foundation of Israel. *Int* 29 (1975): 141-54.
Carmichael, C. M. "A Singular Method of Codification of Law in the Mishpatim." *ZAW* 84 (1972): 19-25.
Chirichigno, Greg. "A Theological Investigation of Motivation in O. T. Law." *JETS* 24 (1981): 303-14.
____. "The Narrative Structure of Exodus 19-24." *Bib* 68 (1987): 457-79.
Cohen A. B., and D. N. Freedman, "The Dual Accentuation of the Ten Commandments." *MasST* 1 (1974): 7-20.
Craigie, P. C. "Yahweh Is a Man of War." *ScotJT* 22 (1969): 183-88.
Cross, F. M., and D. N. Freedman. "The Song of Miriam." *JNES* 14 (1955): 240-47.
Davis, Dale R. "Rebellion, Presence, and Covenant; a Study in Exodus 32-34." *WTJ* 44 (1982): 71-87.
Dion, P. F. "The 'fear not' Formula and Holy War." *CBQ* 32 (1970): 565-70.
Doron, Pinchas. "The Motif of the Exodus in the Old Testament." *ScrB* 13 (1982): 5-8.
Drumbrell, W. "Exodus 4:24-26. A Textual Re-Examination." *HTR* 65 (1972): 285-90.
Dyer, Charles H. "The Date of the Exodus Reexamined." *BSac* 140 (1983): 225-43.
Eakin, F. E., Jr. "The Plagues and the Crossing the Sea." *RevExp* 74 (1977): 473-82.
Faur, J. "The Biblical Idea of Idolatry." *JQR* 69 (1978): 1-15.
Ferris, Paul.Wayne, Jr. "The Manna Narrative of Exodus 16:1-10." *JETS* 18 (1975): 191-99.
Freedman, D. N. "The Burning Bush." *Bib* 50 (1969): 245-46.
Gianotti, Charles R. "The Meaning of the Divine Name YHWH." *BSac* 142 (1985): 38-51.
Goldberg, Michael. "Exodus 1:13-14." *Int* 37 (1983): 388-91.
Good, E. M. "Exodus 15:2" *VT* 20 (1970): 358.
Gordon, C. H. "He Is Who He Is." *Berytuss* 23 (1974): 27.

Gunn, David M. "The 'hardening of Pharaoh's heart'; Plot, Character and Theology in Exodus 1-14." In *Art and Meaning,* pp. 72-96. Edited by D. Clines. Winona Lake, Ind.: Eisenbrauns, 1982.
Gutmann, J. "The History of the Ark." *ZAW* 83 (1971): 22-30.
Haran, M. "The Passover Sacrifice. *VTS* 23 (1972): 86-116.
Harrison, R. K. "Exodus." *ISBEnc* 2 (1982): 22-30.
Honeycutt, R. L., Jr. "Aaron, the Priesthood, and the Golden Calf." *RevExp* 74 (1977): 523-35.
House, H. Wayne. "Miscarriage of Premature Birth? Additional Thoughts on Exodus 21, 22-25." *WTJ* 41 (1978): 108-123.
Hunt, Harry B. "An Annotated Bibliography on Exodus." *SwJT* 20 (1977): 89-94.
Jackson, B. S. "The Goring Ox Again." *JJurPapyr* 18 (1974): 55-94.
____. "The Propblem of Exodus 21:22-25." *VT* 23 (1973): 273-304.
Janzen, J. G. "What's in a Name? 'Yahweh' in Exodus 3 and the Wider Biblical Context." *Int* 33 (1979): 227-39.
Karlberg, Mark W. "Reformed Interpretation of the Mosaic Covenant." *WTJ* 43 (1980): 1-57.
Kearney, Peter J. "Creation and Liturgy: The P Redaction of Exodus 25-40." *ZAW* 89 (1977): 375-86.
Kidner, D. "The Origins of Israel." *TSF Bulletin* 57 (1970); 3-12.
Kitchen, K. A. "Labour Conditions in the Egypt of Exodus." *BurH* 20 (1984): 43-49.
____. "From the Brickfields of Egypt." *TB* 27 (1976): 137-47.
Klein, E. M. "Exodus 15:2." *JJS* 26 (1975): 61-67.
Kline, M. G. "*Lex Talionis* and the Human Fetus." *JETS* 20 (1977): 193-201.
Kuyper, L. J. "Hardness of Heart According to the Biblical Perspective." *ScotJT* 27 (1974): 459-74.
Lawton, Robert S. J. "Irony in Exodus." *ZAW* 97 (1985): 414.
Lemche, N. P. "The Hebrew Slave Comments on the Slave Law: Exodus 21:2-11." *VT* 25 (1975): 124-44.
Lewis, Joe O. "The Ark and the Tent." *REX* 74 (1977): 537-46.
Loewenstamm, Sameul E. "The Making and Destruction of the Golden Calf: A Rejoinder." *Bib* 56 (1975): 330-43.
____. "The Making and Destruction of the Golden Calf." *Bib* 48 (1967): 481-90.
____. "Exodus 21:22-25." *VT* 27 (1977): 352-60.
Magonet, Jonathan. "The Rhetoric of God: Exodus 6:2-8." *JSOT* 27 (1983): 56-67.
Martens, E. A. "Tackling Old Testament Theology." *JETS* 20 (1977): 123-32.

Mattingly, Gerald L. "The Exodus Conquest and the Archeology of Transjordan." *GTJ* 4 (1983): 245-62.
Mayonet, J. "The Bush That Never Burnt." *HeyJ* 16 (1975): 304-11.
McCarthy, Dennis J. "Exodus 3:14: History, Philosophy and Theology." *CBQ* 40 (1978): 311-22.
McKay, J. W. "Exodus 23:1-5, 6-8: A Decalogue for the Administration of Justice in the City Gate." *VT* 21 (1971): 311-76.
Moster, Julius B. "Thus they Stripped the Egyptians." *DD* 16 (1987/88): 41-44.
Nicholson, E. W. "The Interpretation of Exodus 24:9-11." *VT* (1974): 77-97.
____. "The Antiquity of the Tradition in Exodus 24:9-11." *VT* 25 (1975): 69-79.
____. "The Covenant Ritual in Exodus XXIV: 3-8." *VT* 26 (1976): 47-86.
____. "The Origin of the Tradition in Exodus 24:9-11." *VT* 26(1976): 275-83.
____. "The Decalogue as the Direct Address of God." *VT* 27 (1977): 422-33.
Nielson, Eduard. "Moses and the Law." *VT* 32 (1982): 87-98.
Oswalt, J. "The Golden Calves and the 'Egyptian Conception Deity." *EvQ* 45 (1973): 13-20.
Patrick, D. "Casuistic Law Governing Primary Rights and Duties." *JBL* 92 (1973): 180-87.
Perdue, L. G. "The Making and Destruction of the Golden Calf: A Reply." *Bib* 54 (1973): 237-46.
Phillips, Anthony. "A Fresh Look at the Sinai Pericope." *VT* 34 (1984): 39-52, 282-94.
____. "The Place of Law in Contemporary Society." *ExpTim* 93 (1981): 108-12.
Proffitt, T. D., III. "Moses and Anthropology: A New View of the Exodus." *JETS* 27 (1984): 19-25.
Ramm, B. "The Theology of the Book of Exodus: A Refleciton on Exodus 12:12." *Southwestern Journal of Theology* 20 (1977): 59-68.
Rea, John. "The Time of the Oppression and the Exodus." *BETS* 3 (1960): 58-69.
Riggs, J. R. "The Length of Israel's Sojourn in Egypt." *GTJ* 12 (1971): 18-35.
Rodriguez, Angel Manuel. "Sanctuary Theology in the Book of Exodus." *AUSS* 24 (1986): 127-45.
Sarna, Nahum M. "Exploring Exodus: The Oppression." *BA* 49 (1986): 68-80.
Sasson, J. M. "The Worship of the Golden Calf." *AltORAT* 22 (1973): 153-54.
Spencer, Michael. "Redemption in Exodus." *Emmanuel* 90 (1984): 496-503.
Stek, John H. "What Happened to the Chariot Wheels of Exodus 14:25?" *JBL* 483-505.
Tate, Marvin. "The Legal Traditions of the Book of Exodus." *REX* 74 (1977): 483-505.
Tigay, J. H. "'Heavy of Mouth' and 'Heavy of Tongue': On Moses' Speech

Difficulty." *BASOR* 231 (1978): 57-67.
Toit, S. du. "Aspects of the Second Commandment." *OTWerkSuidA* 12 (1969; ed. 1971): 101-10.
Vriezen, T. C. "The Exegesis of Exodus 24:9-11." *OTS* 12 (1972): 100-133.
Waldman, Nahum. "A Comparative Note on Exodus 15:14-16." *JQR* 66 (1976): 189-92.
Weinfeld, M. "The Origin of the Apoditic Law: An Overlooked Source." *VT* 23 (1973): 63-75.
Wenham, G. J. "Legal Forms in the Book of the Covenant." *TB* 22 (1971): 95-102.
Wicke, Donald W. "The Literary Structure of Exodus 1:2-2:10." *JSOT* 24 (1982): 99-107.
Wilson, R. R. "The Hardening of Pharaoh's Heart." *CBQ* 41 (1979): 18-36.
Wright, D. J. H. "The Israelite Household and the Decalogue: the Social Background and Significance of Some Commandments." *TB* 30 (1979): 101-24.
Zeligs, D. F. "Moses and Pharaoh: A Psychoanalytic Study of Their Encounter." *American Image* 30 (1973): 192-220.
Zevit, Ziony. "The Priestly Redaction and Interpretation of the Plague Narrative In Exodus." *JQR* 66 (1976): 193-211.

레위기

레위기에 관한 단행본

Bonar, A. A. *A Commentary on Leviticus*.5th ed. 1861. Reprint. Edinburgh: Banner of Truth, 1966.
De Welt, D, *Leviticus*. Joplin, Mo.: College, 1975.
Deouglas, Mary. *Purity and Danger: An Analysis of the Concepts of Pollution and Taboo*. Rev. ed. London: Routledge & Kegan Paul, 1987.
Eerdman, C. R. *The Book of Leviticus*. New York: Revell, 1951.
Gray, G. B. *Sacrifice in the Old Testament: Its Theory and Practice*.1925. Reprint. New YorkL Ktav, 1970.
Harris, R. Laird. "Leviticus." In *EBC,* vol. 2. Grand Rapids: Zondervan, 1990.
Harrison, R. K. *Leviticus: An Introduction and Commentary*. TOTC. Downers Grove, Ill.: InterVersity, 1980.
Hoffner, Harry A., Jr. "Incest, Sodomy and Bestiality in the Ancient Near East." In *Orient and Occident. Essays Presented to Cyrus H. Gordon on the*

Occasion of His Sixty-Fifth Birthday, pp. 81-90. Edited by H. A. Hoffner, Jr. Neukirchen-Vluyn: Neukiechener Verlag, 1973.

Jukes, A, J. *The Law of the Offerings*. London: Pickering, 1965.

Kinlaw, Dennis. "Leviticus." *Beacon Bible Commentary,* Kansas City, Mo.: Beacon Hill, 1969.

Knight, George A. *Leviticus*. Daily Study Bible. Philadelphia: Westminster, 1981.

Levine, B. A. *In the Presence of the Lord: A Study of Cult and Some Cultic Terms in Ancient Israel*. Leiden: Brill, 1974.

Lyonnet, S., and L. Sabourin. *Sin, Redemption and Sacrifice*. Rome: Pontifical Biblical Institute, 1970.

Mays, J. L. *The Book of Leviticus and the Book of Numbers*. Atlanta: John Knox, 1963.

Micklem, N. *Leviticus*. IB. Edited by G. A. Buttrick. New York: Abingdon, 1953.

Milgrom, J. *Cult and Conscience; the Asham and the Priestly Doctrine of Repentance*. Leiden: Brill, 1976.

Murray, John. *Principles of Conduct*. Grand Rapids: Eerdmans, 1957.

Neusner, J. *The Idea of Purity in Ancient Judaism*. Leiden: Brill, 1973.

Noordtzij, A. *Leviticus*. Bible Student's Commentary. Grand Rapids: Zondervan, 1982.

Noth, Martin. *Leviticus*. Philadelphia: Westminster, 1965.

Porter, J. R. *Leviticus*. Cambridge NEB. New York: Cambridge, 1976.

Schultz, Samuel J. *Leviticus*. Everyman's Bible Commentary. Chicago: Moody, 1983.

Snaith, N. H. *Leviticus and Numbers*. Nashville: Nelson, 1967.

Wenham, G. J. *The Book of Leviticus*. NICOT. Grand Rapids: Eerdmans, 1979.

레위기에 관한 정기간행물

Ashbel, D. "The Goat Sent to Azazel" (Hebrew). *Beth Mikra* 11 (1965): 89-102.

Bigger, S. "The Family Laws of Leviticus 18 in Their Setting." *JBL* 98 (1979): 187-203.

Brichto, H. C. "On Slaughter and Sacrifice, Blood and Atonement." *HUCA* 47 (1976): 19-56.

Brueggemann, W. "The Kerygma of the Priestly Writers." *ZAW* 84 (1972): 397-413.

Davies, Douglas. "An Interpretation of Sacrifice in Leviticus." *ZAW* 89 (1977): 387-99.

Feinberg, C. L. "The Scapegoat of Lev. 16." *BSac* 115 (1958): 321-33.

Freedman, D. N. "Variant Reading in the Leviticus Scroll from Qumran Cave 11." *CBQ* 36 (1974): 524-34.

Garner, Gordon. "Earlist Bible Text Discovery." *BurH* 22 (1986): 51-52.

Gispen, W. H. "The Distinction Between Clean and Unclean." *OTS* 5 (1948): 190-96.

Hamilton, Victor P. "Recent Studies in Leviticus and Their Contribution to a Further Understanding of Wesleyan Theology." *Spectrum* (1982): 146-56.

Haran, M. "The Complex of Ritual Acts Performed Inside the Tabernacle." *ScrHier* 8 (1961): 272-302.

Hoenig, S. B. "Sabbatical Years and the Year of Jubilee." *JQR* 59 (1969): 222-36.

Hulse, E. V. "The Nature of Biblical 'Leprosy' and the Use of Alternative Medical Terms in Modern Translations of the Bible." *PEQ* 107 (1975): 87-105.

Johnson, Luke T. "The Use of Leviticus 19 in the Letter of James." *JBL* 101 (1982): 391-401.

Kaiser, W. C., Jr. " Leviticus 18:5 and Paul: Do this and You Shall Live." *JETS* 14 (1971): 19-28.

Laughlin, J. C. H. "The 'Strange Fire' of Nadab and Abihu." *JBL* 95 (1976): 559-65.

McCarthy, D. J. "The Symbolism of Blood and Sacrifice." *JBL* 88 (1969): 166-76.

McKeating, H. "Sanctions Against Adultery in Ancient Israelite Society, with Some Reflections on Methodology in the Study of Old Testament Ethics." *JSOT* 11 (1979): 52-72.

Milgrom, J. "The Biblical Diet Laws as and Ethical System." *Int* 17 (1963): 288-301.

____. "A Prologomenon to Lev. 17:11." *JBL* 90 (1971): 149-56.

____. "The Missing Thief in Leviticus 5:20ff." *RIDA* 22 (1975): 71-85.

____. The Priestly Doctrine of Repentance." *RB* 82 (1975): 186-205.

____. "The Concept of ma'al in the Bible and the Ancient Near East." *JAOS* 96 (1976): 236-47.

____. "The Betrothed Slave Girl, Leviticus 19:20-24." *ZAW* 89 (1977): 43-44.

Mittwoch, H. "Story of the Blasphemer Seen in Wider Context." *VT* 15 (1965): 386-89.

Moran, W. L. "The Literary Connection Between Lev. 11-13-19 and Deut. 14:12-18." *CBQ* 28 (1966): 271-77.

Rainey, Anson F. "The Order of Sacrifice in O. T. Ritual Texts." *Bib* 51 (1970): 485-98.

Robinson, G. "The Prohibition of Strange Fire in Ancient Israel." *VT* 28 (1978): 301-17.
Rowley, H. H. "The Meaning of Sacrifice in the Old Testament." *BJRL* 33 (Sept. 1950): 95-100.
Selvidge, Maria J. "Mark 5:25-34 and Leviticus 15:19-20: A Reaction to Restrictive Purity Regulations." *JBL* 103 (1984): 619-23.
Snaith, N. H. "Sin-offering or Guilt Offering?" *VT* 15 (1965): 73-80.
Strand, Kenneth A. "An Overlooked Old Testament Background to Revelation 11:1 (Leviticus 16)." *AUSS* 22 (1984): 317-25.
Weingreen, J. "The Case of the Blasphemer (Lev. 24:10ff.)." *VT* 22 (1972): 118-23.
Wenham, Gordon J. "The Theology of Unclean Food." *EvQ* 53 (1981): 6-15.
____. "Why Does Sexual Intercourse Defile?" *ZAW* 95 (1983): 432-34.
Westbrook, R. "Redemption of Land." *ILR* 63 (1977): 367-75.
Wilkinson, John. "Leprosy and Leviticus: The Problem of Description and Identification." *SJT* 30 (1977): 153-69.
____. "Leprosy and Leviticus: A Problem of Semantics and Translation." *SJT* 31 (1978): 153-66.

민수기

민수기에 관한 단행본

Allen, Ronald B. "Numbers." In *EBC,* vol. 2. Grand Rapids: Zondervan, 1990.
____. "The Theology of the Balaam Oracles." In *Tradition and Testament: Essays in Honor of Charles Lee Feinberg.* Edited by John S. Feinberg and Paul D. Feinberg. Chicago: Moody, 1981.
Budd, Philip J. *Numbers.* WBC. Waco, Tex.: Word, 1984.
Coats, George W. *Moses vs. Amalek.* Leiden: Brill, 1975.
____. *Rebellion in the Wilderness. The Murmuring Motif in the Wilderness Tradition of the Old Testament.* Nashville: Abingdon, 1968.
Fisch, S. *The Book of Numbers.* New York: Judaica, 1971.
Gray, George Buchanan. *A Critical and Exegetical Commentary on Numbers.* ICC. Edinburgh; T & T Clark, 1903.
Harrison, R. K. *Numbers.* WEC. Chicago: Moody, 1990.
Hirsch, Samson Raphael. *Numbers.* The Pentateuch Translated and Explained, vol. 4. Translated by Isaac Levy. London: Isaac Levy, 1964.
Huey, F. B., Jr. *Numbers.* Bible Study Commentary. Grand Rapids: Zondervan,

1981.

Jones, K. E. *The Book of Numbers*. Grand Rapids: Baker, 1972.

Maarsingh, B. *Numbers*. Edited by A. S. Van der Woude and translated by John Vreind. Grand Rapids: Eerdmans, 1987.

Moriarty, Frederick L. "Numbers." In *The Jerome Biblical Commentary*. Edited by Raymond E. Brown. Englewood Cliffs, N.J.: Prentice Hall, 1968.

Noordtzij, A. *Numbers*. Bible Student's Commentary. Translated by Ed van der Maas. Grand Rapids: Zondervan, 1983.

Noth, Martin. *Numbers*. OTL. Philadelphia: Westminster, 1968.

Owens, John Joseph. "Numbers." In *The Broadman Bible Commentary*. Edited by Clifton J. Allen. Nashville: Broadman, 1970.

Riggans, Walter. *Numbers*. Daily Study Bible. Philadelphia: Westminster, 1983.

Smick, Elmer B. "Numbers." In *The Wycliffe Bible Commentary*. Edited by C. F. Pheiffer and E. F. Harrison. Chicago: Moody, 1962.

____. "A Study of the Structure of the Third Balaam Oracle." In *The Law and the Prophets,* pp. 242-52. Edited by John H. Skilton. Nutley, N.J.: Presb. & Ref., 1974.

Snaith, Norman H. *Leviticus and Numbers*. The Century Bible. Nashville: Nelson, 1967.

Sturdy, John. *Numbers*. Cambridge: Cambridge U., 1976.

Wenham, Gordon J. *Numbers*. TOTC. Leicester, England: InterVarsity, 1981.

민수기에 관한 정기간행물

Asher, Norman. "Moses and Spies." *DD* 112 (1984): 196-99.

Bartlett, J. R. "Historical Reference of Numbers XXI: 27-30." *PEQ* 101 (1969): 94-100.

____. "Sihon and Og of the Amorites." *VT* 20 (1970): 257-77.

____. "The Conquest of Sihon's Kingdom: A Literary Re-examination." *JBL* 97 (1978): 347-51.

Brichto, H. C. "The Case of the *Sota* and a Reconsideration of Biblical Law." *HUCA* 46 (1975): 55-70.

Buttler, T. C. "An Anti-Moses Tradition." *JSOT* 12 (1979): 9-15.

Christenson, D. L. "Numbers 21:14-15 and the Book of the Wars of Yahweh." *CBQ* 36 (1974): 359-60.

Coats, George W. "Wilderness Itinerary." *CBQ* 34 (1972): 135-52.

____. "Balaam: Sinner or Saint?" *BibRes* 18 (1973): 21-29.

____. "Conquest Traditions in the Wilderness Theme." *JBL* 95 (1976): 179-90.

____. "Humility and Honor: A Moses Legend in Numbers 12. In *Art and Meaning,* pp. 97-107. Edited by D. Clines. Winona Lake, Ind.: Eisenbrauns,

1982.

Fishbane, M. A. "Accusations of Adultery: A Study of Law and Scribal Practice in Numbers 5:11-31." *HUCA* 45 (1974): 25-45.

Gilead, Chaim. "Song of Parables (Num. 21:27-30)." *Beth Mikra* 23 (1977/78): 12-17.

Hanson, H. E. "Num. XVI, 30 and the Meaning of *Bara*." *VT* 22 (1972): 353-59.

Hoftizer, J. "Prophet Balaam in 6th Century Aramaic Inscription." *BA* 39 (1976): 11-17.

Kselman, J. S. "Notes on Numbers 12:6-8." *VT* 26 (1976): 500-505.

Laughlin, John C. H. "The 'Strange Fire' of Nadab and Abihu." *JBL* 95 (1976): 559-65.

Leiman, S. Z. "The Inverted *Nuns* at Numbers 10:35-36 and the Book of Eldad and Medad." *JBL* 93 (1974): 348-55.

Levine, B. A. "Critical Note: More on the Inverted *Nuns* of Numbers 10:35-36." *JBL* 95 (1983): 122-24.

Margoliot, M. "The Transgression of Moses and Aaron—Numbers 20:10-13." *JQR* 74 (1983): 196-228.

McEvenus, S. E. "A Source-Critical Problem iin Num. 14:26-38." *Bib* 50 (1969): 453-65.

Mendenhall, G. E. "The Census Lists of Numbers 1 and 26." *JBL* 77 (1958): 52-66.

Milgrom, Jacob. "Priestly Terminology and the Political and Social Structure of Pre-Monarchic Israel." *JQR* 69 (1978): 65-81.

____. "The Paradox of the Red Cow (Num. 19)." *VT* 31 (1981): 62-72.

____. "Of Hems and Tassels: Rank, Authority and Holiness Were Expressed in Antiquity by Fringes on Garments." *BAR* (Winter 1983): 63-55.

Miller, P. "The Blessing of God." *Int* 29 (1975): 240-51.

Quardrah, A. "The Relief of the Spies from Carthage." *IEJ* 24 (1974): 210-14.

Rainey, A. "The Order of Sactifices in Old Testament Ritual Texts." *Bib* 51 (1970): 485-98.

Reif, S. C. "What Enraged Phinehas? A Study of Numbers 25:8." *JBL* 90 (1971): 200-206.

Robinson, G. "The Prohibition of Strange Fire in Ancient Israel: A New Look at the Case of Gathering Wood and Kindling Fire on the Sabbath." *VT* 28 (1978): 301-17.

Sakenfeld, K. B. "The Problem of Divine Forgiveness in Numbers 14." *CBQ* 37 (1975): 317-30.

Sasson, J. M. "Numbers 5 and the 'Waters of Judgement.'" *BZ* 16 (1972): 249-51.

___. "A Genealogical 'Convention' in Biblical Chronography?" *ZAW* 90 (1978): 171-85.
Snaith, N. H. "A Note on Numbers 18:9." *VT* 23 (1973): 373-75.
Tosato, A. "The Literary Structure of the First Two Poems of Balaam." *VT* 29 (1979): 98-106.
Wenham, J. W. "Large Numbers in the Old Testament." *TB* 18 (1967): 19-53.

신명기

신명기에 관한 단행본

Beitzel, Barry J. "The Right of the Firstborn (*pî šayim*) in the Old Testament (Deut. 21:15-17)." In *A Tribute to Gleason Archer,* pp. 179-91. Edited by Walter C. Kaiser, Jr., and Ronald F. Youngbleed. Chicago: Moody, 1986.
Bellefontaine, E. "The Curses of Deuteronomy 27: Their Relationship to the Prohibitives." In *No Famine in the Land. Studies in Honor of John L. McKenzie.* Missoula, Mont.: Scholar's, 1975.
Blair, E. P. *The Book of Deuteronomy and the Book of Joshua.* Atlanta: John Knox, 1964.
Brueggemann, W., amd H. W. Wolff. *The Vitality of Deuteronomic Traditions.* Alanta: John Knox, 1975.
Carmichael, C. M. *The Laws of Deuteronomy.* Ithaca, N.Y.: Cornell U., 1974.
Clements, R. E. *God's Chosen People: A Theological Interpretation of the Book of Deuteronomy.* Valley Firge: Judson, 1969.
Craigie, Peter. *Deuteronomy.* NICOT. Grand Rapids: Eerdmans, 1976.
Cunliffe-Jones, H. *Deuteronomy.* Torch Bible Paperbacks. London: SCM, 1951.
Francisco, C. T. *The Book of Deuteronomy.* Grand Rapids: Baker, 1964.
Goldberg, Louis. *Deuteronomy.* Bible Study Commentary. Grand Rapids: Zondervan, 1986.
Kitchen, Kenneth. "Ancient Orient, 'Deuternomism,' and the Old Testament.' In *New Perspectives on the Old Testament.* Edited by J. Barton Payne. Waco: Word, 1970.
Kline, Merdith G. *The Treaty of the Great King.* Grand Rapids: Eerdmans, 1963.
Mayes, A. D. *Deuteronomy.* NCB. Grand Rapids: Eerdmans, 1981.
McConville, J. G. *Law and Theology in Deuteronomy.* JSOTSup Series 33. England: JSOT, 1985.
McPolin, J. *God Loves His people. A Guide to Deuteronomy.* Dublin: Veritas, 1970.

Moran, W. L. "Deuteronomy." In *A New Catholic Commentary on Holy Scripture*. Camden, N.J.:Nelson, 1969.

Nicholson, E. W. *Deuteronomy and Tradition*. Philadelphia: Fortress, 1967.

Payne, David F. *Deuteronomy*. Daily Study Bible. Philadelphia: Westminster, 1985.

Phillips, A. *Deuteronomy*. New York: Cambridge, 1974.

von Rad, Gerhard. *Deuteronomy: A Commentary*. Translated by Dorothea Barton. Philadelphia: Westminster, 1966.

____. *Studies in Deuteronomy*. Studies in Biblical Theology, No. 9. London: SCM, 1953.

Ridderbos, J. *Deuteronomy*. Bible Student's Commentary. Grand Rapids: Zondervan, 1984.

Schneider, B. N. *Deuteronomy: A Favored Book of Jesus*. Grand Rapids: Baker, 1970.

Schultz, Samuel J. *Deuteronomy*. Everyman's Bible Commentary. Chicago: Moody, 1971.

Thompson, J. A. *Deuteronomy: An Introduction and Commentary*. TOTC. Downers Grove, Ill.: InterVarsity, 1978.

Weinfeld, M. *Deuteronomy and the Deuteronomic School*. Oxford: Clarendon, 1972.

Wevers, J. *Text History of the Greek Deuteronomy*. Göttingen: Vanderhoeck and Ruprecht, 1978.

Wright, G. Ernest. "The Lawsuit of God: A From-Critical Study of Deuteronomy 32." In *Israel's Prophetic Heritage, Essays in Honor of James Muilenberg*. Edited by Barnard W. Anderson and Walter Harrelson (New York: Harper & Row, 1962). pp. 26-67.

신명기에 관한 정기간행물

Abba, Raymond. "Pristly and Levites in Deuteronomy." *VT* 27 (1977): 257-67.

Baker, John Austin. "Deuteronomy and World Problems." *JSOT* 29 (1984): 3-17.

Bee, R. E. "A Study of Deuteronomy Based on Satistical Properties of the Text." *VT* 29 (1979): 1-22.

Bellefontaine, E. "Deuteronomy 21:18-21: Reviewing the Case of Rebellious Son." *JSOT* 13 (1979): 13-31.

Braulik, Georg. "Law as Gospel: Justification and Pardon According to the Deuteronomic Torah." *Int* 38 (1984): 5-14.

Brueggemann, W. "The Kerygma of the Deuteronomistic Historian. Gospel for Exiles." *Int* 22 (1968): 387-402.

Carmichael, Calum M. "A Time for War and a Time for Peace." *JJS* 25 (1974): 50-64.
____. "A Common Element in Five Supposedly Disparate Laws." *VT* 29 (1979): 129-42.
____. "Uncovering a Major Source of Mosaic Law; the Evidence of Deuteronomy 21:15-22:5." *JBL* 101 (1982): 505-20.
Cazelles, H. "Passages in the Singular Within Discourse in the Plural of Dt. 1-4." *CBQ* 24 (1967): 207-19.
Christensen, Duane L. "Prose and Poetry in the Bible. The Narrative Poetics of Deuteronomy 1, 9-18." *ZAW* 97 (1985): 179-89.
Coats, George W. "Legendary Motifs in the Moses Death Report." *CBQ* 39 (1977): 34-44.
Craigie, P. C. "Deuteronomy and Ugaritic Studies." *TB* 28 (1977): 155-69.
Daube, D. "One from Among Your Brethren Shall You Set King over You." *JBL* 90 (1971): 480-81.
Derrett, J. D. "2 Cor 6:14: A Midrash on Dt. 22:10." *Bib* 59 (1978): 231-50.
Dion, Paul E. "Deuteronomy and the Gentile Wolrd: A Study in Biblical Theology." *Toronto Journal of Theology* 1 (1985): 200-21.
Doron, Pinchas. "Motive Clauses in the Laws of Deuteronomy: Their Forms, Functions and Contents." *HAR* 2 (1978): 61-77.
Frankena, R. "The Vassal Treaties of Esarhaddon and the Dating of Deuteronomy." *OTS* 14 (1965): 122-54.
Fratheim, T. E. "The Ark in Deuteronomy." *CBQ* 30 (1968): 1-14.
Gammie, J. G. "The Theology of Retribution in the Book of Deuteronomy." *CBQ* 32 (1970): 1-12.
Haran, Menahem. "Book-Scrolls in Israel in Pre-Exilic Times." *JJS* 33 (1982): 161-73.
Hobbs, T. R. "Jeremiah 3:1 and Deuteronomy 24:1-4." *ZAW* 86 (1974): 23-29.
Janzen, J. Gerald. "On the Most Important Word in the Shema." *VT* 37 (1987): 280-300.
Kaiser, W. C., Jr. "Current Crisis in Exegesis and the Apostolic Use of Deuteronomy 25:4 in 1 Cor. 9:8-10." *JETS* 21 (1978): 3-18.
Kaufman, S. "The Structure of the Deuteronomic Law." *Maarav* 1 (1979): 105-58.
Kearney, P. J. "The Role of the Giboenites in the Deuteronomic History." *CBQ* 35 (1973): 1-19.
Lemche, N. P. "The Manumission of Slaves—The Fallow Year—The Sabbatical Year—The Jobel Year." *VT* 26 (1976): 38-59.
Lundbom, Jack R. "The Lawbook of the Josianic Reform." *CBQ* 38(1976): 293-

302.

McBride, S. D. "The Yoke of the Kingdom: An Exposition of Deuteronomy 6:4-5." *Int* 27 (1973): 273-306.

McKay, J. W. "Man's Love for God in Deuteronomy and the Father/Teacher/Son/Pupil Relationship." *VT* 22 (1972): 428-35.

Milgrom, J. "Profane Salughter and Formulaic Key to the Composition of Deuteronomy." *HUCA* 47 (1976): 1-17.

Millard, A. "A Wandering Aramean." *JNES* 49 (1980): 153-55.

Miller, P. "'Moses My Servant': The Deuteronomic Portrait of Moses." *Int* 41 (1987): 245-54.

Moran, W. L. "Conclusion of the Decalogue, Ex. 20:17—Dt. 5:21." *CBA* 29 (1967): 543-54.

Schley, Donald G., Jr. "Yahweh Will Cause You to Return to Egypt in Ships." *VT* 35 (1985): 369-72.

Schultz, Samuel J. "Did Moses Write Deuteronomy?" *Christianity Today* 19 (1975): 67-77.

Shrager, Miriam Y. "A Unique Biblical Law." *DD* 15 (1986): 190-94.

Skehan, P. W. "The Structure of the Song of Moses in Deuteronomy." *CBA* 33 (1971): 67-77.

Tucker, Gene W. "Deuteronomy 18-15-22." *Int* 41 (1987): 292-97.

Vries, W. J. de. "The Development of the Deuteronomic Promulgation Formula." *Bib* 55 (1974): 301-16.

Walsh, M. F. "Shema Yisrael: Reflections on Deuteronomy 6:4-9." *BT* 90 (April 1977): 1220-25.

Watson, P. "A Note on the 'Double Portion' of Dt. 21:17 and 2 Ki. 2:9." *ResQ* 8 (1965): 70-75.

Weinfeld, M. "On Demythologization and Secularization in Deuteronomy." *IEJ* 23 (1973): 230-33.

Wenham, Gordon J. "Deuteronomy and the Central Sanctuary." *TB* 22 (1971): 103-18.

_____. "The Restoration of Marriage Reconsidered." *JJS* 30 (1979): 36-40.

Wenham, Gordon J., and J. G. McConville. "Drafting Techniques in Some Deuteronomic Laws." *VT* 30 (1980): 248-52.

_____. "The Date of Deuteronomy: Linch-Pin of Old Testament Criticism." *Them* 10 (1985): 15-20.

Wevers, J. W. "The Earliest Witness to the LXX Deuteronomy." *CBQ* 39 (1977): 240-44.

Williams, W. H. "A Look Within the Deuteronomic History." *SJT* 25 (1972): 337-45.

Willis, J. T. "Man Does Not Live by Bread Alone (Dt. 8:3 and Mt. 4:4)." *ResQ* 16 (1973): 141-49.

Wiloughby, Bruce E. "A Heartfelt Love: An Exegesis of Deuteronomy 6:4-19." *ResQ* 20 (1977): 73-87.

Wittstruck, Thorne. "The So-Called Antianthropormorphism in the Greek Text of Deuteronomy." *CBQ* 38 (1976): 29-34.

Zakovitch, Y. "Some Remnants of Ancient Laws in the Deuteronomic Code." *ILR* 9 (1974): 346-51.

Zevit, Ziony. "The EGLA Ritual of Deuteronomy 17-19." *JBL* 95 (1976): 377-90.

주제별 색인

ㄱ

가나안 땅 47, 52, 113, 114, 260, 290
가나안(함의 아들) 154, 326
가나안 정복 63, 83, 211, 214-216, 277-278, 293, 324-325
가나안 족 83, 226, 287, 327
가데스바네아 20, 65, 67, 276, 278, 292, 304
가인 142
갈렙 276, 286-288, 320
거룩과 정결 258-260
거짓 선지자 300, 312
결혼 관습 169, 178, 301-302, 312
고라의 반역 31, 290
고고학 56, 71, 164, 209, 214
고센 177, 200
공관복음 22, 309
과장법 148, 221-222
광야를 방황함 72, 222, 269, 321
교만 155
구속 47, 48, 172, 186, 246, 271
구속자 29-30
구원 44, 46, 48, 158, 184-186, 192, 207, 258
구전 전승 73, 76, 103
구조주의 108-109
꿈의 해석 178
그리스도
  그리스도의 오심 44
  그리스도의 죽음 42, 48, 49, 171-172, 227, 234, 244, 248, 251, 265, 277, 329
  그리스도로 말미암은 구원 191
  그리스도의 족보 137, 143, 178

대제사장이신 그리스도 257, 265
그리스도의 성육신 17, 234
하나님의 어린양 186, 205-205, 247
그리스도의 주권 156
그리스도의 기적 145, 199, 200
변화산의 그리스도 54
선지자이신 그리스도 46, 64
마지막 만찬 250
반석이신 그리스도 38
그리스도의 시험 309, 321
그리심 산 55, 312
근친상간 43, 154, 266
금송아지 30, 43, 65, 67, 187, 224, 253, 313
기름부음 256
기적의 징표 47, 64-65, 145, 194-195, 199, 204, 222-222, 310
기초 문서 90, 99

ㄴ

나블루스 54
나사렛 파 84
나실인 서원 275
나일 강 71, 97
네안데르탈인 135
노아 30, 49, 114, 138
노아의 방주 147, 153
노아 언약 50, 147, 153
놋뱀 22, 47, 277
누지 165, 168-170
느헤미야 22

ㄷ

다말	105
다윗	22, 74, 144, 285, 298-299
다윗의 보좌	45
단	82, 282, 285
단편설	88
대구법	118
대제사장	22, 49, 67, 239, 254, 263-265, 293
대홍수	
바벨론 역본	152
노아의 홍수	31, 42, 96, 116-117, 136-141, 143-153, 200, 248
데라	77
도피성	28, 278-188, 305
동성애 행위	43, 154, 266
둘째 아담	46

ㄹ

라반	50, 174
라이스	82
라헬	142, 169, 174, 282
라헬이 드라빔을 훔침	175
람세스	209, 211-212, 285
레(태양신)	95
레아	175, 282
레위인	237, 255-256, 275, 281, 285, 305, 328
롯	43, 58, 82, 113, 140, 154, 165
르바임	82

ㅁ

마르둑	126
마르시온 종파	18
마리 서판	165, 166
마카비 왕조	54
막벨라 동굴	158
만나	222, 277
맛소라 본문	55
매춘	266
메르넵타 돌기둥	216
메시아	44-46, 296, 299, 328
아론과 이스라엘의 메시아	46
멜기세덱	22, 27, 35, 161, 172
명사의 변화	160
복합 명사	95
명사의 중요성	32
이름의 갱신	82, 211-212
모리아 산	172
모세의 축복	328
타는 떨기나무 앞의 모세	185, 235
모세의 소명	63
모세의 교육	70
모세의 겸손	81
지도자 모세	65, 307
모세의 중요성	18, 63-68
모세의 죄	277, 292
모세의 노래	20, 313, 316
모세가 사용한 자료	76-80
모세 같은 선지자	45, 266
모세의 노래	59, 73, 313
모세의 책	74, 75
모압/모압인	82, 173
목록	144
몰렉 숭배	266
무지개	50
문서설	76, 165
고전적 형태	90-93
문서설의 발달	86-90
문서설의 단점	94-97, 110
미디안	71, 274, 299, 303
미리암	67, 277, 292
믿음	45, 46, 158, 287, 295

ㅂ

바로	29-31, 34, 70, 144, 165, 288, 321
바벨론 포로	29, 54, 88, 90, 103, 196, 223, 271, 325
바알	35, 125
브올의 바알	43, 221, 266, 278, 299
반석	23, 37-38
발락	277, 281, 295, 298, 321
발람	17, 20, 140, 266, 295-301
발람의 예언	35, 36, 45, 59, 80, 277
발렌티누스	84
바룩	81
바벨론	155-156, 325
바벨론의 창세기	28, 119, 126
바벨탑	31, 42, 78, 104, 113, 155-156
바산	82, 277

주제별 색인 | 391

밧단아람	174
뱀(사탄)	42, 44, 116, 326
벧엘	82, 92, 102, 163, 215
별과 홀	45
보충설	89, 94
불뱀	31, 47
브사엘	232
블레셋	163, 167
비느하스	52, 299, 303

ⓢ

사경	21
사라	34, 141, 160
사마리아(북왕국)	54, 287
사마리아 오경	19, 54-55
사마리아인	54
사본	55
사울	81, 250, 287, 298
사탄	22, 44, 136, 139, 199, 264, 321
사해	79, 166
사해 사본	46, 55, 140
샤다이	35, 164
산문	118
살인	28, 226, 230/아벨의 죽음 42, 326
삼위일체	32
삶의 정황	56-57, 100, 102, 107,
새 예루살렘	174,
새 언약	26, 227
서기관	74, 228
서사 문학	58-59
선악을 아는 나무	41
선지자	158, 224, 296, 311-312
설형문자	69-70
성결 법전	91, 242
성구함	321-322
성령	81, 256-258
성막	17, 22, 49, 61, 67, 92, 186, 189, 228, 230-234, 251, 253-256, 274, 281-283, 285, 291, 305, 316
성전(聖戰)	255, 303
성전	46, 88, 172, 248, 250, 260
성적 음란	109, 140, 153-155, 178, 226, 245, 266, 268, 299

세겜	54, 92, 783, 176, 312, 317
셈	154
셋	142-143
소금	249
소돔	39, 82, 109, 113, 140
속죄 염소	264
속죄일	27, 49, 233-234, 240, 243, 248, 263-265, 268
솔로몬	22, 46, 74, 87, 144, 209, 250, 312
수메르 문헌	99, 228
수메르 왕	178, 312
수사 비평	104-106, 110
스룹바벨	54
슬로브핫의 딸들	301
쉐마	309, 319-322
시내 반도	71
시내 산 언약	38, 51, 56, 60, 102, 185-187, 307-310
시내 산	30, 34, 66, 71, 72, 102, 173, 184
시누헤 서사시	58
신부의 지참금	170
신석기시대	136
신성 모독	34
시온 산	54
신의 계시	77, 202
신조	62, 319
십계명	51-10, 60-61, 72, 187, 200-202, 224, 241, 244, 310, 316-317, 320
십일조	256, 311

ⓞ

아담	121, 134-135, 137, 139-142
아담 이전의 인류	136
아담의 기사	76, 78, 116
아도나이	34-35
아말렉 족	65, 72, 113, 302
아론	31, 52, 58, 66, 67, 234, 53-257, 263-264, 283, 291-293
아모리 족	113, 226, 275, 293, 310
아몬	95
아브라함	31-34, 43, 46, 82, 140, 157, 160, 165, 168, 171, 267, 327

아브라함 언약　　17, 35, 50-51, 56, 114,
　　　　　158-163, 206, 224, 253,
　　　　　270, 279, 296, 299, 327
아스다롯　　　　　　　　　32
아시리아　　　　　　　152, 325
아시리아 종주권 조약　　315, 323
아카드 어　　　　　　　　35
아트라하시스 서사시　　116, 152
안식　　　　52, 75, 120, 189, 226,
　　　　　233, 244, 248, 267, 271, 316
암몬 족　　　　　　82, 113, 173
야곱　　　　　　　　　50, 114
야곱의 꿈　　　　　　　82, 163
야곱의 전능자　　　　　　37-37
야곱이 이스라엘이 되다　　176
야곱이 천사와 씨름함　　　109
야살의 책　　　　　　　　80
야웨　　　　31-34, 64, 86, 95-97, 185
약속의 땅　　　　　331, 5, 51, 53, 67,
　　　　　71, 82, 83, 102, 158, 162-
　　　　　163, 178, 181, 207, 220, 241,
　　　　　268, 276, 286, 289, 302, 309
양식비평　　　　　　56, 104, 110
　양식비평의 어린이를
　　제물로 바침　　　　162, 173, 266
언약
　영원한 언약　　　　　52, 161, 249
　언약 소송　　　　　　60, 316, 324
　언약 비준　158-160, 189, 227-228, 250
　언약 갱신　　　　　50, 73, 102, 246,
　　　　　270, 309, 312, 316-317
　소금의 언약　　　　　　52, 249
　언약의 징표
언약궤　22, 49, 51, 61, 224, 231-233, 255,
260, 277, 280, 285, 292, 303
언약서　60, 66, 72, 190, 226, 244, 270, 308,
317
언어학　　　　　　　　108-109
에녹서　　　　　　　　　139
에누마 엘리쉬　　　　　119, 126
에덴 동산　　　　39, 42, 76, 121, 326
에돔/에돔인　　　　　82, 99, 113
에발산　　　　　　　　73, 312
에봇　　　　　　　　　　254
에블라 서판　　　　　　　167

에비온 파　　　　　　　　84
에서　　　　　　　　　49, 78
에스겔　　　　　　　92, 324-326
에스라　　　　　22, 74, 84, 91, 92
에피파니우스　　　　　　　84
엘리야　　　　　　　　63, 199
엘리사　　　　　　　　146, 199
엘로힘　　　　　　　32, 95-97
여호수아　　　　22, 65, 73, 81, 83,.
　　　　　276, 285-288, 302, 313
여호와 경외　　　　　　47, 320
여호와의 날　　　　　　　121
여호와의 전쟁기　　　79, 80, 281
여호와의 종　　　　　　　67
역사적 설화　　　　　　58, 115
역사적 서언　　60-62, 244, 314-315
영광의 구름　　　　227, 230, 275
예루살렘　　　　　　172, 218, 287
예표론　　　　　　　　　22
오경의 문학적 특징　56-58, 95-97, 178
오경의 명칭　　　　　　18-19
　오경의 통일성　　　　19-21, 110
　오경의 저술　　　　　　72
오경의 시적 요소　56, 58, 118, 280-281
오경의 형성　　　　　　20-21
오경의 장르　　　　　　56
오리겐　　　　　　　　18
오순절　　　　　　　156, 269
오시리스　　　　　　　　95
옥　　　　　　　　　　82
요단동편　82, 275, 278, 293, 303-304, 310
요세푸스　　　　　　18, 84, 140
요셉　　　　　30, 43, 58, 96, 97, 106,
　　　　　149, 158, 163, 282
요셉 시대의 기근　　　　149
용서　　　　　　　47, 233, 251
요시야　　　　　　　22, 74, 320
우가릿의 시　　　　　　35, 95
　우가릿 서사시　　　　　125
　우가릿 서판　　　　　　168
우라투　　　　　　　　148
우르　　　　　　　　　156
우림과 둠밈　　　　　　254
우상숭배　　　　40, 187, 260, 299
웁살라 학파　　　　　　103

주제별 색인 | 393

원역사	102
웬나문 서사시	58
유다 지파	283-284
유전자	132, 136
유프라테스 강	152, 295
육경	21, 87, 107
율법	19, 22, 46, 56, 66, 75, 314
제사에 대한 법	242-244
복수에 대한 법	227, 229
율법책	73, 75, 81, 308, 316
유월절	186, 250, 268, 276
유월절 양	27, 48, 197, 204
유산 상속법	169-170, 175, 205, 229, 256, 278, 281, 301-302
위경	84
이드로	72
이사야	23, 324-328
이삭	114, 162, 248
이스라엘의 의미	176
이스마엘	106, 173
이신칭의	46
이집트	23, 114, 138, 144, 178
제18왕조	70, 95
이집트의 신들	194, 200-15
신왕국	213
인간의 새로운 본성	42
인간의 죄성	39, 146, 258-260, 230
인간의 지배	39
인구조사 목록	79, 220, 278
일처 다부제	139, 144, 312
임마누엘	33
입양	169

ⓐ

잡혼	142, 321
장자	203-206, 255-256, 290, 312
장자권	162, 170, 178, 281
재앙	29-31., 97, 188, 324
저스틴 마터	3
저주	23, 43, 153, 270, 299, 313, 322-326, 328
저주 본문	168
전승비평	101-103
절기	
초막절	75, 268-269, 316

무교절	188, 204, 268
칠칠절	269
점을 침	297
점토판	165, 218-218, 228
정경비평	106-108
제단	
족장의 제단	48
다듬지 않은 돌로 만든 제단	73
증거의 제단	305
제사와 제물	48, 171-172, 227, 241, 253-257, 268
제사장 문서	91-92
조약 갱신	52, 270
조약의 규정	190, 224, 228, 311, 316-317
족보	58, 78, 79, 92, 116, 137, 157
창세기의 족보	137-139, 142
족장들의 사실성	164-170, 179
존 힐카누스	54
종에 관한 법	229, 267
증거의 서판	51, 233
진화	
다윈주의	126, 129-132
일반적 진화론	127-129, 133
특별 진화론	128, 133
제사장의 축복	280
제사장의 사역	230, 239, 247, 255, 259, 263
제사장의 임명	67, 256-257
지성소	22, 49, 231, 263-265
지구랏	10
진설병	52, 321

ⓒ

창세기 위경	110
창세기의 기능	107
창세기의 표제	77
창조	34, 96, 107, 112, 116-125, 134, 262, 316
창조주	27, 28, 33, 35, 38, 119, 200, 321
천사	41, 109, 176, 204, 207, 296
첩	170, 175, 229
축복	
열방에 대한 축복	45, 158, 295, 329
언약 안의 축복	57, 62, 270, 317

야곱의 마지막 축복	45, 60, 163, 178, 312	아버지	38, 171
출애굽	29, 31, 38, 58, 63, 102, 163, 177, 191, 268, 297, 315	이삭의 두려움	36
		전능하신 하나님	35, 37
칠십인역	18, 41, 76, 112, 237, 274	지극히 높으신 하나님	22, 35, 296
		왕	298, 309

ㅋ

	이스라엘의 강하신 자 23
	야곱의 강하신 자 37, 38
케레트 서사시 35, 58, 61, 125	하나님의 자비 53, 187, 226, 289
크레레(갑돌) 167	하나님의 주권 30, 35, 119, 146, 1
킹구 28	57, 194-196, 199
	하나님의 진노 31, 43, 200, 245, 248, 266, 291-292, 323

ㅌ

	하나님의 형상 39-41, 119, 134, 142
타락 41	하늘로부터 내린 불 257, 276, 291
탈무드 18, 84	하비루 217
터툴리안 18	하와 39, 41-43, 48, 76, 121, 134, 137-139, 326
테베 95	
텔 엘 아마르나 서판 71, 217-218	할례 52, 76, 160-161, 206, 277
토라 19-20, 56	함 154
티그리스 강 152	함무라비 법전 95, 169, 228-230, 314
티아맛 28, 126	하스모니안 시대 54

ㅍ

	헤겔 철학 89, 91, 98
파피루스 두루마리 18-18	헤롯 아그립바 1, 40
편집 활동 81, 10, 87, 91, 92, 94, 98	호렙 산 22, 65
피를 바름 247, 257, 264	호머 87
필로 84, 140	호모 사피엔스 135-136
	화석 자료 136

ㅎ

	회개 48, 179, 245, 251, 271, 327
하갈 160, 169-170	홍해 23, 47, 59-59, 64-66, 145, 204, 287
하나님의 강하신 행위 59, 208, 223, 287	후리안 168, 219
하나님의 거룩 30, 237, 292	히브리인 아브람 79, 157
하나님의 사랑 30	히스기야 22, 74, 320
하나님의 선하심 281, 294, 310	히타이트 종주권 조약 49, 56-57, 60-61, 97, 270
하나님의 심판 143, 146, 152, 153, 200-203, 257, 291	
	희년 267-268
하나님의 영 83, 232, 235	히타이트 족 158, 285, 316
하나님의 이름	히타이트 인의 법전 168, 228-230, 180
아도나이 34	힉소스 통치자 212-213
엘샤다이 35, 164	힐기야 88, 92
영원하신 하나님 36-37, 307	

인명색인

ㄱ

게르하르두스 포스	94
고든, 사이러스 H	95, 97, 166, 167
구스타보 구티에레즈	191
그레고르 멘델	131
그레타 홀트	97, 198
그린, 윌리엄 헨리	94
그레스만, 휴고	56
글리슨 아처	218

ㄴ

넬슨 글렉	217
노트, 마틴	21, 99, 102-103, 164
니베르그, H. S.	103
더글라스 메리	260
데베테, 빌헬름 M. L.	88-89
데이비스 영	134
데이비스, 존 J	147
델리치, 프란츠	94,
드라이버, S. R.	93

ㄹ

라마르크, 슈발리에 데	131
래어드 해리스	250
랭커스터 하딩	217
레스터, 레인 P	133
레비-스트라우스, 클라우드	106
레온 우드	216
롤랜드 바르테스	108
리처드 사이먼	85-86

ㅁ

마틴-아카드 R	109
맨프레드 비텍	212
멘덴홀, 조지	220
모리스, 헨리	145
모리츠 드레히슬러	94
몰트만, 위르겐	192
뮐렌버그, 제임스	104

ㅂ

배싯 F. W.	154
배리 비첼	208
버나드 램	145
벌카우어, G. C	196
베네딕트 스피노자	85
벨하우젠, 율리우스	21, 90, 91-95, 101, 109, 164
볼린, 레이몬드 G	133
브레바드 차일즈	107, 277
브루스 월트케	55
브루스 F. F.	55
브릭스, C. A.	93
빅톨 해밀턴	141, 277
빌헬름 파트케	91
빔슨, J. J.	217

ㅅ

색즈, H. W. F	152
세이스, A. H	94
스테픈 제이 굴드	132
스테픈 카우프먼	314-315
스토이어나겔, C	93

스파이저, E. A.　　　　　36, 79, 168

◎
아이히호른, 요한　　　　　　87
아이스펠트, 오토　　　　　　98
안드레아스 보덴스타인　　　85
알렉산더 기즈　　　　　　　87
알렉산더 하이델　　　　　　57
알터, 로버트　　　　　　　105
애드먼드 리치　　　　　　108
어니스트 G 라이트　　　　　60
에두아르드 로이스　　　　　91
에발트, 하인리히　　　　　　89
엘드릿지, 나일즈　　　　　132
엘런, 로널드 B.　　　　　　221
엥그넬, 후앙　　　　　100, 101
영, E. J　　　　　　　　　124
예헤즈켈 카우프만　　　98, 314
올브라이트 W. F.　32, 36, 164, 166
와이즈먼, 도널드 J　　　　　76
와인펠드 모쉐　　　　　　313
요한 판 세터즈　　　　98, 165
요한 파터　　　　　　　　　88
월터 C. 카이저　　　　115, 208
웬험, 고든 J　　　　　　　243
율리우스 모르겐스테른　　　99
윌리엄 로버트슨 스미스　　　93
이가엘 야딘　　　　　　　216
이븐 에즈라　　　　　　　　84

㉛
장 아스트뤼　　　　　　86, 87
제프리 티게이 H　　　　　　99
조지 게일로드 심슨　　　　127
존 가스탱　　　　　　　　214
존 브라이트　　　　　164, 209
존 세일헤머　　　　　　　　20
존 위트콤　　　　　　　　145
존 월튼 H　　　　　　　　 58
존 틴달　　　　　　　　　130

㉛
찰스 다윈　　　　　　　　126

㉾
카수토, 움베르토　　　　　199
카우츠, J. R　　　　　　　217
카일 C. F.　　　　　　　　94
칼 그라프　　　　90, 9-93, 98, 165
칼 바르트　　　　　　　　 40
칼 에른스트 폰 바에르　　 130
칼 일겐　　　　　　　　　 88
캄페기우스 비트린가　　　　86
캐틀린 케년　　　　　　　214
케네스 키친　　　　　96, 103, 137,
　　　　　　　　　165, 179, 209, 312
코른힐, H　　　　　　　　 93
쿠에넨, 아브라함　　　91, 92, 97
클라인, 메리디스　　61, 143, 144, 219

㉤
토마스 홉스　　　　　　　 85
투흐, J. C. F　　　　　　　 89

㉪
포클먼, J. P　　　　　　　104
프랜시스 브라운　　　　　　93
파스퇴르, 루이　　　　　　130
페리에라, B　　　　　　　 85
파이퍼, 로버트　　　　　　 99
페르디난드 드 소쉬르　　　108
폰 라드, 게하르드　　50, 99, 102,
　　　　　　　　　　　103, 164, 317
프레드릭 볼프　　　　　　　87

㉠
해리슨, R. K　　　　　 78, 80, 259
헤르만 궁켈　　　　56, 57, 100, 164
헤르만 후펠드　　　　　　　90
헹스텐베르그, E. D　　　　 94
호세 미란다　　　　　　　191
후앙 세군도　　　　　　　191
힐러즈, D. R　　　　　　　160

성구색인

구약

창세기
1:1	112, 136
1:2	136, 146
1:16	28
1:21, 27	27
1:26, 28	39-40
1:27	27, 134
2:4	27, 32, 77, 95
2:7	27, 134
3:5	41
3:9	41
3:15	44, 59, 116
3:21	48
4	42
4:1	27
4:4	48
4:8	55
6:5	42, 136, 142
8:1	31
8:20	48
9:6	41
9:8-11	50
10:4	55
11:1-9	104
12	50, 168
12:1-9	34
12:3	18, 44, 114, 295, 296, 327
12:6	48
13:18	48
14	79
14:18-22	27, 35
15:1-19	34
15:2, 8	34
15:5	47
15:6	22, 44, 47, 158, 193
15:16	43
15:17	51
17:1	35
17:7, 13, 19	51
17:10-11	51
18-19	43
18:3	34
18:12	34
18:25	31
19:32-38	43
21:33	36
22:12	47
22:13	48, 204, 246-248
22:18	45
24:3	32
24:16	32
24:26, 43	32
26:4	45
26:5	46
26:25	48
26:26-33	50
26:30	227
28:3	35
28:13	32
31:42, 53	36
32:20	49
35:11	35
36:31	81
37-50	58, 71, 77, 104-105
38:18	105
39:11-20	43
40:1	34
45:7	30
49-50	20
49:10	45-45, 285, 299, 312
49:24	23, 37, 38
50:20	30

출애굽기
1:11	82, 211
1:12-13	29
2:24	31, 51
3:5	30
3:6	32
4:1, 5, 31	47
5:14	29
6:3	33, 36
6:5	51
6:6-7	38
11:3	30
12:23	48
12:36	30
12:37	219
14:13-14	59
14:31	47, 193
15	56, 59, 73, 188
15:2	23, 60

15:11	30, 185	12:3	81	17:14-20	81, 309, 312
15:13	29	14:11	47	18:15, 18	46, 64, 224, 266, 311
15:18	36	14:18	30		
17:6	22, 37	14:34	43		
19:5	30, 235	16:31-33	31	19:15-21	317
19:5-6	38, 223, 239, 253	18:19	52	21:23	328
		21:4-9	47	27:12-13	102
19:9	47	21:6	31	28-29	23, 323
19:11-13	30	21:9	22	28:22-23	23
20	50, 60, 243, 316	21:14	79	28:37-39	23, 203
		23:24	17, 106	28:58-59	34
20:2	34, 244	23:21	17	28:58-64	31
20:3	51	24:4, 16	36	29:18	23
20:4-5	40	24:16	35	30:9	31
20:6	31	24:17	46, 59, 296, 299	30:19	22
20:7	33	25:1-9	43	31:14-18	43
21:22-25	230	25:9	31, 266	32-34	20
24:1-18	34	25:12-13	50, 52, 300	32:1	22, 60, 316
25:31	61	26:27-32	31	32:4, 15, 18, 30, 3137, 313	
29:9	52	35	28	32:6	27, 38, 321
32	43			32:15	27
32:28	31, 313, 329	신명기		32:27	36
33:11	64	1-3	21, 103	32:37	37
33:20	227	1:31	38	34:1-12	80, 313
34:6	27, 30, 288	1:32	47		
34:28-29	51	3:24	34, 292	여호수아	
40:38	17	4:7	17	1	22
		6:2	46	1:7-8	73
레위기		6:4-5	308, 319-321	1:8	18, 24
1:4	49	6:5	225, 239, 311, 329	2:10	226, 294
2:13	52	6:7	14	5:5	206
4:26, 31	49	6:13, 16	22, 308, 321	8:30-35	218
10:1-2	31, 43, 291	6:20-24	62, 102	8:31	19, 73, 248
16	27	7:1-4	52	8:34	18, 22, 74
16:11-15	49	7:8	29	10:13	80
16:15-17	22	7:9	31, 53	11:13	80
17-26	92	8:3	22, 308,	13:22	80
19:2	317	8:10-14	269	21:58	294
19:18	22, 239, 267	9:26	34	22:19	305
24:8	52	9:27	23	23:6	19, 74
24:11, 16	34	10:1-2	51, 61	23:6-13	22
25:10	326	10:17	34	24:2-13	102
26	23, 62, 270, 327	11:13-21	321	24:26	81
		12:5	22		
민수기		13:5	29, 311	사사기	
11:1	31			4:2, 24	216

5:22	37	12:15	79	12:2	23, 60
6:15	220	13:5	52	14:12	299
8:24	96	17:9	103	14:13	155
11:26	209	25:4	22, 74	17:10	23, 37
18:29	82	35:12	22	28:16	38
				34:7	37
룻기		**에스라**		35:4-5	358
4:5	312	4:1-4	54	40:15	194
4:18-22	178	6:18	74	40:18	40
				41:14	29
사무엘상		**느헤미야**		45:9, 11	27
1:24-28	250	4:1-8	54	49:26	23, 37
10:5	140	8:3	74	51:3	328
15:22	245	8:12, 17	75	52:9	29
19:23	298	13:1	74	53:6-7	252
				60:16	23, 37
사무엘하		**욥기**		63:4	29
1:18	80	1:6	140	63:9, 16	29
7:13	22	2:1	140		
7:14	144	38:7	140	**예레미야**	
				1:10	325
열왕기상		**시편**		2:12	316
2:3	19, 22, 74	1:2	24	8:22	324
4:21	158	2:7	144	9:14	23
6:1	209	8:5	41	13:10	23
8:64	248, 250	19	24	23:15, 17	23
21:2-3, 19	302	22:12	37	25:9, 11	23
		51:5	260	29:18	23
열왕기하		78:20, 35	37	34:18-19	159
3:26-27	173	95:8	196, 288	46:15	37
11:18	40	103:8	30		
14:6	19, 74	118:14	60	**에스겔**	
18:6	22, 74	119	24	5:14-15	326
22:8	88	122:6	118	10:2-3	324
23:2	74	132:2, 5	37	12:2	324
23:25	22, 320	132:7-8	233	21:21	175
		139:13	27	21:25-27	45
역대상					
4:33	79	**잠언**		**다니엘**	
5:1	178	1:8	24	4:30	155
5:1-2	282				
5:15	22	**이사야**		**호세아**	
22:13	22	1:2	316	11:1	191
		1:6	219		
역대하		1:24	37	**요엘**	
3:1	172	6:5	260	1:4	23, 323, 327
8:13	22	7:14	33	2:13	30
9:29	79	9:7	45		

3:18　　　　　　　327

아모스
4:9　　　　　　　　23
6:12　　　　　　　23
9:13　　　　　　　328

요나
2:9　　　　　　　　250
4:2　　　　　　　　30

학개
1:10-11　　　　23, 323
2:7　　　　　　　　23

말라기
1:6-8　　　　　　245
2:7　　　　　　　　255
3:2-3　　　　　　259

신약

마태복음
1　　　　　　　　136
1:1-6　　　　　　178
1:17　　　　　　　136
2:15　　　　　　　191
4:4, 7　　　　　　22
4:10　　　　　　22, 321
5:21-22　　　　　225
5:27-28　　　　　226
5:38-42　　　　　227
5:43　　　　　　　22
11:5　　　　　　　328
19:19　　　　　　　22
22:30　　　　　　141
22:37　　　　225, 320
22:39　　　　　22, 225
23:5　　　　　　　321
26:18-30　　　　　205
27:51　　　　　　265

마가복음
2:26　　　　　　　19
7:11　　　　　　　245

7:19　　　　　　　262
12:25　　　　　　141
12:26　　　　　　75
12:30　　　　　　320
12:31　　　　　　239
12:31, 33　　　　　22
14:12　　　　　　205
14:24　　　　　　227
15:38　　　　　　234

누가복음
1:10　　　　　　　234
2:23, 24　　　　　19
2:24　　　　　　　247
3:38　　　　　　　143
10:26　　　　　　19
10:27　　　　　22, 320
11:20　　　　　　200
16:29　　　　　19, 75
16:31　　　　　　75
20:34-36　　　　　141
24:27　　　　　19, 75

요한복음
1:1, 3, 10　　　　112
1:14　　　　　　　234
1:17　　　　　　　75
1:29　　　　　171, 186
1:45　　　　　　　75
3:14-15　　　22, 48, 277
3:16　　　　　　　171
4:20　　　　　　　54
5:46-47　　　　　75
6:32, 35　　　　　22
6:51　　　　　　　22
7:19, 21-23　　　　75
8:58　　　　　　　34
13-17　　　　　　309
19:36　　　　　　205

사도행전
2:1　　　　　　　　269
3:22-23　　　　46, 158
3:25　　　　　　45, 158
5　　　　　　　　　258
7:22　　　　　　63, 70

7:37　　　　　　　46
12:22-23　　　　　40
26:22　　　　　　75

로마서
1:4　　　　　　　　42
3:24　　　　　　　191
4:3　　　　　　　22, 47
4:9, 22　　　　　　22
4:20-22　　　　　　47
5:12　　　　　　　41
8:2　　　　　　　　41
8:3　　　　　　　　265
8:32　　　　　　　171
9:14, 18　　　　　195
10:5　　　　　　　75
10:6-7　　　　　　319
13:9　　　　　22, 239
16:20　　　　　　44

고린도전서
5:7　　　　　　　　205
10:3　　　　　　　22
10:3-4　　　　　　38
10:6, 11　　　　　22
10:8　　　　　　　221
15:22　　　　　42-42

고린도후서
3:13　　　　　　　64
3:15　　　　　　　75
5:17　　　　　　　41
11:3　　　　　　　42

갈라디아서
3:6　　　　　　　22, 47
3:8-9　　　　　　158
3:16　　　　　　　45
3:17-18　　　　　51
4:4　　　　　　　　44
4:24-31　　　　　22
5:14　　　　　22, 239
5:19　　　　　　　155

에배소서
4:24　　　　　　　40
5:2　　　　　　　　248

6:2	225	9:12	22, 49, 265	2:15	300
빌립보서		9:22	48, 245	3:3-7	147
4:7-8	225	9:24-25	26	3:6	149
		10:4, 12	234	3:8	121
골로새서		10:19-22	234, 265	**요한일서**	
1:13-14	191	11:17	171-172		
1:23	149	11:25-26	63	1:2	244
3:10	42	12:18-22	26	3:1-2	140
		13:11-12	245, 251, 265	**유다서**	
디모데전서		**야고보서**		4, 11	300
2:14	42	2:8	22	6-7	141
히브리서		2:23	48	**요한계시록**	
1:2	199	3:9	41	2:6, 14-15	300
2:8-9	39	**베드로전서**		8:8, 12	200
3:5	67			16:2, 21	135
3:16-18	288	1:19	205, 246	17-18	155
4:9	295	1:22	246	21:12	174
7:1-17	22	2:9	223		
7:27	257, 265	3:6	34		
8:6	26	**베드로후서**			
9:4	277	1:21	83		
9:7, 24	265	2:4-6	141		